# 大學大城

UNIVERSITIES

OF THE CITY, FOR THE CITY, BY THE CITY

卢晓梅 著

中国财经出版传媒集团

经济科学出版社

Economic Science Press

**图书在版编目（CIP）数据**

大学大城/卢晓梅著. -- 北京：经济科学出版社，2022.8

ISBN 978 - 7 - 5218 - 3935 - 7

Ⅰ.①大… Ⅱ.①卢… Ⅲ.①高校管理 - 研究 Ⅳ.①G647

中国版本图书馆 CIP 数据核字（2022）第 148761 号

责任编辑：黄双蓉

责任校对：郑淑艳

责任印制：邱　天

**大 学 大 城**

卢晓梅　著

经济科学出版社出版、发行　新华书店经销

社址：北京市海淀区阜成路甲 28 号　邮编：100142

总编部电话：010 - 88191217　发行部电话：010 - 88191522

网址：www. esp. com. cn

电子邮箱：esp@ esp. com. cn

天猫网店：经济科学出版社旗舰店

网址：http：//jjkxcbs. tmall. com

固安华明印业有限公司印装

787 × 1092　16 开　25. 75 印张　450000 字

2022 年 11 月第 1 版　2022 年 11 月第 1 次印刷

ISBN 978 - 7 - 5218 - 3935 - 7　定价：81. 00 元

**（图书出现印装问题，本社负责调换。电话：010 - 88191510）**

# 内容简介

本书阐述了关于国家与文明、城市与大学协同共生演化的所见、所思和所悟。地理决定国家和文明演化的走向，技术改变演化的节奏，制度影响演化的加速度。而城市和大学一道，作为国家和文明互动演化的产物，拥有相似的基因，相依相伴、相似相溶、相濡以沫，逐渐形成了我们今天所看到的模样。国力强，城市强，大学强，科技强，经济强。一强俱强。

什么是好的大学？著者提出：搞活的制度，进取的风貌，务实的态度，开放而包容，自组织成长，内共生跃进。生机勃勃，热气腾腾。

书中有理论、有案例、有模型，古今中外、纵横捭阖。多学科交融，信息密度高，时代性、逻辑性、操作性和可读性较强，可供社会各界特别是教育界同仁参阅。

第一部分，沿着绵延的时间流，以文明逻辑、产业逻辑和技术逻辑为主线，溯源中、英、德、美、日、新等国家高等教育发展的动力机制和代表性高校的形态特点，研判知识时代高等教育所面临的挑战和困惑。

第二部分，定位于大学与城市相互作用界面，以组织化和体系化科技创新为重点，探讨大学“为城而址、为城而事、为城而治”的可行性方案。

第三部分，将目光锁定江苏地方高校发展主题，叩问历史，探寻未来，聚焦中国式创业型大学和应用型大学等样态，进行案例剖析和理论建构。

第四部分，在实战操作层面具体而微，专注于评价机制、科产教融合人才培养、科技成果转化、大学治理和发展规划等方面，勾绘“作战地图”。

# 序

推进高质量发展，争创一流，是进入新发展阶段高等教育深化改革的主要任务，也是高等教育研究的重大课题。近年来，学界竞相建言，成果斐然。卢晓梅教授以她的新作《大学大城》参与研讨。这部分量不菲的专著，交流了作者所在南京工业大学转型发展的经验与走向未来的擘画，阐发了作者对大学高质量发展的认识，有不少新鲜的见解，话语方式也新颖活泼，展示了一位青年学者追寻“风景这边独好”的学术风采。

我读《大学大城》，有三点印象深刻。

一是视野宏阔。《大学大城》共四篇。第一篇“东方欲晓丨时间流变模型”的内容与同类作品相比，别具一格。开篇是作者打开自己的理论工具箱。卢晓梅教授用自己谙熟的一系列理工科概念做比喻，向我们展示了她观察分析大学的工具：“显微镜”“望远镜”“测量仪器”“分析仪器”。“显微镜”察看微观，显示不同界面的作为教育对象的人的状态。“望远镜”遥望远方，探察教育行走的路径和演变的经纬。“测量仪器”检测教育公平的均衡度；“分析仪器”验证教育制度的治理成效。我称之为理论工具演示的这部分，开宗明义地表白了作者进行高等教育研究的价值观和方法论。接着作者引领我们进入了一道悠长的大学历史长廊。长廊的发端是人类历史上大学的滥觞处：西方孕育哲人的雅典学院和东方风云际会的稷下学宫。涓涓细流穿越广阔的历史原野渐成浩浩荡荡的江河。在这条长廊里行走，不同国度的大学风光扑面而来。欧洲现代大学的拓荒，美国大学制度的创新，日本大学文化的兼容并蓄，新加坡大学对善治的孜孜追求，各具特色，精彩纷呈。走进这条大学历史的长廊，作者不止于让大家领略各国大学前世今生的靓丽风光，更注重和我们分享她运用观察测量工具分析总结这些国家大学的天时、地利、人和，创新理念、战略、制度走向辉煌的经验。站在时空的高点审视大学演变的进程，我们更加深切地领略到，大学是人类文明进化的产物，因时而生，与时俱进。大学只有顺应时代潮流，赢得天时、地利、人和，创新理念、战略、制度，方能实现高质量发展，登临时代的高点，引领国家和社会创新发展。





二是直面热点。纵横时空的观察与思考，为的是进一步凝练解题的思想。解决现实问题，才是研究的目标。《大学大城》写作有着鲜明的问题导向。卢晓梅教授在高校担任教学科研和行政管理工作，对当下高等教育改革发展面临的问题感受深切。哪些问题是重点，哪些问题是热点，了然于心。大学与城市的关系、地方高校的发展、大学的评价、工科人才的培养、科技成果的转化等，都是当前高等教育面临的热点问题。卢晓梅教授没有回避这些问题，她在《大学大城》一书中聚焦这些问题，努力提出破解问题的经纬方略，表现出直面热点的胆略。对大学与城市的关系，书中全面回顾了古今中外大学与城市共生共荣的历史，建设性地提出，大学“为城而址”，应“为城而事”“为城而治”，推动官产学协调，政府、企业、高校、社会共建共治，从而实现大学与城市的协同发展，正和博弈，传承弘扬中外大学的光荣传统，努力让大学成为城市的灯塔。地方高校为高等教育的普及和地方经济社会发展作出了重要贡献，在我国高等教育发展格局中具有重要地位。地方高校又面临着资源相对稀缺、在评价体系中易被边缘化等多重困境。地方高校如何扬长避短、摆脱困境、走出适合自身特点的高质量发展之路，《大学大城》提出了校地融合发展、错位特色发展、分类多元发展三条富有建设性和操作性的攻略。大学排名，近年来在热搜榜上常居前列，爱之者众，怨之者亦多，可谓毁誉交织。《大学大城》用相当可观的篇幅对大学排名这一热点问题进行探讨，扫描排名现状，透视典型案例，对排名的机理作了深入的剖析。大学排名关乎评价体制改革。《大学大城》对大学排名坚持破“五唯”、激励高校创新发展提出了建设性的意见，并且推出了“三个理想评价模型”。这些意见和“模型”，对大学排名兴利除弊，富有参考价值。

三是表述生动。学术著作贵在思路清晰、论证缜密。但清晰的思路、缜密的论证并不妨碍、排斥活泼生动的表述。刻板的行文往往减损论证的说服力，而灵动的表述会给思想增添活力。《大学大城》叙说方式多样。展示自己的理论工具时，作者仿佛是讲解员，娓娓道来，如数家珍；回望大学的前世今生，作者充当了导游，指点风景，引人入胜；探究热点问题，又如论坛演讲者，设问解答，侃侃而谈。《大学大城》行文方式活泼。全书四篇用毛泽东词《清平乐·会昌》上阕四句“东方欲晓，莫道君行早。踏遍青山人未老，风景这边独好”为题，清新隽永，别具一格。行文中不时引用名家名言，科学家、哲学家、教育家、文学家，古今中外，博采兼收，思想深邃，文采缤纷。书中案例丰富，既加强了论证的力量，也增添了阅读的兴味。70 多个表格和模型图例，显示了作者实证与建构的功力。尤其令人耳目一新的是，作者频频运用自然科学和工程学的概念与原理阐述教育现象、分析教育问题、探究教育路径。这种跨学科的思考和迁移联想的表达，不仅将读者的思路进一步打开，也让人阅读时平添了一份新奇感。

《大学大城》努力登高望远，审视古今中外大学的流变演进，吸取经验、探究规律，破解教育发展的现实问题，探索新时期推进高等教育高质量发展的路径。作者卢晓梅教授在研究和写作中展现的“踏遍青山人未老”的自信和“风景这边独好”的追求，令人赞佩。一个世纪前，著名教育家、实业家张謇先生怀教育救国之志，举办和参与举办了三百余所学校，将他的家乡南通打造成“中国近代第一城”，演绎了生动而经典的教育与城市的故事，展示了那个时代独好的风景。张謇先生办教育，主张并践行“祈通中西，力求精进”。今天，我们加快推进中国式教育现代化，要赓续弘扬中国现代教育拓荒者们的伟大精神，在更高水平上祈通中西，以更加奋发有为的姿态力求精进，扎实推进教育高质量发展，早日建成风景这边独好的教育强国。

王湛

国家教育咨询委员会委员，教育部原副部长，江苏省原副省长

2022 年 9 月 28 日

# 自序

培根把做学问比喻为蚂蚁和蜘蛛两类风格。蚂蚁是经验主义者，奔波于杂学旁收、博采众长；蜘蛛是理性主义者，醉心于循序渐进、吐丝结网。

自忖是个好奇心重的蚂蚁。喜欢读书，喜欢行走，喜欢看长河落日和苍茫大地，喜欢在新世界里游牧。走过路过了世界百多个城市，每到一处必到当地大学去打卡，不畏辛苦，几近偏执。如有相识的朋友在，还会厚着脸皮打个招呼，请他带我去校园里走一圈儿，听书上网上找不到的八卦轶事，把所见所闻写成长长短短的笔记。而那些读过的书、走过的路和写过的字，攒成了蚂蚁搬家的米粒。

又是个忍耐力强的蜘蛛。虽说是搞理工科的，但因岗位需要，一直关注着高等教育、科技创新、人才和产业政策等，写了好些宏观规划、理论探索和对策建议的文字。但终究是就事论事和形而下的，从未真正摆脱过工具理性和技术逻辑，是为了解决问题而探索方法，通过解决问题来建构框架。诚然，和难题较劲、和文字缠斗，长夜笔耕的日子非常清苦，好在也寻到了乐趣，用新的视角去观察和理解这个世界，何尝不甜蜜，何尝不是英雄主义。

比起“学而不思”的蚂蚁和“思而不学”的蜘蛛，培根更提倡走中间道路，走蜜蜂路线。将经验和理性合二为一，体验消化、吸收和创造的全流程。采得百花成蜜后，为谁辛苦为谁甜。最终形成一套相对完整的知识体系，谓之立言著述。

体会这其中的妙趣：知识是鲜活、流动和生长的，知识体系的建构也必然有着绵延的意蕴，彼此连接，不断持续。观点的形成离不开它的历史和背后的动力机制。大至王朝更替，小至生老病死，春去夏来，秋收冬藏。每个当下都有着前世今生，每个现在都将察来彰往。这也是自圆其说，为何把一个关于高校和城市互动主题的书拉扯到那么宏大悠远。因为绵延，因为无法分割，因为爱得深沉而长远。

2022 年 9 月 20 日凌晨丑时于亚青村

# 引言 | 解题思想从哪儿来

我中学是在兰州一中读的。高中数学老师叫孙绍业，一位严格又幽默的老头儿。孙老师就是那种“引路人”式的好老师，是他连调侃带吓唬地，把我从一个上任何课都只看《红楼梦》的任性小姑娘改造成了“标准模型”。而且跟我一样感慨和感谢的，有很多个同学。

2018 年夏天，同学们组团回家乡聚会，有幸再次见到了孙老师。说来有趣，读书时候就觉得他是老头儿了，怎么二十年后还是老头儿呢。我们在长大和忙碌着经历岁月，却期待着所敬爱的老师能经年不变，头发不白，身躯不弯，眼眸不黄，永远神采奕奕地站在讲台前，带我们一起穿越回豆蔻年华。我们忙不迭地自报家门，一起回忆着 20 年前的调皮和懵懂，回味着孙老师课堂上的精彩和生动。而大家异口同声印象最深的一句话，是孙老师拎着从扫操场大扫帚里抽出的竹条，指着黑板和空气一脸严肃地问：“解题思想从哪儿来？”

“解题思想从哪儿来”，是孙老师的口头禅，也是我们的定心丸。人生时时处处都在解题做卷子，无论选大学、找工作、谈恋爱还是干事业。有时候是模拟题，但更多时候是没法彩排的终极大考；有时候是单选题，但更多时候是复杂的分析题；有时候考砸了可以再战，但更多时候莫得补考，只能等待下一场随机而来的考试；有时候有标准答案，但更多时候只能选择一个盲盒，且永远无法做双盲对照实验。

我们无法预订出卷人，更无法改变阅卷人。能做的只有静静思考“解题思想从哪儿来”，多几个解题思想，多几个缜密算法，为我们的解答增添理性的厚度。

理性很重要，但人经常高估了自己的理性程度，低估了冲动水平。就像叔本华说的，“意志是一个强壮的盲人，倚靠在能给他指路的明眼的跛子肩上。”曾经和一个已经在英国读化学博士的学生聊天，他在琢磨毕业以后的去向：继续海外博士后、回国创业或是从政。面对这道常规题目，他的解题思想是“选最难走的路”。我庸俗地理解为，最难的路也许就是人迹罕至的路，或许能从稀缺性上取得先机。当然其他解题思路可能还有“选最轻松的路”“选最擅长的路”“选最赚钱的路”等，仁者见仁，智者见智。

如果我们把办大学当作方程式，那么这道题目大概是这样组成的：



**方程——**

自变量→x：人｛学生、教师、校友、合作伙伴等利益相关者｝

应变量→y：大学的竞争力｛人民群众的满意度、毕业生表现、科研成果、社会贡献、大学排名等｝

函数→f(x)：办学治校｛立德树人、招生就业、科学研究、队伍建设、文化建设、对外宣传、交流合作、制度安排、治理运转、后勤服务、资源筹措、基础建设等｝

**定解条件——**

边界条件（外部环境的制约）：外部宏观环境｛社会环境、技术进步、产业态势、地缘文化、制度政策等｝＋内部办学条件｛经费、指标、政策扶持等资源性条件，安全风险等约束性条件｝

初始条件（历史情况的影响）：当前办学水平

此题不好解，是多变量复杂问题。

第一，自变量越来越多。大学里的产供销都是人，这是“大学”概念出厂时的原始意义，代表着人群的集合。当大学在工业社会充分发育后，能看到全世界大学的体量几乎都在激增，尤其是公办大学、地方大学、州立大学，规模超过3万人的比比皆是，超过5万人也不是个案，越来越多的大学成为巨无霸，成为令人无法忽视的大象。不仅如此，利益相关者也越来越多，且相互交联错综，倍增了复杂程度。

第二，函数越来越难。尤其是在国内，把大学当作一个闭环的单位体制来看待，责任更显重大，使命更加艰巨。党建纪检监察审计意识形态重要；立德树人重要，招生、培养、就业三联动重要，学生的身心健康重要；要盖楼要维修要运营要保安和物业，要照顾几万人的吃喝拉撒睡，要照顾几代人的养老和医疗，要办好食堂、学生宿舍、教师公寓、医院、校办企业、运动场所、展览场馆等。如果遇到突发情况，还承担着守土有责寸土不让的重任。但是大学自身的办学自主权有限，组阁权受限，员工多是终身制缺乏高效激励手段。任是再聪明的大象，所能驾驭的舞姿也着实不多，只能小心翼翼，用尽办法辗转腾挪。想起了《偷天陷阱》里泽塔琼斯在蛛网般红外线布防里的一套高难度艺术体操。是的，大象也要学会艺术体操。

第三，边界条件越来越苛刻。办学资源难以突破，计划经济的惯性难以突破。在边界条件面前算法可以重置，例如，面临安全风险的极端情况下，不求结果的效益最大化，只求风险最小化，算法可以推倒重来，迅速启用备选方案。

第四，遵从递进原理进行推理。按照从一般到特殊、从整体到细节的逻辑，先外部视角、再内部视角，逐步对焦。然后按照“发展要素金字塔”的“天时—地利—人和”顺序，逐级分析。

第五，聚焦问题导向给出解决方案。先剖析问题，再有针对性地提出观点，最后试图给出解决方案。方法乃渡河之舟，书中所定义的各个“模型”就是“舟”，或可理解为乐高模块，一种输入即可得的抽象化了的快捷方式，作为工具箱的一部分来简化解题过程。此外，为了举例示范，列举了若干案例以资借镜。

第六，严选最优解。方程的解未必唯一，理想目标是精选出“帕累托最优解”，即在不损害任何一方利益的情况下，使总体的效益有所增加，实现体系化能力增值。当然这是诗和远方的理想状态，现实中很难完美，只能最大程度趋利避害。

# 目录

# 第一篇　东方欲晓 | 时间流变模型

## 从均衡器和分离器谈起

开篇讲我眼中的美式教育和中式教育，或者说以美式教育为楔子，为本篇所要述及的观点埋一些伏笔。

均衡器和分离器都是机器设备。糅合着钢铁材料、机械制造、功能建构和产品设计等工业文明元素，冷峻硬朗、粗犷率真和精巧神秘。我喜欢机械，尤其喜欢看钢铁猛兽般的大装置，每每置身化工园区，目光循着五颜六色四通八达的钢管，看到一团团热气腾腾连接天际白云时，会油然而生一种壮怀激烈感，甚至能隔空体会出成吉思汗集结他的骑兵部队、拿破仑检阅他的炮兵列队时候的获得感。

先解释什么是“均衡器”。这本身是一种电子设备，用来调节音频频谱中的某种特定频率，从而实现频率的相对平衡，并产生所需要的音调特征。“伟大的均衡器”（The Great Equalizer）是英语世界的固定用法，表达了通过特定的秩序，让过去只有贵族才能拥有的特权、奢侈品和生活方式降级，惠及大众。换句话说就是让更多的人用上更好的东西，所谓“旧时王谢堂前燕，飞入寻常百姓家”。常被形容成为“均衡器”的社会形态，包括公共教育、科技、城市化、普通话等，它们相当于在社会中提供了一种公约数，让人和人之间的阶层属性淡化、扯平。正如周其仁所说，人类文明一次次传承和复兴就是一步步找回对人的尊重。

公共教育是“伟大的均衡器”。1848 年，美国“公立学校之父”霍瑞思·曼[①]讲过一句名言“教育是实现人类平等的伟大的均衡器，公立学校是社会机制的平衡之舵”。他发起教育改革，推动公共教育，使教育脱离宗教和精英贵族，给普通民众提供了公平教育的机会。现代国家通常会规定三项义务：交税、兵役和教育，上学是现代公民的应尽义务。

科技是“伟大的均衡器”。曾经那些极少数人才能享有、用来彰显身份的象征物，随着一次次科技革命的迅猛发展被拉下神坛。例如，皇家宫廷中由“皇家作坊”定制的精美瓷器，被现代化工业制造均衡；欧洲中世纪贵族、富人和神职人员享用的香料，被现代化农业生产均衡；路易十四的凡尔赛宫靠蜡烛才能拥有的通宵达旦，被电灯均衡，让陋室中的穷人也有了属于自己的一道光；蓬巴杜夫人耗费人工的精美服饰，被纺织机和缝纫机均衡，让女工穿得起和女王一样的丝袜；王侯将相独享的宫廷礼乐，被唱片、CD、MP3 和流媒体均衡；古堡庄园靠人力精心维护的草坪，被自动浇水器和割草机均衡；达官贵族出行兴师动众的马车和轿子，被汽车均衡，等等。

城市化同样是“伟大的均衡器”。城市化代表了治理水平，现代城市的各种基础设施和公共服务，例如医院、广场、图书馆和体育场，通向千家万户的水、电、燃气、暖气，为人们提供了普惠而公平的生活方式。

伟大的均衡是一种理想状态。我们来想象一下，在这些均衡器的奏鸣下，每个打工人都可以和亿万富豪用一样的手机，在一样的 5G 通信下，获得一样的互联网资讯，学习一样的课程。人人平等，世界扁平，“不患寡而患不均”的势能差几近于零……多么理想和美好的大同世界。

但是问题来了，既然教育、科技、城市化都在阔步前进，“伟大的均衡器”在更加深刻地黏合社会，但是为什么我们还在吐槽社会在日益撕裂，熵在增加，阶层鸿沟在日益加深呢？这就要提起另一个叫作分离器（seperator）的东

① 霍瑞思·曼（Horace Mann，1796～1859 年），美国南北战争之前最重要的教育改革家，为美国公共学校的发展、师资的培养以及教学模式的改革作出了先驱性的贡献，被称为“美国公立学校之父”。

西，它是用来把物理混合的物质分离开来的设备。常见的分离方法有很多，例如离心、静电、蒸馏、膜等。化工生产中的反应装置是必需的，但分离装置同样不可或缺。

从文明的角度来说，中华文明和西方文明恰恰在这里分了岔。相对于追崇大一统的中华文明，强调个体差异性的西方文明存有某些“分离器”特征。

美式教育就是一个典型案例。类比于技术有普惠性和个性化之分，医疗有普通和高端之分，教育也有公共教育和精英教育之别，在美国还有属性鲜明的公立和私立之异。教育本该作为社会均衡器而存在，美国教育更是长期为我们所借鉴的范本，却起于青萍之末，渐渐滋长出了分裂和离散的因子：

一是高等教育办学资源分化。

美国高等教育是当今最优秀的国家雁阵，以其要求之严苛和毕业生的高质量而闻名于世。美国约4000所大学，名列前茅的顶尖大学几乎都是私立大学，聚集了最优质的学术资源。2006年数据统计，前1%大学的生均花费9.2万美元，而普通大学只有1.2万美元。加之私立学校拥有更大的办学自由度与开放度，多重优势叠加，造就了世界最顶尖最优质的高等教育样态。美国也有高水平的公立高等教育，但本科教育达不到最顶尖水平。

二是高等教育入学机会因家庭收入拉开差距。

美国宪法规定所有公民机会平等，捍卫公民平等教育权，每所大学都在努力招收经济情况和族裔等更加多样化的学生，但现实情况并不容乐观。

首先在上述顶尖私立大学尤其是东部名校和精英文理学院的招生中，借助捐赠、校董和继承录取等机制向校友圈层和权贵阶层倾斜，是比较普遍的情况。随着各州对高校的财政拨款持续下降，公立大学学费不断上涨，读书成本逐渐转移到了千家万户。尽管美国在普及化方面有兜底措施，例如联邦层面的资助和贷款政策，一些州则采取了社区学院和四年制大学前两年的免费教育，为低收入家庭提供保障。也有一些精英大学为贫困学生提供经济援助，但穷人的孩子很少能获得咨询服务和充分信息，也缺乏有意识的申请计划。就总体而言，基于日渐扩大的财富鸿沟，穷人上不起大学、读不完大学、贷款上大学的情况在加剧。

此外，还有很多变量也在影响入学机会，诸如族裔、肤色、年龄、居住地、宗教、性别、性取向、就读中学等，歧视现象很难禁绝。

三是基础教育阶层逐渐固化。

很多人对美国的基础教育水平不以为然，尤其认为数学教育不值一提，这我倒是不赞成的。以亲身经历的湾区公立小学教育来说，在当地知名企业谷歌的支持下，教育条件之优越自不必说，开设的数学课程也相当多，而且重视讲授数学原理而非简单的算术技巧，突出逻辑思辨和阅读表达，其教育理念是值得称颂的。但前提是得居住在一个好社区，这是由家庭财富状况所决定的。美国存在显著的阶层分化并且日渐固化，已经成为很难撼动的现实。

仅就精英教育而言，美式教育和中式教育的内核并无显著区别。中国人所谓“鸡娃”现象，在重视个人价值实现的美国并无二致。房价和学区（school district）直接挂钩，好学校意味着好资源，意味着高房价，意味着令人骄傲的邮编代码，意味着普通人难以企及、阶层难以逾越。私立中小学教育的成本则更加高昂。《我是个妈妈，我需要铂金包》就记叙了一个耶鲁妈妈在纽约上东区精英圈层的育儿内卷现象。

学生们为上好大学，需要通宵达旦刻苦学习，需要优秀的标准化成绩和大学预修课程（AP）课程，需要积攒社会、体育活动和准备申请流程，而这些都需要家庭财力支撑。例如，在斯坦福大学附近的帕罗奥图高中和冈恩高中，师资雄厚、条件优越，孩子们家境富裕，学业压力也非常之大，每晚只能睡四五个小时是普遍现象。他们不仅要拼学习当学霸，天文地理、人文历史样样精通，还要兼顾社团、义工等课外活动，课外辅导班、兴趣班、外语私教、体育特长训练一个也不能少。重压之下，焦虑、抑郁、渴望成功和完美主义成为很多孩子生命不能承受之重。仅2009~2015年，冈恩高中就有9名在读或毕业生自杀身亡。

很多人说，美国顶尖大学偏爱高尔夫、网球、冰球、击剑、帆船、皮划艇、滑冰、游泳等运动项目，招收明星运动员或者体育特长生，其潜台词是用特殊的“分离膜”来区分出富裕家庭尤其是白人学生。参加这些体育运动成为进入精英大学的特殊通行证，2019年发生的美国知名高校招生舞弊案就是走了以体育特长生身份进入名校的捷径。

而在另一厢，服务穷人阶层的公立教育却呈现了另一派红红火火恍恍惚惚。这正是我们印象中的美式教育——快乐教育、轻松教育，主张学中玩、玩中学，反对死记硬背的应试教育。有个段子，说在中国学校里的差生是考试不及格的，而在美国学校的差生是把考试给忘了的。不能说快乐有错，也不能说反对应试教育有失，但是，所有命运的馈赠都已在暗中“标好了价格”。低负担低期待固然快乐无疆，从暗黑角度看，和无原则的输血式福利保障、和娱乐至死的爆米花电视节目有着相似之处，是抚慰底层的痒痒挠，是慢炖青蛙的温吞水，多多少少有着愚弄和麻痹的意味。

底层民众负担不起昂贵的精英教育，一代代循环在时光陷阱里。精英和底层相忘于江湖，蓝领中产走向衰落。换位思考一下，如果教育不能帮助人们实现阶层跨越和追逐个人目标，人们就会毫不犹豫地抛弃教育，这就是为什么“读书无用论”会渐渐抬头、“反智主义”开始兴风作浪的思想根源。很难想象，在这个世界第一的科技强国，在这个1969年就登上了月球的超级大国，居然有1/3的年轻人相信地球是平的，还有人认为喝消毒液能杀死新冠病毒。

教育的底层逻辑在于启发民智和促进阶层流动。而今的美国基础教育，一方面被反智主义废去了不少武功，另一方面被财富“利刃”堵住了半壁山河。其教育成就固然突出，但至少有一部分来自整个国家相对富足的经济水平，并非都出自教育制度的优越性。教育公平是一个系统工程，是一个从家庭终端来改善的大生态，需要实现硬件和师资的标准化，对任何一个国土或者人口大国来说都存在挑战。

那个强调创新和奋斗的“美国梦”曾经明媚，但正在蒙上阴霾。或者它也从未拥有过，或许它只是一个被文献美化过的国父们理想国的故事。虽然美国至今依旧最吸引全世界人才，拥有全世界最好的高等教育，是做科研最纯粹最自由的土壤，精英教育水平和科技创新实力仍旧领先全球。但是，假若一个社会新陈代谢不再、万马奔腾不再、底层逆袭不再、贫富阶层流动不再，当分离器超越了均衡器作用的时候，再优越的制度体系也终将失去活力和魅力，这才是最致命的危机所在。

他山之石，可以攻玉。再来看看中国式教育的均衡与分离几许：

一看高等教育办学资源分化情况。

我国高等教育已经进入了普及化阶段，整体发展遵循拔尖式“头雁”精英逻辑，采用了公共财政投入的非均衡发展策略。近年来大学办学资源和办学水平的分化格局越发扩大，虽然办学实力尚未到达世界尖端位置，但大学之间的丰俭与凉薄已经越发严重了。有研究指出，部属高校的本科生只占全中国本科生的8%，所用资源却占据了整个中国高等教育资源的30%，超过了美国高等教育体系的纵向分化程度。单位“能耗”迥异，导致了无论何许办学类型都在排纵队争抢头部资源，资源投入的边际效应在递减。

二看高等教育入学机会。

先排除学费的影响，毕竟大多为公办学校，一流大学更无旁落。这和美国私立高校独占鳌头的状况不同，学费压力并不突出。

众所周知，中国高等教育入学由高考制度全面控盘。姑且不去讨论这种制度效能如何，所选拔出的是高分高能，还是高分低能、高分低德；这个古代中国科举制度和西方公共教育的结晶，在维持公信度和公正性上有其独到之处，为各地各阶层提供了相对公平的求学机会，给众多“小镇做题家”提供了改变阶层和闯荡江湖的可能性。

为更好地促进教育公平，我国从2012年起实施高考三大专项计划，为教育资源相对薄弱的高考生开辟了绿色通道，让边疆、贫困、民族等地区勤奋好学、成绩优良的孩子有更大的录取机会。但这种相对公平在遭遇挑战，人们发现寒门越来越难出贵子了。有媒体报道，一些头部高校的贫困助学金难有发放对象，一些顶尖高校的农村学生占比在减少，越来越多的高考状元来自省会城市和高知高薪家庭。家境好的孩子为避免拥挤在高考的“独木桥”上，还可以另辟蹊径，例如去海外留学。所以媒体戏说：条条大路通罗马，而有人就出生就在罗马。如果说过去的高考制度更多选拔的是人群中的相对聪明勤奋者，现在还需要比拼家庭的财力、精力和人脉，这才是中国式养儿育女最大成本之所在。





三看基础教育的分化程度。

虽然在高考制度的无与伦比的强大吸力、义务教育强势落实和优质均衡方针的指引下，中国的基础教育阶层分化程度要弱于美国，但不能讳言的是，中国的城乡差别和区域性差异还很显著，不均衡不充分的问题还很尖锐。一方面上海孩子的国际学生评估项目（PISA）成绩全球领先，另一方面在民族边疆贫困地区的普及教育还很迫切，这是中国的基本国情。同时，由于家庭财富差距所带来的阶层分离也在持续递增。

固然可以寄希望于通过科技手段和数字化技术来解决教育资源分布不均衡问题，但归根到底在于实现财富的均衡，即所谓的共同富裕。教育事业发展和社会整体发展密不可分，扶贫、扶智和扶志密不可分。如何畅通社会上升通道，打破教育资源垄断，是一个体系化工程。从宏观上看，全面推进乡村振兴，促进东西部和城乡协调发展，完善收入分配制度等是终极道路。避免贫穷代际传承，让每一个孩子无论贫穷富贵都能均等享受到良好教育的机会，让每一个孩子都能够有机会依靠自身努力挣脱阶层，是中国教育改革、乃至全面深化改革的使命之所在。

# 第1章　逻辑经纬

幻想是诗人的翅膀，假设是科学的天梯。

——歌德





## 自然科学的映射

在湾区听过张首晟①的报告。他是一个理论物理学家，对把世界浓缩在一个小卡片上寄予信仰，梦想用一个公式概括整个世界。只可惜梦未圆，人已逝。他在报告中挑选了几条认为最大道至简的定律和公式进行阐发。其中有几个深刻赞同，足以发挥第一性作用：

第一个是欧几里得的几何定理。把错综复杂的理论体系搭建在五条几何公理上，用来追逐确定性。

第二个是爱因斯坦的质能方程 $E=mc^2$。将物质与能量、时间和空间以方程的形式统一了起来。

第三个是熵的公式：$S=K\cdot\ln W$。世界终究从有序走向无序，最终走向热寂。

第四个是量子力学的海森堡不确定性原理，遵守不等式 $\Delta x\cdot\Delta p\geqslant h/4\pi$。“我们不可能知道现在所有的细节”，让科学界大腕们之前认为已经基本建成了的科学大厦轰然倒塌。

在启蒙运动的推波助澜下，将自然科学映射于社会科学，是可想而知的思维惯性，就像拿着锤子的人看到的都是钉子一样。所以很早就诞生了诸如社会物理学用机械世界观来洞察人类社会运行，把人类的群体看作原子聚集行为。例如，

① 张首晟（1963～2018年），江苏高邮人，美国华裔物理学家。

托马斯·霍布斯[1]写了《利维坦》，用伽利略分析运动行为的逻辑来推导国家政治结构，成为欧洲王室必读书目。奥古斯特·孔德[2]提出了社会物理学的概念，用社会静力学来分析人类社会的基本结构，用社会动力学分析社会结构的演化过程。马克思也借船出海提出了社会物质（social matters）和社会生产力（social productive forces）的概念。此外，用物理学视角研究社会学的还有弹性经济动力学、社会熵理论、社会相变理论、社会重整化理论等。

但需要说明的是，自然科学的大厦是架设在简化过的假设基础之上的，具有严格的前提，没有假设的自然科学无法立论和存在。但是社会科学研究的是人，单个人的行为已经很复杂，作为集群或共同体的人类社会更是复杂系统，难以简约。人类不是实验室中的小白鼠，既不可能是，也不应该是。这种用自然科学方法来映射人类社会的方法，更多的是一种隐喻和借鉴。



## 熵的世界观



### 时间难倒回·空间易破碎

1865 年德国物理学家克劳修斯最先提出了“熵”。这是热力学最重要的物理量，用来度量一个系统内的混乱度、无序度。

“熵”（entropy）的概念有些晦涩，但延伸性极强，类似于老子的“道”，许多自然现象乃至社会现象都可以用熵来阐发。一千个观众眼中有一千个哈姆雷特：在化学中，熵是无用性的度量；在统计力学中，熵是某个宏观状态所对应的可能微观状态的排列数目；在信息论中，熵表示不确定性；在生态学中，熵代表生物多样性；在社会学中，熵则比喻了人类社会的复杂程度。

如同死亡、税收和达摩克利斯之剑一样，热力学第二定律高悬在我们所有人头顶上。内涵是，热量只能从温度高的地方自动流到温度低的地方，而绝不可能相反。从熵的角度来描述也可以表达为“熵增定律”：事物会时间不可逆地趋向于混乱无序。所有物质和能量只能沿着时间轴的方向耗散，不可挽回地走向混乱

---

① 托马斯·霍布斯（Thomas Hobbes，1588～1679 年），英国政治家、哲学家，被认为是第一个近代唯物主义者。著有《利维坦》等。

② 奥古斯特·孔德（Isidore Marie Auguste Francois Xavier Comte，1798～1857 年），法国哲学家，社会学和实证主义的创始人。著有《论实证精神》《实证哲学教程》。

和荒废。

千禧年前有一首歌《广岛之恋》脍炙人口。每当听莫文蔚唱到“时间难倒回，空间易破碎”的时候都心情一暗，这歌词恰好戳中了熵增定律死穴：一是时间的不可逆性；二是结果的悲剧性。物理学定律有了时间纵深感，用公式表达出“时过境迁”和“覆水难收”，与预设为宇宙永恒的机械世界观大相径庭。

熵增定律告诉我们历史是滚滚长江东逝水，浪花淘尽英雄。大至宇宙星系，小至分子原子，一切终将尘归尘、土归土。桌上越来越乱，生活越来越卷，组织越来越臃肿，学科越来越细分，信息垃圾越来越多，体检指标超标的越来越多，彻夜聊天的朋友越来越少。所有系统都将退化，最精巧的机器，最伟大的企业，最完美的生物，你和我。对宇宙终极命运的猜想是“热寂”。宇宙从最初的奇点的有序状态，一生二、二生三，三生万物，向着无边无际扩展。当宇宙熵达到最大时，寰宇同此凉热，只有陷入沉寂的天地玄黄、宇宙洪荒，所有的文明和所有的记忆都将埋葬。

熵的世界观具有悲观倾向。它质疑了工业文明贪婪放任、缺少节制的增长癖文化。君不见，环境污染、疫情肆虐、雪山融化、货币超发、社会撕裂、类型分化、信息爆炸、娱乐至死……人们向大自然贪婪地索取和施虐，追求着效率和速度的最大化。而殊不知，熵增的终点即意味着毁灭。





## 好的制度生成负熵

熵增是普适、终极的。为了对抗衰亡的终极命运，无论生物体、组织机构还是人类社会，都在想方设法对抗熵增，获得负熵，让杂乱无章变得有秩序，实现系统韧性和可持续发展。

1944 年薛定谔在那本略显逻辑混乱的《生命是什么》中创造了金句：生命以负熵为食。王小波在《我为什么写作》中对熵的解释倒是清晰易懂，他说水往低处流、苹果掉下地、狼把兔子吃掉，这些随波逐流都是熵增，而他自己逆时代大潮、以写作为业，是负熵过程。

做个拙劣的打油诗来列举熵增和负熵过程的关系：

自然风化是熵增，聚沙成塔做负熵；

覆水难收是熵增，蒸汽冷凝做负熵；

挥霍能源是熵增，提纯制备做负熵；

污染破坏是熵增，低碳循环做负熵；

抢道拥堵是熵增，交通规则做负熵；

由俭入奢是熵增，由奢入俭做负熵；

松懈懒散是熵增，断舍自律做负熵；

一团乱麻是熵增，井井有条做负熵；

存量思维是熵增，配置思维做负熵；

恶性竞争是熵增，深度协同做负熵；

多元分裂是熵增，法律规则做负熵；

穷兵黩武是熵增，化敌为友做负熵；

人口激增是熵增，科技进步做负熵；

礼乐崩坏是熵增，纲常有序做负熵。





综上所述，一切逆流而上、克服躺平、形成秩序的过程都是负熵。对于社会运行来说，有效的制度安排会带来负熵。这里是用“制度”替代了社会领域的“秩序”。之所以做替换，是考虑到西方语言将二者经常是混用的，无论是弗里德里希·冯·哈耶克①还是道格拉斯·诺思②在使用 social orders 时，都表达出了“制度安排”之义，此处按奥卡姆剃刀原则姑且画个等号了。

制度，是人们设计出来用以约束相互行为的框架，是一种固化的行为模式，一种人类常规行为叠加的结果，一种约定的游戏套路，一种浓缩的博弈规则，一种流行的心理态度，一种无形的社会公共产品，所谓“没有规矩不成方圆”。制度的本质是规律的总结，把人们的常规行为轨迹叠加，形成相对固定的行动路径，确定选择空间的边界。就像电子跑动多的地方就画出了电子云，制度就是人们为人处世的规律云，把一切未来不可期事物纳入统一体系，把复杂体系变得可简化、可定义、可操作、可一键直达、可有效减少交易成本，减少经济社会生活的混乱和低效率，带来制度红利。

当制度创新乏力，绝大多数人都囿于一个坏的制度框架无法自拔时，制度红利的边际效应递减，就会形成内卷（involution）。“内卷”这个词翻译精妙，反义

① 弗里德里希·冯·哈耶克（Friedrich August von Hayek，1899～1992 年），英国经济学家、政治哲学家，坚持自由市场资本主义、自由主义，奥地利经济学派最重要的成员之一，1974 年获得诺贝尔经济学奖。著有《通往奴役之路》《自由秩序原理》等。

② 道格拉斯·诺思（Douglass C. North，1920～2015 年），美国经济学家、历史学家。建立了包括产权理论、国家理论和意识形态理论在内的“制度变迁理论”，1993 年获得诺贝尔经济学奖。著有《经济史中的结构与变迁》等。

词是演化（evolution），直译是向内演化，意译就是绕圈圈，就是代表无序混乱的熵增。在自然界，生物要么向上演化，从单细胞动物进化到直立人；要么向下妥协，即内卷，用重复低阶量变锁死质变。例如今日教育领域的“鸡娃”现象、剧场效应、学历膨胀，盖因内卷之祸。当所有人都内卷，就跌入失控的纳什均衡底部，满盘皆输，无人赢家。

## 自组织的世界观

### 生命活力创造演化

如果说19世纪的“热寂说”是悲观主义的，那么在20世纪出现的“活力说”则是反机械论和反熵增的，表达了更为积极乐观的态度。亨利·伯格森[①]在1907年提出了“生命冲力”（法文 élan vital；英文 vital impetus），把人类与死寂的物体和一般的动物分离出来，从宇宙视角回归到自我视角，强调了人的特殊性。生命冲力，可以被理解为一种强劲的生命力量，一种充满创造性的活力，或粗糙理解为气功大师讲的“真气”，或是某种“天地之精华”。伯格森认为，是生命冲力在自主地决定演化，而达尔文理论里外界环境不过是生命演化的外部原因和产生变异的契机。生命永远处于动态，生气勃勃，生机盎然，没有末世和终结。因为拥有活力，生命的进化方向不是机械的、随机的和毫无目的，而是有机的、开放的和蕴含着人类的创造力的向上生长。一切的答案在于活力。从活力的观点来看待个人和社会，就能够理解邓小平同志所说的“改革就是搞活”，理解大众创业和《大繁荣》的内在逻辑，理解营造积极文化和鼓励创造性思维的价值，理解构建活力社会和促进国家繁荣的联系。

亚里士多德把生命解释为一种自组织的力量，它推动着生命体向阳而生。自组织的世界观，正是基于对世界的观察，在生物演化、技术进步、社会发展等系统中寻找共性与特性。在这个自组织的世界里，我们发现即便是冷冰冰的非生物体，也可被赋予生命智慧体的活的特征。它们灵活多变，不确定性中隐隐然着某

① 亨利·柏格森（Henri Bergson，1859～1941年），法国哲学家和作家，1927年获得诺贝尔文学奖。生命哲学代表人物，倡导“绵延”和“直觉”。著有《形而上学论》《论意识的即时性》《创造进化论》。

种秩序，某种能量，某种向上生长的生命冲力。

从这个视角看宇宙，虽然终将消亡，但它不是熵增定律描述的那种从完美开始、以衰亡混乱告终的线性过程。宇宙有了“活性”，就像具有生命体特征一样，经历着“起源—生长—衰落—解体”过程。历史演化不再是单调的、直线的，有进化与退化，有必然也有偶然，有渐变也有突变，有负反馈也有正反馈。

物理定律的世界观参见表 1。

**表 1　　　　物理定律的世界观**

| 机械世界观 | 熵世界观 | 量子世界观 | 自组织世界观 |
|---|---|---|---|
| 宇宙永恒<br>时间可逆 | 宇宙终将衰亡<br>时间不可逆 | 一个宇宙<br>多个历史、时空流动 | 宇宙经历生命周期<br>时间不可逆、不确定 |
| 中观、宏观 | 宇观 | 纳观、微观 | 宇观 |



## 开放包容造就活力

1969 年伊利亚·普利戈金①建立了耗散结构理论，将一种具有新陈代谢性质的开放系统命名为“耗散系统”②。这个概念非常重要，它突破了物理世界范畴，将生命体和人类社会、具体和抽象概念折叠在一起，把几乎所有的自组织系统都囊括其中。包括生体、机构和社会、城市和国家、整个生态系统，乃至整个宇宙。

所有耗散系统都具备开放、非线性、远离平衡等共性，妙处在于体现了“新陈代谢”特征。即自身不断地产生熵，不断地从环境汲取负熵流，此消彼长，吐故纳新，生生不息。“活”是精妙之所在。

普利戈金着手构建了一个热腾腾、活泼泼的自组织的世界观。世界一分为二：一个是一种“死”的平衡结构；另一个是“活”的耗散结构（参见表 2）。宇宙万物就此分成两大类，比如人造物是死的，人是活的。凡属“死”的，多是自上而下安排出来的，无所谓进化或者发展可言；凡属“活”的，则是自下而上地自发生成，被赋予了绵延不绝、向上攀登的冲力。

---

① 伊利亚·普利戈金（Ilya Prigogine，1917～2003 年），比利时物理化学家和理论物理学家，非平衡态统计物理与耗散结构理论奠基人，1977 年获得诺贝尔化学奖。

② 耗散系统（dissipative system），是指一个远离热力学平衡状态的开放系统，通过与外界环境交换能量、物质和信息来维持自身平衡。

**表 2　　平衡结构与耗散结构比较**

| 平衡结构 | 耗散结构 |
|---|---|
| “死”的系统 | “活”的系统 |
| 他组织 | 自组织 |
| 无生命世界<br>人造物品 | 细胞、植物、动物、人类<br>公司、大学、城市、国家、宇宙 |
| 自上而下安排而成<br>静止状态、无法再生、标准答案<br>（计划经济、工业生产等） | 自下而上自发生成<br>自组装、自复制、自适应、自修复<br>宏观有序、微观自由、开放体系、动态变化<br>（生物进化、市场经济、技术创新等） |

开放性和包容性是耗散结构保持旺盛生命力的重要条件。开放性可以实现与外界进行信息和物质交换，让系统保持生机盎然。包容性鼓励竞争与合作，注入了多样性的异质文化，丰富了创见。

例如，文艺复兴起源于佛罗伦萨，因为美第奇家族招纳了一大批欧洲杰出的哲学家、艺术家、建筑师于斯，在这个美丽的托斯卡纳古城里发生化学反应，催生了文艺复兴。同理可得，高等教育语境下的寄宿学院制培养精英人才、打造学科交叉载体开展科研、不同学科背景学生开展联合课题研究，底层逻辑都在于对开放性和包容性的兼容，由此催生出绵延不绝的蓬勃生机。

## 协同共生的世界观

### 协同导致有序

复杂系统的复杂性不仅体现在构成系统的元素数量庞大、种类繁多上，而且体现在要素间的相互作用关系复杂。生命不能还原成零件的组装，社会也不能拆分为个人的叠加，整体不是各个部分简单的线性叠加。即还原论失效了，“$1+1\neq2$”。

面对复杂问题，我们大可以使用上帝视角，可以忽略一些细节信息。例如，我们不用通过单独研究一只蚂蚁，而是从整体的涌现特性去理解群落智慧。

“协同”一词来自古希腊语，或曰协和、同步、和谐、协调、协作、合作、共振等，也是本书出现频率最高的词汇之一。20 世纪 70 年代创立的“协同学”汲取了耗散结构理论的养分，主张“协同导致有序”。如果想从无序转向有序，就必须协同。当协同作用占主导地位时，复杂系统会自组织从混沌状态向有序状态转变，帮助组织建立合法性、降低交易成本，实现关系承诺、组织间信任和边界突破等，获得“1 +1 >2”的协同效应。所谓“人心齐，泰山移”。

## 协同共生跃迁演化

20 世纪 70 年代林恩 · 亚历山大 · 马古利斯①的连续内共生理论，同样具有革命性。她认为，在细胞里面有着双重遗传系统：一类是细胞核内的 DNA 遗传物质，这个已被主流认可；另一类则显得另类了，是在细胞核外，那些被细胞吞噬的外界细菌的组成部分，和细胞一起携手共生，孕育出了线粒体、叶绿体等能够携带遗传物质的重要组件。打个比方，我们把活细胞当作一个城池，本地居民（相当于自家的 DNA）不断繁衍生息；特洛伊木马把外地人（细菌）送进城里，和土著居民组成家庭生出孩子，成为遗传物质的一部分共同繁衍下去。





连续内共生理论有别于达尔文主义认为的生命由竞争而驱动演化，其革命性在于隐喻了“生命并不是通过战斗，而是通过协同占据整个星球”“共生是进化创新的源泉”，它提供了一个新视角：生命因为协同共生得以演进。因为和外来的新鲜元素融为一体，不断驱动演化和催生多样性！解释了跨边界、跨学科、跨文化、跨区域的重要性，不仅是做一个加法，更是一粒点化演化进程的种子，是一束照亮暗夜长空的希望之光。

综述协同理论和连续内共生理论，可以看到协同共生的价值不仅在于增效（1 +1 >2），满足工业社会对效率的渴望；更在于协同新变量可以成为组织创新演化的动力源，会使组织越变越好，品质更优，价值更高，带来演化进程的跃迁、登上新的能级。

---

① 林恩 · 亚历山大 · 马古利斯（Lynn Alexander Margulis，1938 ~2011 年），美国生物学家。著有《性别的起源：基因重组的 30 亿年》《什么是生命?》等。

## 软物质的镜像空间

### 广义软物质定义人类社会

当自然科学研究随着理论进步和工具箱的丰富不断跨越之时，对社会学的认知也在不断更迭。一种被称为“广义软物质”的学说，被认为可以涵盖社会科学的范畴，可以用来解释一些社会现象。

软物质是介乎于固体与液体之间的一种物质，软中带韧、硬中有柔，刚柔并济、张弛有道是它的直观属性。软物质在自然界中广泛存在，包括肥皂、橡胶、塑料、玻璃、冰淇淋和化妆品，以及生命体系的细胞和蛋白质等，洋洋大观。其成分复杂，性能特殊，组分由高分子主导，需要兼顾高分子链聚集态结构等多重因素，所以宏观上兼具固体和液体的性质，在对外界环境响应时，体现了韧性、塑性以及热缩等特殊性能。

软物质穿梭于流固之间，辩证统一于弹性和刚性之间，复杂厚重的体量中又镶嵌了自组织行为的有序性，与人类社会的构成有异曲同工之妙，故而被视作“广义软物质”拓展到社会学领域。本书对比了其特性与共性，建构了一个人类社会到物理世界的镜像王国（参见表3）。

**表3　　人类社会和物理世界映照**

| 类别 | 人类社会 | 物理世界 |
|---|---|---|
| 组成和结构 | 人 | 原子 |
| | 共同体（家庭、社团、国家等） | 分子 |
| | 社会 | 软物质[①] |
| | 地缘 | 元素组成 |
| | 社会关系 | 构效关系（链结构、构型、构象、异构、交联、柔顺度等） |

续表

| 类别 | 人类社会 | 物理世界 |
| --- | --- | --- |
| 性能 | 社会制度 | 运行规律 |
| | 熵（社会的混乱度） | 熵（物质的混乱度） |
| | 场域 | 场 |
| | 社会韧性[②] | 材料韧性（材料恢复原状的能力） |
| | 社会塑形[③] | 材料塑性（材料保持形变的能力） |
| 变化 | 人群流动（跨阶层跃迁、跨区域流动、城市化等） | 分子运动（玻璃态、高弹态、粘留态、弛豫、流变等） |
| | 偶发事件（环境突变、瘟疫战争等） | 引发[④] |
| | 社会环境跃迁（技术进步等） | 催化[⑤] |

注：①软物质（soft matter），是指处于固体和理想流体之间的复杂态物质。它的基本特性是对外界微小作用的敏感性、非线性响应、自组织行为等，又称为软凝聚态物质（soft condensed matter）。

②社会韧性（social resilience），是指社会系统恢复原有秩序的能力，例如汶川灾后重建。

③社会塑形（social shaping），是指社会系统发生变迁并保持秩序的稳定性，例如三峡库区移民。

④引发（initiation），是指通过加入引发剂启动和诱导化学反应发生，就像放爆竹时点火一样，又称为链引发反应。

⑤催化（catalysis），是指通过加入催化剂，降低反应活化能，促进反应速率增加或者减少。



《道德经》写道，“小国寡民……邻国相望，鸡犬之声相闻，民至老死不相往来。”老子的理想国是个自给自足的经济体，吃喝拉撒都是自己内部解决，国与国之间无须往来，这样的社会形态就不具备软物质特征，更像是一颗颗散装的铜豌豆。不过要说明的是，老子时代的“国”是很小的概念，几千人就可以立国。真实社会中，这样的不相往来兀自独立的小国几乎不存在，或许只有在《西游记》的抽象设定里才可能存在。

所幸老子更多关心的是大国的治国方略，“治大国如烹小鲜”。在社会被全球化拉平的现代社会，这种分割孤立、毫无关联的小国寡民之间的界面关系难以存在。即便是封闭的岛国，与世隔绝的桃花源，也早已被工业革命浩浩荡荡的世界大同打开了界壁。人与人、群体与群体、国与国之间的关系越来越错综复杂，越来越紧紧地缠绕在一起。它们之间的界面关系，正如软物质所呈现的胶着状态，存在着相变、塑性、韧性等特质。更有趣的是，呈现出社会活性越高（温度越高）、体系越有序的局面，符合了高分子特有的“热缩”效应。

## 典型人设分析

人是万物的尺度。人性假设是讲好故事的基础，没有假设，就没有抽象，也无从建立起共性的探究。任何学科都离不开对人性的把握和预设，就好比物理学首先要假设孤立系统、封闭系统和开放系统等。无假设不物理，假设是物理世界的前置条件。

### 粒子视角 · 理性人

理性人假设，又称经济人、实利人或唯利人。把单个的人或者经济主体抽象为彼此不相干的粒子，认为每个粒子都遵从利益最大化原则。这个假说源于亚当·斯密，所谓“天下熙熙，皆为利来；天下攘攘，皆为利往”，他认为每一个从事经济活动的人都是利己的，并且是完全理性的，可以通过市场经济“看不见的手”的指引来增进社会福利。

尊重个体理性、关注个人价值是西方文明的主要特征之一。只是有时会担心，当每个人都成为孤单的粒子，社会成为一盘散沙，个人主义就成为社会的微观基础。正如我们看到的西方社会的一对“双生花”：一方面选择了尊重自由和包容多样性，鼓励自由探索，点亮了“科技树”，让每一个体的能量获得释放；另一方面认为市场经济完美有效，工具理性合情合理，个人主义到极致，或变作个人算计，演变成为本位主义、利己主义、享乐主义、机会主义和功利主义。

所幸之后又有众多经济学家对理性人假设进行了补充修正。例如考虑到人的知识结构、记忆能力、意志力和计算能力有限，以及信息不完全和环境不确定等因素，提出了有限理性经济人假设，以及强调自我实现的 Y 理论、权益应变的超 Y 理论、关注文化的 Z 理论等。没有一统天下放之四海而皆准的方法，就像超 Y 理论说的：“无绝对意义上的完美的理论”。

### 元素视角 · 地缘人

地缘是地理因素的简称，包括经纬海拔、资源禀赋、区域方位、气候条件、生态屏障等。因为地理差异造成了不同区域之间的差异，影响了人类社会的诸多表现。

地缘决定国家和文明的走向。生活在不同地域上的人，由于生存方式的不同，心理和行为特征也不一样。千百年历史折叠于一方水土，天长地久就结晶出独特的性格来。例如，燕赵多壮士、江南出才子；大陆文明内敛、海洋文明开放等。《枪炮、病菌与钢铁》认为是欧亚大陆独特的地理位置和自然资源，才得以获得胜算。萨缪尔·亨廷顿①提出了基于地缘文明冲突论，绘制了“文明圈”地图和演化脉络。

地缘影响政治格局。海权论、陆权论、边缘地带理论、多极理论是当今西方地缘政治思想的基本框架，也是世界格局合纵连横的行动指南。

地缘因为异质性，天生带有傲慢与偏见属性。虽然任何单一的地理决定论都未必可靠，很容易找到反例，但是就像元素之组成和物质性质的相关性一样，虽不能称之为充分必要条件，但一定是重要影响因素，在漫漫历史长河中更显底色。

## 界面视角·社会人

人类从来没有、也不可能以离群索居的形式来统治这个星球。每个人需要和其他人打交道、说闲话、看热闹，通过群居来维持存在感，参与家庭、群体、家族、社会和国家等共同体的生活。亚里士多德说“人是天生的政治动物”，人具有社会性，如果脱离社会，非神即野兽，不再为严格意义上的人。





所以马克思提出了“社会人”假设，指出人是社会关系的总和，认为人是实际存在的、处于社会网络中的。社会人不仅有追求收入的动机和需求，在生活工作中还需要得到友谊、安全、尊重和归属感等。

从物理的角度看这个假设同样成立。现代科学告诉我们，包括宇宙光谱都验证了世界是原子构成的，但早已不是两千多年前德谟克利特假设的粒子式的原子。在社会关系的天罗地网下，没有一个原子能够独善其身，必然受着复杂的微环境影响，被种种力量牵绊：①有的原子单独存在，有的通过组成分子存在；②原子之间的作用关系根据远近亲疏各不相同，有的是密不可分的化学键，有的是若即若离的范德华力；③物理学有“场”（field）的认知范式，是对在周边区域内存在的相互作用的统称，例如引力场、磁场、电场，物理学家认为动量都寄托于场之中。恰如人在社会网络中有“场域”（field），二者概念本就同根同源，能够解释很多社会现象，例如社会关系是多种构效关系的集合，大部分是合作—引力，掺杂着少许竞争—斥力。多种力场叠加在一起、黏合在一起，在不断地运动和演化中，形成了或密或疏、有张有弛的社会百态。

① 萨缪尔·亨廷顿（Samuel Phillips Huntington，1927～2008年），美国政治学家。著有《文明的冲突与世界秩序的重建》。

无论是新旧制度经济学派还是马克思的政治经济学派，都是研究制度问题的，他们对制度的重要性都十分看重。“制度人”假设，即在“经济人”假设之上融入了制度博弈的过程，行为动机既有利己又有利他的双重性。

制度分为：①正式制度（成文的规定，如法律法规、合同契约、技术标准、经济规则等）；②非正式制度（风俗习惯、价值观念、道德规范、潜规则等）；③参与社会博弈并提供公共服务的主体（如行业协会、大学、法庭、机场等）。

制度的效用主要有：

一是达成一致性预期，减少交易成本。例如货币制度、期货市场、文凭制度、开车要靠右行等。卡普兰在《反对教育的理由》中提出了有些激进的看法，认为教育 80% 的价值就是信号，但某种程度上印证了文凭制度的便捷性。一个人能够获取高等学位，意义在于传递出一种信号“他足够聪明和有毅力”，可以迅速解决信息不对称，节约获取信息的交易成本。又如，美国公立大学格外重视体育运动，学校工资最高的是橄榄球队教练，而在私立大学恰好相反，两校橄榄球教练工资差了 50 倍。原因在于普通公众无从判断学校之好坏高低，大学拥有一支好的橄榄球队相当于打广告，所以学校宁愿用橄榄球队教练的工资为品牌溢价，形成了信号机制。而这个关乎体育的潜规则经过市场之手的推波助澜，放大了美国高校的体育热情。

二是调节人的行为，促进合作共赢。通过制度设计，处理个体理性和集体理性、个人主义与集体主义之间的关系，如专利制度、拍卖制度、公司制度、产权制度、激励制度。

更进一步，对一个有血有肉的社会来说，单一靠法治是远远不够的，会治标不治本、治身不治心。所以不仅要强调“惩恶”，更要“扬善”，需要软性制度的润滑来减少人际张力，促进和谐有序。如道德风化、家庭制度、儒家“君君臣臣父父子子”的礼法、宗教等。

三是利用制度的长期主义，促进博弈进化。博弈均衡概念解释了社会现状和构成社会秩序的动力机制。好的制度一定是能把系统搞活的制度，避免损人利己甚至损人不利己的囚徒困境。最高级的制度形式是实现自组织，开放性和包容性的制度会造就繁荣和创新。相反，坏的制度是失控的制度，限制性的制度会抑制经济发展，榨取式的制度会带来衰退、扼杀创新。

## 发展要素金字塔

前述已经列举了支撑社会发展的几个因素：个人、地缘、制度、人际界面，它们彼此影响相互牵制，发挥着不同的效用，托举起社会进步演化和稳稳的幸福。那么问题来了，哪个因素更为重要？

按照古典经济学假设，稀缺性是第一原则：在农业时代最稀缺的要素是土地，因为每一株作物光合作用都需要阳光、空气和土壤，所以追求“普天之下莫非王土”，地缘决定社会演化的走向；进入了工业社会后，土地的地位大不如前，货币、资源等流动性强的要素发挥起支配作用，制度安排的重要性日益突出了，得效率者得天下，制度影响着社会演化的加速度；到了知识社会，生产远大于需求，提高效率不再能增长社会总财富，最稀缺的要素变成了人际交往界面，得人心者得天下。





阿历克西·德·托克维尔[①]在《论美国的民主》提出制度得以成功的三个原因：地理环境、法制和民情，其中最重要的就是民情。但显然不如孟子老人家总结得更精妙，“天时不如地利，地利不如人和。”按此逻辑建构发展要素金字塔（参见图1）。这也是本书的逻辑架构：先切分大时代趋势，再划分具体地理区域，到第三层是人的层面，包括人口特征、人际界面（社会关系）、制度设计等。

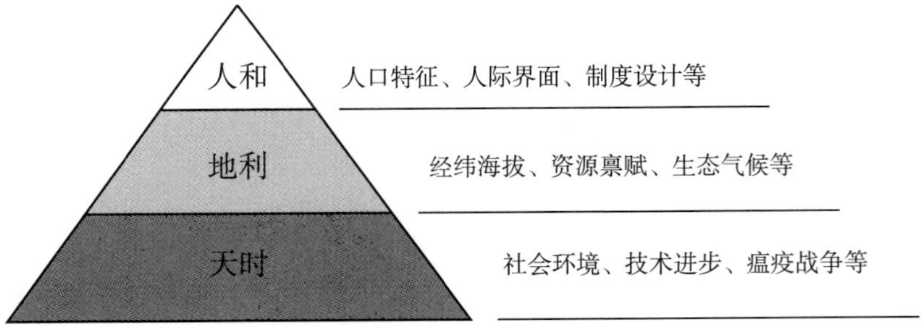


**图1　发展要素金字塔**

① 阿历克西·德·托克维尔（Alexis-Charles-Henri Clérel de Tocqueville，1805～1859年），法国历史学家、政治家。著有《论美国的民主》《旧制度与大革命》等。

# 第2章　大势何往?

而今我谓昆仑：不要这高，不要这多雪。安得倚天抽宝剑，把汝裁为三截？一截遗欧，一截赠美，一截还东国。太平世界，环球同此凉热。

——毛泽东

## 演化历程丨环球同此凉热

看清大势必须依靠历史。人类历史的起承转合常常被分为三截，各有角度，各自成篇。非常喜欢阿尔文·托夫勒[①]的划分法，他的《第三次浪潮》成书于1980年，曾风靡一时。作为未来学读物略显中古，但至今依旧令人澎湃、引人深思。他把人类历史上开始发展农业、建立封建制度称为“第一次浪潮”，把19世纪60年代工业革命和建立资本主义制度称为“第二次浪潮”，把20世纪50代晶体管技术伊始（又被称作第三次工业革命）称为“第三次浪潮”。

这世界那么多人。在光阴的长廊里，每个时刻都足以撑起一部包罗万象的史诗。挑选了三个特定角度，来分别呈现在我看来三个时代最宝贵的馈赠。这些影响至今的重要变量分别是：农耕社会形成的地缘文明逻辑，工业社会催生的产业逻辑，知识社会足以摧枯拉朽的技术逻辑（参见表4）。

① 阿尔文·托夫勒（Alvin Toffler，1928～2016年），美国未来学家。著有《未来的冲击》《第三次浪潮》《权力的转移》等未来三部曲。

表 4　　人类社会演化三阶段

| 发展阶段 | 1.0 阶段<br>农耕社会 | 2.0 阶段<br>工业社会 | 3.0 阶段<br>知识社会 |
| --- | --- | --- | --- |
| 时间跨度 | 约 5000 年<br>18 世纪 60 年代前 | 约 200 年<br>18 世纪 60 年代至 20 世纪 60 年代 | 后现代<br>20 世纪 60 年代后 |
| 别名 | 马力时代<br>金属时代 | 电力时代<br>燃料时代 | 算力时代<br>量子时代 |
| 共性技术 | 金属冶炼技术<br>简单机械制造 | 蒸汽机、纺织、火车<br>内燃机、电气、汽车 | 量子技术、新材料、新能源<br>晶体管、计算机、互联网、新一代数字技术 |
| 产业结构 | 农业为第一大产业 | 工业为第一大产业 | 服务业为第一大产业 |
| 资本投入形式 | 劳动力密集型 | 资金密集型 | 知识密集型 |
| 最稀缺要素 | 土地 | 货币、自然资源（石油等）<br>得效率者得天下 | 创造力、有效信息<br>得人心者得天下 |
| 生产组织形式 | 自组织<br>以家庭为单位<br>春种秋收冬藏 | 他组织<br>以工厂为单位<br>社会化大生产 | 自组织<br>以个人为单位<br>开放式个性化 |
| 劳动主体 | 农民 | 工人 | 知识劳动者 |
| 劳动者核心素养 | 深耕细作能力 | 要素集成能力<br>核心竞争能力 | 信息检索能力<br>协同整合能力 |
| 劳动对象 | 土地 | 工业原材料<br>大自然 | 宏观（空天）<br>中观（新材料）<br>微观（细胞/纳米/量子） |
| 新增能源 | 人力、畜力、风力、水力 | 煤炭、石油、天然气、电力 | 清洁能源、可再生能源、核能 |
| 体力/脑力耗费 | 9:1 | 6:4 | 1:9 |
| 社会结构 | 金字塔 | 金字塔 | 扁平化 |
| 社会运转基本单元 | 家族 | 家庭 | 个人、多样的家庭形态 |
| 核心价值 | 勤奋 | 工业+资本<br>效率+规模 | 知识+网络<br>协作+混搭 |
| 时间观 | 循环、重复、轮回 | 线性、累计 | 即时、超越空间边界 |
| 财产观 | 共有 | 私有 | 共享 |

## 农耕社会丨文字与利剑

### 西方·原子化社会

西方是中国理解自己最重要的他者。因为兴趣使然，我对西方的艺术、人文、建筑、高等教育等倾注过不少精力。尤其喜欢欧洲的历史悠久、文化灿烂，认为这是世界上与中国最具可比性的区域。但会觉得欧洲在民族性格上相差甚远，那股被破碎地缘孕育出的小家子气总是不对味儿。这段大白话或可简约为：文明的冲突。

一看“天时”。

在农业产生以前，人类依靠野生动物和野生植物果实、根茎等生存，过着饿则觅食饱则弃之、有上顿没下顿的日子。从人类革命性掌握制造工具、农业生产率大幅提高、仓廪实而知礼节后，社会进入了自发演化历程。在这段中古时代里，欧洲总体上是纷乱、高熵和低发育的。早期的欧洲人长年刀耕火种、渔猎为生，在发达的古罗马人看来，北方人无异于蛮族。直到中世纪晚期，农业始终比较粗放，以轮作农牧混合农业和农奴劳役制田庄经济为主。可以说，无论是农业机械、种植技术，还是生产力和生产关系，都落后于同时期精耕细作的中国。17～18 世纪，来华传教士认为欧洲单位土地的粮食产出和中国相比要低很多。

二看“地利”。

欧洲被中央的阿尔卑斯山、比利牛斯山等割裂得七零八落，就像一个中央隆起的调色盘：山地多、岛屿多、内海多、大块平原少。民族情况也相当复杂，日耳曼人、凯尔特人、斯拉夫人、拉丁人、闪来特人、马扎尔人，又演化出几十个民族分支，子子孙孙无穷尽也，无怪乎欧洲是民族主义的诞生地，地缘政治之复杂冠绝全球。

三看“人和”。

其实我这里把欧洲、北美等一股脑统称为西方是不负责任的做法。因为海洋文明的英美讲的是经验主义、实证主义和归纳法，更提倡自由市场，擅长精英制的私立教育，整体偏“右”一点；作为大陆国家的德法讲的是浪漫主义、唯理主义和演绎法，强调政府调控和高福利高税收，重视举办公共教育，整体偏“左”一些。它们彼此之间就很难调和，本就不是天生的盟友。各个国家之间的关系错综复杂，积怨深重，否则不会两次世界大战都发轫于此。甚至有学者认为德国不是西方国家。所以在本书第 3 章讨论高等教育国家雁阵时，会按照国别逐一进行剖析。

毛主席说："除了沙漠，凡是有人群的地方，都有左中右，一万年以后还会是这样"。这里的一概而论仅仅是为了讨论方便，至少相对于更注重辩证逻辑的华夏文明而言，这些西方国家注重形式逻辑的底层思维是相对一致的。

在古代欧洲，因为地缘支离破碎，人口成分复杂，内部秩序始终未能建立起来，长达千年的中世纪可以看作一个大号的战国时代。宗教固然在梳理欧洲秩序中发挥了重要作用，但是自身在欧洲也经历着演变分裂和熵增，天主教、东正教、新教、伊斯兰教长期博弈，基督教会与王权对立的二元结构成为基本秩序框架。眼见它，纷争战乱频仍：宗教裂变，蛮族血洗，海盗骚扰，黑死病惨烈。还有更深刻和宏观的因素：王权、贵族和封建领主之间的倾轧，北方的军事征服和南方的宗教洗礼，海洋文化和大陆文化的交织，古希腊罗马文化和基督教文化的分歧，农耕文明、游牧文明和商业文明的差异等。诸多因素夹逼之下，欧洲就像一张比萨饼，在中世纪幽暗的小火苗烘烤中，磨磨蹭蹭地晚熟着，人口增速缓慢。各民族你方唱罢我登场，逐步走向小国林立、社群分隔的割据局面，直到今日形成四十多个独立政权。

欧洲为了对抗有限资源和熵增的矛盾，后来选择了外向扩张的开放逻辑，通过大航海时代和地理大发现，发明了资本主义和殖民技术，将全球资源连接起来，构成了世界范围内的耗散系统，在工业时代称霸了世界。

美国的发展同样得益于开放社会的构建。当新教移民跨越大西洋到北美东部登陆后，不断开疆辟土向西拓展，不断扩大版图。历经两次世界大战，将势力范围逐渐扩大到全世界，从军事、政治版图的霸权扩展到国际金融、能源、产业分工版图，甚至提出火星移民计划，从全世界、全宇宙吸取负熵流，以抵消自身的高熵增，这个貔貅式扩张逻辑始终未变。作为西方文明新贵和盟主，美国对外靠扩张消解矛盾，对内凭借自身优越的中央大平原地理设置，仍然保持着联邦级统一格局。然而，近年来也被各种标签撕扯得五花八门，在堕胎权、非法移民、枪支管控、气候变化、性少数群体等问题上四分五裂，别的不说，连人类性别都能细分出六七个亚类，真是将分裂创新到了新高度。所以有期刊给美利坚合众国设计了一个新名号——美利坚分众国（The Disunited States of America）。

概而言之，和中国主张自上而下不同，西方文明多采用自下而上的叙事逻辑，具有自组织特征，更强调微观特性。用二元论定义世界，把万物分为“我的”和“不是我的”两类，在政治理念、意识形态、价值文化等层面强调反差，创造出了民族主义和种族主义，定义了阶级和政党、左和右等对抗性概念。将这些差异无限切割细分，直到个人主义，直到成为原子结构的社会。把人群按照五花八门的标签划至各种子集，在各自的信息茧房中强化傲慢及偏见。这样的社会，无疑是解构的、离散的，乃至分崩离析的，再难构建共识。从这个角度来说，西方文明是具有分裂基因的“分离器”母机。

诚然，这种分离器式文明也是福祸相倚的。一方面，对国家政体的治理能力而言，这无疑是灾难性的内置漏洞，皮之不存，毛将焉附。但是另一方面，优势在于有利于创新和自由探索。有分歧、有争议，但是捍卫自由、包容异质，保护个人的创造性，以开放的态度去拥抱新变化、新思维，永不安分地去寻找新变化，是有利于造就创新，尤其是鼓励自由探索的沃土。

这从一个方面回答了“为什么500年前近代科学起源于西方”的问题。除了从开放、自由和多样化角度来理解创新外，还有其他一些有趣的视角可供启发。例如擅长连接宗教和科学的怀特海在《科学与近代世界》（1925年）中提到了欧洲古典人文对科学的潜移默化：一是希腊的悲剧，让人认识到宇宙客观规律的无情，把命运的定律和物理的定律联系在一起；二是罗马法，将基本原则和结构系统化，具有哲学的特征；三是中世纪的信仰，证实了对理性的信念。这是很有趣的角度。话说伯格森也曾分析过悲剧和喜剧的关系，他认为悲剧是个人主义的，哈姆雷特式的悲剧英雄仅代表他自己；而喜剧是人类群体的共同体验，是集体性、一般性和道德说教性的。某种程度上，恰恰也代表了不同文明的偏好。

## 中国·大一统王朝

东西文明大不一样。中国的农耕文明和乡情文明内向自省、崇古守常，与外族的海洋文明和游牧文明千差万别。

一看“天时”。

众所周知，中西历史发展的节奏和趋势在某段时期表现出惊人的同步性。例如轴心时代①、战国争鸣和雅典文化、两汉两罗马（参见表5），仿佛有一双上帝之手预先画好了辅助平行线。但这种默契随着西罗马帝国的崩溃而消失了，以公

① 轴心时代是指公元前500年前后，中国、西方和印度等地区同时出现了人类文化突破的现象。

元5世纪为节点，东西方发展轨迹开始分野，西方自此进入小火烘烤的中世纪模式。在欧亚大陆另一隅的古代中国，经历了隋唐为世界主义之巅，宋元为贸易主义之巅、明清为集权主义之巅后，虽则“分久必合，合久必分”，始终维系着统一格局，不断增强“合”的力量。并且完美复刻了马尔萨斯陷阱关于“繁荣—衰弱”周期性震荡的表现，体现了线性资源供给与指数式发展速度之间的制约关系，在盛世和乱世、低熵和高熵中螺旋式前进。

**表5　古代中国与古代欧洲对比年表**

| 古代中国 | 古代欧洲 |
|---|---|
| 前770~前476年春秋<br>前475~前221年战国 | 前800~前146年古希腊文明<br>前461~前429年雅典民主制全盛时期 |
| 前221年秦始皇统一中国 | 前270年罗马统一意大利 |
| 前202~220年两汉 | 前201~192年古罗马全盛时期 |
| 220~280年三国鼎立<br>280~316年西晋统一 | 192~284年罗马三世纪危机<br>284~336年罗马帝国中兴 |
| 304~439年北方十六国 | 395年罗马帝国东西分裂 |
| 424~589年南北朝分裂<br>↓<br>589年隋朝统一<br>“王朝周期律”循环 | 476年西罗马帝国灭亡<br>↓<br>逐渐形成10个分裂政权进入中世纪<br>大航海时代开始对外扩张 |

二看“地利”。

古代中原，生态优良，气候“雨热同季”，有利农林牧生产，加之擅长精耕细作，农业生产力长期领跑。时而润泽大地、时而泛滥成灾的黄淮，是影响古代中国命运的重要变量。看世界地图，江南地区其实和干旱的伊朗高原、撒哈拉沙漠共纬度，但拜风调雨顺的气候所赐，成为富饶的鱼米之乡，养育了世界上最多的人口。地处世界岛心脏地带①，四周被海洋、山脉、高原、戈壁包围，形成了具有封闭性的地理区域，给中华文明的繁荣发展提供了重要屏障。地势西高东低拾阶倾斜，大江大河滔滔东去，“折天柱，绝地维，故天倾西北，日月星辰移焉；

① 社会政治地理学术语。由陆权论支持者麦金德于1902年提出。他认为由欧洲、亚洲、非洲组成的世界岛是世界最大、人口最多、最富饶的陆地组合。世界岛中自伏尔加河到长江，自喜马拉雅山脉到北极部分是心脏地带。

地不满东南，故百川水潦归焉”，形成了富饶的冲积平原。浑然天成的半封闭还不够，为了防守来自北方的游牧文明侵扰，在北方架起了延绵两万里的长城；为了疏通内部物资交流，修起了一千公里的大运河，双管齐下形成了地理闭环。

三看“人和”。

制度早熟，注重实用。自秦汉起就探索出了一套家国同构、外儒内法的制度体系，早早消灭了贵族阶层，财税体系发达，中央集权的官僚制在两千年中的演化中不断精细。凭借政治早熟和集权治理能力，例如，科举制促进阶层的流动，监察制对皇权的制约，史官制对政治的惩戒等，在很大程度上消减了社会的熵增。按照弗朗西斯·福山①的观点，中国的政治体制展现出比其他任何国家更强大的延续性。

圈层社会，安稳低熵。西方人重商，中国人重农抑商；西方人重视纸面的契约精神，中国人重视熟人社会的礼俗。正如费孝通②所说：中国就是乡土社会，是一个以人情关系远近为标的的圈层社会、差序格局。小农意识深深地扎根在中国的国民性格中，为社会提供了分子级别的内在稳定性，对秩序井然存有天然的热爱。人们习惯于小块土地上精耕细作，习惯了男耕女织，习惯了小农经济，处于一种自愿的低熵状态，但凡风调雨顺就乐于安稳居家。有趣的是，过去我们批判这种非组织化劳动力相当于一盘散沙，难以形成合力；但是在进入产业集群阶段后，发现这种格局可以演化出另一种光景，可以把圈层社会改装为产业集群：某个特色小镇锚定某个产业链，利用圈子的强相互作用，巧妙地把供应链整合起来，成为中国制造的独有竞争优势。

内敛聚合，自成一体。特殊的地缘滋养了春播秋收自给自足的农耕文明，形成了强烈的血缘宗族意识，塑造了强调共识、收敛聚合的思维取向。儒释道等诸子百家逐步融合并产生了自成一体的理学和道统，造就了追求和合、相对同质的大写意式的政治和文化结构。在中国人心中，父母在，不远游；溥天之下，莫非王土！先天下之忧而忧，后天下之乐而乐！大同世界的观念深入人心，中国人坚信只有当置身于家国社会当中时，个体才具有意义。打个通俗的比方，中国文化就像火锅，不管是荤素还是山珍海味，从火锅里捞出来都是同一个底料味道。中

① 弗朗西斯·福山（Francis Fukuyama，1952～），美国政治学者。著有《历史的终结及最后之人》等。

② 费孝通（1910～2005年），江苏吴江人，社会学家、人类学家。著有《文化论》《乡土中国》等。

国文化的一致性，在形成整齐划一的市场需求和高效的执行力方面，具有其他地区难以比拟的优势，例如高铁和移动支付能够迅速遍染山河就是鲜活的例子。

诚然，如果把“大一统”的一致性当作 A 面，B 面的不足之处也暴露无遗：

一是自我孤立主义。从凿通陆上丝绸之路的汉朝，最具世界主义气质的盛唐，关闭陆上另辟海上丝绸之路的宋朝，到明清的郑和下西洋、隆庆开关以及家门口的朝贡体系等，大趋势却是日益趋向闭锁。而且，纵贯 2000 年的中国式开放更多在于对西方文化的“拿来主义”，却少了点“送去主义”的影响力推广。作为世界上最富饶的国家，只见中国向世界输送商品，如丝绸、瓷器、茶叶等，却对其他文明缺少关注，很少主动向外输出。

二是对世界秩序的看法和做法与西方社会大相径庭。自身大一统和差序格局逻辑，导致中国人参照内部格局，构想了一个以中国为中心的、等级制的圈层世界，并且默认世界也应保持统一。倾向于采用更为柔性的政治手腕（以夷制夷、以夷伐夷、绥靖安抚、人口稀释等）而非刚性对抗去处理国际关系。无论看法和做法都与西方世界迥异，这也是当今世界两大文明对话不畅通的根本原因之一。





三是妨碍自由探索式创新。开放和包容，是发展自发式、散点式自由探索必不可少的要素，也恰恰是中国走向封闭内敛后的短板所在。在极大的地域范围之内保持相当的一致性和同质性，显然不利于自由探索的生发。此外，古代中国人擅长用辩证逻辑（如生死、阴阳、虚实等归纳方法），而非形式逻辑（包括概念、定义、推理、证明等分析方法）去解释世界，用大写意的经验手段和感性化的具象思维去解决问题，缺乏缜密科学思维训练，也是另一重要原因。当然，这只是纯粹就自由探索的脑力创意而言；在明确的使命和任务导向下，进行有目的、有组织的乃至举国体制的复杂性创新，开展大规模集体合作科研攻关则不在此列。

## 文明的滴定

大学化学有一门必修课叫作分析化学，其中有一项实验操作叫作“滴定”，是指将一种溶液诸滴加到另一种溶液中，直到二者化学反应完全时为止。在具体操作时，这个恰好完美中和的临界点，就是整个滴定过程最为精妙之处。正所谓于细微之处见风范、于毫厘之间定乾坤，需要以半滴作为基本单位来确保精细度，一不小心手一抖、滴一整滴进去的话，计算结果就不准确了。记得当时教我滴定操作的老师是个宁波人，他说的“加一点”和“减一点”，当时在我听来几无二致，可想而知其结果之惨烈了，不幸成为那学期唯一没有拿到 A 的功课。

用化学滴定法来隐喻文明的互鉴融合，是英国人李约瑟①的创见。他本人就是化学家，同时也是大名鼎鼎“李约瑟之问”的出题人，曾花了50多年的时间研究中国科技史，写下了数十本的浩瀚巨著《中国科技文明史》，探讨中国科技的发展过程。

因为文化和治理逻辑的差异，导致了东西方世界的发展路径分野，造成了风格迥异的两个世界。以英国、美国为代表的西方文明强调自下而上，注重个体和自由，内赋分离基因，注重法治和契约精神，选择了做开放性的耗散系统，对外吸取环境的负熵流来对冲内部熵增，走的是外向型、发散型、创新型发展逻辑；中国文化强调自上而下，注重宏观层面的中庸、和谐、包容和韧性，崇尚集体主义和社会凝聚力，擅长收敛聚合精耕细作，重视对内治理做精负熵，走的是内向型、收敛型、治理型发展逻辑。

基辛格在《论中国》里将中西方的差异，形容为国际象棋和围棋之争。西方的国际象棋是决胜决战，要求目标专一，认为战略自成一体，与政治无关；中国的围棋是持久战，强调战略灵活性和系统思维，需要在政治和心理等方面取得体系化优势。

这两个迥异的文明逻辑，在低分辨率的农业社会难分伯仲。实际上是从16世纪开始，中国才一步步地错过了科学发展和技术革命的浪潮之巅，错过了从农业社会转向工业社会的先机，丧失了领先地位逐渐掉队。如果比对一下历史年表，可以看到牛顿和康熙，亚当·斯密和乾隆、拿破仑和嘉庆、黑格尔和道光是同时代人，在500年西方不断多元迸发繁荣的时候，中国的史书还停留在帝王将相和金戈铁马。

随着社会发展不断熵增，到了知识社会，最稀缺的要素，是有效信息和创造力，是得人心者得天下。这让中国式的“大道至简”或有可为，《孙子兵法》说，“以治代乱，以静待哗，此治心者也。”把东西方智慧滴定中和，集双方所长，汇共同价值，合流西方的创新开拓、诚信守诺和东方的善作善成、天人合一，为物化世界赋予生命意义，在否定之否定中推进文明基本范式的转移。

回顾17年前去新加坡读书之时。中国经济刚刚起飞，即便奖学金丰厚，一旦乘以汇率换算成人民币后顿觉肉疼，节衣缩食、勤俭度日，是每个中国留学生的

---

① 李约瑟（Joseph Needham，1900～1995年），英国生物化学和科学史学。著有《化学胚胎学》三大卷、编著《中国科学技术史》19册。

必修课。当然这待遇相比更早留学生已不可同日而语。彼时在外的中国人经常说一句话：在国外“好山好水好寂寞”，回国后“好脏好乱好快活”。现在上半句继续成立，下半句却已渐成过去式，这些年国内的脏乱和环境污染现象改观很大，很多县城都日益干净漂亮，十分宜居。

很多人说：在国外去得越多、待得越久就越爱国。爱国固然有很多因素，但日益增强的自我认同和民族士气不可或缺。十年前，美国的商店开始用中文招呼“欢迎光临”，约莫着就是国民自信的拐点。一个向上攀登的民族值得拥有自信。《现代汉语常用词表》（2021 年）中列出了中国人的十大形容词：大、多、新、高、许多、重要、老、全、美、快，欣欣向荣之态可窥一斑。尤其初生牛犊的“90 后”“00 后”自我认知是不同的。女儿小学时曾跟我一道在美国读书，在最富裕的湾区，彼时中美国力固然有差异，但至少在数量级上可以合并同类项进行比较了。她们对美国评价是客观中肯的，不似上几辈带着晕轮效应。回国后决意参加高考，应该是“用脚投票”表达了自己的立场。



马丁·雅克[①]对中国颇多赞誉并寄予厚望，他认为，中国不仅是一个西方意义上的民族国家（nation state），而且是一个文明型国家（civilization state），需要从异质文明的角度来重新理解中国。他对中国的政治领导力高度认可，认为中国共产党的体制相当成功，打造了一支富有才干的领导团队，在制度的自我重塑、自我革新，与时俱进、着眼未来方面具有突出优势。

## 工业社会丨玫瑰与枪炮

### 工业革命与工业化

从 17 世纪开始，欧洲在发起对外拓张的大航海运动后，借由美洲的白银资本之力，建立了一个以西欧为中心的耗散结构。18 世纪 60 年代，英国左手纺织机右手蒸汽机率先开启工业革命，将工业化的海啸席卷欧洲大陆、北美，然后蔓延到亚洲，促成了新的文明世代。

工业化可以被认为是一系列的技术进步，实现生产力扩大化、效率化和规模

① 马丁·雅克（Martin Jacques，1945 ~），英国政治学者。著有《当中国统治世界：中国的崛起和西方世界的衰落》等。

化。直观上是以机器生产取代生产效率低下的手工劳动、以工厂取代家庭作坊和手工工场。张培刚[①]对工业化的定义比较深刻：一系列重要的生产函数连续发生变化的过程。

要深入领会工业化进程的演化逻辑，可追溯其英文 industry，拉丁文原义为"勤劳"。进入工业时代后，相比于欧洲贵族的奢靡之风，新兴的工业资本家非常勤勉，当时的启蒙哲学家们认为勤奋和工作效率高是促进社会进步的重要动力，是工业文明的重要表征，于是将其拓展为"工业"的代名词。

人们通常把开启工业革命250年以来的工业化进程，切分为三次工业革命[②]，区分代际的标志是能源结构和通信技术发展。根据斯坦福大学依安·莫里斯的研究，公元1700年和公元100年西方获取的能源是持平的；最近300年人类能源获取呈爆炸式增长。其中，工业1.0（18世纪60年代至19世纪50年代）用化石能源驱动的机器生产替代了手工业，造就了密集的机械化工厂和铁路网络。工业2.0（19世纪60年代至20世纪40年代），标志为集中供电和汽车，推升了城郊大片房地产以及工业区的繁荣。工业3.0（20世纪50年代至今），即本书所说的知识社会的起始点，重心为新能源、计算机和通信技术。

工业革命是人类历史的分水岭。马克思和恩格斯在《共产党宣言》中对它的作用有生动阐述："资产阶级在它的不到一百年的阶级统治中所创造的生产力，比过去一切世代创造的全部生产力还要多，还要大。"工业革命使生产力和生产关系出现了前所未有的飞跃。这是人类学会制造工具从事农业生产一万年以来，第一次大规模离开乡土，在广度、高度、速度、强度、深度和效率等方面，涉足空前广阔的领域。人们的生活质量快速提高，交通运输不断发展，信息传递日渐通达，工业资产阶级和工业无产阶级形成并壮大起来。普通劳动者从此不用再关注四季农忙农闲变化，不再像祖先那样敬畏自然，大自然从神变成了资源供给者，人们开始按照铃声和"996"来制定作息，尝试用技术的力量来改造自然。

工业革命带来了国家区域间的大分流。欧美工业化国家综合国力大幅增强，在国内生产总值（GDP）、人口等各项指标与非工业化国家拉开了代际之差（参见表6），逐渐成为世界经济中心。具体而微地，每个国家工业化进程不同，总结

① 张培刚（1913～2011年），湖北红安人，经济学家。他1945年在哈佛大学博士毕业论文《农业与工业化》被称为"发展经济学"的一篇开山之作。

② 也有的学者将近二十年的工业智能化单独列为第四次工业革命。

为“路径有差异，闻道有先后，得道有快慢，术业有专攻”。路径一是通过工业革命自发实现，西方发达国家如英国、法国、美国、德国、日本、意大利均如此；路径二是政府主导、自上而下，通过优先发展重工业来推进工业化，例如苏联经过两个五年计划推进工业化进程，清朝洋务运动也是这个思路；路径三是抢抓机遇、发挥己长，如新加坡、韩国、沙特。

**表 6　　历史上的中欧 GDP 比较**

| 年份 | 中国人均 GDP | 欧洲人均 GDP | 中国 GDP 总量 | 欧洲 GDP 总量 |
|---|---|---|---|---|
| 1 | 450 | 550 | 60 | 30 |
| 960 | 450 | 422 | 59 | 32 |
| 1300 | 600 | 576 | 100 | 52 |
| 1700 | 600 | 924 | 138 | 100 |
| 1820 | 600 | 1090 | 228. 6 | 184. 8 |
| 1952 | 538 | 4342 | 305. 9 | 1730. 7 |

注：欧洲不包括土耳其和俄罗斯等国家。GDP 按 1990 年国际美元计算。
资料来源：安格斯－麦迪逊（2009 年）。

西方的工业化进程并非只有鲜花，尤其在早期阶段也常常以荆棘为伴，是一种高度消耗和非均衡的过程。马克思讲过“羊吃人”的故事，土地退耕养羊，农民失去了土地生活无所依靠；有“矿吃人”的故事，挖煤巷道越挖越深越窄，让六七岁的童工来挖煤；有“机器吃人”的故事，工人每天工作十五六个小时，用低廉的收入勉强维系着低质量的生存，卓别林《摩登时代》笑中带泪地刻画了一个见了螺丝就拧的工人，钢铁机器把人活生生地搞错乱了。深藏在工业化外衣下的技术主义逻辑成为一个令人爱恨交加的矛舛。

所谓的城市生活也并非粉色的玫瑰。目睹了这一切的查尔斯·狄更斯①，在他的后期作品中用了很多笔墨来批判维多利亚时期的乱象和艰难、拥挤和贫困、污垢和疾病，即所谓“艰难时代”。在他的笔下，伦敦既是一个繁华之都，同时又是一个脏乱不堪、浓雾弥漫、危机四伏的贫困之城。那时伦敦卫生状况非常糟糕，泥泞而拥挤的土路，粪便遍地，疫病暴发，还有严重的偷盗扒窃等社会问题。

① 查尔斯·狄更斯（Charles John Huffam Dickens，1812～1870 年），英国作家。著有《雾都孤儿》《大卫·科波菲尔》《艰难时代》《双城记》《远大前程》等。

后来的一百多年，虽然西方社会经过了环境生态整治，大多已恢复了山清水秀，实际上很多是以产业转移到第三世界换来一方平安。环境问题并没有得到根治，工业文明和生态文明的矛盾没有实质性解决。

工业化大生产快速迭代了现代战争模式。武器装备在技术创新驱动下飞跃发展，西方世界崛起的根本原因在于军事的强大。从现代步枪到机枪、克虏伯大炮、V2 导弹、原子弹，从蒸汽战舰到航空母舰、核潜艇，从火车到汽车、坦克，从侦察机到轰炸机、战斗机、无人机，从电报到无线电、雷达、卫星通信、宙斯盾、反导系统……新技术源源不断开发并大规模应用于军事领域，军事理论和战术不断迭代，重新定义了人类战争的形式，远距离、大纵深、立体化的现代化战争拉开了各个国家之间的差距，形成了数量级的力量对比。

西方国家通过工业化形成的生产力优势、技术优势以及武力优势，用降维打击的方式，将西方文明的触角延伸到了全世界。环顾工业革命年代的世界，美洲、澳洲是西方人的新大陆，非洲被吸血瓜分殆尽，传统大国奥斯曼帝国摇摇欲坠，大清帝国在保守和改革中风雨飘摇，印度选择了臣服，日本选择了成为同类，全世界已经几乎没有多少独立国家。到第一次世界大战爆发前，全球 84% 的陆地面积被欧洲列强瓜分完毕，当时的欧洲人信奉社会达尔文主义，认为物竞天择、弱肉强食的自然法则在人类社会中也成立，通过殖民掠夺完成资本的原始积累，享受着数倍于发展中国家的资源，同时也为后发国家带来了难以逾越的鸿沟。

括而言之，工业文明是玫瑰也是枪炮，是英雄也是坏人。目之所及的种种，社会风尚、价值观、政治制度、经济结构都在按照工业文明逻辑向前奔涌，不懈追求着标准化、专业化、同步化、集中化和物质生产的最大化。与此同时，人类在自身解放的道路日渐膨胀，文明异化，环境退化，由自然主导的秩序被破坏。尼采感慨“上帝死了”。

## 去工业化·再工业化·新工业化

在先后实现了工业化后，各个国家面临着发展路径的新抉择，主要包括：

第一，去工业化。大多数国家几乎不约而同地选择去工业化，降低制造业比重，将经济重心转向服务业和消费。去工业化也被认为是向发达国家转变的关键步骤，成为衡量发达国家的一个指标。具体做法是把制造业，尤其是低端制造业外包和转移到发展中国家，把研发和品牌留在本国，获取微笑曲线价值最高的两端，保持自身的高利润率。例如，英国是世界上第一个工业化的国家，同时也是第一个去工业化和走向金融化的国家，但在精打细算的同时，也形成了产业空心化和制造业落后、财富集中在少数人和少数城市的弊端，带来中产阶级萎缩、两极分化等社会问题。

第二，再工业化。一些发达国家反思在全球供应链中的位置后意识到，仅靠“知识经济”来替代“工业经济”无法确保整个社会普惠发展。尤其新冠肺炎疫情期间的防疫物资断供更令他们警醒，意识到即便是低端制造业也不能全然放弃，否则可能无法支撑社会正常运转。于是“再工业化”“制造业回流”等战略再度被提上日程。要说明的是，此处的再工业化，并非简单复原和回归，而是指生产力的先进化、高端化和体系化，沿着数字化和物联网化方向向前推进。

第三，新工业化。一方面是与数字化相结合，2013 年德国开始实施工业 4.0 规划，是指利用物联信息系统推进智能制造；与之相应，中国于 2015 年推进了“中国制造 2025”，实施制造强国战略。另一方面是与降碳、减污、扩绿相结合，推进多种新能源、清洁能源、绿色能源和化石能源结合，迭代能源动力，推进绿色发展，保护地球家园。





综上所述，“工业化、去工业化、再工业化和新工业化”是一条黑格尔式的螺旋上升过程，伴随着人类从生产力稀缺走向生产力过剩，把自然资源转化为产品和服务，同时也是热力学效率和熵递增的过程。

## 中国工业化进行时

对于“工业化”三个字，中国人曾错过了它，渴望它，如今最突出的优势同样在于它。不难理解中国人对工业的热爱，那是从清末就开始的共识，毕竟“船坚炮利”的沉痛教训，国人不会忘记。后来毛主席说的“落后就要挨打”，大体上还包含“工业落后必定挨打”的意思。从哪里跌倒就从哪里爬起来，知耻而后勇。

中国工业化的进程就像生命体的成长。清末模仿西方技术搞洋务运动，官办国有、官商合办、官督商办等开启工业化进程；新中国成立后效仿苏联计划经济铁腕施策体制加码重化工，从国家主权和国防的角度夯实国力；改革开放后，乡镇企业、外资企业和民营企业相继崛起，数以亿计的人口从农业部门转移到工业部门，中国的高等教育体系培养了世界上最庞大的工程师人才队伍，大量劳动力和智力供给于斯，不断做精民生消费或生产率的细节，做强工业化水平。今天的国人，随便走到全世界哪一个城市，拿起一件商品，看看上面的产地标签，就能感受到这股来自“made in China”世界工厂的冲击波。

但是工业化尚未完成，尤其在百年未有之大变局下遭遇更大挑战。西方工业化过程显露的弊端未能完全规避，家底还不足，实力还不强。例如，地区和行业发展不平衡，自然资源的挤兑，生态环境的破坏，经济增长方式的粗放，产业低端过剩、高端不足、生产集约化程度不高。

更重要和致命的是，自主创新能力不足，对外依附程度高，产业“高端卡位”和“底部挤压”并行，给中国制造业带来显著的外部负效应。经济全球化遭遇逆流，在新冠肺炎疫情蔓延，经济恢复缓慢的情况下，各国都在调整自己的经济结构，重视本土化、区域化、强调再工业化，乃至抑制后发国家。例如，利用绿色低碳来构筑经济贸易壁垒和技术门槛等，这些做法相当于发达国家自己攀登了高峰之后把梯子撤掉了，又进一步增加了试卷难度。中美摩擦持续升级，从贸易领域拓展到科技、人才、高端制造业等领域，美国利用贸易制裁和技术封锁来进行“高端卡位”，力图将中国压制在产业链的最底端，甚至通过政治、金融、军事等手段干涉产业链运作，对中国产业链企业进行精准打击，极端施压，欲与中国全面脱钩。在中国的很多制造业领域，再单纯依靠技术引进和模仿，“蛙跳”之路已经无路可走。与此同时，一些劳动力密集的低端产业链在成本压力下向周边新兴经济体转移，呈现出“底部挤压”局面。

资源是有限的，历史是既定的。当西方靠扩张策略索取资源获得动量的道路戛然而止，必然会调整战略，用零和博弈的策略来重新划分利益格局。好在我们有 14 亿人民，规模相当于欧洲（8 亿）和北美（4 亿）的总和，无论是需求侧和供给侧都是世界上体量最庞大的体系，这些都赋予我们的产业强大的韧性并定义新的样态：不通过殖民和战争实现工业化进程、造就工业强国，也许是世界上最后一个工业帝国。14 亿人追求美好生活的烟火气，毫无疑问，是最具活力之所在。

## 知识社会丨光荣与梦想

### 充裕时代的底层逻辑

在 250 年工业文明和技术主义海啸的席卷之下，人类在经历了效率和速度的热忱、实现了物质和信息的丰裕后，迫不及待地用各种词汇来抢先定义眼下这个

“最好的时代，也是最坏的时代”。诸如：知识经济时代、数字经济时代、信息时代、互联网时代、后工业社会、超工业社会、脑力经济时代、智能时代、去中心化时代等。我总觉得，这种急于宣布“改朝换代”的心态中或许暗含着某种抗拒。至少有那么一群人期待着开启新的篇章，松开油门和快进键，重新回到地球和生物节奏，回到人的尺度，回到和煦的春风和温暖的阳光里。

人是一株会思考的芦苇，弱小而努力。18 世纪末，英国牧师马尔萨斯忧心忡忡，他担心人口会几何膨胀，有限的地球资源难以支撑。认为应该采取措施甚至不惜给穷人绝育来遏制人口出生率，否则可能经历疾病、饥饿、战争等系统性灾难。当时各国政府深受马尔萨斯人口理论的影响，国内人口一增长就担心害怕，冲动着去邻居家占地儿。类似的担忧还有其他变种，包括：社会达尔文主义、增长的极限、熵观经济学、生态经济学、文明冲突论、石油峰值论，等等，都源于存量思维的底层逻辑。这是来自数万年人类在匮乏时代印刻在基因里的生存法则。在刘慈欣的小说中被定义为“黑暗森林法则”。





知识社会的底层逻辑有所不同。很难想象，许多刚刚才解决温饱问题的人会被肥胖和糖尿病、焦虑和抑郁困扰，抵抗诱惑和做好减法成为人类这种碳基生物面临的新挑战。对于很多现代人来说，当下面临的首要问题不再是匮乏稀缺，而是过于充裕——既有物质世界的丰富，更有海量信息的爆炸。

随着充裕时代的到来，许多社会行为和制度安排的底层逻辑也随之而变。在匮乏时代，人们不可能跳出存量思维和零和博弈，必须思考如何扩张做好加法，实现效益最大化，解决“物资不足”问题；还要思考如何博弈，如何打击敌人和对手、消灭或者同化异己，解决“外部竞争”问题。但是到了充裕时代，人们还需要思考如何选择和拒绝，如何有效治理做好减法，如何对抗熵增，解决“体系肿胀”和“内部梗阻”问题。

大学的办学模式同样面临重构。自 20 世纪 50 年代以来，随着人力资源理论和教育规划等宏观方法的兴起，世界各国在未改变基本范式的前提下，纷纷采用工业化逻辑的“线性增长”策略，来提高各级教育的体量和规模，批量化生产劳动者（如扩招和增设）和知识成果（如加大科技投入），以此来满足社会的匮乏性需求。但与此同时，办学质量下降和边际效益下跌的讨论也从未停歇，甚至被视为了大学的危机。因此有必要跳出扩张性思维，转换为充裕时代的负熵逻辑，推进人才培养范式转移（如泛在数字技术支撑的个性化教育）和知识生产范式转移（如组织化大科学工程），建构契合高质量发展的新模式、新格局。

## 离散时代的世界秩序

金字塔、科层式的社会关系在向扁平化发展，人际界面变得离散。别的不说，在今天人手必备的手机已经重新制定了私人和公共空间的意义，一切都大不一样。有人甚至把时刻摆弄手机的人比作赛博格①的一类，认为机不离手，已俨然成为人体的一部分，相当于一个假肢。

人口结构性问题更为显著。据联合国预测，2050 年全球人口增至 98 亿。包括中国和俄罗斯在内，局部地区的老龄化和人口减少问题会更加显著。非洲、东南亚则将进入人口快速增长时代。妇女地位上升，出生率降低，人类寿命延长。中产阶级壮大，全球贫富差距将进一步扩大，竞争更加剧烈。

西方世界尤其以美国为代表，在走向撕裂和多极化，进入更微观界面的分歧。价值观的天空也在熵增，从信仰危机、信任危机，到两极对垒、多极分化、种族撕裂，民粹主义升级，出现更大范围甚至极端的民族主义和保护主义。狭隘地缘政治理念重创了全球价值链，地区之间的分裂程度日益加深，对关键资源（能源、材料、粮食、水等）的争夺不断引发争端，动荡、脆弱的政治地理环境将常伴左右。双边合作、区域合作和与第三方机构合作将成为国际合作的新选择。

制造业本土化和贸易区域化。全球经济平衡将随着中国、印度和非洲等经济体的增长而变化。保护主义继续通过关税和非关税壁垒阻碍贸易并抑制增长。制造业将趋于本土化，生产和消费联系更紧密，商品贸易形式发生改变，在区域内生产成品和消纳变得更加重要，全球贸易量会随之下降。高效的自动化将取代部分人力操作岗位。

全球变暖和极端气候增多。全球正在迅速变暖，近 50 年的升温是过去两千多年来前所未有的。干旱、洪水等突发事件更加频繁更为严重，不排除南极冰盖崩塌、海洋环流突变、森林枯死等临界要素引爆，或将导致饥荒、战争和大规模移民。社会越发关注自然资源的高效利用和可持续发展，气候治理、环境监管、碳排放将成为新的长期竞争力。

## 数字时代的价值密码

古希腊毕达哥拉斯所说的“万物皆数”，在知识社会照进现实。在硅谷，人

① 赛博格（Cyberg），身体的一部分被技术改造的人，也被称为义体人、电子人、机械化人、改造人、生化人、人机系统。

们常说：凡是可模拟的东西皆可数字化，凡是可数字化的东西皆可存储，凡是可存储的东西皆可分析。随着数字共性技术“ABCDE①”不断发展，量子计算等技术大幅提升算力，基于数据、算法、算力的全面互联机器智能时代将迎来飞跃，日益接近“技术奇点②”。

数字化将给未来技术开辟新的蓝海。把数字技术作为横断学科和传统学科结合，尤其是与物理学、生物学的协同，将给自然世界赋予无限可能。例如，把人工智能算法、材料工程和合成生物学结合起来，设计增材制造3D打印、分子机器、生物芯片、仿生计算机等硬件，开发人体神经网络、基因编程、DNA计算、人工生命等软件。

数字化将重塑产业体系、重构价值链。从生产到服务加速转变，数据将代替石油成为最有价值的商品，娱乐业等服务业的比重在上升。平台效应让少数巨无霸企业主宰了网络市场；长尾效应让一些边缘小众领域有了自己的共同体。数字企业的边际成本几乎为零，利用数字化改造供应链结构、构建共享平台和循环利用平台，先进的数据管理为建立全球标准保驾护航，价值链的透明度将提升到前所未有的高度。





在互联网构成的开源空间里，以知识产权为代表的私有制逐渐被边缘化。任何新玩法新技术都难以独善其身，要么被系统忽视，要么被立即分享。技术壁垒和传统的护城河时效缩短效用变弱，没有人能躺在过去的功劳簿上坐享其成。例如，MP3格式打败了音乐版权，而“互联网+音乐”则打败了唱片行业。特斯拉靠公开大部分电动车专利，打败了坚持专利技术垄断的日本氢能源汽车。唯有不断创新、不断突破才是王道。

## 技术主义之解蔽

人类因为普罗米修斯盗来的火而拥有了使用技术的能力，但普罗米修斯却因此遭受宙斯的处罚，被绑在高加索山，忍受风吹日晒和鹫鹰啄食。这是个希腊神

---

① 数字经济时代的共性技术ABCDE：A（人工智能AI），B（区块链block chain），C（云计算cloud），D（大数据big data），E（边缘计算edge computing）。

② 技术奇点（Technological singularity）是一个假设的时间点，届时智能体终将进入自我完善循环的失控状况，产生一种在实质上远超所有人类智能的超级智能。

话，但形象地说明了技术是浮士德式的交易①：既是解决问题的解药，又是带来问题的毒药，对人类具有反噬性。成也萧何，败也萧何；欲戴王冠，必承其重。

如今，技术已经渗透到人类生活的方方面面，标准化、一体化、机械化、同质化、自动化、控制论等词汇紧密联系起来。自然科学由于显性的形塑力在社会中处于强势地位，逐渐使人文科学、社会科学处于弱势。人们逐渐用理性代替了上帝，开始信仰科学技术。于是乎，技术主义成为很多人头脑中的新世界观，把自然科学作为整个哲学的基础和标准。强调科学的思维方式和研究方法，注重技术上的精确性和可计算性。认为量化是最佳分析工具，把增长率作为最高行动目的，无数据不决策，无定量不科学，不相信自己直觉审美的眼睛，却坚信演算出来的“黄金分割率”。更进一步地，又出现了科学主义、技术主义、技术理性主义②、技术至上主义③、技术沙文主义④、极端现代主义⑤等分身变形。尼尔·波兹曼⑥把这类人调侃为“技术爱慕者”，说他们就像情人看西施那样看心爱的技术。

话说回来，英文中的“Science”来源于拉丁文“Scientia”，意为“专门的知识”“个别的学问”。即从词汇源头就有“分科而学”之意，带着工业文明的气质。严复曾用“格致”与之对应，到19世纪改为“科学”二字，是辗转自日本人于明治维新时候创造的和制汉语⑦。至于中国古代文献提到的“科学”，最早能查到来自唐末文献，是“科举之学”的缩略，与现在的含义已是风马牛不相及了。

相反，那些质疑和棒喝技术主义者则认为，科技是一把“双刃剑”：

一是担忧新技术本身的不确定性和技术的不当运用导致安全风险。风险和创





① 浮士德式交易，即为了追求知识和权力，向魔鬼作出交易，而出卖了自己的灵魂。在当代语境中常表达一味追逐目标而导致机会成本。

② 技术理性主义，深信技术决定一切。例如，技术理性主义教师教育思想，强调教师对教学技巧的理性运用，提升教师的教学能力。

③ 技术至上主义也称“技术救世主义”，认为关于技术本身的发展直接主宰人类命运并导致社会繁荣的思潮。

④ 技术沙文主义认为，数学和工程问题高于人类问题，认为一切社会问题都可以用技术解决，特别是可以用计算机技术解决。

⑤ 极端现代主义，是一种极端盲目乐观的自信，相信人类可以任意创造出一个世界。

⑥ 尼尔·波兹曼（Neil Postman，1931～2003年），美国媒体文化研究者和批评家。著有《娱乐至死》《童年的消逝》《技术垄断》等。

⑦ 和制汉语，是指日本近代在翻译外文词汇时，借用汉字创造的一些词汇，传回中国后成为现代汉语的一部分。包括科学、主义、社会、斗争、主观、理性、现象、归纳、演绎、义务、权利在内的诸多术语都取道东瀛。

新同时存在，因为任何技术都存在正反两面性。例如核能、基因编辑技术、基因工程微生物的风险，无处不在的互联网、物联网和人工智能技术伴随的难以管控的信息病毒、信息垃圾、隐私泄露、黑客水军、网络战争等，限制着和冒犯着人类的基本权利。

二是担心过分追求技术抑制人性、将人物化。技术拒斥情感、拒斥善恶，忽略人类价值和伦理道德，把人仅仅看作是劳动者和消费者。七情六欲的人被还原成了工具人和人力资源，蜕变成了一个抽象的参数、一个计量单位、一个技术零件。人生的成功被定义为财富的增量，发展模式被设置为无节制的扩张，加剧着人性的扭曲和道德的沦丧。

三是担心数字技术侵蚀人们的社交生活。互联网本身是个强干扰系统。有一个比方，认为如今的某些推荐算法和中世纪的魔鬼高度神似，以更高的精准度击中人类的弱点和要害、欲望和错觉，直至无法自拔。长期沉迷数字世界，沉浸于碎片化的信息茧房，沉醉于虚拟空间的宅生活，会造成注意力涣散、增加选择成本，削弱认知能力、厌恶现实世界和丧失精英感，引发社交恐惧、网络成瘾、网络暴力、人格异化等心理问题。

从启蒙运动开始，类似的思考和批判就未曾停歇。马克思、恩格斯认为技术的胜利似乎是以道德的败坏为代价换来的，物质力量成为有智慧的生命，而人的生命则化为愚钝的物质力量。芒福德比喻说，人类进入工业时代之后，文明就像一辆汽车，既无方向盘又无制动器，在一条享乐和世俗文化的道路上飞奔。哈耶克则认为科学走过了头，阻碍着在社会理解上的进步，自由将无容身之地，只是在服从主人（自然规律）的支配。波兹曼的“媒介三部曲”、兰登·温纳[①]的《自主的技术》等，对工业社会中技术独步天下的现象也有深刻的警示。

科学本身并没有错，它本身不可能是一种邪恶的力量。海德格尔认为，技术时代的危险来自技术的框架。人类发明各种技术本来是为了延伸自己的能力，一旦技术超过框架就演化为技术的异化，把自己当作主人，个人的生命可能被这个技术世界所淹没。当科学作用于社会时，就需要对其驾驭和价值导向，即所谓的技术意识[②]。因为技术与架空的纯科学不同，与人类社会不可分割；技术意识本身包含着人文精神的成分，需要价值和伦理道德的滋养。概而言之，科学本无错，

① 兰登·温纳（Langdon Winner，1944 ~ ），美国当代技术哲学家、政治学家。

② 技术意识，是对技术现象及技术问题的一系列感知与体悟，是关于技术的价值观。

唯技术意识有差耳。个中关系，就好比 1981 年美国总统里根在遇刺后所说的，“杀人的不是枪，是扣动扳机的人。”

由此人们日益意识到，在科学技术发展和社会伦理道德之间寻找平衡是未来社会的主要趋势之一。这一趋势反映在教育上，就是技术主义教育与人文主义教育的合流。

## 技术奇点何时到来?

这是个机器想变成人、人想变成机器，物在人化、人也在物化的时代。从深层逻辑思索，机器人既是一种新的生产力，也可能是一种新的生产关系。

机器人者，顾名思义是用机器来模仿人，是机器的人化：

第一类是仿人机器人，来模仿人的运动能力。多自由度的机械装置，来代替人的四肢和身体。例如波士顿动力公司开发的高机动性能双足机器人，可以实现跑步、倒立、后空翻、跑酷；美国国家航空航天局（NASA）和俄罗斯国家航天公司开发的机器宇航工程师；引领产业数字化的全球灯塔工厂①智能制造车间的工业机器人，例如富士康等代工大厂生产线已成为全机器人的“熄灯工厂”；身边已经常见的扫地机器人、外卖机器人；新冠肺炎疫情期间的核酸检测机器人；适用于极端情况的灾害救援机器人；在工厂巡逻的机器狗保安；代替实验操作的实验机器人；某些机器人甚至发展出了伴侣属性。

第二类是人工智能，来模拟人脑的智慧。人工智能（AI）的本质，是利用大量数据拟合出一个函数，来建立数据空间之间的映射关系，就像人脑神经元的连接。AI 不但可以远超人脑的海量信息存储，而且可以在一定程度上模拟人类思考过程，以永不疲倦的谦虚状态，把人类大脑从疲惫的工具人状态中解救出来。例如打败李世石的阿尔法狗，爱卖萌的语音助手 SIRI 等。网上 AI 写的新闻铺天盖地真假难辨，成本低廉。超乎很多人想象的是，AI 在艺术创造领域也有潜力，创作的图画和音乐水平不可小觑。因为创造的套路之一就是发散思维，把不相干的神经元联系起来。而但凡有套路，就可以写成 AI 的算法。

黑科技令人振奋又令人担忧。乐观者如雷·库兹韦尔②对 AI 寄予厚望，预计

① 2018 年起世界经济论坛与麦肯锡咨询公司在全球发起评选“灯塔工厂”项目，评选制造业数字化转型的典范。评价标准包括自动化、工业互联网、数字化、大数据分析、5G 等技术与模式的继承与综合应用。

② 雷·库兹韦尔（Ray Kurzweil，1948～），美国未来学家。著有《奇点临近》。

AI拥有足够智慧、实现自我进化的“技术奇点”将发生在2045年左右，我们将在那一刻见证其智力以指数级增长，并且迅速超越人类，“以现在的水平，只用25天就可能经历一个世纪之久的进步”。悲观者担心AI会控制、战胜、危害和奴役人类，如霍金认为AI的全面发展可能意味着人类的终结，被缓慢生物进化限制的人类将无法与之竞争并且最终被取代。

但现实是，目前的AI只能在有限的专业能力方面超过人类，技术奇点仍旧遥遥无期。未来即便进入强AI阶段，将心理、生理与物理的研究融为一体，发展出类脑计算，构建出“人工超级大脑”……可试问又有何神仙算法，能够去定义七情六欲，去模拟爱恨情仇，去洞幽烛微，去伤春悲秋，又如何找回那些专属于我们的漫长回忆？人类的凡胎肉身，是上帝和女娲的匠心和漫长的演化才实现的奇迹，要重建这个自组织过程，难哉！马克思强调人的主观能动性，人的独一无二。技术奇点或者永远不会到来。





既然正向逻辑将物“人化”力有不逮，那么就逆向思维将人“物化”，在人的肉身上赋予超人元素：

第三类是开发可以进入人体的纳米机器人。纳米机器人是一种抽象的概念。纳米者，微小也，利用小尺寸效应，随风潜入夜、润物细无声，趁着大脑不知道、肿瘤没发现，静悄悄地在人体内“施工”。纳米机器人在临床医学、特别是在癌症治疗领域发挥功用，提供了一种非侵入性治疗方法。例如，肿瘤靶向纳米机器人，可以实现药物的快速、精准释放。

第四类是将人体视为“物”，让人发挥物的功效。举个科研前沿领域的例子，一种把人变为移动电源的“人体发电”技术。即利用人的各项生理功能来发电，如血液流动发电、血液生化发电、体热发电、指尖按压发电、汗液乳酸分解发电、尿液电解发电、头发发电、耳膜震动发电……为了解放人类自身，人类首先解构了自己，或许某天期刊刊文介绍“用爱发电”也未尝可知。

第五类是把人体和机器合并，把人改造为“赛博格”。例如外骨骼装置、脑机接口、体感设备、身联网（IoB）。这打开了一个无限拓展的新世界，只不过，当忒修斯之船上的木头逐渐被新木头替换，直到原来的木头一根不剩的时候，那么这艘船还是原来的船吗？同样，当赛博格的改造不断升级，生物学意义上的人还存在吗？那时的人类，或将把肉身置换为不朽的机器，思想和意识将可以转移、可以上传下载，以元宇宙或超级赛博格形式存在而获得永生。

## 从人口红利到人才红利

众所周知，我国的人口形势日渐严峻。在严格的刹车式人口政策管控下，“未富先老”跑步进入老龄化社会，家庭少子化、快速老龄化、年轻劳动力缺失等问题逐渐浮出水面。人口学的核心观点“适度人口论”的说法也在不断调整，从对“人口爆炸”的忌惮转换为对“人口萎缩”的忧虑，40 年弹指一挥间而已。彼时的人口政策制定者和研究者可能万万没想到，“工业化是最好的避孕药”“学历越高生育越低”的魔咒，在中华民族几千年多子多福生育观中迅速发挥了药效，越来越多的“90 后”“00 后”不再盼结婚更不想生育了。从前，生养孩子是一种投资，无非是多一双筷子的事情；如今，高昂的抚养成本和教育成本让生孩子变成了消费品，甚至有了奢侈品属性。2012 年英国《经济学家》就已刊文讨论了中国的人口问题，预判到人口问题可能是中国这个超级英雄的致命弱点。

2017 年，我们在做《江苏教育现代化 2035》规划时，第一个前置条件就是要预判 17 年后的人口结构，根据未来的人口情况办学校调布局。社科院等研究机构对人口的预言主要基于某个给定的人口增长率，而且将是一个逐渐放慢、斜率降低的增长率。像“碳达峰碳中和”一样，人口规模可能将在 21 世纪达到峰值，不会无休止地越来越多，联合国预估中国的城市人口将在 2050 年出现下降。江苏省统计局数据显示，2021 年江苏人口自然增长率为 -1.12‰，这是新中国成立以来首次转负。

在数量不能增加的时候，只能在存量中挖掘质量，把人口红利变为人才红利。这意味着教育部门必将推进供给侧改革，要从“有学上”转换为“上好学”，要办出世界上规模最大并且质量最好的教育体系，解决好教育类型、区域、群体、层次、生态等方面不平衡、不协调、不公平等现实矛盾。

# 第3章　大学何为？

教育必须为社会主义现代化建设服务、为人民服务，必须与生产劳动和社会实践相结合，培养德、智、体、美、劳全面发展的社会主义建设者和接班人。

——新时代党的教育方针





## 演化历程丨大学生态系统

自大学诞生至今，已历经千百年白云苍狗。据统计，在1520年之前全世界创办的组织中，现在仍然用同样的名字、干着同样事情的仅剩85个，其中就包括70所大学和另外15个宗教团体。迄今为止影响人类生活方式的70%重大成果诞生于大学。大学是记载文明演化的结晶，又是推动文明进步的晶种，激扬璀璨，澄澈悦目。

20世纪70年代，埃里克·阿什比[①]提出大学生态系统理论，他认为大学像动物和植物一样演化发展，任何国家的大学都是遗传和环境的产物。所谓“遗传”，是指大学自身的内部传承，源头是古典大学范式。所谓“环境”，是指大学受到外部的政治、经济、文化等因素的制约。由于不同国家的大学有不同的遗传与环境，它们沿着各自的历史脉络一步步演化而来，成为今天看到的大学百态（参见表7）。

① 埃里克·阿什比（Eric Ashby，1904～1992年），英国生物学家和高等教育家。提出了大学生态学、大学移植观等教育思想。

表 7　　大学演化三阶段

| 发展阶段 | 1.0 阶段 | 2.0 阶段 | 3.0 阶段 |
|---|---|---|---|
| | 农耕社会 | 工业社会 | 知识社会 |
| 大学建制 | 学人共同体 | 学术共同体 | 学习共同体 |
| 大学边界 | 校园 | 大学 + 合作伙伴<br>（区域、企业、社区、家庭） | 无边界 |
| 大学角色和生态位 | 培养精英 | 培养专门人才 | 全生命周期培养 π 型人才 |
| | 探求真理 | 开发技术、服务社会 | 全方位对接社会所需 |
| | 知识仓库<br>“中药铺” | 知识工厂<br>“西药房” | 知识中枢<br>“医院” |
| 劳动者核心素养 | 深耕细作能力 | 要素集成能力<br>核心竞争能力 | 信息检索能力<br>协同整合能力 |
| 知识功能 | 知识传承 | 知识传播 + 知识创新 | 知识生产 + 知识经济 |
| 办学模式 | 聚焦人才培养 | 产、学、研之间建立互动机制 | 创新链、产业链、教育链紧密融合螺旋上升 |
| 教育理念 | 以教师为中心 | 以课程标准为中心 | 以学生为中心 |
| 教学方式 | 问答式、辩论式、启发式 | 专业学科分野<br>课堂式、模块式、标准化 | 个性化、数字化、全球化、多元化、社会化、终身化、柔性化 |
| 培养模式 | 博雅教育 | 专业教育<br>科教融汇、产教融合 | 沉浸式/全球化体验<br>终身 + 开/环 + |
| 质量标准 | 学术型质量标准 | 职业型质量标准 | 多元化质量标准 |
| 治理模式 | 学术自治 | 学术 - 行政共同体 | 利益共同体多元共治 |

大学 1.0 阶段。农耕时代的大学在千百载大浪淘沙之后，很多都成了历史追忆，即便留存下来也不再是往昔模样，在时光荡涤中逐渐衰减。但不妨架时光之帆追溯源头，在古典时代存留的校舍遗迹中，探查高等教育起始点的遗传密码。

大学 2.0 阶段。在浩浩汤汤的工业时代，高等教育成为强国富民的有力支撑。按照国家雁阵模型，挑选几个高等教育领域有代表性的国家（英国、德国、美国、日本、新加坡、中国），从地缘文明、历史沿革、办学特色、动力机制等几个角度，分国别把大学雁阵情况略作阐发。其中一些优秀的现代大学办学理念和做法是我们学习借鉴的样板。

大学 3.0 阶段。到了数字技术赋能的知识时代，网络空间资源可以再生，数据可以复用，信息可以共享，零和博弈局面将被打破，高等教育的外在环境发生剧变。此处重点讨论大学在当今环境下如何适应性自我调节，该“怎么变”“怎么看”“怎么办”。

## 大学 1.0 | 遗传基因

### 东、西方大学之雏形

从历史截取几个横切面来看，会发现在东、西方平行历史中有许多交叠之处，在高等教育范畴，这种巧合也依旧存在。早在春秋战国和古希腊并列的轴心时代，东、西方都出现过大学的雏形。公元前 500 年前后，东方以孔子与门生杏坛讲学为代表，西方以毕达哥拉斯学派科学教育为代表，成为闪亮东、西方世界的“双子星”。待到公元前 300 年前后，东、西方同时出现了稷下学宫和雅典学院等相对成熟的教育机构。它们虽没有被称为大学，但办学体现了高等教育的内涵，为社会培养了那个时代最杰出的精英。





它们的教学方法也颇为神似。例如，孔子提倡因材施教、启发式教学，“不愤不启，不悱不发，举一隅不以三隅反，则不复也”。而苏格拉底的“产婆式”问答法则有异曲同工之妙，它反对直接告知结论，而是抓住学生思维过程中的矛盾，启发诱导，层层分析，步步深入，最后导出正确的结论。

#### 孕育哲人的雅典学院

公元前 5 世纪和前 4 世纪，是希腊历史上的古典时代，雅典是古希腊文明的晶核。柏拉图在雅典郊外的一处公园和体育场创立了雅典学院（又称柏拉图学园，Plato Academy）。学院门楣上铭刻了“不习几何者不得入内”之警句校训，倡导开放研讨学风，采用苏格拉底问答式方法，追求纯粹知识，如哲学、政治、法律等，并且格外偏重数学。

雅典学院之后，柏拉图的学生亚里士多德继承老师衣钵，在雅典一个游乐场和吕克昂神庙创办吕克昂学堂（Luceion）。亚里士多德喜欢边散步边给弟子讲课，所以被称为“漫步学派”，或者也能意会为“溜达学派”。学院有图书、设备、师资、固定的课程等，比柏拉图的雅典学院更像今天的大学。

在梵蒂冈可以看到拉斐尔那幅名画《雅典学院》，把 900 年雅典学院的历史折叠在一张画中，把代表着哲学、数学、音乐、天文等不同学科领域的 57 个古希腊先贤跨时空汇聚一堂。画面中心的柏拉图指着天，亚里士多德指着地，分别指向了理念的世界和经验的世界。他们创办的柏拉图学园和吕克昂学堂，为西方的学术研究奠定了一种风范，一直到公元 529 年才因战乱而关闭，历时近千年之久。

## 风云际会的稷下学宫

花开两朵，各表一枝。把目光转移到欧亚大陆东端，锁定在农业文明发达的黄河流域，泰山和大海连线上的古城临淄（今山东淄博）。公元前 400 年，齐国在临淄成立了稷下学宫①，兴起了民间学术，促进了百家争鸣。

商周之变，姜子牙襄助有功，被封齐立国。临淄以地缘之利，坐拥齐国都城八百余年。《晏子春秋》生动比拟了临淄春秋时的繁荣：齐之临淄三百闾，张袂成阴，挥汗成雨，比肩继踵而在。意为城里有几百个社区，大家举起袖子可以遮住太阳，挥洒汗水就像下雨，人挤着人到处都是。人口规模在《战国策》也有所统计：7 万户人家，每户 3 壮士，合计 21 万人，打起仗来，仅临淄一城就可以马上组成 21 万大军。

人多就是力量，况伟人哉。论及中国历史上那么多厉害人物，最欣赏莫过于管仲和孙武二位。前者是经世济民、纵横政商的制度设计高手，后者是权衡利害、战守攻围的谋略智慧圣人。都是雄韬伟略、不世出的天才。他俩还都是齐国人！慨叹，微斯人，吾谁与归！

管仲说“仓廪实而知礼节，衣食足而知荣辱”，真切道出了城市经济与文明协同进步的真谛。齐桓公、管仲、鲍叔牙、孙武、晏婴、田忌、孙膑、邹忌、孟子、苏秦、荀子，许多史记里熠熠生辉的能人贤士生于斯或成于斯，或许并非偶然。《吕氏春秋》记载了周公旦与齐国开国君主姜太公之间一段问答。周公旦问“何以治国?”姜太公答“尊贤上功”——尊重贤才，崇尚功名，尚贤也。姜太公反问，周公也答四个字“亲亲上恩”——重用亲族，崇尚恩德，尚亲也。当然这是两个不同的逻辑，也跟他们的出身背景有关，毕竟姜太公出身草根，自会倾向选贤与能，推崇不拘一格降人才；周公是皇亲国戚，认为上阵父子兵、打仗亲兄弟，也合乎逻辑。但归根结底就一条：人才是第一资源，得士者得天下。尊重人

① 稷下学宫，是世界上最早的官办高等学府，中国最早的社会科学院、政府智库。位于齐国国都临淄稷门附近，始建于公元前 400 年齐桓公田午时期，公元前 221 年随齐国灭亡而结束。

才是齐国的立国之本。

在回顾齐国发达的经济人文时，史学家经常举出一条可以闭环的理由：临淄的高等学府“稷下学宫”为齐国提供了人才储备。稷下学宫集教育功能（讲学、育才、著述）、政治功能（进谏、咨议）和对外交流功能（出使外国）为一体，兼具学校和智库性质，将学术研究和为政治服务紧密结合。

学宫建在都城内直通稷门的最宽阔大道之上，校舍宏大、富丽堂皇。司马光《稷下赋》描述其“筑钜馆，临康衢……高门横闶，夏屋长檐，樽罍明洁，几杖清严。”2022 年 2 月，经考古发掘，淄博市临淄区齐都镇小徐村西的齐故城小城西门外建筑基址群被认定为遗址。

稷下学宫属性为“官办私营”。虽由官方举办，但实际运营由私学主导。田齐统治者创办稷下学宫之初衷，意在开门纳谏、为我所用。凡在稷下的学者，齐王都要亲自接见，并与之对问，授予大夫、上大夫、卿、上卿等职位，例如孟子被授予了卿。这一点体现了中国古代官学的特点——官学不分，师即为官。同时又一定程度上体现了治学自由，顺应了春秋战国养士之风和私学的发展，例如，学宫的领袖“祭酒”由众人推选而来，荀子曾“三为祭酒”。

学宫主要的教学模式为游学和开放办学。游学，即容许教与学两个方面的充分自由：学生可以自由来稷下寻师求学，老师可以自由在稷下招生讲学。既可以像荀子那样“年十五始来游学”，独自一人来求学；又可以像孟子一样“后车数十乘，从者数百人”，带众多生徒同来游学。所谓开放办学，主要表现在：欢迎各家学派，儒家、道家、法家、名家、阴阳家等诸子百家，群贤期会，游士云集，包容性强，不计立场，不以好恶，不论出身；同时倡导辩论研讨，和而不同。

稷下学宫熙熙攘攘，但有基本的学术秩序。郭沫若认为《管子·弟子职》即是稷下学宫的学生守则，规定了饮食起居、衣着服饰、课堂纪律、课后温习、品德修养等；并且已有了博士和学士之分。

因制度弹性，学术自由，交流氛围浓厚，稷下学宫对当时的各国人才颇具吸引力。一时间各派学者趋之若鹜、云集稷下，在公元前 300 年前后的齐宣王时期达到鼎盛，有邹衍、接予、慎到、环渊等教师 76 人，师生济济至“数百千人”，不仅产生了荀子、李斯、韩非这样的人才，孟子、商鞅、韩非子也曾于此游学。稷下学宫成为同时代的标杆，各诸侯效仿之，如燕国的下都学馆、楚国的兰台学馆以及战国四公子平原君门馆、信陵君门馆、孟尝君门馆等，促成了百家争鸣之学术空气。

## 欧洲中世纪大学之遗珍

12世纪，在朱熹为《大学》章句、编订未来科举考试的标准教材“四书”之时，欧洲中世纪大学正在悄然兴起。大学的诞生，为欧洲中世纪发展带来了转折，也成为这个通常被称为“黑暗中世纪”（Dark Middle Age）留给后世的重要遗产。

### 中世纪大学的自组织成长

中世纪大学不是在某一时刻横空出世的，而是在欧洲历史演化中自发生成的，具备生命力顽强的自组织、自生长特性。埃米尔·涂尔干[①]评价它“几乎是从零开始，单凭白手起家，就演化出一套历史上未曾有过的最强大、最全面的学术机体”。教会的强力统治、城市的繁荣发展和文化的多元交融是三个主要源泉，分别提供了中世纪大学自发生长的精神内核、物质基础和内容框架。

第一个大学机构是诞生于9世纪意大利萨勒诺的一所医学院，吸引了来自欧洲各地的学生；第一个现存至今的大学，是南欧的博洛尼亚大学（1088年）；第一个建立了完整大学体系的是巴黎大学（1150年），并且与牛津大学（1096年）以及剑桥大学（1209年）的诞生密切相关；第一个由国家主导建立的大学是腓特烈二世创立的意大利那不勒斯大学（1224年）；第一个由教皇法令建立的大学是位于法国南部的图卢兹大学（1229年）。

到14～15世纪时，欧洲的许多主要城市都建立了大学，中世纪大学一度达到80余所，至今仍有70所活跃在欧洲的版图上久久为功。

#### 博洛尼亚大学

博洛尼亚地处波河平原，是南欧少见的平坦地带，又是当时最富饶的区域。坐拥四通八达之便利，类似我国位于淮海平原核心地带、处于南北交通要冲的徐州。北方朝圣者往南走穿过连绵的亚平宁山区可通罗马，商人往东西走分别可达地中海贸易枢纽威尼斯和热那亚。在博洛尼亚，可看到冲击视觉的高饱和度红砖褐瓦、遍布城市的拱廊、古塔和涂鸦，让这座3000年历史的中世纪古城别有

① 埃米尔·涂尔干（Émile Durkheim，1858～1917年）法国社会学家、人类学家，创建法国《社会学年鉴》。著有《自杀论》《社会分工论》《教育思想的演进》。

风味。

博洛尼亚大学比这座城市更出名。它创建于 1088 年，是欧洲现存的最古老的大学，被称为欧洲所有大学的母校，也叫“大学之母”。近现代以来持续在世界上发挥影响，1999 年欧洲 29 国的教育部长在此发表了《博洛尼亚宣言》，推进了整合欧盟高教资源的“博洛尼亚进程”。

今日的博洛尼亚大学没有围墙，成为古老城市的一部分，外科医学院赫赫有名。校园里有一个奇妙之所，是建于 17 世纪酷似圆形剧场，被精美木饰面包覆的解剖教室。在中世纪的欧洲，外科医学有很多奇葩规矩，例如，外科是由理发师最先开宗立派的，顺便卖门票，展示当时死亡率高达 50% 的外科手术过程。在这座世界最早的解剖室里，装饰了很多雕塑，塔利亚科齐手执一只鼻子的木雕十分瞩目，这是世界上首个利用胳膊的皮肤肌肉和血供进行鼻再造整形手术的医生，颇有今天的再生医学的味道。这位塔利亚科齐医生，因被认为自作主张违背了上帝的旨意，去世后被弃尸荒野。





实际上，博洛尼亚大学跟很多久远的中世纪大学一样，很难确定它具体的成立时间。因为它并不是自上而下，先筹钱，再圈地盖楼，接着聘教师招学生建造出来的，而是完全相反的，自下而上的，从一群学生开始，通过组成一个学生行会，以团购的形式购买教育服务。反之，如果学生行会太强势，教师感到缺少了尊严和利益保障，就会组织教师行会来对抗学生行会，例如稍晚一些出现的巴黎大学。

### 基督教堂的钟声

了解西方大学必然要关注西方文化，而关注西方文化不能不触及其精神世界的核心——基督教。在中世纪更准确的说法是天主教，这里不作细分。从古典文明的衰落到中世纪大学的兴起，在长达 700 年时间内，基督教作为整个中世纪最强有力的社会组织，为分裂的欧洲提供了精神秩序的稳定性和统一性，在一片荒芜苍白之中承担起了拯救文化的责任。教会是中世纪最典型的文化组织，在讲学布道和培训神职人员的过程中，一些教堂学校或修道院学校逐渐发展成为大学。

中世纪大学通常具有浓厚的宗教色彩。特别是在北欧，以巴黎大学为代表，因神学而闻名，具有浓郁的教会性质。早期的巴黎大学甚至是巴黎圣母院的一部分，牛津大学和剑桥大学则是它的衍生体。这些学校获得了教廷的支持和教皇颁布的特许证，不仅由教会机构进行督导，并且几乎将教师身份等同于神职。

例如，牛津、剑桥、都柏林大学等中都有“三一（Trinity）学院”，代表基督教“三位一体”神明概念——父、子和灵。神学是中世纪大学的第一科目，培养神职工作人员是他们的头号使命。直到 19 世纪晚期，牛津大学仍旧要求所有的学生必须信教。

由于教会学校是属于整个基督教世界的，所以中世纪大学从一开始就具有跨国别、跨民族的包容属性，具有世界主义基因。大学师生来自欧洲各个国家，使用通行的拉丁语，颁发的学位证书在基督教世界通用，毕业生可以在欧洲各个大学任教和流动。

宗教的价值固然值得肯定，相比于物质生活，宗教会带给人精神秩序，这也是后世大学合法性的底层逻辑。但也不要把中世纪的学术看得过于高大上，否则不会被普遍加一个形容词“黑暗”做前缀。例如，经院哲学家们会辩论一个针尖上能站几个跳舞天使、圣餐上的面包和酒是否为上帝的实体等鬼畜话题，确实有时代属性的。

### 文艺复兴的激荡

中世纪大学和中世纪文明的进程相一致，不是自出现就一帆风顺的。中世纪大学像生命体一样在时代的夹缝中绵延发展，不断重复着改革和复辟，经历着焦灼和缠斗，摇摆在保守和自由之间，在一波波周期性的文艺复兴中循环渐进，直到解锁黑暗时代。

8 世纪末到 9 世纪的加洛林文艺复兴，是中世纪的一抹亮色。借助查理大帝的推动，欧洲社会开始由“尚武”向“尚文”转变，在敬畏神性的同时开始崇尚理性主义。一整套从宫廷学校到堂区学校的等级化教育体系建立起来，呈现出更加世俗的成分。

9 ~ 13 世纪，随着阿拉伯翻译运动的兴起，以及一次次战争带回的学术典籍等，来自古希腊、古罗马、古印度和古波斯的科学、哲学和文化，被重新注入被日耳曼“蛮族”统治的欧洲大陆。“就像各种陈年老酒装入新瓶子里，或者说在年轻的躯体里烈火中烧。”各种不同的思想和价值体系融为一体，为欧洲的知识框架带来了冲击，为学术体系注入了新生命。

此时的大学教育不再聚焦单一的宗教元素。数学、天文学、法学、医学等世俗化知识丰富和活跃起来，与基督教教义进行综合后逐渐形成了百科全书式的科目体系。

拉丁文化和罗马法得以复兴。拉丁语构成了欧洲文化、政治、制度的通用语言，构建了具有一致性的话语体系和社会秩序。罗马法重回视野，为了翻译和研究罗马法，建立了博洛尼亚法学院（即博洛尼亚大学的雏形）。

### 城市行会的繁荣

城市工商业的繁荣，为中世纪大学的兴起提供了坚实的物质基础，像强磁体吸引着求知者汇聚于斯。由于教会和社会对文职工作的需求，对法学、医学的专业需求，以及远途贸易和战争对文书人员的需求等，迫切需要高等教育为人才深加工。在旺盛的需求下，在一些经济发达、交通便利的城市陆续有了高等教育机构。





城市的繁荣也促成了社会分工和行会组织。为了保护各个社群的利益，人们自发形成了各类行会。行会是中世纪的重要组织，几乎每个行业都要组建自己的行会来捍卫利益。例如，面包师有面包师行会，屠夫有屠夫行会，教师有教师行会，学生有学生行会。有严密细致的章程，对内保证会员权利义务均等、降低组织成本，对外实行垄断、减少交易成本，以集体的力量进行团体博弈，谋得最大利益。行会的运转主要依靠契约精神，没有感情和义理，只有陌生人之间“先小人、后君子”的约定。

行会的重要性，可以从伦勃朗·哈尔曼松·凡·莱因①作品中管窥一二。伦勃朗是我最喜欢的现实主义画家之一，“伦勃朗光线”运用和明暗法独树一帜。过去北欧画家的收入不如意大利画家，因为后者的主顾多是教皇和权贵，所以大幅的肖像居多；而在北欧的荷兰，订单多来自市民阶级，而按尺寸计费的绘画价格昂贵，有时候不得不靠团购分担成本。伦勃朗的作品，除了自画像外，很多都和行会有关。例如，《布商行会的理事们》是阿姆斯特丹的布商行会所团购，《夜巡》是射手队行会集资让他画的，《杜普教授的解剖学课》则是应外科医生行会委托所绘。当然画家也有画家行会来保护自身利益，后来就变成了艺术学院。

大学的原始定义就是行会，是人的集合而非物的集合。大学（英文 university，拉丁文 universitas），在现代语境中，是对高等教育机构称呼的民间说法，庙堂上说法叫作高等院校。根据罗马法定义，指为共同职能而联合起来的一群人，可以

① 伦勃朗·哈尔曼松·凡·莱因（Rembrandt Harmenszoon van Rijn，1606～1669 年），欧洲 17 世纪最伟大的画家之一。

理解为行会、团体等，是一群人的集合，是 $\sum$ 人。

除了 university，如今的 college、company、corporation、society 等词汇，都有着“行会”的本义，是构成社会共同体的组成分子。但在具体语境中有区分，例如 college 暗含着可以提供食宿之意。因为初始状态的中世纪大学作为行会组织，没有固定的校舍。学生在教堂、租来的教室甚至老师家里上课，需要自己寻找住宿，所以当时的大学以随机形态于游散于城市之中。直到出现了寄宿学院（college）作为教师和学生提供下榻之所，大学的形态才逐渐成熟饱满，成为城市有机体的固定组成部分。

尽管中世纪大学抹不去宗教底色，但是一经形成就呈现出越来越浓厚的世俗性。尤其在行会逻辑下，学生们其实没有多少崇高追求，往往只为了学一门谋生的手艺而已。例如在贸易兴起的时候，算术和法律就变成了热门方向；虽然巴黎大学的神学居于主导地位，但事实上神学并不很受欢迎，实用性的课程更受青睐。





### 自治特权的护佑

由于大学是人群集合的概念，其主要矛盾也来自社群之间：

一是学生群体和教师群体的矛盾。例如，当时的大学老师想要出城的时候，必须向学生交一笔钱当保证金，甚至进行看管，避免老师跑路。

二是学校和市民之间的对立。一边是争取各种自治特权、不断壮大如“猛龙过江”的新兴社群，另一边是追求现世安稳、捍卫自己“风能进雨能进国王不能进”产权利益的“地头蛇”，所以矛盾在所难免。因此一些传统大学甚至有专门的校警，如果有学生和市民起了纠纷，学生必须交由校方处置，当地政府无权干涉。在牛津大学、剑桥大学历史上，这种血腥冲突屡见不鲜。

放在当时的社会环境来看，因为中世纪长期处于宗教权力和世俗权力的二元对立，大学作为壮大的社群力量，无疑会成为重要的制衡变量。以至于各方力量都在竭力拉拢，给予大学特权，如居住权、司法自治权、罢课权、免税及免役权、教学许可证颁发权等，无形中为大学自治办学提供了有利的制度环境。比如神圣罗马帝国皇帝腓特烈一世签署了被称为学术特权的法律文件（1158 年），赋予了大学人员四项特权：①有类似于神职人员才有的自由和豁免权（彼时神职人员为社会顶层，这相当于把学者同样提到了顶层阶层，超越了贵族阶层）；②有为了学习的目的自由旅行和迁徙的权利；③有免于因学术观点和政见不同而受报复的权利；④有要求由学校和教会而不是地方法庭进行裁决的权利。

概而论之，西方世界的文化土壤和东方世界大相径庭，连逻辑公设都是相反的，自下而上形成组织、争取自治，这种自组织逻辑会发生在社会生活的方方面面。不仅大学要求自治，各个学系也同样要求自治权力，这在欧洲大学至今还可以看到痕迹。在更广泛的政治领域也是如此，例如，常说的“美国梦”是指每个人可以在美国实现自己的梦想，这与“中国梦”伟大复兴的内涵差别很大；美国联邦政府、州政府、市政府每一层级都互不相统属，但凡选举产生的公职人员，就没有上下级关系，例如总统无法命令州长、州长更无法命令市长，各谋其利、各司其政，是一个由下往上的漏斗式的权力架构，这与东亚国家很不一样。

## 博雅教育的理想范式





博雅教育（liberal education），源自对古希腊亚里士多德、古罗马西塞罗著作中相关术语的理解。当英国人在16～17世纪通过翻译拉丁文创造出这个概念后，语义随着时代进步不断调整丰富，逐渐和通识教育概念合流，从针对绅士阶层的教育扩展到了对所有公民的教育，并与自由主义的意识形态日益勾连在一起。所以，博雅教育的含义随社会发展逐渐演化，又约等于人文教育、文理教育、绅士教育、自由教育、通识教育、素质教育、全人教育等（参见表8）。

**表8　　博雅教育的概念演化**

| 时期 | 名称 | 同义词 | 反义词 |
|---|---|---|---|
| 古希腊 | Eleutherion epistemon（亚里士多德著作） | 适合于自由人的知识 | 鄙俗的教育、奴隶的教育 |
| 古罗马 | Liberaliter educatione（西塞罗著作） | 适合于自由人的教育绅士教育 | 奴隶的教育 |
| 古罗马 | Artes liberales（西塞罗著作） | 人文教育 | 鄙俗的技艺 |
| 17、18世纪英国 | Liberal education | 绅士教育 | 狭隘的教育、卑贱的教育 |
| 19世纪英国 | Liberal education | 绅士教育、通识教育 | 专业教育、职业教育 |
| 20世纪美国 | Liberal education | 自由教育、通识教育、文理教育、素质教育、全人教育 | 专业教育、职业教育 |

资料来源：沈文钦．从博雅到自由——博雅教育概念的历史语义学分析［J］．清华大学教育研究，2013，34（1）：39－48．

古典概念的原教旨主义对后世总有着不可言传的影响。比如大家总认为大学教育并不仅仅是传播知识，而且承担着培养良好公民、向往良知的天然使命，这来自培养自由人的原旨。时至今日，博雅教育依旧被认为是培养社会精英的经典范式。

在红衣主教约翰·亨利·纽曼[①]的《大学的理念》中，频频可见博雅教育的身影。纽曼毕业于大名鼎鼎的牛津三一学院。他生于19世纪的英国，工业文明的冲击，实用主义的渗透、现代科学对宗教秩序的挑战，让欧洲人精心建构的精神世界濒临崩塌。于纷扰之中，纽曼选择了宗教为伴，从正统和古典中汲取内心秩序。他是维多利亚时代[②]最有魅力的传教士，据说他的讲道中任何一段剪下来就是一首诗。他的一生在弥合天主教和新教、尝试中庸之道上作出了巨大的努力，也付出了巨大的代价。

对中国人来说，可能不甚关心纽曼的神学家身份，更在乎他在高等教育理论方面的贡献。他是历史上第一位对大学的理念进行系统阐述的人，核心观点是让西方高等教育回归古典，强调博雅教育理念，认为大学是“探索和传授普遍知识”的场所，是“所有的知识都交融合一”之地；需要“纯洁清澈的思想空气”，加强“自由知识”的教育，不鼓励从事高深的研究、反对过于注重专业知识。他热爱牛津大学，在构思他的大学理念时，他将自己认为牛津大学最好的特征都融入其中了。或者说，他的博雅教育观是对牛津大学的抽象和形而上。

### 牛津与剑桥

牛津和剑桥同属英语世界中最古老的大学，同为当今世界最顶尖的高等教育机构之一，是中世纪大学留存至今最靓丽的名片。

二者既有血脉相连的典故，也有“既生瑜何生亮”的计较。一个广为熟知的典故是赛艇竞技。这种相爱相杀的关系，类比于哈佛和麻省理工，斯坦福和伯克利，北大和清华，复旦和上交，鱼水情深而互黑不止。尽管各自心存芥蒂，但江湖上仍旧按捺不住热心肠将其合体，并称为“Ox-bridge”或者“牛桥”。

---

① 约翰·亨利·纽曼（John Henry Newman，1801～1890年），英国维多利亚时代的神学家、诗人、高等教育思想家。初系英国国教牛津运动创始人之一。后改奉天主教，直至担任红衣主教，2019年教皇方济各追封其为圣徒。著有《大学的理念》。

② 维多利亚时代，是指1837～1901年维多利亚女王的统治时期，后期是英国工业革命和大英帝国的黄金时代。

牛桥之经典，成就了大学在人类社会中的不朽。这是产生奇迹的地方，是牛顿、达尔文、罗素、雪莱等曾经求学、成名甚至度过一生的地方，名人轶事如繁星点点。举两个小八卦，一个是爱因斯坦的传记里曾经说要去牛津大学当研究生，那可是他得到诺贝尔奖的 20 年以后；还有，金庸从小向往剑桥大学，2005 年 10 月，年逾八旬的他如愿到剑桥大学攻读博士学位，论文题目是安禄山造反。

要说博洛尼亚大学的出现受到了城市磁场的吸引力，那么牛桥则直接来自宗教的驱动力。1167 年，一群基督教传教士，选择了一片当时潮湿寒冷、字面意义上的牛津，住在寄宿学院进行苦修①。紧接着其他传教士接踵而来，建立起一座又一座的学院。1209 年牛津大学发生暴动，有一些传教士选择了逃难东徙、另起炉灶，于是建立了剑桥大学，二者是同根同源的亲兄弟。





牛津英文 Oxford。Ox 是牛，Ford 指涉水渡河，真实情况也如此。《说文》解释：津者，渡也。最早翻译为“牛津”者真乃中西兼修，达雅并举。当我们站在牛津大学最高的材料系四楼极目远眺，听崔占峰②院士讲牛津、指给我们看当年“牛涉水”“牛趟河”的时候，画面感仍历历在目。如今的牛津城，虽然还能看到自然的浅滩湾流，但早已被经典学府加持成了盛世流年、满眼韶华。

在此后的几百年，随着宗教改革与文艺复兴，牛桥也开始了世俗化的进程。传教士被英国式的绅士替代，上帝和神性被人文主义替代，基督教会在演变，牛桥各学院也在演变，但总体是偏向保守的和贵族性质的，呈现出明显的形式主义。直到 19 世纪，各学院院士仍不许妻娶，忘我地追求学问。时至今日，牛桥依旧保留着僧寺式的学院，中世纪的礼堂，古朽的颓垣，弯曲的街道，穿着传教士学袍（Gown）的学子，仿佛误入“唐顿庄园”或者“哈利波特”片场，在 21 世纪依旧低吟着中世纪的魅惑与魔性。

牛桥在保护和传承文化传统方面作出了许多努力。例如，在牛津大学，规定任何地上建筑不得超过 4 层，以保证地面景观；也因为这个限制，使得牛津大学的面积、学生、教师规模都受到总量限制。学生不许走草地，草地只能院士走。严格恪守学位等级传统，在毕业证书上，会根据学生的在校成绩，分别标注各种级别。对考试制度严格尊崇而充满仪式感，考试穿正式的考试礼服，在专门的礼

---

① 另有一说是因为英国和法国关系恶化，巴黎大学把很多英国学者和学生赶回了英国。英国国王亨利二世发布对等政策，下令禁止英国学生到巴黎上学，于是这些被驱赶的师生到牛津继续办学。

② 崔占峰，化学工程和生物医学工程专家，牛津大学化学工程讲席教授。

堂考试。师生集体晚膳，同样要穿上战服。

好的制度把秩序搞活，牛桥通过营造等第分化格局，塑造卓然不群的虔诚感和精英的尊享感，保持了向上攀登、阶层跨越的推拉之力。

在培养了戴维·卡梅伦①的布雷齐诺斯学院的休息室里，我们小憩片刻。这里的条件其实简朴甚而简陋，地砖凹凸不平，家具也都破旧不堪，但是气氛温馨静谧，墙上装点着船桨，午后的阳光洒满窗台，几百年历史沧桑流淌无言，确是个遁世修身、埋头做学问的好地方。





### 寄宿制和导师制

寄宿学院制（Residential College）可以说是牛桥精英教育的最突出卖点。或者可以理解为寄宿学院就是一个小社会，将青涩的大学生催熟成能够立足于社会的人。

关于寄宿学院制的好处，纽曼大加赞誉。他认为在大学里良好的思想氛围和学术空气要比课程更重要，学生们只要沉浸于这种学术空气之中，通过耳濡目染和互相交流，就能自然而然地找到掌握普遍知识的途径。

全世界寄宿学院制的蓝本毫无疑问当属牛桥，它们更确切地说是一种“联邦制”的寄宿学院。牛桥的寄宿学院先大学而生，每个寄宿学院作为独立运转的子系统，以联邦或曰加盟关系联系在一起。

从物理场所来看，寄宿学院是教书育人的空间载体。在牛桥没有校区的概念，也无校部之体会，是一种去中心化的自组织结构。各寄宿学院、学系部门以及其他设施都散布在城中各个角落。最能体现特色的是那些维持中世纪风格的寄宿学院，大多以修道院为原型，高耸的楼宇围成类似四合院的结构，厚重的古典主义建筑生生在红尘中辟出别样的天地：外面熙熙攘攘，里面是数世纪的沉静内敛、俭朴从容。学院对外的窗户大都很小，和对内的大窗户截然相反，据说是当年为了对付市民进攻学院的历史痕迹。

从大学系统的运行来看，寄宿学院制不同于传统金字塔科层制结构，把寄宿学院（college）和学系（course department）体系纵横交织形成了矩阵结构。30多个寄宿学院各为独立法人，各有历史和文化，在财务、制度和运行上独立自治，

① 戴维·卡梅伦（David William Donald Cameron，1966～）英国保守党籍政治家，英国第75任首相（2010～2016年）。

拥有自己的教师、职员、校舍、基金，集学习、餐饮、社交和娱乐为一体，相当于各自一个小社会。学系和世界上大部分学校的学系也没有什么差别，同样按照学科划分，不同的系开设不同的课程供大家挑选。纽曼阐释为：“寄宿学院致力于内心世界，性格和品德的形成，旨在促进稳定；学系是为了现世的目标，例如法律、医学、历史和科学等，旨在促进进步”。牛津大学网站上介绍得更为直白，“每个学生都属于一个寄宿学院，同时也是各自的学系和大学的一员。所有的牛津学生可以同时从博大的世界顶级大学和友好的学院社区中受益”。

从制度设计来看，寄宿学院制巧妙地把不同的人群和知识混杂翻炒在一起。陈之藩①在《剑河倒影》里用了很多笔墨来描述这种自由而诗意的学习生活。对于学生来说，白天上课接触的是一批同学系的人，晚上住宿生活碰到的是另外一批同寄宿学院的人。对于老师来说，白天一群学生，晚上则是另一群学生。这种制度就是时时刻刻地促进混合，鼓励与不同专业、背景的人交流。“教授与学生混合，喝茶与讲道混合，吃饭与聊天混合，天南的系与天北的系混合，东方的书与西方的理混合，行业与行业的混合。生物化学家突然变成了考古工程，科学家突然搞起了经济学，而搞抽象数学的到实验室做起了实验”。这种混合，会促进异质思想杂交和嫁接，提升个人创新思维的交流能力，促进不同学科之间的化学反应。试想，不同的人群一天三顿饭两次茶，聚在一起正襟危坐、海阔天空聊感兴趣的事，辩论到午夜不散场，是何许自由和清新的学术空气！牛桥之所以成为牛桥，就在于干爱干的事，找爱找的朋友，聊爱聊的天，看山，看水，什么事不做也无所谓。别的大学把学生当作矿物让他定性，而牛桥把学生当作生物让他自由生长，给予了近乎奢侈的放任和宠溺，构成了有利于精英人才成长的生态环境。

千百年来，牛桥的寄宿学院制在世界各地复制过程中，根据形势变化有了不同变体。例如美国哈佛、耶鲁、普林斯顿大学的本科生院模式，香港中文大学的中西合璧寄宿学院等，或许在自主权和办学实践等方面存在较大差异，但无一例外都遵循博雅教育理念：打破学科专业界限形成多元化社区，师生同住、营造融洽的师生关系等。从某种程度上讲，后来出现的交叉学科载体建设，依据了同一个协同共生演化逻辑。

本科生导师（tutor）制则是博雅教育的点睛之笔。在 21 世纪工业化大生产盛

① 陈之藩（1925 ~ 2012 年），河北霸州人。香港中文大学电机系创系的系主任。从事电机工程学研究，深具人文素养，擅长散文写作。著有《旅美小简》《在春风里》《剑河倒影》等。

行的今天，牛桥作为古典大学的扛鼎之作，仍以近乎奢侈的方式坚持高成本长周期的本科生导师制度。如果说“寄宿学院制”提供了博雅教育交流之空气，“本科生导师制”则洒上了温暖的阳光，二者双剑合璧，构成古典蓝血大学精英人才培养之武林秘籍。

虽然中国的一些大学也为本科生指定导师，但与牛桥的导师制是两码事。牛桥导师对学生的指导，更像研究生导师（supervisor）对研究生的指导，是量身定做、个性化定制培养的。除了指导他们选课外，导师要定期（每周 1 ~ 2 次）和学生进行小组讨论（最多 2 ~ 4 人）或者个别辅导。根据学生个人的特点，指导他们读参考书，做实验，或者要求学生写读书报告和研究报告，并予以点评。导师负责引导和出题，学生独立完成题目。有没有正确答案也并不重要，贵在交锋和讨论的过程。此外，导师也会在生活习惯、品行塑造等方面给予指导，激发学生兴趣，培养批判思维、创造思维与解决问题的能力。

学位和文凭

学位与文凭制度，本质是提供了一种信号机制，可以节约获取信息的交易成本，通过制定标准来解决信息不对称的问题。有了学位制度，才有了知识系统化、教学标准化、人才批量化的基础，使知识的传承得到制度性保障。学位制度正是中世纪大学和它的发明人教会遗赠给后世的一大制度创新。

《中世纪教会》将大学与屠户行会作了比较研究，认为巴黎大学的教师行会在很大程度上来自屠户行会，二者都实行一定的等级制度。不过彼时的学位和今天有不同，是一种教师资格认证，意味着通过了对教师申请人的学术能力和职业道德的考察。

中世纪大学的学位，分为学士（baccalaureate，通过大学学习最初阶段者）、资士（licentiate，通过教师资格认定）两种。只有获得了资士学位以后，才可以独立开课授业。但是渐渐地，很多人上大学并不是为了执教，而是担任官吏或者法律顾问等大学外的工作，需要证明自己的教育水平，于是学士在 15 世纪逐渐成为一个独立的学位。

硕士（master）、博士（doctor）和教授（professor）几种叫法，本来都指获得资格认证的教师。例如，在巴黎大学的人文专业中，获得资士的人就会成为硕士。但随着时间的演进，这些教师的称谓逐渐演变分化成了不同段位的学位。人文学科的 master 地位逐渐低于另外几个学科，而 doctor 兼顾了医学工作者之义，professor

则保留了高级教师即教授之义。

从经营角度来说，大学既无法垄断知识也无法垄断学生。在很长一段时间里，大学的合法性都在于能够垄断文凭授予权，是个从事资格认证、给人颁发牌照的机构。从这个底层逻辑来看，大学必须捍卫文凭的价值体系和背后的质量体系，让社会关于拥有高学位就能够确保找到好工作、谋得好前程的预期能够始终成立。

随着意大利文艺复兴终结中世纪，古老的基督教王国归于瓦解，欧洲各主要民族国家大体确立起来。欧洲人的观念世界开始朝向个人主义，理性意识被唤醒，新的教育观不断出现。欧洲在继承了中世纪大学诸多要素的基础上诞生了现代大学，其中包括学位制度。直到今天，我们的学位无论是名称头衔还是等级划分，甚至是授予的仪式，很大程度上都在延续着中世纪的传统。





## 中国传统书院之滥觞

对中国高等教育的起始点说法不一，若按公元前 2700 年有“大学”之称为准，算上虞夏商的上庠、东序、右学等，似乎失之不详，缺少佐证，也无必要。若以 1898 年京师大学堂建立为准，又失之偏激，缺乏自信，自降格调。中国历来崇文重教、以教立国，数千年叱咤风云的文明若没有合格的高等教育来支撑供给，全盘否认自身，也定不能让人信服。

目前比较公认的是，中国古代的高等教育起于朝廷（城市），兴于乡野。在先秦起，就一直存在着官学和私学两套系统，各循脉络兴衰直至清末。

### 太学与国子监

官学者，学在官府也，官气必不可少。场所在宫廷、官府之内，为官府服务，培养的是官员，招生培养对象是官之子弟。以官为师，官师不分。

中国的官学体系以中央官学为主脉，由朝廷主导、从属于皇权，是中国古代官办的最高学府。始建于周朝，不同时期叫法不同、做法也有差异。例如，汉朝汉武帝始创太学，讲授儒家经典，设博士为专职教师。隋改为国子监，除了教育功能，还以科举形式为国家选拔人才，一直延续到清朝。教师少而尊崇，既是老师又担任朝廷的官职，选拔录取环节十分严格。学生大部分以官宦子弟为主，也有恩许、纳捐等类型和海外留学生，求学时的衣食住行和家庭开销国家提供，还有奖学金等补贴，毕业后去向是政府部门当国家公务员。

## 中国传统书院

在另一脉的私学系统内，从古时的诸子百家及其学生团队教学相长的模式一路沿袭下来，以大儒为引领的书院模式在唐末逐渐兴盛，弥补了官学体系的日渐颓靡。

书院者，藏书、著书、读书、讲书之所也。作为教育机构始于唐末五代时期。短短 50 多年的唐宋之际是中国历史上的一个大变动时期，内藤湖南①曾提出“唐宋变革论”，认为唐代是中国门第贵族社会的结束，宋代则是近世平民社会的开始，崇儒尚文，大开科举，这是书院兴起的底层逻辑。社会结构重构，战乱频仍，科举日隆，官学颓废，士儒们始纵情于山野之中，潜身讲学著述，师生乃汇聚一处，自组织形成了书院这种私学机构。此番聚合过程，与中世纪大学高度神似，只不过把宗教的向心力替换为避祸的离心力，把城市改成了山野。

书院作为私学最高学府，属民办官助性质。由唐末到清末，全国有史料可查的书院共有 7300 余所，是儒学研究和传统高等教育的主要阵地。通常选址在僻静优美、富有禅意的山林河水之滨。主要经费来源为私人捐赠和学田以及政府拨款经费等。通常由宿学鸿儒来开帐授徒，主持大局，例如，应天书院是范仲淹的讲学之所，白鹿洞书院由朱熹整顿复兴。书院教学以学生个人读书钻研为主，注重培养学生的自学能力和独立思考能力，宋代理学的发展则为书院注入了元气。

为稳定王朝统治争取士人，宋朝统治者如中世纪的教皇国王一样拉拢书院，赐书、赐额、赠田、赠屋。到了南宋中后期，书院领袖开始由政府进行任命，日渐趋向政治化。到了明清时代，书院走向了平民，渐被政府收编进驻到了城市，也成为科举养成所的一员。直到清末的 1905 年，光绪皇帝一纸诏书，废除 1300 年的科举制，传统中式学府被撤销，统统改建成西式学堂。书院这个延续了千年之久，遍布全国各地，绽放过光芒的明珠化为了历史的尘埃。

### 讲会制度和 Seminar

讲会制度是古代书院的一大特色，是指在同一书院内部、不同书院之间、书院与地方之间以“讲会”为平台，开展论辩式的学术交流。书院经常会邀请很多

① 内藤湖南（内藤虎次郎，1866～1934 年），日本中国学京都学派创始人之一。著有《中国史学史》《近世文学史论》。

不同学派的学者进行讲解甚至学术交锋，破除门户之见，强调兼容并蓄。教师可自由择徒、随处讲学；学生也可不受学派地域限制自由择师、中途易师。

书院讲会制度的自由之风，对于平衡和改良官学严格的教学风气意义甚巨。彼时官学传统古板、沉闷保守，师高为尊不得冲撞，所学的东西大抵围绕着科举考试，只求熟读四书五经。讲会制度以讨论的形式，推行自由开放的教学理念，营造平等融洽的师生关系，犹如风之乍起，吹皱一池春水。

只可惜随着书院的终结，这缕春风很难在中国课堂上自由吹拂了。倒是西方盛行的研讨会（Seminar）能看到昔日讲会的影子。Seminar 是指在教授的指导下，课题组定期集中在一起讨论，形式灵活多样，主要由学生唱主角发表专题，师生一起自由探讨、共同学习。以我们课题组为例，一个月一次 Seminar，分享国内外研究最新动态和个人学术进展，鼓励学生用英文进行报告，气氛轻松愉悦，有利于帮助学生开阔视野、及时总结、加深思考和提高口头表达能力。





陈国良院士曾系统谈过“如何组织 Seminar?”他对自己课题组提出了“三约定”。首先约定时间，不得随便更改或中断；其次约定内容，告知人人都必须按照排定的顺序在 Seminar 上轮流讲演；最后约定学分，每个人不但要做讲演，而且要提交书面报告，并据此给定学分。对讨论班的风气和做笔记的方法进行了引导，要求 Seminar 不但人人要听，人人要讲，同时必须人人认真听讲做笔记。他还参照王国维人生三境界引申到了“seminar 的三境界”，即：第一境界——言者有心、听者无意；第二境界——言者有心、听者有意；第三境界——言者无心、听者有意——此亦为最高境界。

### 科举制度与书院的消弭

从制度创新角度来讲，中国古代科举制度是一个成功的制度设计阳谋，对周边的日本、朝鲜、越南，以及西方文官制度之建立均发生过重大影响。

从制度安排角度来说，科举制度是一个高效率的耗散结构。确立了“学而优则仕”的社会秩序，制衡了世家贵族的特权；夯实了儒家文化的正统地位；提供了向上跃迁的渠道，让寒门有了晋身之资，形成了可持续的自发秩序；统一了话语体系，全国方言几百种，写出来的文字却是通用的，大幅提升了大国内部的信息沟通效率；提供了人才储备，选拔了一批符合执政标准、具备一定才能的官员队伍……时至今日，科举逻辑仍旧是中国人心目中的白月光，每年考公考编的热度都只增不减。

从选拔人才角度来说，中国人的实用主义，很大一部分来自科举制度千百年的驯化。因为无论是察举制还是科举制，都是在为王朝选拔“好用”的人才，核心指标就是实用性。皇帝奔着好用而选，学子则奔着功名而去，像李白、叔本华这样的“自由而无用的灵魂”或许只能被边缘化了。换言之，科举制度，尤其是从元代开始兴起的基于通用性技术的科举选拔方式，对通用型人才选拔有效，但对于头部精英人才则显得乏力，甚至是负向激励的。这或许是为什么时至今日，绵延于科举制度的中国高考制度和基础教育体制，往往只擅长培养 90 分以下“好学生”，不利于“天才”型选手的脱颖而出的原因。

科举制度的自身积弊也十分严重。《儒林外史》和陈独秀自传里描述的赶考丑态，着实有失知识分子体面。更大的弊端在于，科举制度的强大涡旋使得古代教育体制变了形，将教育的多样性扼杀了。随着隋唐以后科举考试一统天下，无论官学还是私学，宗旨都向服务科举考试制度靠拢，目标直接而纯粹。纵有少数书院力图另辟蹊径，强调学问和德性，也不可能改变其科举养成所的基本性质。

办学无非三问，“培养什么人？为谁培养人？怎样培养人?”更进一步地，除了理想之丰满，还得面对现实之骨感，必须解决好办学经费和学生出路问题。回看书院之衰亡，除了外部政治缘故，被一张诏书而草草终结了它的命运外，与自组织能力不强大有关联。一方面书院被政府接手后，经费是不自主的；另一方面，单一的儒家经学教育，忽视独立人格的培养，脱离生活实践的观察，失去读书治学的乐趣，学生出路完全被拿捏了。当科举成为唯一的通道和评价标尺后，意味着书院的自发性活力也失去了源泉。

春日游，杏花吹满头。话说唐代科举会试的放榜时间，恰好是杏花绽放之时，所以杏花也被称作“及第花”，成了科举的象征。庄子写文章说，孔子每到一处就在杏林里讲学，所以有了杏坛的比喻。我家就有一棵杏树，每年都最早花开，最早花谢，最早结果，最早被偷食的鸟儿围攻，也最早在深秋之前落叶，急匆匆兴冲冲地，领跑着四季和潮流。我喜爱它盛装如雪、花香似糯的模样。

### 与欧洲中世纪大学之比较

如张之洞所说：“入外国学堂一年，胜于中国学堂三年。”没有任何制度是完美的，当不合时宜、弊大于利时，终将被时代淘汰。

但对于书院之消弭，并非只有一味地批判，从民国至今始终存有争议和追忆。

胡适曾感慨：书院之废，实在是吾中国一大不幸事。一千年来学者自动的研究精神，将不复现于今日。在他看来，所谓的“书院的精神”大致有三：代表时代精神；讲学与议政；自修与研究。青年毛泽东认为传统书院师生感情甚笃、精神自由往来，以及课程少而研讨周，故“比学校实在优胜得多”。

已经退出政界一心讲学的梁启超，曾力主在新式学堂中恢复自由讲会制。理由是，近世学校教育有两大缺点：第一，此种“水平线式”的教育，实国家主义之产物；第二，其学业之相授受，若以市道交也。

传统书院教育理念、方式和制度，至今看来自有高明前瞻之处。将其与欧洲中世纪大学进行对比，详见表9。1949年钱穆在香港创办新亚书院，是挽回书院精神，将传统中国书院与西方寄宿学院制度并轨的实践，正如新亚书院《招生简章》所说：旨在上溯宋明书院讲学精神，旁采西欧大学导师制度，以人文主义之教育宗旨，沟通世界中西文化，为人类和平社会幸福谋前途。





**表9　欧洲中世纪大学和中国传统书院之比较**

| 类型 | 中世纪大学 | 中国传统书院 |
| --- | --- | --- |
| 位置 | 商业繁华交通便利的城市 | 风景优美富有禅意的山野 |
| 为谁培养人 | 教会、社会 | 政府、社会 |
| 培养什么人 | 教士、绅士 | 官员、士绅 |
| 怎样培养人 | 博雅教育 | 格物致知 |
| 评价机制 | 学位制度 | 科举制度 |
| 内容 | 神学<br>三科：语法、修辞和逻辑<br>四艺：算术、几何、天文、音乐 | 儒家经典<br>礼仪修养<br>科举考课 |
| 动力机制 | 城市发展的向心力<br>宗教和世俗的驱动力<br>被法律保障的自治权力 | 政府意志主导<br>儒家学者自我成就和著述动力<br>科举制度推力 |
| 主要优点 | 规范化的学科专业体系<br>标准化的学位制度<br>全面自由发展的博雅教育理念 | 尊师重教的风尚<br>融洽的师生关系<br>因地制宜、因材施教的教育理念<br>自学为主、教师点拨的启发式教育 |

## 英国之改良高手

### 为什么在英国?

岛国环境、光荣历史、经验主义、费尔泼赖（fairplay，意为“公平竞争”）文化，造就了英国人保守、节制和孤傲的国民性格。

英国的地缘谈不上得天独厚。作为岛国，偏安于欧洲西北角，孤悬于大西洋。罗马人征服英格兰（43 年）将它从蛮荒拉入文明，撒克逊等民族的迁入构成了今天英国的主体民族。直到维京人的后裔诺曼人征服英国（1066 年），才进入封建社会、进入欧洲版图，而此时的中国已经是富甲一方的南宋了。直到今天，英国还把自己定位为欧洲大陆的“他者”，缺乏欧洲身份认同，否则也不会脱欧。一些史学家认为英国同欧洲的关系应该用“with”（和）而不应该用“of”（属于）来表示。

在我看来，英国的核心竞争优势在于制度设计，形成了囊括国家意志和全民共识的制度精神和制度体系。国王、贵族、教会、世俗社会的长期博弈角力中，通过《大宪章》运动（1215 年），温和的宗教改革（16 世纪），非暴力不流血的光荣革命及《权利法案》（1689 年），构建了一套司法、议会、产权和金融财税制度，以普通法和衡平法交融保护社会各方各自安生、皆大欢喜，按照自组织的逻辑小心翼翼演化，在最大范围内用最小的代价撬动各方动力，逐步把社会秩序搞活了起来。

在一定程度上，英国靠制度设计保护了小破屋“风能进雨能进、国王不能进”，城市和大学得以自治，科学得以昌盛，工业革命的元素得以滋养。同时也形成了相对宽容的社会环境，吸引集聚了欧洲大陆的人才，发起了三角贸易，成立了海外扩张的巨型股份公司等，成为第一个走向现代化的国家。在最鼎盛的维多利亚时代，英国一度生产了世界将近一半的工业品，缔造了日不落帝国的辉煌。同时也是第一个以贸易作为统治手段的帝国，促成了第一次贸易全球化，英国当时在全球中的地位也远超过今天的美国。据说维多利亚女王曾讲过，“哪有什么英国式英语和美国式英语？只有英语和错误的英语之分。”

英国人的制度改革是妥协和节制的，注重维持现有体系，均衡和协调各方的势力，在守成的基础上进行温和渐进的变革。其思想源头之一是盎格鲁撒克逊民族的经验主义。与大陆的理性主义不同。英国人为了利益宁可调整原则，而不是如法国人般为追求完美而不惜献身的掀桌子翻烧饼。而这种保守有时会显得精明有余而德性不足，换言之，就是不具备足够的精神超越性，所以法国人嘲笑英国是小店主的国家。也正因为此，这个曾经作为“世界工厂”发家致富的最大经济体，在过去的三十年里选择了用金融替代工业，时至今日其生产力数据、自动化水平和创新能力都落后于其他西欧国家；这个曾经日不落的全球化帝国，由选民选择了封闭和脱欧，主动减少了全球贸易和人才引入，繁荣表象之后疲态倍显，以至于被美国媒体评价为“除去伦敦，英国是西欧最贫穷的国家之一”。





## 一场英式毕业典礼

英国人的保守孤傲也体现在高等教育上，绵延至今。前面写过的牛桥作为中世纪大学的顶流，至今沿用高昂的成本维护着中世纪的体面。在英国古典大学，穿着礼服参加结业考试的传统保存到现在，毕业典礼就像是一场穿越时空的演出。

2016 年，有幸在谢菲尔德大学参加毕业典礼，观礼感受深刻。古老的英式典礼盛大庄严，女王派了装扮华丽、头戴假发、足后银钩的特使前来祝贺，礼仪环节一丝不苟，典雅肃穆，温情脉脉，严谨缜密，淋漓尽致地展示了英伦范的傲娇与荣耀。家长们从世界各地盛装打扮前来观礼，前后共有 30 多场毕业典礼紧张依次进行。在这个毕业季中，校园处处点缀着欢乐华彩。

校方精心筹备典礼，井然有序、完备周密。事先展示运行方案和组织文件，每一部分都有专人引导，有详尽的文字说明和图标指示。给大家分发的资料也相当精美详尽，列出了所有毕业生的名字和毕业典礼的所有安排，便于毕业生珍藏留念。把控细节要求一丝不苟，相关流程再三进行了排练预演。例如，毕业生多来自五湖四海，包括 20 名中国学生，校方颁证时为了念准名字，事先演练多遍，确保每个毕业生一一上台获颁准确无误。

英式礼仪规矩甚多，要求精益求精，绝不含糊。例如，礼服的选用，有非常严格的标准和流程，所有的教师必须依照各自毕业院校选择相应的礼服，仪式中由礼仪官进行引导，使用仪仗和管风琴等，气氛描摹渲染到位，好似置身电影片场。

一所大学注重品牌策略，就像爱护自己的眼睛一样处处做到极致。其实，谢菲尔德大学还不是一所古典大学，而是兴建于1850年的红砖大学。校方给客人的纪念品也别具一格——不锈钢袖扣，因为不锈钢是谢菲尔德大学校友所发明。礼轻情意重、意义更重。“画堂鹦鹉鸟，冷暖不相知”，关怀和体贴是从点滴微小中深入弥散的。

## 新兴大学和帝国理工

正因为保守主义深植，英国高等教育长期抱守传统不愿改变。作为第一次工业革命爆发地的英国，虽然经济盛极一时，但英国大学一直在袖手旁观。直到18世纪苏格兰启蒙运动兴起，欧洲大学开始反对宗教、提倡理性时，牛桥依旧坚持作为绅士养成所的定位，漠视当时针对中下层的科学教育，继续沉浸于古典人文主义的空气中。彼时的英国已经开始逐渐丧失对欧洲工业的绝对领导权。比较1851年和1867年两次世博会的工业产品展出可以看出，英国产品开始落后于法国、德国，例如，英国的纺织品要送到法国去染色，只因法国的化工更发达。

19世纪中叶起，深感压力的英国高等教育逐渐强化了国家干预，政府对大学的控制持续增强，不断改良。一方面立法取消了牛桥种种特权及一些宗教限制，开始面向世俗阶层培养人才，后续举办剑桥科技园等，逐步与现代大学模式接轨。另一方面抓新建，分批次建设大学，一批新式学校如伦敦大学①、红砖大学②、玻璃大学③、绿地大学④建设起来（参见表10）。一些学校进行了扩张，一些专科学院升级为大学。英国高等教育在20世纪进入了大众化时代。

① 伦敦大学（1836年）是由伦敦的18所高校和研究机构组成的大学系统，也被称为“公立联邦制大学”。

② 红砖大学，指英国的维多利亚时代在主要工业城市创建的私立院校，建筑多采用红砖。传授与生产生活联系更紧密的实用知识，以理工类专业见长，专业设置以工程技术教育和医学为主，提供面向平民的职业技术教育。

③ 玻璃大学，指英国在1963~1992年获得皇家特许的大学。因为这些新学校的建筑体现了混凝土和平板玻璃的融合，与英国维多利亚建筑风格睽异，故而命名。

④ 绿地大学，指1961年政府批准了包括华威大学在内的七所大学，俗称“七姊妹”。由于这七所大学均建在郊区，四周都是农田，故又称为“绿地大学”或“草坪大学”。

**表 10　英联邦国家常见大学类型和雅称**

| 类型 | 说明 | 成员 |
| --- | --- | --- |
| 古典大学 | 17 世纪以前在英国和爱尔兰成立并持续至今的大学 | 牛津大学（1096 年）<br>剑桥大学（1209 年）<br>圣安德鲁斯大学（1413 年）<br>格拉斯哥大学（1451 年）<br>阿伯丁大学（1495 年）<br>爱丁堡大学（1582 年）<br>都柏林大学（1592 年） |
| 红砖大学 | 19 世纪维多利亚时代在英国主要工业城市创建的私立院校 | 曼彻斯特大学（1824 年）<br>伯明翰大学（1825 年）<br>谢菲尔德大学（1828 年）<br>利兹大学（1831 年）<br>布里斯托大学（1876 年）<br>利物浦大学（1881 年） |
| 玻璃大学<br>绿地大学 | 1963～1992 年英国成立的大学 | 肯特大学（1965 年）<br>兰卡斯特大学（1964 年）<br>约克大学（1963 年）<br>华威大学（1965 年）<br>…… |
| 砂岩学府 | 澳洲历史最悠久大学 | 悉尼大学（1850 年）<br>墨尔本大学（1853 年）<br>阿德雷得大学（1874 年）<br>塔斯马尼亚大学（1890 年）<br>昆士兰大学（1909 年）<br>西澳大利亚大学（1911 年） |





帝国理工大学（1907 年），曾经是伦敦大学成员之一，以享誉世界的工程学科而闻名中外。它地理位置优越，身处伦敦南肯辛顿富人区，学校和周边都颇具皇家风范，正如它的校训："科学是帝国的光彩和庇佑"。这是一所小而精的大学，校区寸土寸金，房屋捉襟见肘，专业设置精挑细选，专攻于自然科学、工程技术、生命科学和医学，不涵盖所有的门类，但凡开设的专业都跻身世界一流。我们曾拜访了物理系唐耐尔·布莱德利①教授的实验室，他是课题组的科研合作伙伴，子承父业，薪火相传，父子二人先后掌舵帝国理工物理系，造就了令人敬佩的学术传奇。

实际上在帝国理工，每个院系都非常重视历史沿革。例如物理系就将历代系

① 唐耐尔·布莱德利（Donal D. C. Bradley），物理学家，曾任帝国理工学院副校长、牛津大学数学、物理与生命科学学部主任等，现任阿卜杜拉国王科技大学副校长。

主任的名字和头像镌刻在门前，饱蘸着历史传承之深情厚谊。在帝国理工物理系顶楼一个简陋到有些破敝的阁楼看伦敦，景色美轮美奂与否已然淡忘，但尤克里里的伴奏，露台上的风和咖啡，几位英国同仁极客式的朴素和热情终生难忘。

## 年轮式演化结构

回看英国高等教育，就像一部年轮，清楚记载着历史变革。事实上英国的高等教育分类结构真就是按照年代切割的。以牛桥做头雁，代表着悠久历史和顶级水平，其他依次排开（参见表11）。从表11中可以看到，大部分学校是20世纪以后才成立的，其中20世纪60年代的《罗宾斯报告》是重要转折点。目前，教育已经成为英国一项重要产业，一项全球化服务业贸易。可以预见，随着高等教育理念不断演化，英国高校的样态还将不断扩展。这个温和演变的逻辑，正是英国经验主义的体现，和海洋国家的“普通法”底层逻辑一致：不断根据现实调整和扩展规则，按照自组织的模式，以最小的变革成本，包容着最大的多样性。



**表11　英国高等教育分类**

<table>
<tr><th>一级分类</th><th>二级分类</th><th>数量（所）</th></tr>
<tr><td rowspan="7">大学</td><td>古典大学（牛津大学和剑桥大学）</td><td>2</td></tr>
<tr><td>近代大学（19世纪20年代创立的城市大学）</td><td>22</td></tr>
<tr><td>新大学（1945～1960年成立的大学）</td><td>20</td></tr>
<tr><td>新新大学（1961～1968年创立的大学）</td><td>10</td></tr>
<tr><td>升格大学（1966～1968年由学院更名的大学）</td><td>10</td></tr>
<tr><td>开放大学（1968年英国进入高等教育普及化后设立的大学）</td><td>1</td></tr>
<tr><td>私立大学（1976年开始设立非国家投资的大学）</td><td>45</td></tr>
<tr><td rowspan="4">非大学</td><td>多科技术学院（1969～1973年建立的高校）</td><td>34</td></tr>
<tr><td>苏格兰所属中央学院</td><td>14</td></tr>
<tr><td>高等教育学院</td><td>64</td></tr>
<tr><td>继续教育学院</td><td>300＋</td></tr>
</table>

## 德意志之专精楷模

### 为什么在德国?

大部分中国人都喜欢德国人，德国经验一直被国人推崇效仿。德国面积不足美国的5%，工业实力长期处于欧洲第一、世界领先。它甚至没有正经八百地殖民过，以一己之力在科学、军事、教育、文化等多个领域领先。在过去的200年间，3次被打垮，又在很短时期里重新逆袭崛起，此番经历不可谓不传奇。

德国历史学家海因里希·奥古斯特·温克勒[①]在《西方通史》中提了一个问题：请问德国是西方国家吗？在一些欧美人士的认知里，西方国家特指英国、美国、法国等，德国作为大陆国家，在历史上很多时段站在了它们的对立面，坚韧地传承着德意志自身文化和古希腊罗马文化，卓然不群于西方世界。

普遍认为德国人至少有四个特点：

一是热爱秩序、行事严谨。德语口头禅“in Ordnung”（好的 = 合乎秩序）和“Logik”（合理 = 合乎逻辑），这是他们心中获得感和幸福感的主要根源。德国有秩序局和标准局，尤其后者订立出数万种标准以供德国良民遵守。我特喜欢看加工制造的短视频，看德国人换井盖、修路、砍树的过程，秩序井然让人无比舒适。“秩序”这个词似乎就是为德国人量身定做的。

德国人严谨，源于教育重视逻辑训练，德国古典哲学绝冠古今，是黑格尔、康德、叔本华、费尔巴哈、马克思和恩格斯的家乡。还有人说是源于德语的一丝不苟。德语难学，单词词形变化复杂，而且分阴阳中性，语法十分严格。马克·吐温就曾经吐槽过，“在德语里，小女孩没有性别，而萝卜却有。”语言决定了底层逻辑，汉语没有时态，乱序都能看懂，历练了中国人的灵活多变。如果说中国是一个火锅，热腾腾煮成一锅，什么食材放进去都是火锅味；德国应该就是汉堡，层次分明，井井有条。

二是遵守纪律、善于忍耐。德国人是体制内的顺民。下级绝对服从上级，一切按规章办事，逆来顺受，擅长合作，忍耐能力强，否则就不会有两次世界大战和纳粹了。善于忍耐和严重的从众心理，导致德国人之间的差异性小于德国人和

① 海因里希·奥古斯特·温克勒（HeinrichAugust Winkler，1938 ~），德国历史学家。著有《西方通史：从古代源头到20世纪》《西方的困局：欧洲与美国的当下危机》等。

其他人之间的差异性。著名的“平庸之恶①”就是在德国这种性格趋同的文化土壤中滋长出来的，它所控诉的纳粹党徒艾希曼，不阴险也不凶蛮，完全不像一个恶贯满盈的刽子手，就是“齿轮系统中的一环，只是起了传动的作用罢了”，被同化于体制之中甚至不惜作恶。

地理决定论认为这是自然环境影响使然。德国被阿尔卑斯山脉分割在中欧地区，寒冷而贫瘠。所以节俭抠门，热爱储蓄，不爱购物，钱都花在外人看不见的地方。虽与法国接壤，但与地中海气候的法国迥异，所以不会像法国人那样乐观幽默、盛产大革命和创意产品，是截然不同的另一个物种。德国人的笑点一直是欧洲人的笑料，据说海德格尔惯常严肃，一辈子只笑过一次且只有3秒。德国的地缘政治相当复杂，四周都是强敌，法、俄、奥匈，四面强敌使得德国人一直在入侵他国和被他国入侵的状态之中。经过千百年的血与火的战争洗礼，形成了骁勇善战、服从号令的特征。

三是重视细节、务求专业。凡事都喜欢刨根问底、考虑周全。努力工作，以拥有某项专业技能为荣，处处要求具体，追求分工细化，愿意一辈子只做一件事、做精一件事，正所谓工匠精神。严谨的态度和对细节的苛求，诞生了一大批成就卓著的科学家，成就了现代德国强大的工业制造能力，全世界都喜欢德国制造的奔驰、宝马、奥迪、莱卡相机、朗格手表和自动化装备。解构了艺术和技术冲突关系的“德式美学”同样独树一帜，德国制造的标准化和一体化设计在德意志制造联盟的引领下，成为德国工业战车的重要组成部分。同时，这种追求专精和讲求效率的思维，也顺理成章地诞生出了洪堡高等教育思想，催生了学科专业的分化。

四是天生矛盾、自带批判。人们常说“美国人是桃子，德国人是椰子”。桃子貌似鲜美多汁，见人就笑眯眯说 Hello，实则假热情难深交；椰子外表黯淡硬实，里面却是一抔甜浆，既高冷又幽默，自带浪漫气质和理想主义，盛产伟大的音乐家如莫扎特、贝多芬和巴赫。俾斯麦说，“音乐总是让我内心产生两种对立的渴望：第一种是战争；第二种是田园般的宁静”，直抒德国人常见的冲突与矛盾。一面天才一面疯子，一时冷静一时狂热。

① 平庸之恶，来源于《艾希曼在耶路撒冷》，记录了以色列政府对阿道夫·艾希曼的审判。艾希曼是第二次世界大战时德国纳粹中校，是在犹太人大屠杀中执行“最终方案”的主要负责者。

## 拓荒现代大学

相比于英、法、意等欧洲国家，德国中世纪大学的创办落后200年。中世纪的德国大学沿袭了中世纪大学的普遍特征，比如14世纪创建的海德堡大学（1365年）。这是个典型的德国式古典大学城，可以沉浸式体验到德式的浪漫主义、人文主义和自由主义。有近60位诺贝尔奖获得者曾在海德堡大学学习或从教，门捷列夫、费尔巴哈、黑格尔、韦伯等大咖均出身于此。海德堡内卡湖上的老桥，连接了中世纪的海德堡和20世纪的哲学家小径，静静的河水悄悄流淌，几只鸭一只天鹅坐拥着地主之便，甚至有几丝学术范地静默蹲守。哲学家小径静谧通幽，途经著名的物理研究所，沿蜿蜒曲折的石径攀缘而上，瞭望对岸的老城区和与之相伴的海德堡大学，霞光夕照，豁然开朗，身遭好似世外桃源。

德国大学的体制性因素历来比较鲜明。德国自古就有王室重视教育的传统。1717年，当时的普鲁士王国第一个开始推行义务制国民教育。德国大学绝大多数也由国家举办，即便是原先带有自治性质的学校也逐步演变成国家机构，由国家给教师支薪。自上而下，顶层设计，给德国高等教育带来了不同的面貌。

随着工业革命摧枯拉朽向前推进，德国充分借鉴吸取了英国的经验和教训。尽管英国大学漠视科学，不见容于科学精神，但德国人却积极悦纳，为科学找到了栖息之地。

科学，作为一样具有奢侈品属性的社会活动，赖以生存的先决条件是经费支持、休闲时间、自由的学术探索，以及学者们的流动迁徙和交流碰撞，即有钱、有闲、有心、有伴。彼时的德国已经具备了这些要素。德国人以科学和教育为舵，化不利为有利，易相克为相助，以其先进的教育理念、严谨的组织制度以及卓越的科学成就，赋予了高等教育新的内涵和范式。

欧洲现代大学制度，发轫于哈勒大学（1694年）的创办。哈勒市位于原东德地区，距离莱比锡34公里，是一个盐业和化学工业发达的小城。17世纪的德国中世纪大学百废待兴，尚未从经院主义的阴影下走出来，法国启蒙运动催生的理性主义成为最先进的思潮。哈勒大学成为中世纪的“第一缕曙光”，被称为“第一所现代大学”，因为它最先放弃了宗教正统观念，推进大学教育的世俗化进程。采纳了近代哲学和近代科学，支持科学精神。以思想自由和教学自由为基本原则。用德语取代了拉丁语作为教学语言，将科学研究贯彻到教学中，不断加快学科专门化和教授职业化的进程。自此，大学不再是沿袭传统教条、保守僵化的学校，而成为学术的基地和真理的拓荒者。

哈勒大学的办学理念在一代人之后被距离其150公里远的哥廷根大学（1737年）继承并光大。哥廷根大学由英国国王兼德国汉诺威选帝侯格奥尔格二世创建，是一所具有官办背景的大学。它推行哈勒大学的办学主张，践行“研究自由”“教学自由”“宗教宽容”等理念。开设了研究所、图书馆，采用研讨等形式，着力体现自由的科学探索精神和学术氛围，在整个18世纪都居于德国大学中心地位。尤其以法学闻名于世，拿破仑、俾斯麦、海涅等在曾于此研习法律，拿氏言“哥廷根是属于全欧洲的”。更让其闻名于世的是自然科学领域的“哥廷根学派”：高斯开创哥廷根数学学派，普朗特领导了哥廷根应用力学学派，普朗特的学生冯卡门把哥廷根应用力学学派从德国带到了美国，冯卡门的学生钱学森是中国力学的鼻祖。哥廷根学派的魔力在于将科学与技术结合，从复杂问题中探寻物理本质，然后用数学方法分析解决实际工程问题。

### 柏林大学理念

在启蒙运动影响下，哈勒大学、哥廷根大学变革在先，已经具备现代大学的特征。德国高等教育陆续发生变革，无论是新教势力把持的北部地区，还是天主教势力影响下的南部地区，新的大学理念已遍染苍穹。

1806年，普鲁士在普法战争中被拿破仑打败，统治者决定以振兴教育来洗刷国耻，威廉·冯·洪堡①登场，他和纽曼一样，第一职业不是教育，而是普鲁士的外交家，又是语言学家，时任内政部文化教育司司长，创办了柏林洪堡大学②的前身柏林大学。他还有个弟弟亚历山大·冯·洪堡③是科学家，兄弟俩旗鼓相当、功勋卓著。所以柏林大学以兄弟俩的姓氏命名，把二人的头像并排放在了校徽上。

接受了发展普鲁士文化和公共教育任务的威廉·洪堡，在仅仅16个月的任职

① 威廉·冯·洪堡（Wilhelm Von Humboldt，1767～1835年）德国教育家、语言学家和外交官。1809～1810年任内政部文化教育司司长期间，创办了柏林洪堡大学。著有《论国家的作用》《论爪哇岛的卡维语》。

② 柏林洪堡大学前身为柏林大学。1948年，因第二次世界大战后柏林的拆分，柏林大学被划分给东柏林，为柏林洪堡大学（HU Berlin）；一部分支持西方阵营的教职员和学生迁往西柏林，创立柏林自由大学（FU Berlin）。目前两校有合作，如联手建设了医学院。

③ 亚历山大·冯·洪堡（Alexander Von Humboldt，1769～1859年），德国科学家，近代地理学的主要创建人，是柏林洪堡大学地理系的第一任系主任。洪堡基金会和洪堡研究奖就是以他的名字命名的。

期间，以柏林大学为抓手，设计了一个由国家主导、服务于工业社会的公共教育制度。这个理念在当时相当先进，可以说是开宗立派，在很长一段时间内全世界最杰出的教育家都是他的精神传人。

柏林大学自横空出世后，刷新了多项第一：率先提出了以科研独立为主旨的核心理念，科学研究首次成为大学的职能。哲学得到了空前发展，实验科学被接受，纯科学成为一种信仰。学术自由的方针得以确立，教授治校成为主要治理模式。

需说明的是，洪堡主张的科学研究不是实用性的科学研究，而是纯科学的研究。目的是陶冶心智和品格，为了塑造科学精神。这与后来美国的实用主义研究是不同的，在科研象限里分属不同的区间。

柏林大学成了现代大学的范本，被称为“现代大学之母”。不论是德国先前成立的大学还是后世建设的新大学，也都纷纷仿效洪堡大学现代化了自己，逐渐成为科学发展的中心。蔡元培一生先后三次到德国游学研修，时间累积6年之久，对洪堡理念耳濡目染、潜移默化，他的大学理念与柏林大学模式有很大的相似性。





今天的柏林大学在社会学系具备尖端的研究能力，在自然科学领域也非常优秀。除了与其他国家和城市的科研机构进行密切的联系合作外，也与柏林的政治家保持了良好的联系，对德国的教育体系产生持续间接的影响。

### 柏林工业大学

随着德国的工业化进程推进，19世纪70年代，在多科性技术学校升格基础上形成了10所工业大学。这些工科大学更强调以“技术研究为中心”，教学更重视讲授实用知识，系科设置、课程内容与工业生产接轨。获得了博士学位授予权，逐渐与综合性大学地位相当。今日德国最受欢迎的是慕尼黑工业大学、亚琛工业大学、柏林工业大学这样的理工科学校，而非盛极一时的柏林大学和哥廷根大学。

柏林工业大学①（1879年）是德国工科教育的模板，至今仍是德国最大的工业大学之一。马君武②曾在柏林工业大学学习，以“中国和日本丝绸的物理与化学性质比较”为题获得博士学位，成为我国留德学生中获工学博士第一人。1916

① 普鲁士在柏林创立了皇家采矿学院（1770年）、皇家建筑学院（1799年）、皇家商学院（1821年），三校合并成立皇家柏林工业高等学院（1879年），即今日的柏林工业大学。

② 马君武（1881～1940年），祖籍湖北蒲圻，出生于广西桂林。政治活动家、教育家。大夏大学、广西大学的创建人和首任校长。与蔡元培齐名被称为“北蔡南马”。

年回国后他将德国工科大学模式引入中国，落地在举办大夏大学[①]和广西大学的实践中。

今天的柏林工业大学依旧保持了强劲的办学实力，并且善用工科特色服务一方。在32000多名学生中，75%的学生学习工程学科。学科方向紧密契合柏林所长：能源、生态规划、生命健康、信息通讯、交通、饮用水、知识管理等。

学校拥有最现代化的图书馆，由大众基金会资助。国际化程度也非常高。例如针对国际学生，提供了一年到一年半的预科培训，是全德国最大最早的机构。比较有趣的是，校方在做学校介绍时，特别强调对女性的关怀，包括女性大学生、博士生、教职人员等，体现了心之所系。

在德国大学，面向学生就业的职业中心非常普遍。同时将触角沿伸至高中生，鼓励他们对工程和自然科学产生兴趣，每年夏天会在校园里举办一天开放日（“科学之夜”），所有的实验室在那一天都会对外开放至凌晨一点，并且专门安排了针对初、高中女生的项目。

柏林工业大学在技术转移和支持校友创业方面颇有造诣，又被称为“创业大学”。非常注重高新技术的转移转化，与科学界和产业界如西门子、戴姆勒等均有密切互动，所孵化的创业公司居全德国之首。

## 应用科技大学

20世纪60年代以后，德国高等教育进入大众化阶段，逐渐调整长期固守的洪堡理念，向实用主义拓展。通过新设和升级原有的中等技术学校等路径，发展了一批旨在培养应用型人才、开展应用型科研的高等教育机构，即应用科技大学。

应用科技大学与传统大学的组织结构相似，但功能定位有差异：①传统大学可以培养博士生，应用科技大学只能提供学士和硕士层次的教育，但可以和传统大学一起联合培养博士。②传统大学毕业后可以立即申请博士，应用科技大学学生毕业后要补充相关知识后才能读博士。③人才培养重点也有差异。以外语专业为例，学术型大学关注外语的文化历史等，应用科技大学则关注翻译能力的培养。

应用科技大学发展迅速，成为助推德国经济腾飞的重要力量。20世纪90年代末以来新增的大学几乎是应用科技大学，就读学生占比在逐年增多。目前德国

---

① 大夏大学，是1924年因学潮从厦门大学脱离、在上海建立的一所综合性私立大学。几经战乱更迭，1951年改为华东师范大学，为新中国创办的第一所师范大学。

工业企业 2/3 的员工来自应用科技大学。本书第 11 章有详细的考察报告介绍。

## 德国教育战车的今天与明天

德国教育体制对中国人来说并不陌生。德国孩子从 10 岁时就进行分流。1/3 的学生进入完全中学准备接受高等教育；1/3 去主体中学，走职业教育之路；1/3 在实科中学，进可继续深造，退可及早谋生。

德国高等教育体系不算复杂，主要分三类（参见表 12）：一是传统大学，包括柏林洪堡大学等综合性大学、柏林工业大学等工科大学，以及师范大学等，大多超过百年历史；二是更贴近实践的应用科技大学；三是艺术、电影和音乐学院。





**表 12　德国高等教育机构分类**

| 分类 | 传统大学 | 应用科技大学 | 艺术、电影和音乐学院 |
|---|---|---|---|
| 定位 | 学术型、理论型、研究型 | 应用型、实践型 | 艺术类 |
| 授予学位 | 学士、硕士、博士 | 学士、硕士 | 学士、硕士、博士、艺术学位 |
| 学科 | 所有学科（包括医学、法律、药学、教学） | 应用学科（包括工程、商科、社会工作、医学等） | 艺术学科（美术、设计、建筑、戏剧、舞蹈、音乐等） |
| 教师要求 | 博士和资质 | 博士和工作经验 | 艺术作品和/或博士 |
| 学生占比 | 66% | 33% | 1% |

资料来源：2016 年德国联邦校长联席协会（HRK）瓦拉斯女士介绍“德国大学系统”。

如果把英国高等教育分类称为“年轮式”分类，那么作为大陆国家的德国，正如他的“大陆法”法律体系一样，源于对罗马法的继承发扬，注入了德国人严谨的理性主义风格，在纲举目张的三类型框架中，构建出自己的道法天地。

德国的高等教育曾经无比辉煌，如今在重振雄风。在这个老牌顶尖雁阵里，一度以柏林大学为引领头雁，西方大学纷纷步其后尘。德国是当时的世界科学中心，在 20 世纪初声望达到顶峰。奈何两次世界大战让德国大学告别了昔日荣光，霸主地位逐渐被美国所取代。20 世纪 90 年代东西德统一以后，德国高等教育进行了一系列的改革，如融入欧洲高等教育一体化进程、改革学位制度、开展高等教育评估、实行“卓越计划”等，再度向上攀升。

2022 年，德国共有大学 422 所，其中大学 108 所、师范学院 6 所、神学院 16

所、艺术学院 52 所、应用科技大学 210 所、行政学院 30 所。有 92% 的学生就读于公立学校，7% 求学于私立大学，极少数（约 1% 的学生）在教会学校。

就大学排行来看，如今德国的“头雁”三巨头：慕尼黑工业大学、海德堡大学和慕尼黑大学，在“卓越计划”和“卓越战略”的支持下，世界排名正在不断上升。如果再排除语言因素等，真实实力更超过排名表现。

### 治理结构与运行机制

德国高等教育的运行机制很有借鉴意义，一方面遵循洪堡理念之学术自治和教授自治原则，另一方面具有较为典型的“国家干预”特征。高校系统以公立大学为主，总体上由政府和学术寡头共享权力。后来，随着 20 世纪 70 年代社会民主化的需要，以及新公共管理的引入，“伟大的均衡器”逐渐生效，国家干预有所削弱，并逐步强化了竞争机制，治理向着“多元共治”演变。

德国公立大学免学费，其经费来源主要有三种渠道：州政府财政拨款、第三方经费和社会捐赠。其中，州政府财政拨款是最重要的来源，大约占经费支出的 40% ~60%，如柏林工业大学 2016 年从柏林市政府获得的经费投入为 3.11 亿欧元，来自社会捐助和高校为企业服务的资金大约占 30%。

就州政府财政拨款而言，德国一共 16 个联邦州，每个州的教育体制相对独立并提供相应的资金，主要依据学生数量和专项支出需要拨款。但近年来开始改变拨款模式，引入业绩考核，只有考核合格才将预留的 10% 拨付给高校。德国也没有类似生均拨款的标准，而是根据学科特色浮动，根据硬件设备和教授费用平摊调节，例如，学医可能费用超过 10000 欧元，商科则是 5000 欧元。

州政府对大学的调控工具，除了推进目标协定、总体预算与绩效拨款外，更主要是通过立法手段。例如每个州规定了大学董事会的组成，包括企业代表人数等。州政府还对高校进行一定程度的法律监管和学术监管，例如，高校设立新的学习专业或制定新的学习制度，都必须向主管机构报告审批。

除了政府管理之外，德国高校还通过专业协会组织进行管理。如德国高等教育发展学会、德国大学校长联席会议、德国科学委员会等，这些高等教育专业组织为高校推进质量保障提供了大量的支持。

就大学的治理结构而言，如今的教授委员会不只有教授，也有学生代表等。如亚琛工业大学评议会由教授、学术人员、非学术人员和学生等人员构成，其比例为 14∶4∶4∶4，其中教授占 14 票，其他人员占 12 票。

德国大学校长更像一个象征性的符号，负责学术性事务。过去只要有教授头衔都有资格获选校长。现在，基于加强社会联系、争取发展资源的需要，校长人选更注重管理协调能力，其职权范围也有所拓展。大学行政管理由州政府委任的专员或校务长负责，代表政府管理学校的行政事务和监督学校的运作。财务负责人由校长和教育部长共同任命。

在院系管理层级，设有系主任和行政秘书、助理等。我们在美因茨—古腾堡大学宗教系了解到：系主任只是类似于管理员的角色，主要代表系在学校层面争取利益，进行经费预算的博弈，同时做一些协调工作，如给教授分配教室，监督工作进度，用拉丁语给博士生发奖状等。这个系配有 8 个秘书、15 个大学生兼职助理，没有专门管理学生的人员。

教授是德国大学治理结构的核心人物，拥有最高的学术权力。教授掌管着旗下的人员聘用和经费分配，博士生招收和博士后聘用等，不依附于大学的管理层，也不依附于系。某种程度上，德国的大学教授相当于中国大学研究所所长。没有教授职位者通常为学术雇员，他们没有终身职位，依附于教授开展工作。





在德国，成为一名大学教授首先要获得大学授课资格，其基本条件是博士毕业后完成资格论文，并进行公开演讲，以证明自己具有独立从事科研和教学的能力。德国教授属于国家公职人员，除非涉及刑法或者涉及性侵犯等问题，正常情况下都是终身职位，有着相当严格的选聘程序，要求高、耗时长，获聘率不足 40%。教授选聘采用公开招聘的方式进行（遵循本校留任禁令，即本校毕业的不能担任本校教授）。一般要选出 3 位候选人，对候选人的学术经历、研究成果及个人报告做综合评价，最终人选获校评议会同意后，由州主管作出最后决定。每三年对其评估一次，评估结果会影响到教授收入。

教授的薪资每个州不一样，由各州财政水平决定，大概分为三档。但总体来说不算高，且薪资水平和具体的工作量无关，没有能者多劳、多劳多得机制，发表论文等也不会有奖励，完全是自发行为。例如，在制造业大本营巴伐利亚州大概 5000 欧元，在柏林相对较低。申请教职时，如有特殊的专业知识和背景，可以和大学谈判，在有效期内适当增加薪资。

括而言之，德国为教授的公务员身份提供了稳定的回报，但漫长的申报过程和刻板的聘任流程挫伤了年轻教师的积极性，造成了学术后备人才的大量积压或流失。在当今世界范围内比较，德国教授体制存在按资排辈、薪资偏低、激励不足等问题，整体缺乏竞争活力，某种程度上影响了德国高等教育的上乘表现。所以，一些德国大学也开始通过学术考评来确定教师业绩，鼓励优秀人才脱颖而出。

### 标准化和公益性

德国的大学至今都秉承着洪堡的培养理念，注重规范化、标准化，例如，传统大学授予学位条件十分严格，经常有 25% ~40% 学生不能如期毕业。教学上注重学业自主化和课程模块化等。模块管理非常严格，需要学校乃至教育主管部门的批准才能设定。在每个课程模块里，学生可以按照自己的兴趣，有目的地从模块里选择，在最后一个学期，按照自己的选择模块形成毕业论文。

德国公立大学免收学费，对外国学生也一视同仁，但是每个学期要收注册费（200 ~250 欧元）。如果有孩子在柏林上大学，平均开支每个月 700 ~800 欧元，在慕尼黑是 1100 ~1300 欧元。

尽管受到人口老龄化的影响，德国高等教育总体趋势仍在扩张，现在没有高中毕业文凭的人群也有途径接受高等教育。所有学生进入大学的机会均等，凭高中成绩和岗位培训经历申请入学，由大学名额分配中心来管理，平均每年有 50% 的高中毕业生可以上大学。生均资源不足问题也日益凸显，在某些系里一个教授要教 50 ~60 个学生，甚至是 120 个学生。柏林洪堡大学的教授在 16 年间减少了一半，学生却增加了 5000 名。

### 卓越计划和卓越战略

德国大学以水平齐齐整整而著称，坚持均质和平等原则，特点是平均水平高，没有重点和一般之别。缺少世界顶尖大学，在国家雁阵模型中处于第三层次。这个曾经孕育了现代大学母本的国度，要想再写辉煌，唯有革故鼎新。因此，为重塑德国大学的国际声誉，德国政府于 2006 年和 2012 年实施了两期“卓越计划”，2017 年又提出了“卓越战略”，共有 57 个卓越集群、10 所卓越大学和 1 个卓越联盟获得支持。

“卓越计划”和“卓越战略”改变了德国高等教育原有的发展理念，由体现公平到追求效率，由保持均衡到培育优势，由分类管理到分层建设，打破了以州为单位的资源分配方式，提升了科研经费方面的集聚程度，促进了德国高等教育系统的纵向分化尽管在德国国内存有争议，但激励作用也在显现，一些精英大学的世界排名正在攀升。2022 年 THE 排名中，前 100 名中共有 7 所德国高校。

"卓越计划"和"卓越战略"主要在集群和大学两个层面进行资助，在一定程度上与中国"双一流"建设存在共性。可供咨鉴之处有二：

第一，最大的亮点在于引入了"集群"概念，在倡导竞争文化的同时鼓励交叉融合，成为推动德国高校科研特色及宏大版图的关键动力。

所谓"集群"之说，来自迈克尔·波特的定义，他认为在一定地理区域内的整合有助于提高竞争力，例如产业集群。卓越集群的建制不以学科为中心，而是以问题为引领，以项目为导向，以研究领域为单元，瞄准国际显示度和竞争力促进尖端科研。鼓励在大学内部、大学之间、大学与校外科研机构之间共建集群，其设置突破了学科门类，模糊了学科界限，整合了区域科研资源，促进了跨机构和跨学科的合作。获选的 57 个卓越集群中多数具有跨学科性质，由两个以上学科交叉而成的研究集群占 1/4。近三成的集群由多所大学合力组建，比如，柏林自由大学与柏林洪堡大学共建神经疗法集群。此外，"卓越集群"也是遴选"卓越大学"时的必要指标。

第二，运行机制方面。①引入国际评审专家，发挥了第三方机构在遴选和评估中的作用。②实施流动机制，包含准入和退出两方面，以常态化的绩效考核与评估为保障，不搞终身制，解决了身份固化问题。③积极推行反馈机制。

### 博洛尼亚进程和可持续发展

1999 年，欧洲 29 个国家在意大利的历史文化名城博洛尼亚举行高等教育改革会议，启动了博洛尼亚进程。旨在改造欧洲大学教育体系，推进欧洲高等教育一体化，为学生就业、交换或出国留学提供便利。

德国博洛尼亚高等教育改革影响深远。过去德国大学沿用二级学位体系，学生经过 4 ~6 年的学习后，获得的第一级学位是硕士。学生获得学位时的平均年龄为 27. 5 岁，明显高于其他国家（英国 23 岁、美国 24 岁、法国 26 岁），导致德国大学吸引力下降。加入博洛尼亚进程后，德国引进英美体制，采用国际通用的三级学位体系，并缩短了学时（本科生 3 ~4 年、硕士生 1 ~2 年、博士生 2 ~3 年），提高了大学生的毕业率和国际化竞争力，被认为是"欧洲的成功故事"。博洛尼亚进程模式下的学士和硕士学位课程采用模块式组合方案，课程安排比较固定，也不需要学生费脑筋选修课程。统一后的欧洲高等教育体系互认学分和学位，拓展了学生选择空间。总体来说，德国高等教育体制更加开放了。

由于博洛尼亚进程的推动，德国大学普遍实施了国际化拓展战略，在全球最受外国学生喜欢的国家中德国排名第三。各州政府普遍制定了招收留学生的政策，如柏林市政府规定，柏林高校5%的生源须来自非欧盟国家，相关费用由政府承担。我们在柏林工业大学了解到，该校留学生占全部在校生的20.3%。法律同时规定，德国学生必须至少要到国外交流一年。

总之，时代在变化，学制在缩短，学习内容在增加，新的问题在不断产生。灵活发展、靠船下篙或许是应对趋势的终极策略。

## 美利坚之拓新先锋

### 为什么在美国?

15世纪大航海运动后，出于对欧洲中世纪后期社会的失望和愤懑，一群新教人士和冒险家横跨大西洋，来到了一元初始、万象更新的美洲大陆，替代了原住民，组建了一个全新的复合型的美国社会。

美国很长一段时间的主体人口都是从英国逃亡而来的WASP，形成了主流的均质文化。其中W代表White，白人；AS代表Anglo－Saxons，盎格鲁撒克逊人，也就是英国人；P代表Protestant，是指新教徒。此外，作为移民国家，美国又保留了很多来自移民母体的文化特征，形成了丰富多彩的非均质文化。几相融合后的美国，是一群因宗教迫害逃亡的英国人所建设的一个采纳了古罗马联邦制、具备加盟商属性的多元化的海洋文明国家。其中的均质文化和非均质文化之间的张力，是构成社会撕裂的根源之一。

我一直觉得，在偌大的地球村里，美国和中国最像。除了广阔的地缘格局带来的浑然大气，还因为美国人骨子里上进奋斗、勤劳苦干、讲求实用、追求成功，弥漫着社会达尔文主义的味道。实用主义价值观、功利主义和世俗化是美国文化的重要部分，这与崇尚经世致用的中国人高度相似。同时，美国人又是理想主义和现实主义兼而有之的，一边宣扬“普世价值”做软实力，一边埋头苦干拼硬实力，与中国的中庸之道如出一辙。是一个既现实又浪漫、既存在贵族的文雅老派又保持土著的粗犷幽默的复合体，好莱坞电影和百老汇歌舞剧是其写照。

但是中美的差异也很显著。美国的国运非常好，赶在工业化潮流中促成了大熔炉式的飞速发展。而且社会秩序开放性强，没有历史包袱，不拘泥于条件的限制，有一种杂交文化下的拓荒者心态，整体状态朝气蓬勃又咄咄逼人。个人自由的思想登峰造极，敢于冒险和创新，讲求实证，迷信科学技术，有着“欲与天空试比高”的豪情，总是能孕育出像乔布斯、艾伦·马斯克这样的偏才奇才，取得非凡的科技创新成就。

更重要的是，美国拥有世界最多的顶级大学，为吸引全世界的精英去美国提供了渠道和平台，成为美国的一大战略优势。从耗散结构的角度来说，美国这个涡旋非常有活力，把全世界最聪明的人都卷进去了，在近一百年制造出了全世界最有超越性的社会秩序。

中美两个是相似相溶、同时也相爱相杀的国家。如今的中国，与 20 世纪上半叶的美国十分相似。20 世纪 30 年代美国建设 440 多米高的帝国大厦只用了 410 天。彼时之美国速度即为今日之中国速度，乘骐骥以驰骋兮！

美国在第二次世界大战中的胜利进一步增强了它的荣耀感。20 世纪 50 ~ 80 年代，是其软实力最强时期，冷战结束后达到巅峰，被视为西方自由世界的领袖。美国自认为是天选之国，即所谓美国例外论[①]。随着冷战结束，尤其是 21 世纪以来，美国社会内部种族分裂、贫富分化日益严重；对外战略智慧衰退，国际道德楷模形象逐渐拉胯。中国人讲半部《论语》治天下，美国是实打实用 1787 年的美国宪法来治理 2022 年的今天。很难想象，在最现代化的美国，人们围绕着堕胎权这个前现代社会的古老话题争论不休。

曾几何时，那个美国国父们宣誓要建设的自由平等、和平正义、谦逊自律的理想国度，那个让全世界人类振奋和向往的新大陆，在互联网媒体无孔不入的报道中渐渐跌落了神坛。自由还在，平等已逝，节俭更无从谈起。这个开放之国在逐渐变得分裂和封闭僵化，对世界的多样性麻木不仁和不屑一顾。作为一个曾经痴迷于看美国建国历史和二战电影，曾经在美国大学读书工作生活、走遍大半个美国的异乡客，冷眼旁观其变，心中五味杂陈。

## 美式“比学赶超”

随着新大陆移民增加，教育的需求也随之兴起。于是，西半球的第一所大学在今天的多米尼加共和国诞生了，是由西班牙人建立的圣多明哥大学（1538 年），同一时期的还有今天墨西哥的圣尼古拉斯伊达尔戈米却肯大学（1539 年）。当然

① 美国例外论（American exceptionalism），为亚历西斯·托克维尔于 1831 年创作之词句，又译美国卓异主义、美国例外主义、美式例外主义。认为美国是独特的国家，与外国完全不同，通常用以解释美国成功理由与方法的迷思。

这只是“开胃菜”，真正让新大陆成为新一轮世界学术研究和创新中心的，是白头鹰所代表的美国。

与前述通往温暖拉丁美洲的路线不同，17 世纪初期，一批来自英国的清教徒驻足寒冷的北美，在强烈宗教使命感和殖民地野心推动下，将英国大学的传统移植到北美的荒野，建立了 9 所殖民地学院（参见表 13），这些学校建校时间都早于美国建国（1776 年）。除了 9 所殖民地学院之外，另有一些美国大学的历史可以追溯到殖民地时代的学校，如匹兹堡大学（1770 年）、特拉华大学（1743 年）和一些文理学院。为方便本地人口就近上学，这些殖民地时期创建的学校无一例外地分布在各殖民地的中心区域，也就是东海岸沿岸港口。就像蒲公英的种子一样，飘飘然落在新大陆的一隅，生根发芽，传宗接代，它们中的一部分，将在这个新生世界的高等教育金字塔体系顶端俯瞰苍生。

**表 13　　9 所美国殖民地学院**

| 今日校名 | 昔日殖民地学院名 | 建校时间 | 宗教影响 |
| --- | --- | --- | --- |
| 哈佛大学 | 新学院 | 1636 年 | 公理会 |
| 威廉与玛丽学院 | — | 1693 年 | 英国国教 |
| 耶鲁大学 | 大学学校 | 1701 年 | 公理会 |
| 普林斯顿大学 | 新泽西学院 | 1746 年 | 长老宗 |
| 宾夕法尼亚大学 | 费城学院 | 1740 年 | 英国国教 |
| 哥伦比亚大学 | 国王之学院 | 1754 年 | 英国国教 |
| 布朗大学 | 罗德岛学院 | 1764 年 | 浸礼会 |
| 罗格斯大学 | 皇后学院 | 1766 年 | 荷兰革新教会 |
| 达特茅斯学院 | — | 1769 年 | 清教徒 |

19 世纪 60 年代南北战争结束后，美国经济社会走上加速发展的快车道。美利坚民族意识形成，政治上博采众长，经济上激进运动，疆域上不断拓宽，人口开始膨胀，电力技术革命催波助澜。世界经济中心逐渐从欧洲转移到美国，开启了一往无前的美国“镀金时代”。

然而与镀金的经济不相吻合的是，彼时美国的高等教育水平并不敢恭维：

第一，办学定位交缠不清。宗教传统和共和理想是美国高等教育前两百年发展的主要动力机制。宗教至今仍旧是美国社会组成的重要元素，渗入社会的每个毛孔，在北美高等教育中也占据了十足的分量。上述殖民地血统的学校，无一例外都有宗教背景。由于不同宗教派别都需要独自建校、分别培养自己的神职人员，这就成了美国大学注重多元包容发展的底层逻辑。所谓共和理想，继承于美国建国者对罗马共和制的推崇，倡导自由、平等和博爱，希望提供给本国公民以无私、爱国及美德的教育。这两种截然不同的动力进行博弈，“培养什么人”成了见仁见智的分歧，办学定位模糊漂移、办学形态此消彼长也就可想而知了。

第二，规模体量供不应求。虽说美国早期殖民地学院很早就有布局，集中在东海岸的几个港口，到 19 世纪 60 年代南北战争时有了大约 250 所学院，但远不足以支撑国土面积的不断扩充和工业化对知识劳动者的巨大缺口。

第三，办学质量差强人意。以哈佛大学为例，虽说已经有两百多年的历史了，在美国也有些名气，但办学水平不高，仅从事本科教学且弊端重重：教师地位低下、无心钻研探索，大班讲课授业、内容陈旧无用，学生意兴阑珊、期末死记硬背，突击应付考试、毕业轻易过关。由于教会势力影响，长期抱守古典课程如拉丁文，鲜有自然科学等新课程，学生们学不到真本事。上大学不是为了获得知识，而在于获得一纸文凭和一个圈子。

第四，目标异化导致氛围异化，每况愈下。当时美国大学的校董尽管都是社会精英，但没时间、也无办学的经验和热情，导致办学治校水平不高。更糟糕的是失去了民众的支持，但凡条件好的家庭都把孩子送到欧洲去读书了，以至于本土大学招生人数在不断下降，办学规模不断萎缩。办学资源越发匮乏，新生的政府无法提供财政保障，“巧妇难为无米之炊”，情况眼看着是越来越糟心了。

这四个难题，按照当今的话语体系可以精简为三条：一是目标定位问题；二是规模体量问题；三是高质量发展问题。如何走出发展困境，解决这三个问题，进行转型和改良？美国人给出了在那个时代的三个转型密码。

一是靠政府的制度设计。主要体现在以赠地法案和国家创新力量，为大学办学提供支撑保障和方向引领。

二是靠教育家的智慧。具体来说就是好几代专业敬业乐业的校长，他们从欧洲，尤其是欣欣向荣的德国大学取得真经，本土化嫁接到美国。

三是靠企业家的支持。一群关心和懂教育的企业家，为大学募捐，接手董事会管理，给了大学宝贵的办学资源支持和自主办学自由。

可以说美国的高等教育是在 200 年内借鉴学习、反超和引领的过程。为世界贡献了赠地大学、研究生教育和研究型大学、社区学院、创业型大学等全新范本，招生培养规模、多元化程度都大幅增长，同时将新的职能——社会服务赋予了大学之使命。

目前美国主要有五类主要的高等教育形态，分别是200多所研究型大学、700多所综合性大学、大约1000所小规模的四年制文理学院、1200多所两年制社区学院，以及超过1300所的营利性教育机构，它们支撑起这个星球目前最发达的高等教育体系，尤其以一批世界顶尖大学和尖端科研水平而闻达于世。

## 不那么单纯的赠地学院法案

谈起美国公立大学的发展，离不开美国南北战争期间林肯政府颁布实施的《赠地学院法案》(《第一莫里尔法案》，1862年)。这是一项关乎土地和教育的法案，做法是按照各州国会议员数（每位3万英亩）赠予各州土地，用于支持创办至少一所农工学院；赠地也可以出售或者凭券在市场上交换。

对这项法案的解读，通常站在社会需求和公共利益的角度。因为彼时美国虽是农业国，却缺少农业技术和人才，为解决供需矛盾，亟待加强实用科学和高等教育。

不过要把历史上下贯通起来看，可能就不会把联邦政府发展高等教育的动机和创意过于神化了：第一，赠予公共土地支持办学传统在中世纪早已有之，美国第一所大学哈佛学院也来自政府赠地；实际上从殖民地时期就早有以赠地形式支持办学的传统，只是管理权限在州而非在联邦。第二，南北战争的原因纵然复杂，但归根结底是南方和北方关乎人力和土地的角力，《赠地学院法案》是林肯解决内战政治问题一揽子方案中的一部分（一起通过的还有《铁路法案》《宅地法》等)。法案通过后，帮助北方联邦赢得了自由民和黑人的支持，打压了南方，解决了社会纷争，扭转了颓势并取得胜利，同时也确立了联邦的权威。

效果也是显著的。《赠地学院法案》及一系列联邦法案实施，拉开了美国公立高等教育蓬勃发展的序幕。法案催生的赠地学院多半发展为大型公立大学。具体地，各州做法比较多元，一些州将经费转给现有的大学作为州大（通常名为：University of + 州名)，如密歇根大学（1817年)；更多的州在得到赠地资金后，新建州立大学（通常名为：州名 + State University)，例如密歇根州立大学（1855年)。一些实力强劲的赠地大学超越农业机械技艺之定位，发展成研究型大学，如威斯康星大学（1848年）和加州大学（1868年)。另外，还有一些私立性质的赠地大学，因同意设立农工科目也得到了赠地资金的支持，如麻省理工学院

（1861 年）和康奈尔大学（1865 年）。目前美国大部分高水平公立大学都源自赠地制度。

从制度设计角度来看，举办赠地学院具备正外部性特征。在繁荣实用技术学科、扩大高校规模、强化社会服务职能、促进教育公平等方面发挥了积极作用，奠定了现今美国高等教育的基本盘。促进了高等教育大众化进程，中产阶级子弟、农村青年、妇女和黑人也能有机会上大学，大概授予了全美 1/3 的硕士学位和超过一半的博士学位（1998 年数据）。美国依靠赠地学院农业科技的支持，很快实现了农业现代化，释放了剩余劳动力，支持了美国 19 世纪后半期的快速工业化。到 19 世纪末，其工业总产值已经超越英、法、德三国之和，成为世界第一工业大国。





登录美国公立与赠地大学协会①网站，可以看到联邦政府不断推出新的扶植性政策，将赠地制度不断升级迭代，版图已经扩张到了加拿大和墨西哥，最新的成员已经包括 245 所公立研究型大学、赠地机构、州立大学系统和附属组织，在加强美、加、墨公立大学之间的合作交流方面发挥着新功用。

看起来赠地办学是一个多赢的制度安排，却很少有人关注原住民的利益受损。有研究显示，美国 52 所最知名的赠地大学是从近 250 个原住民部落征用了 1070 万英亩土地得来的，但人们倾向于忽视美国资本主义的原罪。土地置换归根结底是资本运作，康奈尔大学是资本运营的最大赢家，创始人康奈尔慧眼独具，为学校挑选了威斯康星州的一块颇具升值潜力的土地，等到市场价格最高的时候才开始出售土地券。这一番利用低买高抛的精明投资，使康奈尔大学大肆扩张有了力量之源。

## 校长们为美式高质量发展探路

随着赠地学院的燎原之火熊熊燃起，广袤的美国大地上主要有两种大学了，一种是 HYP（哈佛、耶鲁、普林斯顿）这种教会背景的殖民地学院，另一种是农工方向的公立大学。规模体量的基本盘问题解决了，剩下的就是高质量发展问题。

此时的美国大学，无论属于上述哪一种，办学质量都不高。有人横向比较过，当时美国大学的课程仅与欧洲中学的课程水平大致相当，约等于“扫盲性”教

① 美国公立与赠地大学协会（Association of Public and Land-grant Universities，APLU），美国高等教育六大核心协会之一，官网 www. aplu. org。

育，处于鄙视链的中底部，这与当时美国的经济发展水平是不相称的。

好在作为后发国家，美国人非常擅长“抄作业”，是复制中创新的高手，务求冰寒于水，于无声处听惊雷。美国始终在向欧洲母体吸取养分，美国高等教育在向欧洲见贤思齐，不仅深受英国文化的影响，而且受 18 世纪苏格兰启蒙运动的影响，更受到德国柏林大学模式的鼓舞。美国有一群有识之士认识到了高等教育与德国的差距，前赴后继到德国各大学深造，以学习德国柏林大学模式为起始点，把学到的理念本土化运用到美国的办学实践中，创建了一批本土大学，探索出了高质量发展的道路。大概经过三十年，到 20 世纪初的时候，美国高等教育已经扭转了颓势，绽放出了独特而灿烂的光芒，成就了一段激情燃烧的岁月。

三十年无非也是弹指一挥间，对我们启发甚大。究其根本，一代教育家、优秀的大学校长功不唐捐。他们把源于德国的柏林大学理念进行剪裁，与美国实用主义哲学巧妙结合，为各自的大学制定了特色发展路径，打造了一批经典的美国一流大学范本。





### 富兰克林·宾州大学

如果单独挑一个人来代表美国精神，只有本杰明·富兰克林[①]可堪此大任。他妙手文章，他纵横捭阖，他热爱秩序，他实验发明，他自学创造，他幽默风趣，他热心公益，是印刷出版业巨贾，是参与起草《独立宣言》的国父，但他只自认为是平凡的“印刷工富兰克林”。他说“时间就是金钱，信用就是金钱，金钱可以产生金钱”，把无穷的精力像种子一样播撒在了美利坚实用主义的土壤上，洒以资本主义之雨露，拂以自由之风。这粒“种子”在费城生根发芽，费城就是富兰克林的城市，俯拾可见他充满创造力和感染力的规划和资助。如果去费城，建议一定要看看他的故居和博物馆，看看他朴朴实实、风风火火永不停歇的一生。

1751 年，富兰克林创办的北美殖民地第一个无教派学院正式成立了，后来更名为宾夕法尼亚大学（1791 年）。这所大学是常青藤盟校中最务实的一个：关注现实生活，传授实用技能，“学习内容应与学生未来可能从事的职业相关”；认为学生生活应朴素节制，“经常进行跑步、跳跃、角力和游泳方面的锻炼”。携带着浓烈的富兰克林基因，至今绵延坚守。

① 本杰明·富兰克林（Benjamin Franklin，1706～1790 年），美国政治家、出版商、作家、教育家、发明家、外交官，美国开国元勋之一。

提到宾夕法尼亚大学，值得用笔墨赘述一下它的博物馆（全名为宾夕法尼亚大学考古学和人类学博物馆）。以收藏古代美索不达米亚文明、古埃及、古代中国文物而闻名。博物馆相当亲民，甚至提供了触摸木乃伊的体验。中国馆设在一个带穹顶的圆形展厅，有不少佛像、佛头、壁画等。而让我震惊的是，不经意间发现了唐太宗昭陵六骏中的飒露紫和拳毛騧。据说这个展厅是可以对外出租办Party的，而另外四骏是陕西碑林博物馆的镇馆之宝。

### 怀特·康奈尔大学

康奈尔大学位于美国纽约州一个叫伊萨卡（Ithaca）的一个偏僻小城，和另外的两个本科学院一道组成了一个大学城，国人称之为“康村”。康村风景优美，山水辉映，所谓“环村皆山也”，非常适合埋头做学问。徐志摩译为“伊的家”，胡适译为“绮色佳”，文心雕龙无双。冰心在康奈尔大学留学期间，记录了此处世外桃源风景，“绮色佳真美！美处在深幽。喻人如隐士，喻季候如秋，喻花如菊。与泉相近，是生平第一次，新颖得很！林中行来，处处傍深涧。睡梦里也听着泉声！”

美国大学经常位于乡村，这在欧洲人看来是异乎寻常的。美国人的WASP清教徒基因让他们向往田园，这种反城市倾向在高等教育布局中得以凸显。与中国古代书院大儒以及牛桥教士的思路如出一辙，美国早期的建设者认为城市不适合学术研究，大学作为高深学问的研究机构，应该选择远离市井，那些天然僻静的乡村小镇才是做学问的理想之地，同时也适合宗教人士的传教布道。从独立战争到南北战争这段时期里，很大一部分新学校都设立在边远村落和定居点边缘。

康奈尔大学（1865年）的成立受益于赠地法案，是八个常春藤盟校中唯一一所在美国独立战争后创办的私立研究型大学。创始人埃兹拉·康奈尔①提供土地并捐赠50万美金，另一位创始人安德鲁·迪克森·怀特②出任首任校长。1868年，康奈尔大学正式落成，是常春藤盟校中第一所男女合校的大学。

怀特此前曾花3年时间在欧洲学习考察，回到美国在密歇根大学担任历史及英国文学教授。在他的带领下，原来专长于农业与农机特色的康奈尔大学，开始

① 埃兹拉·康奈尔（Ezra Cornell，1807～1874年），美国企业家，西联汇款创立人，共和党议员。与怀特共同创立康奈尔大学。

② 安德鲁·迪克森·怀特（Andrew Dickson White，1832～1918年），美国高等教育家、外交家。与康奈尔共同创办康奈尔大学并担任首任校长（1865～1879年）。

向全科大学转型。他在1866年提交给学校董事会的“大学组织计划”，即“康奈尔计划”，对美国高校拓展服务社会职能影响颇深。

### 艾略特·哈佛大学

马萨诸塞州，又称“麻省”，有人翻译为“满山秋色”，是美国东北部地区人口密度最高、高等教育最发达的州，《世界人口评论》称该州居民的平均智商超过104，为美国之冠。哈佛大学（1636年）和麻省理工学院（1861年）均位于马萨诸塞州剑桥市，与波士顿市区隔查尔斯河相望。剑桥的肯德尔广场被称为“地球上最具创新精神的一平方英里”。这个秋色无边之地，以大学为助力，为200余年美国崛起成为世界第一发达国家作出了重要贡献。

马萨诸塞州的教育在全美50个州中排名第一，创造了很多“最早”，包括最早的公立小学、高中、女子学院，当然还有最早的大学——哈佛。美国人常说先有哈佛后有美利坚，一是因为哈佛大学（1636年）的历史早于美国；二是哈佛大学缔造了美国，其人文精神引导了美国一步步茁壮成长。

哈佛是一所私立大学，最初仅有一名男教师和9名学生，约略是个私塾体量。哈佛的命名，是为了纪念一个名叫约翰·哈佛的助理牧师，他在新大陆活了不到一年，临死前将自己一半的财产780英镑和所有的图书约400本捐赠给河对岸的教会学校。这可能是成了人类最伟大的投资，据2021年最新数据，哈佛大学的总资产估值已经超过了500亿美元，富可敌国，尚且不包括无形资产。当我们走进哈佛大学校园，一定会看到那尊约翰·哈佛铜像和他被摸得锃亮的左脚，每天都会迎来络绎不绝的参观者，据说摸铜像的左脚能够增加智慧。

早期哈佛大学的宗教基因浓烈，例如要求学生能读懂拉丁文的《圣经》，直到今天毕业典礼上还有拉丁文演讲环节，向中世纪传统致敬。对此，哈佛大学自我解释为“哈佛不是为了培养教士，而是为了让未来的传教士们有知识而创办的”。

19世纪初，教会背景的哈佛大学开始融入世俗化，但直到19世纪下半叶还鸿蒙未开，与当时其他的美国大学一样，课程内容僵化，教学质量失控，以培养牧师、律师和官员为目标。比如，哈佛大学法学院的文凭几乎就等于学生在校的居住证明；只需在三年内维持“良好的道德品质”，再加上支付五美元的学费，就可以获得硕士文凭；哈佛大学医学院不仅学科水平低下，也无统一毕业标准，不做质量控制。学校获得的捐赠也越来越少，面临着严重的财政危机。

查尔斯·威廉·艾略特[①]出生于波士顿一个富有的家庭，从哈佛大学毕业后，也曾去欧洲考察高等教育。回到美国后，艾略特在麻省理工学院担任了几年教授。1869 年，35 岁的艾略特走马上任哈佛大学校长一职，在任整 40 年，是美国历史上任期最久的大学校长。

“超长待机”使他有了机会让改革坚持到底、一以贯之。他废除了哈佛大学原有的旧体制，用德国大学重视科研的模式改造传统的英式古典教育，珠玉在前的霍普金斯大学的成就也是他推行改革举措的参照。一方面他大力发展研究生教育，将哈佛大学各个学术机构整合成研究生院。另一方面加大本科生培养力度，删去基督教成分，成立了文理学院。经过持续改革，哈佛大学得以脱胎换骨，学术声誉飙升，在后几任校长的接续努力下，成为当今世界最顶级的大学和精英大学的标杆。美国历史学会主席塞缪尔·艾略特·莫里森[②]曾评价艾略特：“他的思想是罗马式的，而不是希腊或希伯来式的。具体来说，他首先而且最重要的是一位实干家，而不是理论家和立法家。”





“幸福的家庭彼此相似，不幸的家庭各不相同”。其实高等教育又何尝不是如此？“优秀的大学彼此相似，不够优秀的大学各不相同”。对于林林总总的世界高校来说，越到顶尖会发现相似处越来越多，而能把每项技能都拉满的“六边形战士”，哈佛定是其中之一。

### 吉尔曼·霍普金斯大学

约翰斯·霍普金斯大学，位于美国马里兰州巴尔的摩市，距离华盛顿仅 60 多公里。如今的巴尔的摩是个脏乱差、治安糟糕的二线城市，被特朗普怼为“令人作呕、老鼠横行的地方”，黑人比例达 64%。但巴尔的摩有着光荣的历史，作为美国的革命老区，独立战争时期一度是战时首都，美国建国初期是全国第三大城市，仅位于纽约和费城之后。美国国歌在此诞生，拥有全国第一条铁路、最优质的港口。

---

① 查尔斯·威廉·艾略特（Charles William Eliot，1834 ~ 1926 年），曾任哈佛大学校长（1869 ~ 1909 年），他使哈佛大学从地方院校具备了研究型大学的轮廓。

② 塞缪尔·艾略特·莫里森（Samuel Eliot Morison，1887 ~ 1976 年），美国海军历史学家，哈佛大学历史学教授，曾任美国历史协会主席。著有《哥伦布传》《第二次世界大战美国海军作战史》《美利坚共和国的成长》等。

1873 年，白手起家的美国富商、慈善家、贵格会教徒和废奴主义者约翰斯·霍普金斯逝世，将遗产中的 700 万美元等分成两份，分别用以筹建霍普金斯大学（1876 年）和霍普金斯医院。

霍普金斯大学的第一任校长是丹尼尔·吉尔曼①，与康奈尔大学创校校长怀特是耶鲁同学，同为骷髅会成员，又是终身挚友。从耶鲁毕业后，他曾多次到欧洲考察教育，并在德国柏林大学学习。1876 年吉尔曼离开加州大学第二任校长之职，转任霍普金斯大学首任校长。

新建的霍普金斯大学不仅有前所未有的充裕的办学资金，并且在董事会的强力支持下具有不受宗教和政府干预的治校自由，是一张可以海阔凭鱼跃、天高任鸟飞的“白纸”。吉尔曼得以大展宏图，充分借鉴柏林大学模式，结合德国专业教育和英国博雅教育的特长，打造一所全新的大学。

当时的美国大学基本都只专注于本科教学，而新成立的霍普金斯大学把重心放在研究生教育上。学校授予两种学位——本科学位和博士学位，成为美国高等教育的基本范式。研究生教育单列，设立研究生奖学金，建立了美国第一所研究生院，创立了博士后制度。由它肇始，其他高校也纷纷开始重视研究生教育。到 1900 年，美国有 1150 所大学开设了研究生课程，其中 1/3 的大学开设了博士学位课程。

重视师资建设。吉尔曼受命后花了整整一年的时间研究大学的结构、选择优秀的教师和学者，坚持把充足的资金“花在人而不是砖瓦和灰浆上”。重金从德国聘请教授，延揽国内著名学者，组建了一支实力雄厚的师资队伍。

重视科学研究，尤其侧重应用研究。吉尔曼强调，“学术研究是每个教授的职能，而且教授应该是学生的指导者或激励者。”霍普金斯大学的科研，与麻省理工学院类似，通过组建跨系、跨学院研究中心，承担大型研究项目。据美国国家科学基金会（NSF）报告显示，2020 年霍普金斯大学科研经费支出 31.1 亿美元，连续 42 年领跑全美高校。例如，其应用物理实验室（APL）在联邦政府支持下，在防空技术、潜艇安全与反潜战系统、战略系统评估与指挥控制系统、分布式信息和显示系统等领域成绩突出。医学院闻名遐迩，始终名列全美前三甲，1917 年曾以其为蓝本，建立北京协和医学院。2019 年末以来的

① 丹尼尔·吉尔曼（Daniel Coite Gilman，1831～1908 年），美国教育家，霍普金斯大学首任校长（1876～1901 年）。

新冠肺炎疫情中，霍普金斯大学的冠状病毒资源中心全球病例数据获得高度关注和引用。

### 威尔逊·普林斯顿大学

普林斯顿是美国东北部新泽西州的一个乡村城市，距离纽约和费城1小时车程，普林斯顿大学、普林斯顿高等研究院都坐落于此。校园是欧洲古典风格，在喧嚣的东北部工业区中辟出了一方安宁静谧，美不胜收，与康奈尔大学、斯坦福大学并称最美的“花园校园”。

普林斯顿大学是9所殖民地学院之一，1746年初建时名为新泽西学院，易址后更名为普林斯顿大学。褪去了长老宗教会元素，成为一所著名的美式寄宿学院制博雅教育高校。




1902年，托马斯·伍德罗·威尔逊①担任了普林斯顿大学的校长，在任期间建树甚丰，帮助这所教会学院完成了向现代大学的转变。3年后，他又担任了两届美国总统，立法成就显著，任期中还经历了第一次世界大战的洗礼，提出了建立战后世界秩序的“十四点倡议”，点燃了美国替代欧洲称霸世界的野心，由此拿到了诺贝尔和平奖。如果说每一位教育家都是校长，并且都是身兼数职的斜杠人士的话，威尔逊应该是最饱受争议、最硬核、最理想主义的一位。

威尔逊初为律师郁郁不得志，遂返霍普金斯大学修读政治学博士学位，切换赛道后平步青云。46岁时当上普林斯顿大学的校长，大手笔推进学科建设和校园基本建设，强化了理工科地位，提高了本科教育的学业要求，确立了以本科生教育为重心、适量发展高水平研究生教育的办学思路。

在美国的多元教育体系中，普林斯顿大学宛如与世隔绝的乌托邦，是象牙塔中的象牙塔，坚持以“小”为美。一方面做好顶尖的本科教育，人才培养质量全美排名第一。另一方面在精选领域开展高深卓越的研究，以重质量、重研究、重理论享誉世界。至今没有开设法学、商学、医学这样的热门学科的打算，几乎是美国顶尖大学中最克制的一个，拒绝媚俗，堪称楷模。遵从这种“小而精”的办学理念者，还有麻省理工学院、加州理工学院和莱斯大学。

---

① 托马斯·伍德罗·威尔逊（Thomas Woodrow Wilson，1856～1924年），美国政治家、教育家，法学和政治经济学教授，曾任普林斯顿大学校长（1902～1910年）、美国第28任总统（1913～1921年）。

## 范海斯·威斯康星大学

1848 年，威斯康星成为美利坚合众国第 30 个州，与此同时在州首府麦迪逊建立威斯康星大学。该校现为威斯康星州立大学系统的旗舰，改名为威斯康星大学麦迪逊分校。

学校的办学精神被称为“威斯康星理念”，由校长查尔斯·范海斯[①]于 1904 年在就职演讲中提出：“州的边界在哪里，大学的边界就在哪里”。

范海斯本身就是威斯康星大学培养的本硕博，1904 年起担任威斯康星大学校长 14 年，他吸取了康奈尔大学的办学经验，将服务社会的理念发扬光大，具化为大学为州服务。强调大学的边界即州的边界，大学应当成为促进本州居民福祉的关键力量，州政府和公立大学之间应该密切合作。一是与政府双向合作。教授在政府部门兼职，提供专业咨询建议；大学也会聘请政府人士参与到大学教学与科研活动中。二是通过课堂教学、函授课程和分发材料等方式，将知识、技术传播至全州。

范海斯的理念尽管遭受到传统人士的反对，有的人说他把大学办成了一所奶牛大学；有的人说他想利用学校去控制一个州。但是范海斯教育思想的宝贵之处在于拓展了大学的边界，扩展了大学的职能。通过教育培训和校地合作，打破了大学传统的封闭状态，走出象牙塔，开始与社会紧密相连。而且，他的理念为高等教育大众化及普及化提供了渠道，把整个州作为校园，主动把教育辐射普及到千家万户，哈佛大学校长艾略特赞赏其“把大学送到了人民中间”。

## 标准化时代

从 1890 年到第一次世界大战之前的这一阶段被称为美国大学“标准化时代”，意义好比秦始皇的书同文、车同轨、统一度量衡。

随着女性上大学人数增加，学生总数扩张，美国高等教育呈现了大众化、多元化和分散化特征，大学总量趋于稳定。如何减少体系混乱度成为时代课题。所幸，在标杆大学的示范引领和第三方协会团体的规范促进下，美国大学向特定范式迈进，内部结构得以梳理协调。

① 查尔斯·范海斯（Charles R. Van Hise，1857 ~ 1918 年），美国地质学家、教育家，曾任威斯康星大学校长（1903 ~ 1918 年）。

到第一次世界大战时，从各个大学结构体系、学科专业设置、招生、学制、学时、课程建设等都可以看出，美国大学办学模式此时已经趋向统一，“精装修式”内涵发展有了“样板间”。例如，学科学系组织日渐规范，普遍增加了工程、商学、教育专业，研究生院、法学院、医学院成为标配。招生标准逐渐明确，只招收合格的高中毕业生。大学前两年提供通识教育，后两年是专业课程教育。至少有一个专业学院，开设一定规模的选修课程、暑假班、函授课程等。大学开始建立出版社，发行学术刊物。校际运动竞赛开始兴起。

美国拥有专业协会组织参与治理的传统。自从美国公立与赠地大学协会（APLU，1887 年）成立以来，第三方高等教育协会逐渐活跃，积极促进大学的标准化。例如，美国大学协会（AAU，1900 年）、卡内基教学促进基金会（1905 年）、美国独立学院与大学协会（NAICU，1915 年）、美国大学教授协会（AAUP，1915 年）、美国教育委员会（ACE，1918 年）、美国社区学院协会（AACC、1920 年）、美国州立学院与大学协会（AASCU，1961 年）等。它们重点关注和影响着高等教育的联邦立法，改进高等教育机构内部治理规则和行业规范，为美国大学各领域的标准化积以跬步。除了教育协会以外，一些专业认证组织还发挥对高等教育机构或特定学术项目进行监督和认证的功能。



### 社区学院达则兼济天下

20 世纪上半叶，美国高等教育从精英化过渡到大众化阶段，大学积极扩招，并且向着分级分层细化，精英教育和大众教育逐渐分野、各自天地。短期大学、师范学院、城市大学和社区学院等大众化高等教育开始兴起。

社区学院（Community College）是点睛之笔。马丁・特罗对这种教育机构高度赞誉，“在过去一个世纪里，美国高等教育的主要结构变化，事实上仅仅只是社区学院的创建和扩张。”社区学院是美国一种常见的两年制高等教育机构，类似于中国的大专。随着城市化、工业化进程和退伍兵的增加，社区学院发展迅速，从 19 世纪末诞生以来至今已超过 1200 所，拥有一千多万注册学生。

社区学院具有突出的开放性和灵活性。可以提供两年的职业技术类终端学习，并且可以提供本科大学前两年的转学课程，为进入更高层次大学畅通了渠道。学校大多位于居民聚集地，方便就近入学，办学机制灵活，加之较低的入学门槛和相对较低的学费，满足了大众对高等教育的需要。

伯顿·克拉克[①]从社会学角度阐释了社区学院的“冷却”功能，我更想把它理解为“缓冲”功能。那些修习转学课程的学生，可以中途放弃，进入终端课程学习。这个制度设计颇为巧妙，有助于平息个人焦虑，用时兴的词汇说就是“走出精神内耗”，客观上保证了个体在能力范围内获得“适合”的教育，让社区学院成为“一个人人可以进来，而且人人可以成功的地方”。本书第11章有对社区学院的考察报告。

## 引领国家创新力量

美国除了是发展经济的好手，还是发明创新的行家里手，将科学精神和实用主义哲学集于一身。从富兰克林时代开始，就带着浓烈的创新极客气质。在1890年美国GDP超过英国之前，美国的重大发明就已经比英国和德国的总和都多，如莫尔斯发明莫尔斯电码，贝尔发明电话，爱迪生发明电灯、留声机，伊斯曼发明胶卷，特斯拉实现交流输电，等等。但可以看得出来，这些都是应用研究。作为实用主义至上的国度，其实直到第二次世界大战前，联邦政府都忽视基础研究，也不关心大学的科研。彼时美国也少有研究型大学，整体办学水平较低。

两次世界大战深刻地改变了美国大学科研与政府的关系，也改变了美国大学的形态。尤其是第二次世界大战是重要的分水岭，军队、大学及产业界合作逐渐紧密，形成了如今毁誉参半的军工联合体[②]，大学依靠雷达、青霉素、计算机和曼哈顿原子能计划等方面的贡献，因为有为，故而有位，逐渐发展成为美国国家创新发展的核心驱动力。美国大学在国家创新体系中的使命参见表14。

一方面助推了美国的“国家科学意识”。以《科学：无尽的前沿》为起点，奠定了“科学至上”基调，联邦政府逐渐将科研投入由企业转向大学，尤其加大了对任务导向型基础研究的资助力度，政府的角色也逐渐从大学科研的“边缘”走向“核心”，笼络着企业等主体共同推进科技创新，将市场机制和举国体制结合在一起。例如，美国国防部高级研究计划署（DARPA）就是著名的黑科技制造者。

---

① 伯顿·克拉克（Burton R. Clark，1921～2009年），美国高等教育学家、社会学家。曾任耶鲁大学高教所所长、加州大学洛杉矶分校高教所所长。著有《学术权力》《高等教育系统》《探究的场所》《建立创业型大学》等。

② 军工联合体（Military－Industrial Complex，MIC），由军事部门、军工企业、部分国会议员和国防研究机构等组成，因政治经济利益产生紧密的共生关系。

表 14　　美国大学在国家创新体系中的使命

| 时间 | 大学使命 | 标志性事件 |
| --- | --- | --- |
| 1939 年至今 | 支持第二次世界大战赢得战争<br>参与尖端科技项目 | 出现军工复合体<br>《科学：无尽的前沿》（1945 年）<br>成立战时应急科学研究机构科学研究与发展办公室（OSRD）<br>推进大科学工程<br>曼哈顿原子能计划（1942 年）<br>罗斯福之问（1944 年） |
| 1947 年至今 | 应对苏联“卫星危机”军事恐惧<br>开展军事研究 | 成立美国国家科学基金会（NSF，1950 年）<br>颁布《国防教育法》（1958 年）<br>阿波罗登月等“大科学”项目<br>成立美国国家航空航天局（NASA，1958 年）<br>成立美国国防部高级研究计划局（DARPA，1958 年）<br>“伟大社会”计划向贫穷宣战（1964 年）<br>登月成功（1969 年） |
| 20 世纪 70 年代 | 应对癌症等健康危机<br>开展生物医药研究 | 《国家癌症法》（1971 年）<br>兴起生命科学研究<br>促进竞争研究计划（1978 年） |
| 20 世纪 80 年代 | 应对经济竞争和民生危机<br>促进产学研合作<br>加快知识资本化 | 《拜杜法案》专利解禁（1980 年）<br>星球大战计划（1983 年）<br>信息高速公路计划（1993 年）<br>成立美国国家科学技术委员会（NSTC，1993 年）<br>弱化国防研究，强调民用研究 |
| 21 世纪 | 应对恐怖主义危机<br>开展国防与医药研究 | 科学政治化<br>重点资助“导弹和医药”项目<br>美国竞争力计划（2006 年） |
| 2008 年至今 | 支撑经济复苏计划<br>繁荣自由科学研究 | “让科学重归正当之位”<br>解禁干细胞和能源环境研究<br>《美国投资与复兴法案》（2009 年）<br>《无止境的前沿：科学的未来 75 年》（2020 年） |

另一方面，美国的研究型大学也得以蓬勃兴起。战争打垮了德国，却造福了美国的大学，在联邦政府的资助下获得了巨大的成功，成为美国创新实力的标志。在美国的国家创新体系（大学和医学院、独立研究中心、国家实验室、产业实验室等）中，大学居于首位。

1915 年，美国第一次获得诺贝尔化学奖；1950 年后，55% 的诺贝尔奖与菲尔兹奖颁给了居住在美国的学者；20 世纪 80 年代，全世界主要的科学期刊中有

50% 的引文来自美国。今天，美国是全球科技中心，引领着全世界高等教育发展的风向标。

## 日本之谐振模式

### 为什么是日本?

日本是我们唇齿相依、有文化共生关系的邻居。中日有很多共同历史回忆，包括不堪回首的血腥记忆。中日既是地缘近邻又是文化近亲，所以中国人喜欢去日本旅游，似乎能在日本看到中国文化在另一个平行空间的分身，看到自己的发展潜能。

日本虽然已经是一个西方俱乐部的成员，但在文化和社交方面西化程度不高，始终保留非常顽强和韧性的部分，就像蚌壳里的一粒沙子，不但不会被吞噬，反而勤勤恳恳按着工匠精神滋长出一颗珍珠来。所以我把这种喜欢做到极致、不断夸大的风格，命名为“谐振”——让振动来得更给力一些，让振幅来得更夸大一些，让暴风雨来得更猛烈一些。

无论是西方世界还是东方近邻，都感叹与日本沟通困难。亨廷顿把全球的文明分为中华文明、日本文明、印度文明、伊斯兰文明、西方文明、拉丁美洲文明和非洲文明七类。日本作为最小的人口体量，喜提一个单独类型，可见之天赋异禀。

一看“天时”。

不管怎么说，日本人的运气还是不错的。一直保持政治上的稳定性，天皇王朝 2600 年连绵不绝，甚至还一度强化了皇权。很多人可能忘了，日本曾经在 19 世纪 50 年代因为黑船事件被美国打开闭锁国门而半殖民，但它运气好，美国地大人少，对日本的土地不感兴趣，醉翁之意不在地、只在通商而已，才躲过一劫。打仗总能险胜。在甲午战争和日俄战争中取得胜利，一跃成为世界强国。同样是改革，中国的“洋为中用”没搞成，日本半吊子的“和魂洋才”却搞成了。第二次世界大战时尽管因为思路不清被打回原形，甚至差点被美国安排着回退到农耕社会，但再度迅速喜提朝鲜战争和美苏冷战红利，摇身一变成为美国驻足东亚的军队基地、物资供应基地和产业基地，订单多到排不开，赚得盆满钵满。所以从天时上总体占先机。

二看“地利”。

优势是孤悬海外，因地理隔绝保全了自身，离得最近的大佬中国拿他没办法，没有被纳入藩属关系，甚至连朝贡体系都是柔性的。

缺陷是地方不大，跟周边的几大帝国——中、俄、美一比，就变成了小国，在国际政治舞台上只有大国才有发言权，所以后期被美国拿捏、被特朗普戏耍，这都是系统默认值决定的——缺少大国博弈的资源和纵深。

总体来说天资平平，乏善可陈。自然灾害频繁作孽，台风、地震、海啸、火山喷发、泥石流等“灾难套装”间歇附赠，此外还有自己“作”来的原子弹、核泄漏、水俣病等环境公害，多难兴邦也是适合它的。

三看“人和”。

首先是社会特征。从鸿蒙时代，日本邻人就开始孜孜以求地潜心学习中华文化和技术。政治体制、税收甚至文字，都来自中国。去日本的博物馆看看，都是祖国的沧海遗珠。遣唐使们辛辛苦苦搬回了半部论语回家乡治天下，接受了“忠”和“孝”，学会了“礼”，虽然口味略山寨少神韵，但至少是很形似了。





其次是人际界面。日本有句话叫“远足不怕出丑”，意思是说出门在外可以无所顾忌。在熟人社会界面的“场效应”下，礼貌待人、谨言慎行、格外自律。一旦离开熟人社会，来到陌生人的地界，压力系统没了，就会报复性反弹，放浪形骸无所顾忌。这能够解释为啥侵华日军如此反人类和兽性，中国人讲的“慎独”在日本那是不存在的。顾衡老师总结，中国人受儒家思想影响，有耻有罪；西方人受基督教影响，有罪无耻；日本人有耻无罪。“罪”是人和神或者抽象概念之间的关系，“耻”是人际界面的概念，日本人的道德观念只存在于人际关系之间。

最后是制度安排。作为一个积极好学、擅长死磕、定力超强的课代表，或许没有比日本更擅长复制粘贴的国家了。长期跟随比自己强大的文明，照搬照抄先进者的一切，坚持引进、消化、模仿的“吸收型”战略。从学习中国开始启蒙，进入近代以后日本的学习就更精了，目光锁定全世界，从学荷兰着手学会了博采众长，因时而变。明治维新（1868 年）时，福泽谕吉①设计“脱亚入欧”全面西化，开启一览子富国强兵政策，如海军学英国、陆军学德国、教育学美国、政法学德国……对西方制度兼容并蓄，数十年间称雄亚洲。

---

① 福泽谕吉（ふくざわゆきち，1835 ~ 1901 年），日本近代启蒙思想家、教育家，庆应义塾大学的创立者，被称为“日本近代教育之父”“明治时期教育的伟大功臣”，同时是日本军国主义理论者。著有《西洋事情》《劝学篇》等。

因为学习对象比较多，所以日本体制呈现一种混合态，各种制度似是而非，是介乎于“像”与“不像”的量子态，好比薛定谔的猫。比方说天皇制，我们想当然理解为中国的皇帝制度，的确一开始也是以中国的皇帝制度做母版的，但仔细一看差别挺大，天皇是政教合一的，具有神性，这是借鉴了欧洲教皇体制；后来在明治维新中，为了强化集权能力和打击幕府势力，借鉴了德国的二元君主立宪制；再后来，第二次世界大战战败投降后，在美国主导的战后民主化改革中，又演变为英国式的君主立宪制……这就是“四不像”了。别人改革，例如中国就很彻底，经济政治一起改，连光绪皇帝都敢于革自己的命；而日本的转型只强调了经济现代化，政治上反而强化了皇权，居然也稳稳当当到了现在，不得不感慨日本社会的强大韧性。

虽然学得精明，但同时倔强地坚持自身传统、放大自身特色，坚持“和而不同”。日本存在所谓的加拉帕戈斯现象，大力宣扬自己的文化特殊论。加拉帕戈斯是南太平洋远离大陆的几个岛屿，板块分离前，岛上的动植物和大陆差不多，但是因为与世隔绝，进化中但凡产生了一点偏离，这偏离就会不断强化正反馈，变得和别人越来越不一样，直到和大陆不能兼容。日本很容易陷入正反馈放大的死循环。一方面抓紧偷偷学狠狠学，另一方面还不愿意显得趋同，着实有些拧巴。例如虽然深受中华文明涵养，但是从明治维新开始，又开始宣传日本文化和中国文化“我们不一样”。福泽喻吉就认为，华夏文明对日本产生了“倒退性影响”，迅速掉头做分割搞撇清。这内中逻辑，或许来自小国的自卑感吧，换句话说，这是缺乏文化自信和文化担当的表现。

这种爱搞特殊的现象广泛存在于日本，并自我陶醉之。例如，日本的公司体制叫株式会社，是属于全体雇员的，具有共产主义风格谋求长远，而西方公司是属于股东的，注重红利收益，导致二者运营的底层逻辑截然不同；日本牛肉叫和牛，虽然也是好吃的，但硬要说迥然于世界牛肉之林，好吃到它的价位和咖位那个份上，不免有夸大嫌疑；日本的大米、鸡蛋也都如此，好则好矣，在讲究实用的中国人看来，是放弃了效率的毫无必要；看过《寿司之神》就会了解，日本的匠人精神十分偏执，需要用十年光阴来学习煎蛋，那么3000块钱的价格和30分钟的用餐时间约束也就不算什么奇葩规定；还有那些所谓纯粹日本文化，例如相扑、剑道、艺伎、茶道、怀石料理、温泉，等等，都是把传统匠人情怀和日式美学及玄学不断放大，以至于形式和内涵上异化。

相较于日本，中国人更喜欢中庸。仔细看这些项目的初始状态和中国并无太大差别，发展路径却南辕北辙，因为他们把振幅夸大、产生谐振了。所以我们觉得日本文化三分相熟，五分有趣，七分敬重，却很难共鸣，更不愿全盘采纳效仿。

在打赢甲午战争和日俄战争之后，日本的暴发户心态就更膨胀了。学出了能耐，学会了超越，学成了特色，甚至整出了个军国主义。边学边发挥工匠精神，借鉴得扎实彻底，而且改革进程显得非常有耐心。……历史就不一一追溯了，总之这是个天赋平常、善于忍耐、悄悄自我进化的国家。

邓小平是第一位踏上日本国土的中国国家领导人。在日方欢迎宴会上，他说，访问日本的一个目的，就是想像徐福一样来寻找“仙草”，即日本克服先天不足、推进现代化的秘密。虽然经历了失落的20年，如今的日本不再是最高光时刻，但其制度借鉴和制度设计上确有独到之处，至今在教育和科技上依旧有稳定而卓越的表现，值得一探奥妙。



## 低调奢华的日系大学



日本大学分为国立、公立和私立三类，其中国立大学占据绝对优势地位。战前帝国时代成立的“七帝大[①]”是国立大学中的佼佼者，囊括了亚洲多数的诺贝尔奖。东京大学和京都大学是日本雁阵的头雁，在人文、理工和医学等各个领域都具有很强实力，从2014年起，在“超级国际化大学计划[②]”支持下向国际化进军。

东京大学（1877年）无疑是日本最好的大学，赫赫有名的世界级研究型大学。至于世界排名，在亚洲经常被清华、北大和新加坡的两所大学挤在了后面，但是，“1000个观众眼中有1000个哈姆雷特”，有人认为“不把东京大学排到亚洲第一就是野榜！”就诺贝尔奖获得者数量来看，东京大学培养了12名（其中包括作家川端康成和大江健三郎），与东京大学有关的获奖者有18名，这个战绩放眼全亚洲都能拔得头筹，这里再暗暗吐槽一下英美大学排名之司马昭之心。

日本政府的支持和日本人的定力，使东京大学在最初只有法、理、文、医四个学部的基础上发展，逐渐具有综合性优势，如医学部和情报理工学（计算机）系。而且，东京大学主校区也值得一说，感觉可以和北京大学对等起来相互隐喻。

① 东京大学、京都大学、大阪大学、东北大学、九州大学、北海道大学和名古屋大学。

② 由日本文部科学省于2014年提出，旨在促进日本高等教育国际化。分为两类：顶尖型大学（A类，13所）和牵引型大学（B类，24所）。

和北京大学西门一样，东京大学也是古董，名叫“赤门”，是加贺藩的御守殿门，百年历史的国宝级文物。北京大学有未名湖，东京大学叫“三四郎池”，出自夏目漱石的同名小说，面积不大但很集中，呈现出一个“心”字，被四周高大的树木密密匝匝地围拢起来，郁郁葱葱都是上了年头的大树，但是蚊虫也多到令人发指，我去的时候几个小男孩正在石头上挑逗乌龟玩。池子里除了有书本大的大乌龟，还有很多肥硕的锦鲤，风水上佳。东京大学的建筑很成体系，端庄厚重、霸气十足的哥特范，以安田讲堂为代表欧风浓郁，带着属于帝国第一的天生骄傲。行走校园之时，恰是纪念马克思诞辰两百年全球进行时，注意到了马克思主义的宣传海报，想起复旦大学陈望道“真理的味道非常甜”的故事，他以日语版的《共产党宣言》为底版，完成了《共产党宣言》的中文版翻译。“共产党”“科学”等都来自日本人创造的和制汉语，在民智开化方面，不知不觉间，日本做了我们很多年的老师。

京都大学（1897 年）是日本排名第二的研究型大学，教师和校友中诞生了 11 名诺贝尔奖得主和十多位世界 500 强 CEO 校友，可见其培养顶尖科学与商业人才的实力。校园不算大，人数也不多，是典型“小而精”的配置，硬件看起来与如火如荼的中国顶尖大学都存有差距。

名古屋大学（1871 年）综合实力也稳居日本前列。诞生了 7 个诺贝尔奖，其中大部分是 21 世纪以来获得的，可见其后发优势。因为丰田公司总部近在咫尺，丰田社长亦是校友，所以名古屋大学与丰田公司就有了千丝万缕的联系，大量毕业生都成为丰田公司的员工。校园的标志性建筑就是“丰田讲堂”。

此外，日本的早稻田大学（1882 年）作为私立名校也很有特色。创办人大隈首相本人认为人生应该 125 岁，风物长宜放眼量，所以讲堂标高 125 米，算是个小目标。在早稻田大学的校史博物馆能看到学校的历史钩沉，用心良苦。大隈重信在历史舞台活跃的时间段，正好是明治维新到第一次世界大战结束，经历了甲午战争和日俄战争，最后以内阁倒台收场，可以说见证了日本的快速崛起和野心雄起。对中国而言，他还是“对华 21 条”的始作俑者。不考虑政治因素，作为教育家他提出的治校方略——学问之独立、学问之活用、模范国民之造就——是值得思考的。

**新加坡之善治范本**

新加坡地处贯通印度洋和太平洋的重要地理位置，自古对中国南海贸易运输都具有重要的战略意义，也是中国建设“一带一路”的重要战略支点。新加坡位于马来半岛南端，是一个国土面积仅733.1平方公里（2021年数据，它还在不断填海造田）的岛国。总人口545万（2022年），华人占74%左右，此外为马来人、印度人和其他种族。

作为一个领土狭小、资源匮乏、连淡水资源都受制于人的蕞尔小国，新加坡能在短暂的建国历史（1965年）和动荡不安、列强环伺的逆境中，一跃崛起为富有竞争力的发达国家、亚洲最大的金融中心，此番奇迹不得不令人探究。其务实的高等教育体制是一个重要的观察角度。

## 大气度·主张战略前瞻

### 法令严正守规矩





新加坡是议会民主制国家，常被形容为“民主机制下的威权体制”。李光耀被誉为“新加坡国父”，被世人打上了很多标签，包括新儒家、马基雅维利主义者、温和威权主义者、极理性的现实主义者，等等。他曾说“我们的生存原则很简单，只有一个：新加坡必须比本区域其他国家更加刚强勇猛，更加有组织和富有效率”。在李光耀的远见卓识及刚猛的改革举措助推下，新加坡不仅取得了巨大的经济社会成就，其教育体制也深受影响、威权政治特点突出。例如，新加坡高校厉行法治，提供了良好的内部秩序。学校拥有绝对的权利来终止合同，在合同期满后，可终止与考核不称职员工的合同。

### 集中财力办大学

新加坡的威权政治在教育科技领域上的体现是可以集中力量办大事。例如，在科技创新领域，新加坡提出了“科研、创新和企业2020计划”，打造世界研究中心。在教育领域，新加坡政府对教育的投入可谓“一片冰心在玉壶”，每年的教育经费通常占到财政支出的23%左右，仅次于军费支出。2019年，教育支出在预算总支出占比高达16.6%，高等教育占1/3，生均投入远超中国。

新加坡政府对大学的丰厚投入功不唐捐，有力保障了教师体面的工资待遇、充裕的科研经费以及现代化的硬件环境。1980年，新加坡政府就把新加坡国立大学的目标设定为世界一流大学，每年投入达到了两亿零五百万美元，助推新加坡国立大学的世界排名迅速跃升为亚洲第一。

新加坡高等教育机构层次类型多样，不仅包含公立研究型大学，还有大专水平的政府理工学院等（参见表15）。

**表15　新加坡6所公立高校简况**

| 高校名称 | 优势学科 | 成立时间 | 办学定位 |
|---|---|---|---|
| 新加坡国立大学（NUS） | 生命科学及生物医学、工程学、理学、社会科学 | 1980年 | 第一所公立大学，学科门类齐全，世界级研究型大学，在国际框架下开展高深优质的教育与科研，突出展现亚洲视角和优势 |
| 南洋理工大学（NTU） | 工程学、计算机和教育学 | 1991年 | 工科和商科并重的研究型大学，学科建设少而精，旨在培养国家发展需要的实用型工程人才 |
| 新加坡管理大学（SMU） | 商业管理 | 2000年 | 亚洲顶级的财经类院校和计算机信息技术强校 |
| 新加坡科技设计大学（SUTD） | 设计和科学专业 | 2012年 | 年轻的理工学院，亚洲领先的美式大学，是世界上第一所集设计创新于工程中的大学 |
| 新加坡理工大学（SIT） | 食品、化学和生物技术、资讯通信工程、会计 | 2009年 | 应用型大学，着重于培养与训练未来的工程技术型人才 |
| 新加坡社会科学大学（SUSS） | 法学、会计学、金融学和市场学 | 2005年 | 主要提供终身教育，是在线学习的先驱，专注于应用学科教育 |

新加坡受实用主义价值观影响深远，要求培养的学生与未来经济发展高度契合。贸工部研判世界经济发展趋势，教育部提前设置相应专业，超前布局培养5年甚至10年之后需要的专业人才。例如，南洋理工大学开设宇航专业，新加坡理工大学开设飞机维修专业，南洋理工大学与帝国理工大学合作建立李光前医学院。同时针对产业数字化变革进行设计，例如推出了新加坡“未来学校”计划等。

### 大学治理公司化

大学的公司化，主要指管理制度的企业化。新加坡本是英联邦国家，继承了英式教育体制，1997 年以来以美国大学为参照系进行治理结构变革，不断自我革命。2005 年新加坡政府出台大学自主改革报告——《大学自主：迈向卓越巅峰》，2006 年新加坡国立大学和南洋理工大学脱离教育部，成为独立非营利法人单位。新加坡政府主要通过政策协议、绩效协议、质量保障协议来指导大学发展；大学每年提交发展报告，向利益相关方和社会公布其财务状况，处置资产需经政府的批准。



### 办学享有自主权



新加坡的高校拥有很大的自主权。例如，新加坡国立大学详细规划了校务发展策略方向，依此分配资源，体现了重工作表现和实绩的逻辑。校务治理依循了“自上而下—自下而上”的运作机制，领导阶层提出校务发展之整体概念及愿景；“用人唯才”遴选恰当人选，授予其充分自主性，促进政策落实。行政管理采取分权方式，为教师提供更多的职务权限，激发教师潜力设计适当的学习课程。

高校享有较大自由度去调节人员工资，在人才竞争市场上获得了主动权。例如大幅提高南洋理工大学助理教授岗位薪资，为集聚青年人才积蓄了势能。另外，新加坡政府对高校招生宏观管理只设下限、不管上限，高校可以自主地招收各类学生，即便新成立的院、系都有权力决定招收博士生。

### 治理运转去官僚

新加坡高校职能部门的功能是单纯提供服务，这与中国高校的职能部门有本质区别，所以不存在“去官僚”的问题，而是如何做好服务的问题。新加坡高校实行校务“去行政化”，学术委员会、人事委员会等各委员会负责各领域的具体事务，而校长则无权干预。例如，人才引聘整个过程由院人事委员会主导，最后将用人报告呈交给副校长。此外，充分尊重学生的建议，学生可以参与食堂建设、交通规划等。而且，需要说明的是，学生对教师授课的考评是晋升终身教授的重要参考。

秘书包办琐碎事

新加坡高校在机制体制和流程上保障了服务型行政管理。院系可以雇用很多文职人员，负责琐碎行政事务。教师队伍和保障支撑队伍差不多是 1∶1 的比例，这与美国高校行政人员少、需要教授大量参与服务工作的配置完全不同。以南洋理工大学材料工程学院为例，教师 40 名，配备的服务保障人员超过 40 名，其中包括实验员和高级实验员（TE）、行政人员（PO）和网络电脑技术员（IT staff）。充裕的保障队伍提供了充足的服务，让教授有更多时间专心科研教学。

心无旁骛做科研

新加坡的文化强调服务、细致、高效。各个部门都提供“一站式”服务，简化行政程序，提高管理效率。例如，学生管理服务部门位于大学校园的中心位置，内部设施完备，服务流程便捷。每个院系都有自己的服务邮箱，由相关人员投递到校内有关部门，不需要教授去跑腿。医疗报销方面，只需要将材料放在学院办公室，信件很快就会被送到财务部门。财务报销方面，教授除了签字之外没有其他的额外手续。差旅审批方面，鼓励支持国际合作、学术交流的差旅活动，出国审批手续相对便捷，以南洋理工大学为例，教师只需网上申请，说明合理的出差理由和必要的支持材料，包括邀请信、政府指定机票代理的报价，就能提供富足经费。科研管理方面，科研基金申请限制较少，教师可以自由申报，而且人头费可占很高比例。招标流程简单，一个标书只需要几天时间。

数字服务全覆盖

新加坡高校硬件建设与信息化建设水平相当高。很早就提出“整个学校都是图书馆”的概念。信息化建设和网络化管理服务紧密结合，大量的学生事务都可以线上进行，缴费、申请、贷款甚至领取的毕业证书都提供数字化路径，给学生的生活带来莫大便捷。从 2018 年起，教育部打造全国性在线学习平台——新加坡学生学习平台（SLS）。2022 年，新加坡国立大学推出新的数字平台 IAAS 和 conNectUS，旨在提高学生对未来的应对能力，包括终身学习、跨学科学习、实习机会和职业指导计划。

## 大手笔·聚集全球人才

### 重拳出击广揽才

针对人才外流的问题和老龄化社会的趋势，新加坡政府实施了高等教育国际化战略，通过打造世界级“教育网络中心”来吸引外国高素质人才，也契合了新加坡人口移民政策的需要。

2000 年以后，新加坡面向全球招徕顶尖师资。以提供高薪、保障教师住房、鼓励进修等优渥待遇的方式招聘教职工，覆盖教学、科研、服务等全序列岗位，同时大幅增加了实验员的人数以及各院办文职人员人数。而且，作为一个移民国家，人才引进手续十分便捷。

新加坡政府专门设立了多种招揽人才的基金。千禧年奖学金两年给予 20 万新币的支持，有一定工作基础的人才可以申请，相当于准教授。李光耀奖学金是新加坡国家自然科学基金委的人才计划，每年有十几个名额，科研经费约 200 万 ~ 300 万新币。设立新加坡国家科研基金研究员奖（NRFF），待遇在全球范围内富有竞争力，工资可达 16 万新币，启动经费是 250 万美元。各高校也自行设定了具有激励效应的招聘岗位。例如，南洋理工大学设置了南洋助理教授计划（NAP），入选者不仅可以获得高达 100 万新元的启动研究资助，享受有吸引力的薪酬待遇和帮助解决住宿问题等福利，担任终身职位，还提供良好的科研启动条件。

新加坡大学面向全球招聘校长、学术副校长、国际知名重量级学者专家。招聘到一流的带头人，人才就会蜂拥而至，形成森林效应。例如，南洋理工大学在 2011 年聘请了诺贝尔化学奖委员会前主席、瑞典植物生化学家安博迪担任第三任校长，在他执掌的 6 年期间各类人才蜂拥而至，大多出自全球顶尖大学。在灵活政策、丰裕经费的支持下，科技成果、国际合作也水到渠成，有力助推了南洋理工大学的世界排名迅速攀升。2018 年 1 月起，苏布拉·苏雷什开始担任第四任校长，他是曾执掌美国国家科学基金会的美籍著名科学家、工程师与企业家。

从全球形势来看，由于最近十多年美国经济欠佳，教育科研经费预算削减，一些高端人才在美国难以找到合适的岗位，这给身处亚洲、条件优渥、国际化程度相对较高的新加坡带来了带来战略机遇，成为高端人才流向亚洲的首选之地。推拉效应叠加，具有国际竞争力的薪酬待遇和惜才爱才的社会环境，构成了新加坡汇聚全球顶尖人才的强大磁场。新加坡国立大学和南洋理工大学外籍教师的比例都超过了50%，南洋理工大学教学和研究人员的65%来自国外70个国家或地区。

在招聘顶尖教师的同时，新加坡面向全球招徕一流的研究生，尤其在十年前大学加速发展初期，制定了较高额度的奖学金和补贴，取得了竞争优势。新加坡国立大学和南洋理工大学每年有20%的本科生和超过60%的研究生来自海外，本科生比例达到了政府规定的吸引留学生的最高比例。政府为国际学生提供高额奖助学金的同时，也明确规定了享受奖学金者的各项义务，例如毕业后服务6年的规定。随着全世界优秀生源的涌入，新加坡高校从区域走向了世界，近年来奖学金总额有所减少，入学标准也水涨船高越趋严格。

#### 尊重人才大胆用

新加坡高校实行美国式预长聘制（Tenure Track）。在聘用、晋升以及终生教职的评定过程中，引入美国大学“非升即走”模式。学院招聘过程中，成立专门的委员会，学院领导无权干涉人事任用；采取严格的同行评议制度、招聘程序及合约管理，评估不合格即被淘汰，空出位置给更有活力、更有能力、在教学科研服务方面表现出色的人才。

与美国高校相比，新加坡高校在引进人才方面注重精准地用好人才。例如更侧重引进年轻人，但对于具有终身教职、更为资深的教授，会强调职责上侧重于教学，以及组织和带领年轻教授去争取大科研项目。这与中国把45岁作为分水岭“一刀切”的做法是不同的，年龄在新加坡不是问题。新加坡对人才的尊重不仅体现在工资和经费上，还体现在最大程度给予工作的方便上。把合适的人安排在合适的岗位上，人岗相适，相得益彰。

### 大视野·革新教育理念

#### 少教多学重人本

新加坡高等教育界按照李显龙倡导的“少教多学”（Teach Less，Learn More）理念，以学生为中心进行了一系列变革。教授在课堂教学中应该灌输较少的知识，主要以小组讨论、问题导向、启发式教学为主，辅之以慕课、合作学习、翻转课堂等为补充。教授对于课程的设计拥有绝对权力，课程内容和形式教授说了算。为了应对传染病等突发性危机，每学期安排学生一周时间线上学习（e-learning）。教室布局通常为小组讨论形式，每六人为一小组围坐一张六边形课桌，教室的三面墙上各有一块电子屏，用来显示学生的讨论、发言内容。教师由传统教学的“主导者”转变为学生自学的“指导者”，加强学生的自我学习能力。南洋理工大学则成立专门的部门帮助教授修改教学 PPT，以便更好地呈现设计美工和动画等，力求尽善尽美。

新加坡高校管理层认为，学生事务管理应坚持以学生为主体、参与为前提的原则，引导学生的主体参与意识和积极性，倡导学生自我管理、自我发展，培养学生自我形象和自我魅力。以南洋理工大学为例，学校的学生会成员由学生自主投票选出，涉及学生事宜的学校决策均有学生会参与，代表学生表达意见，学校决策甚至会因学生会的反对而搁浅。在新冠肺炎疫情期间，南洋理工大学专门设立了两个基金来帮助家庭经济受到影响的学生，以体现人文关怀。





### 教学质量严把关

为与国际教育水平接轨，新加坡政府建立了符合国际标准的高等教育质量认证体系。坚持实施课程外部评估体系，由国际知名大学的教授学者担任评审，并定期考评监督。这不仅有助于保障课程内容的质量，提高考试成绩和国际知名大学的可比度，而且有利于把控学术标准。

为了培养国际人才，新加坡高校根据对世界前沿问题的研究，相应地进行学科设置更新；引进国外高校优秀学科教材；借鉴学习美式教学模式，增开创造力相关培训课程；倡导通识教育，培养跨学科学习方式，如南洋理工大学的所有本科生一半以上学分必须在其他学院获得。本科生大部分时间都接受通识教育，在大四或研究生时才做细分方向选择。而研究生阶段的主要教育内容以科研前沿领域为主。南洋理工大学还成立了一个跨学科研究学院，为了顺应全球趋势和需求，学生将专注于两个或多个学科，聚焦可持续发展、医疗健康和新媒体方向开展研究。另外，新加坡高校只规定参考教材，不规定固定教材，激发学生自主学习和探索能力，对科研有兴趣的同学可以随时和导师联系进入实验室参与课题。同时，与世界知名大学建立了战略联盟，如南洋理工大学与麻省理工学院等进行双学士、双硕士课程和博士合作项目等。

### 学以致用重终端

新加坡高校的实习机会丰富，特别是理工类院校十分强调实践教学。一般新加坡高校二年级实践课有 10 周，三年级工业联系课有 24 周。例如，南洋理工大学建立了工业技术创新中心，并与世界一流的公司合作共建研究室；在校内建造技术先进、设施完备的模拟工厂，提供真实有效的学习环境，锻炼学生解决问题能力和团队协作精神。此外，还注重培养学生从事不同领域工作的转换能力，以提升学生于职场上的竞争力。

### 大胸怀·全球语境交融

#### 东西文化大融合

新加坡是东亚少见的移民国家，可以看到各种肤色、各种种族、各种宗教的人士。文化差异虽然很大，但大家和睦相处，形成了文化的多元性和包容性。在方寸弹丸之地，巧妙地融会贯通了东西方文化，形成了独有的文化魅力。

新加坡的双语政策为高等教育国际化强势赋能，采用务求实用的双语政策——英文为主、母语为辅。办学模式同样体现了东西方制度的交融荟萃。由于历史渊源，新加坡高等教育模式与英国一脉相承，并在自身发展的过程中不断调整，大量融入美国高等教育模式的成功要素；同时，受大中华文化圈传统文化影响，但发展更具体、深刻而精致，在学而优则仕（精英教育）、因材施教（分流教育）、有教无类（普及教育）等方面体现了东西方教育思想的交融并汇。

另外，借助马六甲海峡地理中转站的地缘位置，新加坡举办了大量的国际会议，邀请了全世界顶尖人才进行交流，提升了新加坡国民接触不同文化的机会，激荡了思想火花，点亮了这个城市国家在世界整体版图中的表现。

#### 教育资源全球化

新加坡高校与世界知名大学开展了大量学生交换项目。例如，南洋理工大学近20%的学生可以参加海外交流计划，与全球30多个国家共180多所大学有本科学生交换互惠合作计划，设立“国际研究见习计划”，与其他海外大学共同设立“联合学位学程”。南洋理工大学从世界各地广揽科学家授课，每年有2000多名海外学子赴南洋理工大学学习；与海外100多所大学合作开展“全球教育计划”，如本科生“全球浸濡计划”，有机会在中、法、美等地的一流高校、知名企业和工业园区进行一年的海外体验。

#### 评价体系国际化

采用有效的教育效果反馈系统及专家团队评估举措，严格把控教学质量。教授的招聘、评估和晋升要先经国内外著名同行教授推荐。每个院系均设有由学术权威、工商领袖、高级公务员等组成的国际咨询小组，为学科发展、课程开设、教育教学、科学研究等提供决策咨询论证、考核评价。例如，南洋理工大学所有工程课程都获得了华盛顿工程认证，其商学院是亚洲第三所获得欧洲质量发展体系、美国国际管理教育联合会双认证的商学院。

## 中国之西学探索

此去经年。回头看近代中国的西学探索之路，从被迫开启国门，到主动对外开放；从模仿复制的“拿来主义”，到探索中国特色的“和而不同”，是个务实变通、知行合一的渐进历程，更是认识自我、展现自我、提高自我、完善自我的心路过程。





鸦片战争以后，为了实现富国强民，免遭外国的侵略，中国努力学习西方。毛泽东在《论人民民主专政》中有概括：“自从一八四〇年鸦片战争失败那时起，先进的中国人，经过千辛万苦，向西方国家寻找真理……那时，求进步的中国人，只要是西方的新道理，什么书也看。向日本、英国、美国、法国、德国派遣留学生之多，达到了惊人的程度。国内废科举，兴学校，好像雨后春笋，努力学习西方。……所谓新学，包括那时的社会学说和自然科学，和中国封建主义的文化即所谓旧学是对立的。学了这些新学的人们，在很长的时期内产生了一种信心，认为这些很可以救中国，除了旧学派，新学派自己表示怀疑的很少。要救国，只有维新，要维新，只有学外国。”

西方现代大学制度，由于其对劝业和实学的坚守，对法治和民主的敬畏，对科学精神和专业化知识的尊崇，加之规范化、标准化、模块化的形制，让一心抱守内心秩序、儒家传统和科举制度的中国传统教育相形见绌，悄然兴起“西化”的近代化历程。

进入近代，随着西学东渐，新式学堂逐渐兴起，传统书院相继改革。二者融汇，改建或者兴办了一批新式大学，例如京师同文馆（1862 年）、北洋大学堂（1895 年）、京师大学堂（1898 年）、三江师范学堂（1902 年）等，形成传授科学知识与传统学问的近代高等学堂系统。南京临时政府成立后改学堂为学校，完成了中国传统高等教育机构的近代化转型。

兹将中国大学从新式学校作为校史起始点，按照办学时间从远到近排序，截至 1912 年，现存至今的共有 105 所大学。按照先后时间排序（参见表 16）。

表 16　　办学最久的 105 所中国现代大学

| 年份 | 现在校名 | 最初校名 | 所在城市 | 备注 |
| --- | --- | --- | --- | --- |
| 1888 | 岭南大学 | 格致书院 | 香港 | 教会 |
| 1893 | 武汉大学 | 自强学堂 | 湖北武汉 | 官办/张之洞 |
| 1894 | 河北医科大学 | 北洋医学堂 | 河北石家庄 | 官办/李鸿章 |
| 1895 | 天津大学 | 北洋大学堂 | 天津 | 官办/盛宣怀 |
|  | 西安建筑科技大学 | 北洋大学堂土木系 | 陕西西安 | 官办/盛宣怀 |
|  | 华北理工大学 | 北洋大学堂 | 河北唐山 | 官办/盛宣怀 |
| 1896 | 四川大学 | 四川中西学堂 | 四川成都 | 官办/鹿传霖 |
|  | 西南交通大学 | 山海关北洋铁路官学堂 | 四川成都 | 官办/吴调卿 |
|  | 上海交通大学 | 南洋公学 | 上海 | 官办/盛宣怀 |
|  | 西安交通大学 | 南洋公学 | 陕西西安 | 官办/盛宣怀 |
|  | 新乡医学院 | 基督教博济医院 | 河南新乡 | 教会 |
|  | 福建工程学院 | 苍霞精舍 | 福建福州 | 林纾、陈宝琛、陈璧等 |
|  | 北京交通大学 | 北京铁路管理传习所 | 北京 | 官办/徐世昌 |
| 1897 | 浙江大学 | 求是书院 | 浙江杭州 | 官办/林启 |
|  | 浙江理工大学 | 浙江蚕学馆 | 浙江杭州 | 官办/林启 |
|  | 安庆师范大学 | 敬敷书院 | 安徽安庆 | 官办 |
| 1898 | 武汉科技大学 | 湖北工艺学堂 | 湖北武汉 | 官办/张之洞 |
|  | 武汉理工大学 | 湖北工艺学堂 | 湖北武汉 | 官办/张之洞 |
|  | 华中农业大学 | 湖北农务学堂 | 湖北武汉 | 官办/张之洞 |
|  | 北京大学 | 京师大学堂 | 北京 | 官办/载湉 |
|  | 华中科技大学 | 湖北工艺学堂 | 湖北武汉 | 官办/张之洞 |
| 1900 | 苏州大学 | 东吴大学 | 江苏苏州 | 教会 |
| 1901 | 山东大学 | 山东大学堂 | 山东济南 | 官办/袁世凯 |
|  | 九江学院 | 但福德医院护士学校 | 江西九江 | 教会 |
| 1902 | 西北大学 | 陕西大学堂 | 陕西西安 | 官办/升允 |
|  | 山西大学 | 山西大学堂 | 山西太原 | 官办/岑春煊、李提摩太 |
|  | 太原理工大学 | 山西大学堂 | 山西太原 | 官办/岑春煊、李提摩太 |
|  | 江苏大学 | 三江师范学堂 | 江苏镇江 | 官办/刘坤一、张之洞 |
|  | 江南大学 | 三江师范学堂 | 江苏无锡 | 官办/刘坤一、张之洞 |
|  | 南京大学 | 三江师范学堂 | 江苏南京 | 官办/刘坤一、张之洞 |

续表

| 年份 | 现在校名 | 最初校名 | 所在城市 | 备注 |
| --- | --- | --- | --- | --- |
| 1902 | 东南大学 | 三江师范学堂 | 江苏南京 | 官办/刘坤一、张之洞 |
| | 南京工业大学 | 三江师范学堂 | 江苏南京 | 官办/刘坤一、张之洞 |
| | 南京林业大学 | 三江师范学堂 | 江苏南京 | 官办/刘坤一、张之洞 |
| | 南京农业大学 | 三江师范学堂 | 江苏南京 | 官办/刘坤一、张之洞 |
| | 南京师范大学 | 三江师范学堂 | 江苏南京 | 官办/刘坤一、张之洞 |
| | 扬州大学 | 通州师范学校 | 江苏扬州 | 张謇 |
| | 河南农业大学 | 河南大学堂 | 河南郑州 | 官办/锡良、林开謩 |
| | 河北师范大学 | 顺天府学堂 | 河北石家庄 | 官办/陈璧 |
| | 河北农业大学 | 直隶农务学堂 | 河北保定 | 官办/袁世凯 |
| | 贵州大学 | 贵州大学堂 | 贵州贵阳 | 官办/邓华熙 |
| | 北京师范大学 | 京师大学堂师范馆 | 北京 | 官办 |
| | 西北师范大学 | 京师大学堂师范馆 | 甘肃兰州 | 官办 |
| | 北京林业大学 | 京师大学堂农业科林学目 | 北京 | 官办 |
| 1903 | 河北工业大学 | 北洋工艺学堂 | 天津 | 官办/凌福彭 |
| | 湖南大学 | 湖南高等学堂 | 湖南长沙 | 前身/岳麓书院 |
| | 湖南农业大学 | 修业学堂 | 湖南长沙 | 周震鳞 |
| | 湖南第一师范学院 | 湖南师范馆 | 湖南长沙 | 前身/城南书院 |
| | 华中师范大学 | 文华书院大学部 | 湖北武汉 | 教会 |
| | 岭南师范学院 | 雷阳中学堂 | 广东湛江 | 前身/雷阳书院 |
| | 韩山师范学院 | 惠潮嘉师范学堂 | 广东潮州 | 前身/韩山书院 |
| 1904 | 衡阳师范学院 | 湖南官立南路师范学堂 | 湖南衡阳 | 官办/曾熙 |
| | 汉江师范学院 | 郧阳府师范学堂 | 湖北十堰 | 前身/郧山书院 |
| | 保定学院 | 保定初级师范学堂 | 河北保定 | 官办/严修 |
| | 兴义民族师范学院 | 兴义高等小学堂 | 贵州兴义 | 前身/笔山书院 |
| 1905 | 保山学院 | 永昌师范学堂 | 云南保山 | 官办/石鸿韶 |
| | 复旦大学 | 复旦公学 | 上海 | 马相伯 |
| | 沈阳大学 | 奉天实业学堂 | 辽宁沈阳 | 官办/赵尔巽 |
| | 江西农业大学 | 江西实业学堂 | 江西南昌 | 官办/胡廷干、黄均隆 |
| | 黄冈师范学院 | 黄州府初级师范学堂 | 湖北黄冈 | 官办 |
| | 商丘师范学院 | 归德府中学堂 | 河南商丘 | 前身/应天书院 |

续表

| 年份 | 现在校名 | 最初校名 | 所在城市 | 备注 |
| --- | --- | --- | --- | --- |
| 1905 | 邯郸学院 | 邯郸县初级师范学堂 | 河北邯郸 | 官办 |
| | 中国农业大学 | 京师大学堂农科 | 北京 | 官办 |
| 1906 | 西南大学 | 川东师范学堂 | 重庆 | 官办/张铎 |
| | 天津美术学院 | 北洋女师范学堂 | 天津 | 官办/傅增湘 |
| | 四川农业大学 | 四川通省农业学堂 | 四川雅安 | 官办/许涵度 |
| | 上海理工大学 | 沪江大学 | 上海 | 教会 |
| | 山东农业大学 | 山东高等农业学堂 | 山东泰安 | 官办/吴廷斌 |
| | 北华大学 | 吉林省初级师范学堂 | 吉林吉林 | 官办/达桂 |
| | 暨南大学 | 暨南学堂（南京） | 广东广州 | 官办/端方 |
| | 福建商学院 | 福建官立商业学堂 | 福建福州 | 官办/陈宝琛 |
| | 北京协和医学院 | 协和医学堂 | 北京 | 教会 |
| 1907 | 台州学院 | 三台中学堂简易师范科 | 浙江台州 | 官办 |
| | 丽水学院 | 处州师范学堂 | 浙江丽水 | 官办 |
| | 同济大学 | 德文医学堂 | 上海 | 埃里希・宝隆 |
| | 山西农业大学 | 铭贤学堂 | 山西晋中 | 孔祥熙 |
| | 吉林农业科技学院 | 吉林东局子农学堂 | 吉林吉林 | 官办 |
| | 南阳师范学院 | 南阳县师范传习所 | 河南南阳 | 官办 |
| | 河北民族师范学院 | 热河速成法政学堂 | 河北承德 | 官办 |
| | 遵义师范学院 | 遵义初级师范学堂 | 贵州遵义 | 官办 |
| | 福建师范大学 | 福建优级师范学堂 | 福建福州 | 官办/陈宝琛 |
| 1908 | 杭州师范大学 | 浙江官立两级师范学堂 | 浙江杭州 | 官办/张曾敭 |
| | 安阳师范学院 | 彰德府安阳师范传习所 | 河南安阳 | 官办 |
| 1909 | 上海海事大学 | 邮传部上海高等实业学堂（南洋公学）船政科 | 上海 | 官办/唐文治 |
| | 大连海事大学 | 邮传部上海高等实业学堂（南洋公学）船政科 | 辽宁大连 | 官办/唐文治 |
| | 青岛大学 | 青岛德华特别高等专门学堂 | 山东青岛 | 德国殖民地学校 |
| | 中国矿业大学 | 焦作路矿学堂 | 江苏徐州 | 英国福公司 |

续表

| 年份 | 现在校名 | 最初校名 | 所在城市 | 备注 |
| --- | --- | --- | --- | --- |
| 1909 | 河南理工大学 | 焦作路矿学堂 | 河南焦作 | 英国福公司 |
| | 华南农业大学 | 广东全省农事试验场暨附设农业讲习所 | 广东广州 | 官办 |
| | 兰州大学 | 甘肃法政学堂 | 甘肃兰州 | 官办/升允 |
| | 亳州学院 | 蒙城师资讲习所 | 安徽亳州 | 官办/张廷扬 |
| 1910 | 景德镇陶瓷大学 | 中国陶业学堂 | 江西景德 | 张謇、瑞澂、康达等 |
| | 湖南理工学院 | 湖滨大学 | 湖南岳阳 | 教会 |
| | 信阳农林学院 | 汝宁府中等实业学堂 | 河南信阳 | 官办 |
| | 邢台学院 | 直隶第四初级师范学堂 | 河北邢台 | 官办/傅增湘 |
| 1911 | 浙江工商大学 | 杭州中等商业学堂 | 浙江杭州 | 民办/郑在常 |
| | 香港大学 | 香港西医书院 | 香港 | 卢吉（港督） |
| | 清华大学 | 清华学堂（游美肄业馆） | 北京 | 官办 |
| 1912 | 温州医科大学 | 浙江医学专门学校 | 浙江温州 | 厉绥之、韩清泉 |
| | 天津工业大学 | 北京高等工业专门学校机织科 | 天津 | 官办 |
| | 上海海洋大学 | 江苏省立水产学校 | 上海 | 官办/张謇、黄炎培 |
| | 西安工程大学 | 北京高等工业专门学校机织科 | 陕西西安 | 官办 |
| | 南通大学 | 南通医学专门学校和南通纺织专门学校 | 江苏南通 | 张謇 |
| | 南京艺术学院 | 上海图画美术院 | 江苏南京 | 乌始光、刘海粟、汪亚尘等 |
| | 长沙师范学院 | 长沙县立师范学校 | 湖南长沙 | 官办/徐特立 |
| | 河南大学 | 河南留学欧美预备学校 | 河南开封 | 官办/林伯襄 |

关于表16的内容数据需要说明三点：

第一，各校办学起点信息来自学校官网和百度百科，属于官宣信息，各校把握尺度有所差异。例如香港大学、兰州大学对办学起点认定就比较严谨。有些内容会被忽视，例如袁世凯在办新学、兴教育方面的成绩。

第二，排除了前身为传统书院的办学经历。例如湖南大学的前身为岳麓书院，考虑到传统书院非现代意义上的大学，故按新式学堂起始年份（1903 年）算起。

第三，各校对教会办学历史认定大有不同。大多内地高校官宣历史不计入教会办学的因素，例如上海的圣约翰书院（1879 年）是第一所在华教会大学，且办学时间最久、社会影响不小；新中国成立后被撤销，据载相关学系并入了上海的复旦大学、华东师范大学、交通大学等，然而这些历史并未体现在上述高校的办学起点中。类似情况还有金陵大学（1888 年）、震旦大学（1903 年）。而实际上，教会大学不仅发轫于先，在清末兴学风气未开之时率先开办，而且在科学研究、服务社会、移风易俗、学术交流、女子教育等方面也多有成就，并不逊色于公立高校。

在这 105 所办学最久的现代大学中：

第一，历史最悠久的是香港的岭南大学（1888 年），大陆历史最悠久的是武汉大学（1893 年）。

第二，从空间分布来看，除了甘肃兰州的两所高校之外，其余 103 所均在胡焕庸线以东，这与人口分布高度契合，盖因地缘之故。

第三，20 世纪 50 年代的院系调整政策对高校格局影响甚大。例如表 16 中有 8 个高校起点肇始于三江师范学堂。

第四，官办学校奠定了空间分布的基本盘，成为中国大学的中流砥柱。前身为官办或传统书院改造而来者有 82 个，前身为教会学校者 8 个，其余为私立或者外国举办。

## 大学 3.0 | 适者优胜

### 大学流变之我见

流变（Rheology）概念，在材料学领域，是指在外力作用下物体适应性地变形和流动，而且这种形变不具弹性，不能再恢复原状。

如果把大学当作一个生命体来看，把千百年时空压缩为半生，大学在长大变强的同时，亦在改变形态和姿势，调整生存策略，应时而变、顺势而为，呈现出多姿多彩的风貌。

为了说清大学在各个维度的流变，分内外部视角分别阐述之。至于是否“我看青山多妩媚，料青山看我亦如是”，只能捋须颔首、哂然一笑了。

外部视角

人人皆可上大学。提高教育的包容性和学习者的参与度，是高等教育共同体致力推进的发展愿景。如今的受教育权不再是青年独有专利，而是面向了全人类，不论年龄、贫富、贵贱、智愚、善恶，纳入更多女性、寒门子弟、少数族裔，以及老年人、残疾人、难民和移民，是普世意义的“有教无类”。

规模通胀和文凭缩水。为了满足几何级增长的需求，高等教育的供给也在迅速扩容。不仅大学的数量在增加，大部分学校的规模也在拓展。大学从几十人中选一的精英教育，进化为至少半数人都可获得的普及教育，成为中产阶级的主要“生产商”，经历的不过是几代人的时间。曾几何时，大学曾经被认为是精英和权贵专属的象牙塔，上大学相当于捧到了金饭碗值得光宗耀祖；在学历通胀、文凭贬值、学位缩水的当下，拿到大学文凭并不预示着能取得成功，甚至靠它谋不到一份好差事，有人说毕业意味着失业。很多大学门槛不高，有的乏人问津。




寻觅返璞归真的大学体验。在学生和家长看来，大学的价值不再是获取文凭，甚至也不是学习知识的唯一殿堂——网络时代听课的渠道太广泛了，获取显性知识的成本非常低。实体学校不会消灭，在学生看来，大学比它的五大职能的自我定位更为纯粹和单一，实际上化繁为简回归到了初始原点：成为学生心灵成长、沟通交流、实战体验的沉浸式体验场所。一群人青春作伴，一张象征文脉的门楣牌匾，一个风物沛然的书香校园，一段允许低成本试错的岁月柔软，一种浮云游子意的身份认同和归属感，一个灼灼其华可享用终身的人脉圈，还有许多面对面交流才有的隐性知识亲传。人们觉得，一旦离开了大学校园，怕是再也找不回纯纯的爱情和傻傻的青春了，也没人再会如此真真实实地对话伤痛和迷茫。能够提供形而上的心灵体验，是大学迥异于其他公共机构的最独特之处。

大学的边界在蔓延和消融。学校教育与家庭、社会之间的界限正在被消解，大学的边界从封闭走向开放、从闭环走向开环。最开始的中世纪大学只有一群人凑在一起，硬件条件为零，需要租教室来上课；后来有了校舍和校园，越来越宏伟美艳，大学经常成为城市的地标；再后来大学越过校园的围墙，拓展到了它的朋友圈，“大学的校园就是州的边界”；而进入知识社会，大学边界更是跳出了物理空间和五行三界，通过扩展服务、远程教育和建立分校区的形式来突破传统地域的界限，以不同的形式分散在世界不同的角落，甚至可以大开脑洞在元宇宙教书育人。

大学以更加积极的姿态面向世界。大学的外部利益相关者日益增多，和资本的瓜葛无可逃避，哪怕被吐槽为功利和丧失独立性也无可奈何。红衣主教纽曼的“博雅教育”理念固然岁月静好，但对大多数大学来说，不得不从精英贵族走向平民百姓，走向市场，走向大地，走向凡间，必须向政府、社会大众、科技项目组织者和市场企业等那里寻求支持。在大学看来，政府有形的手、市场无形的手，潜在合作者的手等，个个都温暖有力，需要牢牢握紧，用更加积极的姿态来办好人民满意的大学。

高等教育被赋予了一定的商品属性。高等教育逐渐成为一项跨国界的服务贸易。着眼市场需求，平衡供需关系成为办学的前置条件。大学的人才培养、科研成果、教授、实验室甚至图书馆等都有了商品属性，被外界想方设法挖掘其潜在盈利空间，策划大学产品的市场价值成了重要命题。以往教授做科研是自由探索，现在还得有市场和品牌意识，要把自己的领域做大做强，谋求更广泛的引用和拥趸。大学教授的时间和律师一样变得可量化，曾经和一位牛津大学教授谈合作，他的坦诚直爽让我一时之间无所适从，他说“合作可以，你来买（buy）我的时间”。一位国内教授说得也很扎心：“做久了乙方，感觉自己都不像教授了”。现在大学里已很少有人去探究市场不感兴趣的问题了，从天而降的完全出自好奇心的纯科学研究非常鲜见。

部分教育培训业务可能外包。大学的大量教育教学工作都有可能由专业公司参与介入，课程外包呈常态化。如新东方等培训机构分担英语培训；大量考研、考公、考编、考证校外培训等，成为学校教育的有益补充。此外还有一批由企业家开办的线上线下教育也在风云际会，例如，得到高研院、混沌学园、青腾TencentX等，他们并非传统意义的大学，通常是企业组织的知识培训，是知识类产品和知识付费的延伸。

一批新式“大学”即将兴起。一批融汇了新模式、新技术、新业态的大学形态将成为新的选项。例如，推进产学研合作和创业的韩国产学联合旗舰大学建设计划[①]、中国台湾地区扎根计划[②]，面向全球化沉浸体验的密涅瓦大学[③]、奇点大学[④]，基于线上微课的可汗学院[⑤]，基于区块链技术的伍尔夫大学[⑥]等。这些新样态未必能够起到颠覆性作用，但对传统大学形成解构之势和借鉴之用。

内部视角

大学的功能定位在不断加成。大学抚镜自揽，感觉肩上的担子也越来越重了，责任重大，使命如山。从最初的人才培养、恪守良知、追求真理，到知识生产、技术应用、价值发现，再到范式变革、产业促进和文明融合，同时还要面对新的技术革命、新的学科专业、新的教学方法、新的教育哲学、新的学生类型、新的学习方式等急急如律令的夹击……一步步走来，大学已经全然不是当初的模样，成为背上扎满了果子步履沉重的刺猬。哦不，按照以赛亚·伯林[⑦]的说法，大学从一个只知道一件大事的刺猬，变成了知道许多小事的狐狸，需要灵活花巧、无所不知和无所不包。

大学的治理逻辑发生转移。高等教育在经历了教授治校、政府主导、董事会托管等治理模式之后，正在走向理性对话的“多元共治、协同共生”模式。大学的学术权力逐渐让渡给了政府、市场和公众等，从底部厚重趋向于政府干预，从解决好奇转变为谋求实用，从追求学术真理转化为实现社会价值。

专业化管理成为必然趋势。大学的战略规划和行政管理逐渐专门化，需要专

① 2016年韩国发布《产学合作五年基本计划（2016—2020）》，旨在通过建设“企业匹配型大学”，扩大青年就业和创业规模，并增强企业竞争力。一是开设“社会匹配型专业”，培养新型工业领域复合人才，促进技术开发及技术转移；二是鼓励人才自主创业，增加社会就业岗位；三是促进知识融合，开创具有高附加值的未来产业，将大学校园建成企业的未来产业基地。

② 2012年推出“大学校院创新创业扎根计划”（以下简称“扎根计划”），提升公私立高校创新创业课程品、培养具有企业家精神的人才，促进高校与企业之间的产学合作及形塑高校创业氛围。“扎根计划”分为创新创业中心示范高校和创新创业课程开设与发展两类子计划。

③ 密涅瓦的意思是神话里罗马的智慧女神。密涅瓦大学（Minerva Schools at KGI，KGI是指位于美国加州克莱蒙特的凯特应用生命科学研究生院），是2013年由多名美国教育界大咖联手打造的四年制本科大学。该大学以私立、盈利为目的，向全球未来的领袖和创新者们提供本科阶段文理教育。

④ 奇点大学（Singularity University，SU），设在加州硅谷，2009年由谷歌与美国NASA展开合作，致力开办一所培养未来科学家的学校。

⑤ 可汗学院（Khan Academy），是2007年由美国人萨尔曼·可汗创立的一家教育性非营利组织，通过在线图书馆收藏了数以千计的可汗老师的教学视频，提供免费在线微课教育。

⑥ 伍尔夫大学（Woolf University），是2018年由牛津大学多名学者联合推出的一所基于区块链技术的非营利、去中心化的教育机构。

⑦ 以赛亚·伯林（Isaiah Berlin，1909～1997年），英国哲学家、观念史学家和政治理论家，20世纪最杰出的自由思想家之一。著有《浪漫主义的根源》《自由论》等。

业团队来付诸努力。以往欧洲大学因为学术自治传统，多采用教授治校模式，一般由学者担任校长；现在握有实权的常务副校长还需必备市场策划和推广能力，需要更多具有商业和行政管理背景的专业人员深度参与大学管理。新的商业模式和管理技巧也被不断引入，例如政府和社会资本合作（PPP）模式、关键绩效指标（KPI）目标管理，以及无处不在的量化评估等。

*大学的组织形貌愈加扁平*。从中世纪的“学人共同体”转变为同吃同住寄宿制的“学院共同体”；而现在，正在变成由陌生人网络而成的，以学生为中心的潮汐式的“学习共同体”。可以预见，数字化技术将使大学治理趋向于扁平化，组织与协调更加快速灵活，从注重经验的粗放管理，转变为注重数据分析的精准治理。

*办学难度系数在迅速跃迁*。姑且不论来自外部的竞争和压力，仅内生需求就在不断提高难度。一方面是教育的要求提高了。随着组织演化“去科层制”趋势，大学生的职业前景日渐不确定性和多样性，过去的大学主要培养精英和专家，现在要更广泛的知识技能、丰富的实践经验、灵活的可迁移能力和终身学习能力，即所谓的 π 型特质人才，需要大学提供个性化和跨界的教育来应对不确定性。另一方面，科学研究的组织化要求也提高了。随着知识创新指数级增长和科学范式转移加速，以及科学建制社会化、国际化和多领域跨学科合作等新趋势，创新成为柔性和开放性的复杂性工作，需要大学的科研创新向高度组织化和体系化转变。

*客户管理成为一种修行*。曾经以为大学老师只需要传道授业解惑，但现在还得像对待顾客一样对待学生和家长，需要关照学生的喜怒哀乐，确保每一个人满意度。因为大学变成了用户导向，学生的评价可能决定老师薪水高低甚至去留。西方高校更像是平台型的供应链，中国的高校则是垂直型的，自成一体提供独立的“单位”建制，各种职能一应俱全，对管理提出了更高的挑战。

*课程成为核心资产*。1931 年梅贻琦的这句话脍炙人口：“所谓大学者，非谓有大楼之谓也，有大师之谓也”。然而身处知识社会，大楼的物理载体可以被“虚拟大学”替代，人才和信息可以在全世界范围内流动，办学的逻辑架构在颠覆和重构，唯独大学拥有的精品课程才是看得见摸得着、大风吹不走的核心资产。

*数字技术为个性化教育赋能*。虚实交融的泛在学习将无时不在、无处不在，及时迭代的智慧教室、数字校园、智能装备平台将成为教育品质的重要呈现。用数字画像，建立起学生从入学到毕业后工作的过程性数据档案，并基于学习行为进行大数据分析，进行量体裁衣的个性化教育。当过程性数据足够丰富准确，升

学考试将变得不再必需。用人工智能助手为老师减负，学校教育将更多集中于隐性知识的传授，教学模式将偏向项目和课题形式。用可视化技术为学科专业导航，构建知识图谱、学科地图、专利地图、产业地图、热力地图，直观描述知识及其载体，挖掘、分析、构建和显示知识及它们之间的相互联系。此外，数字技术本身也成为重要的教学内容，将数字共性技术融入基础课程，将人工智能、计算思维等纳入必备能力体系，提高人机协作能力，让学生的学习和工作更加如鱼得水。

综上所述，这些粗略的总结或曰感慨，难免带着情绪的渲染。爱之深而责之切，无论过去还是现在，无论更好还是更差，无论厚古还是薄今，大学都是我们曾经身心栖居过的地方。尤其对我这样的高等教育工作者而言，大学是相伴一辈子的家园。批评她、骂她、怼她、恨她不成钢，都只是因为对她的一腔挚爱、一往情深。是为记。





## 治理体系

### 从利益相关者到利益共同体

以前参加座谈讨论大学的发展之路，我曾建议“对内放开，对外开放”，认为这是建立耗散系统的良方。随着认识深化换了提法：“多元共治，协同共生”，把利益相关者升级为利益共同体。就像“治”中的三点水一样，百川异源而皆归于海。

有文献用伯顿·克拉克的三角协调模型分析各国高等教育体制变迁，结论之一是随着大学走出象牙塔和市场机制的介入，学术自治的比例在稀释，为了适应日渐复杂环境，各个国家都不期然走向了“多元共治”治理逻辑。例如，传统上侧重学术自治的英国高等教育，走向了国家权力的扩张与多元权力主体，19 世纪以前的“守夜人”式政府已经不复存在；传统上注重国家干预的德国，开始了竞争机制和多元共治；传统上擅长开放和多元化的美国，进一步将立法和司法机构也介入大学治理，增强了行业协会的话语权，同样增强了多元共治水平。殊途同归。

如果将稀释了学术、更市场化和工具理性的多元共治理解为一种股权结构的话，是否也可以将其约等于公司治理模式，即大学在逐渐变成公司。这显然是个喜忧参半的结论。

公司治理和高校治理有很多契合点，所以这些年也被应用于高等教育领域研究。利益相关者（stakeholder）就是公司治理用的分析框架。Stake 的英文有“赌注”之意，所以利益相关者包含股东、债权人、风险共担者等，组织需与内外部利益相关者协同发展、利益共享、风险共担，已成为普遍共识。

将利益相关者理论代入高等教育领域，大学的利益相关者，就是指那些与高校发展息息相关的主体，包括为大学提供各类资源、与大学有密切利益关系的组织和个人，可分为外部利益相关者和内部利益相关者（参见图2）。

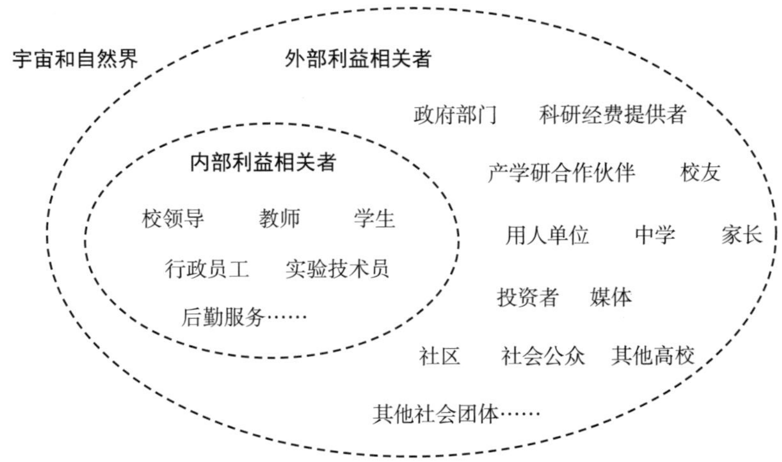


**图2　大学利益相关者圈层模型**

随着大学功能的拓展，我们可以看到，大学的利益相关者在不断拓展蔓延，彼此交联，组织的边界变得柔性和模糊。如果把目光放到更长远，组织不仅仅与内外部利益相关者构成网络关系，还可置身于自然宇宙系统之中，置身于知识的无边瀚海和元宇宙的广袤无垠中，进行泛在的联系，在五行三界外教书育人。

不同的利益相关者有圈层结构，有亲疏远近，同时也各持立场和主张。把它们撮合在一起，必然涉及多元利益与价值的协调、博弈与平衡，意味着必须求同存异，寻找“重叠共识”（即“最大公约数”）。通过有效协同、建立内共生体系，来实现整体利益最大化，构成“利益共同体”乃至“命运共同体”，这将是高校治理的理想态。

### 高等教育全球治理

第二次世界大战以后，为增进全球交流互助和高等教育全球共同利益，高等教育全球治理日渐走上世界舞台。经过近80年的发展，已经形成了联合国教科文组织为引领的多元体系。

一是联合国教科文组织（UNESCO）。成立于1945年11月16日，总部设于巴黎，现有195个成员国，是全球最具权威的国际组织。UNESCO采用软治理模式，通过引领高等教育范式、制定规则和标准来影响成员国的高等教育发展（参见表17）。中国于1971年恢复了在UNESCO的合法席位，但影响力还有待提升。特朗普政府则于2017年第二次退出了该组织，项庄舞剑，意在重塑符合美国利益的新秩序。

**表17　　联合国教科文组织关于全球高等教育治理的代表性成果**

| 代表性成果 | 核心内容 | 倡导理念 |
| --- | --- | --- |
| 1960年《取缔教育歧视公约》 | 不分种族、宗教、肤色、性别等，面向一切人开放 | 教育公平 |
| 1972年《学会生存——教育世界的今天和明天》 | 论证了“终身教育”的必要性，提出了迈向“学习化社会”的目标 | 终身教育 |
| 1976年《国际教育标准分类》 | 为世界各国的高等教育入学要求、学历分层与定位等标准制定提供借鉴 | 标准化 |
| 1996年《教育——财富蕴藏其中》 | “终身学习”是通往21世纪的关键钥匙 | 终身学习 |
| 1998年第一届世界高等教育大会（巴黎）《面向21世纪的高等教育世界宣言：愿景与行动》 | 高等教育的使命和职能 | 可持续发展<br>教育创新 |
| 2009年第二届世界高等教育大会（巴黎）《社会变革与发展中高等教育与研究之新动力》 | 高等教育作为公共事业，是包括政府在内的所有利益相关者的责任 | 教育质量<br>可持续发展 |
| 2015年《教育2030行动框架》 | 到2030年，确保所有人能享受优质高等教育 | 教育公平<br>终身学习<br>教育质量 |
| 2015年《反思教育：向“全球共同利益”的理念转变?》 | 高等教育作为全球共同的核心利益，应坚持人文主义的教育观，通过高等教育促进人权和尊严 | 可持续发展 |
| 2019年《全球高等教育学历学位互认公约》 | 第一个具有法律约束力的联合国高等教育条约 | 教育公平 |
| 2021年《共同重新构想我们的未来：一种新的教育社会契约》 | 明确教育是由众人选择、靠众人实现的一种共同福祉和共同利益 | 重塑教育 |
| 2022年第三届世界高等教育大会（巴塞罗那） | 重塑高等教育的理念和实践，以确保地球和人类的可持续发展 | 重塑教育 |

二是世界贸易组织主导的服务贸易总协定（GATS），把高等教育列为12项可交易的服务之一。

三是国家间合作组织。例如，经济合作与发展组织（OECD），在经济、教育与政府治理领域进行诊断、评价与分析。二十国集团（G20）以高等教育与科研等主体召开全球协商会议，构建国家间的协同联动机制。

四是私人基金会组织。例如，盖茨基金会针对种族、性别与收入等的不平等现象，在全球贫困、教育与疾病等领域展开治理行动。

五是不同跨度和深度的“大学或学科联盟”，互通信息、整合和共享教育资源。例如，美国常春藤联盟（The Ivy League，8所）、英国罗素大学集团（The Russell Group，24所）、澳大利亚八校联盟（Go8），以及国际研究型大学联盟（IARU，10所）、国际科技大学联盟（Global Tech，7所）、世界大学联盟（WUN，14所）、21世纪学术联盟（AC21，14所）、环太平洋大学联盟（APRU，50所）、美国大学协会（AAU，62所）、欧洲顶尖工科大学联盟（T. I. M. E.，53所）、中欧精英大学联盟（TANDEM，20所）、国际高等教育研究中心（CGHE，10所）等。

六是推进国际合作项目。例如，面向高等教育欧洲一体化的“博洛尼亚进程”、欧盟“伊拉斯谟+”项目、欧盟学分累计转化系统等。

七是以某种主题走出国门，反向逻辑自组织形成全球网络。例如，以语言教育为纽带，构建旨在提升软实力的法国法语联盟①、德国歌德学院②、西班牙塞万提斯学院③、中国孔子学院④、韩国世宗学堂⑤、葡萄牙卡蒙斯学院⑥等。




---

① 1883年法国创建的非营利组织，致力于传播法语及法国文化，法国总统为其名誉主席。

② 1951年成立，其前身是1925年成立的德意志学院。它是德国的非营利协会性机构，旨在向全世界推广德语语言及文化。

③ 1991年西班牙创办的非营利性官方机构，推动全世界的西班牙语教学，传播西班牙语文化。

④ 2004年由中国创办的非营利教育机构，致力于传播汉语和中国语言文化，加强中国与世界各国教育文化交流合作，发展中国与外国的友好关系，促进世界多元文化发展，构建和谐世界。

⑤ 2009年韩国文化体育观光部通过了《国家品牌委员会第一次报告》，将分散在全世界的韩国语海外推广机构的名称统一为“世宗学堂”，旨在将其设成为“韩国语世界化、韩国文化沟通的中心”。

⑥ 1992年成立，前身为葡萄牙语言文化学会，为葡萄牙对外推广葡萄牙语言和文化的官方机构。

## 教育图景

### π 型特质人才

工业社会的人才培养以德国柏林大学模式为代表，强调知识结构的专精，大学的“专业”是毕业生走向职场的第一个“敲门砖”。

到了知识社会，随着新技术的发展、机构“去科层制”“去中心化”和共享经济等新趋势，大学生的职业前景也在发生显著变化，不确定性日益显著。一些新的行业应运而生，一些行业被人工智能等新技术替代，还有一些高度灵活的兼职性短期性职业成为可选项。这意味着工业时代的很多专业落伍了，大量专门知识被更迭淘汰，知识的半衰期和专业的有效期都在缩短。更进一步来看，在知识和信息过载的今天，教育的使命或许不再是给人灌输知识，而是尽可能激发每一个人的潜能，寻找学习动机，获得内驱力。然后再分头突围，各自应对人生挑战。从这个角度来说，专业分科或许应该让位于动机分化，逐渐褪去工业时代专业分科的色彩。





诚然，高校在马不停蹄地更迭和创新专业设置，力求与人才需求相匹配，为社会输出最新型号的人才。但归根结底，中国大学的人才培养模式尚需变革，要将专业导向化整为零为课程导向，以打造优质课程为抓手，致力于培养知识更广博、能力更灵活、经验更丰富的人才，即所谓“π 型特质人才”。其中：

“π”上面的一横指知识广博、视野开阔，既能独立思考，又善于团队合作，养成批判性思维、系统性思维、创业精神和文化敏感性，具备融会贯通的知识结构。通过跨学科、跨专业、跨文化、跨区域的广泛“混搭”（Mix and Match），设计多元灵活和宽口径的教育途径，构筑多样化的知识结构，将有助于提高跨界能力和应对未来的不确定性。

“π”下面的两竖分别指基础理论素养和社会实践能力，即拥有“两把刷子”。首先是基础理论素养，未来基础学科的重要性比以往更加重要，有助于获得灵活的可迁移能力，具有以不变应万变的知识航母作用。其次是社会实践能力，未来学习的过程价值及通过人际界面获得隐性知识，远比获得书本上的显性知识更重要。

### 技术人文教育

在轴心时代，技术教育和人文教育是不分的。孔子给学生教周礼，同时也教射箭；柏拉图给学生教哲学，同时也教摔跤。然后二者逐渐分叉，东方有了文状元和武状元，西方有了人文和科学学科的差异。而哲学是连接两大分支的拱顶，是比横断学科更高的综合学科。

用儒家的观点来看，人文教育与技术教育的争斗，恰如“道器之争”。“形而上者谓之道，形而下者谓之器”，道器之争，亦即“形而上”与“形而下”之差异。从这个角度来思考，博雅教育为“道”，属人文教育范畴，强调教育的个人功能，旨在提升人的综合思维能力，通天人之故、获智慧之本；专业教育如“器”，循技术教育逻辑，强调教育的社会功能，旨在某个实际领域垂直纵深，获得专精知识和技术，成形器之学、达生活之末。

观寰宇内外，农耕社会的大学 1.0 阶段“重道轻器”，阳春白雪，穷究天理，远离了实践应用。到了工业社会的大学 2.0 阶段，天工开物，探原格物，第二次世界大战加剧了技术教育代偿式发育，呈现出“见器失道”之势。

被技术主义统治的教育高效而无趣，质感粗粝。工业化装配出一套高效率的“装配式”“流水线”的“教育工厂”模式，大规模培训着标准化的劳动者，恰如赫伯特·马尔库塞①笔下的“单向度的人”。人们使用相同的教材，采用同一套标准进行考核，年龄是学生升级的标准，好比“出厂日期”；上课铃声是每天的标准时间单位，按照学年和学期完成生产进度；教室是生产单位；教学活动建立在劳动分工逻辑和知识中心的学科体系之上，不同的教师教授不同的科目，19 世纪中期发明的科目（语言、数学、科学、艺术）是学科体系的基本框架。

道器相济，以道驭器，或许二者的结合方为妙处。其实早在《易经》就有这样的判断，在道器之间寻找平衡，“观乎天文以察时变，观乎人文以化成天下”。

钱伟长先生对此有更明确的描述，“培养的学生首先应该是一个全面的人，是一个爱国者，一个辩证唯物主义者，一个有文化艺术修养、道德品质高尚、心灵美好的人；其次，才是一个拥有学科、专业知识的人，一个未来的工程师、专门家。”这与《学会生存》提出的“科学人文主义教育”、阿什比提出的“技术人文主义教育”思想颇为相似，提倡在技术教育中融入人文精神，注入价值导向，赋予技术教育以人性化内容，以培养健全人格的“完整的人”。例如医学院

① 赫伯特·马尔库塞（Herbert Marcuse，1898～1979 年），美国哲学家、心理学家、美学家、法兰克福学派左翼代表之一，弗洛伊德主义的马克思主义的理论家。著有《爱欲与文明》《单向度的人》等。

讲培养好医生有四个标准：科学脑、人文心、工匠手和艺术嘴，其中除了科学技术教育之外，更需要人文精神的濡化。

在技术教育中融入人文精神的做法，与科学教育中开展课程思政的底层逻辑有一致性。一位《化工原理》教授告诉我，他在讲课中将管路流体分配，和都江堰、灵渠、京杭大运河、三门峡水库和三峡大坝的典型工程案例结合起来，非常受学生欢迎。另一位教授分享了他关于加速度的位移公式 $s = v_0t + at^2/2$ 的人文主义解读，投射在人生之路，解读各个变量之价值意义。世事洞明皆学问，人情练达即文章。用心用情，可以把一个干瘪瘪的公式讲成一部活泼泼的小说。

量体裁衣的个性化教育

量体裁衣、对症下药、看菜下碟、精准制造、靶向设计，虽然应用领域不同，但内在要求是一致的，即以高灵活性的柔性生产来迭代批量生产，体现“生产关系要适应生产力发展要求”。这里说的“要求”，即所谓之“体”，可分为三个层次，意味着“量衣技术”也对应有三个能级（参见图3）。



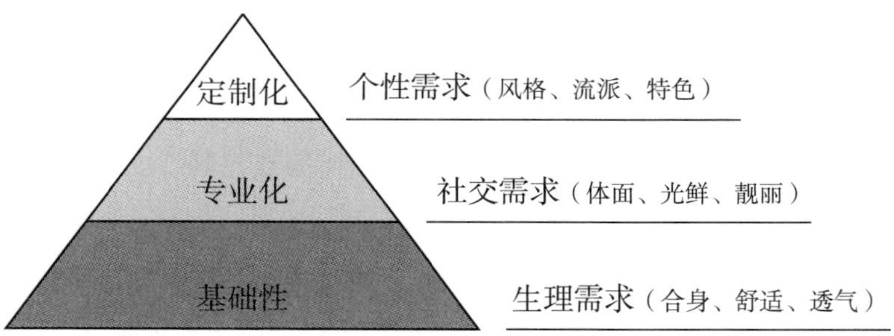


**图3　“量体裁衣”金字塔**

1.0 阶段的基础性技术，满足生理属性的最低需求。相当于做了一件用来保暖御寒的衣服，不仅要合身，而且要具备舒适性，面料要透气透水，柔软、亲肤。

2.0 阶段的专业性技术，满足社交属性的需求。衣服要体面、敞亮、光鲜、亮丽，从生存经济晋升到享受经济。

3.0 阶段的定制化技术，满足个性需求，或可类比于自我实现。融入个人风格，形成个人流派，彰显个人特色，引领时尚之先。

这是一个能级跃迁的需求金字塔。稍稍琢磨，就会发现和马斯洛需求理论的层次递进逻辑不同。尤其在仓廪实的年代，穿衣问题不再是经济条件刚性约束的是非题，而是充满个人偏好的选择题：有的人满足于生理需求，吃饱穿暖足矣；也有人热衷于满足社交需求，为了面子舍弃里子；还可能有的人沉醉于审美执念，“要风度不要温度”。概而言之，在物质相对丰裕的年代，符号意义上的“理性人”越来越少，更多的是直视内心、有着七情六欲和爱恨情仇的“任性人”。

何为个性？

个性，是指一个人具有一定倾向性的心理特征的总和。

所谓倾向性，就是有所主张，有所任性，不随波逐流。恰如金庸给《白马啸西风》里设计的台词“那都是很好很好的，可是我偏不喜欢”。一句简单地“不喜欢”，就会让一切化为乌有。因为不喜欢，就足以躺平在宿舍里，用摸鱼的方法得过且过，把大好时光消耗在迷茫中。因为不喜欢，会让教育的品质和获得感大打折扣，甚至化为乌有。

个性，不是中性的名词，而是超越了理性人假设和超越了工业文明主张的概念。个性是有倾向性的，不再为是与非、1 和 0，而是一个有着取向和偏好的向量。对整个社会来说，社会总福利也不再是每个人幸福值的简单加和，而是包容棱角、允许取向，容纳着大量个性化和多元化的向量集合。鼓励人的个性，或可称为人性的回归，或曰返璞归真。

何为个性化教育？

刘献君教授在文章里有解读：

“个性 = 共性 + 特性”

代入相关概念可得：

个性化教育 = 共性教育 + 特性教育

≈基础性教育（通识）+ 专业化教育 + 定制化教育

= 标准化学校教育 + 定制化教育

这意味着，个性化教育需要入门级的基础教育，也需要专精的专业教育，还需要满足特性的定制化教育。

其一，标准化的学校教育足以满足前两项需求。例如使用同一套教材，在一个课堂里听课，做同一张试卷，培养同一型号人才，具备高效率和高可靠性优势。

其二，在标准化学校教育之外增加定制化教育的内容。①拓展自由度，如转换专业、选修课程、跨学科课程、微专业、微课程等。②超越既有教育模式给予增值，例如在学业导师和企业导师等的指导下，参与科研项目或者创新创业项目；在校友网络、职业生涯设计师、心理测评师和心理治疗师的参与下，增加非学术内容学习。③超越大学校园，例如借助数字画像和人工智能助手等数字技术帮助知识的靶向定位，以泛在教育、社会教育等形式更换学习场景，用终身教育、开环教育的理念，定制和拓展知识内容。

何为学习内驱力？

丹尼尔·平克的《驱动力》提到了内驱力的三要素：

“内驱力＝自主＋专精＋目的”

①自主，指自己主动，不受别人支配，能对自己的行为负责。代表了拥有选择的权力。②专精，指有把事情做得越来越好的欲望。就是俗话说的“要强”，追求精益求精。③目的，指发自内心的渴望，而非单纯的利益算计，就是俗话说的“喜欢”，而不是“应该”。内驱力与个性紧密相关，对应在这个“量体裁衣”的金字塔里，拥有内驱力就意味着有自由选择或者放弃其中任意几个层级，并且有向上攀登能级的强烈愿望。

内驱力因热爱而起，随个性而定。自由取舍，自发蹁跹。籍个性化教育匹配人的特性需求，将激活人们至关重要的内驱力，获得自主学习动机，在通往志趣的道路上一往情深，进入自组织的轨道，从而挖掘出最大潜能。

“人工智能＋教育”是未来吗？

近几年，能看到很多文章在强调“人工智能＋教育”的优越性。例如，经人工智能助手赋能，可以提供一对多的个性化学习方案，建构知识图谱，描摹数字画像，帮学生梳理知识点、个性化推送、拍照搜题……可以靶向供给学习资源，加快概念建构，精准投喂各项需求。

但就目前的“人工智能＋教育”是否就是未来主流，我是持审慎态度的。这些数字技术的加持，始终绕不开点状思维，解决的是教学过程中某几个环节的低效率和不充分问题。举个例子，有一种知识图谱的做法，要求从老师讲课的每一页 PPT 中打卡知识点，构成知识图谱，去对比是否覆盖了教学大纲的要求。姑且不论是否可用爬虫技术替代手动打卡，减轻教师的工作量；单说这一套设计的逻辑，是把老师当作知识的供应商，把学生当作知识的消费者。我不甚理解，哪怕从学生的消费端来绘图也好，至少数据更靠谱一些，毕竟课堂教学只是知识来源的一小部分，请问那些非正规教育途径，那些数字图书馆和手机端连接的信息海洋，那些数字技术自身倡导的泛在教育，难道就不配被记录在知识图谱里吗？更何况那些不用 PPT 的老师，那些一丝不苟主次分明的手写板书式教师该怎么办，那些梁启超式的激情即兴演讲该怎么办，那些孔子式的问答教学该怎么办，那些真正有温度有信仰的教育者该怎么办？

新冠肺炎疫情期间给学生上网课的效果不言而喻。再精致高级的“智能 +”“互联网 +”，都填不上人际交流匮乏的空洞。且不说学生是否能够保持专注，倾听那个远方变了调的声音去照本宣科，即便是动用抽查提问手段，我也没有信心确认他们的学习状态。我甚至在想，这些 20 多岁最精力充沛年纪的孩子，孤坐或斜躺于家或寝室中，只能对着人机交互界面，看不到云，看不到风，看不到黑板，看不到老师的瞪眼，看不到前排同学挠头背影的寂寞。至少作为老师本人，我感到了沮丧，难以点燃授课的激情。当我面向屏幕时，再也无法对视学生黑白分明的眼睛，无法看到他们眼神中掠过的一丝迷惘，无法体验孩子们放弃手机来抬头看我时的获得感，无法追寻和判断他们的关切和热爱。

冷冰冰的数字工具，无法替代情感和交流，也无法帮助学习者树立起批判性思考，自行建构起古往今来的知识架构，更无助于塑造起关于人类精神灵魂和审美体验的价值观。爱因斯坦说：“当你把学校给你的所有东西都忘记以后剩下的就是教育。知识忘记了，能力沉淀下来：灌输的忘记了，熏陶沉淀下来。剩下的东西越多说明教育越有效果，啥也没剩的教育就是无效的教育。”无效的教育好比买椟还珠，它帮助我们留下了知识的外壳，却把教和学过程中最美好的部分给丢掉了。它始终只是一种效率工具，而非点石成金的神笔马良。

## 国家雁阵模型

### 国家竞争力和头雁策略

党的十九届五中全会明确提出“十四五”时期我国要“建设高质量教育体系”，2035 年建成教育强国。所谓强国，集中体现就是竞争力。世界经济论坛（IMD）每年发布世界竞争力年鉴（WCY），根据各国如何管理其能力以实现长期价值创造进行分析和排名。IMD 认为一个经济体的竞争力不能仅归结为 GDP 和生产力，还需要一个高效的软硬件和制度环境，支持企业创造可持续的价值。同样，高等教育的竞争力在于是否具备支持人才辈出的软硬件环境，是否具有强磁体的吸引力。

既然说竞争力，其强弱都是比较出来的，好恶是可以“用脚投票”选出来的。随着全球高等教育扩招，以及教育服务贸易深化，可以显而易见看到来自全世界大学的竞争。有不少国家甚至把高等教育作为一项产业来办。从 2000 年到 2019 年，国际流动学生人数增加了两倍，从 200 万增至 600 万。中国孩子如果不喜欢中国大学，大可到中外合作的西交利物浦大学，或者去英国读利物浦大学，有许多海阔天空的选项。即便在新冠肺炎疫情肆虐时期，高等教育的全球流动趋势依旧方兴未艾。

进一步地风物长宜放眼量，中国高等教育走入世界舞台的中央，最核心的标准是能否“聚天下英才而育之”，能否吸引到来自全世界，尤其是发达国家地区的优秀生源。





所以，提升办学水平和国际竞争力，提高善治能力，成为各个国家高等教育不约而同的发展策略。各个国家相继推进精英大学计划，以头部高校作为头雁来高位引领，打造高等教育雁阵。例如，中国的“双一流”计划、德国大学卓越计划和卓越战略、法国卓越大学计划①、日本超级国际化大学计划、日本指定国立大学法人计划②、21 世纪智慧韩国工程③、俄罗斯学术卓越计划④、中国台湾地区迈向顶尖大学计划⑤等。

① 该计划于 2010 年启动，是基于法国各区域高等教育与经济协同发展的集群状况而实施的，核心理念是实现对高等教育资源的优势重组。目标是建设 5 ~ 10 所具有国际一流竞争力和影响力的顶尖大学。

② 2016 年日本文部科学省开始评选能“展开和世界最高水平相当的教育研究活动”的国立大学法人。评选标准包含了科研能力、社会合作、国际竞争力等层面。

③ 1999 年实施的高水平大学建设计划，旨在建设世界一流研究型大学和地方优秀大学，培养富有创造性、高质量的人才资源，以满足知识社会需要。

④ 俄罗斯学术卓越计划又称 5 – 100 计划、5top100 计划。2012 年俄罗斯联邦政府开启了建设世界一流大学的高等教育方案。

⑤ 台湾地区推进建设世界一流大学的计划。涉及五方面的目标：加速顶尖大学国际化，扩展学生的世界观；提升大学研发创新品质，强化在国际学术界的影响力与能见度；积极吸引并培育人才，厚植国家人力资源；强化产学合作，促进产业升级及提升国家竞争力；相应社会及产业需求，培养顶尖人才。

## 对标对表美国高等教育

将眼下世界高等教育最发达的美国作为标杆，比对几个核心指标，看看中国高等教育竞争力为几何：

第一，“高等教育的毛入学率”是评估普及化水平的指标。2007 年，中国高等教育毛入学率只有20%，2021 年已经超过了57.8%，进入世界公认的普及化阶段。中国“95 后”这一代，有一半以上都是大学生。近 20 年来，中国高等教育的普及化速度世界最快，建成了世界上规模最大的教育体系。但是距离美国高等教育的毛入学率87%尚有距离，可以想见，未来中国的高等教育会进一步扩张。

第二，“劳动人口平均受教育年限”是在教育领域一个更核心更受关注的指标。2020 年中国 15 ~64 岁人口的平均受教育年限为8.99 年，比2010 年增长0.74年，相当于新中国成立初期的5 倍，横向比较处于世界中位水平。纵向来比，以各国教育发展历史为参照，大约相当于美国 20 世纪 50 年代的水平，略低于日本、韩国等亚洲发达国家在20 世纪 80 年代中期的水平。由此可见，我国人口教育水平与世界发达国家相比仍然有相当的差距，大力发展国民教育依旧不可松懈。

第三，从评估制度环境的几个指标“教育的财政投入占 GDP 比重”“人均教育支出”等来看，中国还远落后于美国。尽管在国家战略层面已经明确了，无论财政投入状况如何，都要确保财政性教育经费支出占 GDP 比例不低于4%，确保教育经费逐年只增不减；即便如此，依旧低于美国的5.2%。从人均教育支出来看，尽管近年来中国不断加大教育投入，但与美国相比依旧有显著差距，2011 年美国联邦及州政府全日制大学生生均投入为41577 人民币，约为当年中国普通高等学校国家财政预算内生均经费的2 倍。这里尚且不涉及私人和社会经营资助。

第四，中美高等教育更突出的差异，在于世界顶尖大学的竞争实力和尖端成果的原始创新能力，以及支撑它的开放性和包容性、契约精神和诚信体系。从头部大学的表现来看，中国仅有不到10 所高校进入世界前100 名大学。美国有将近40 所，并且表现更突出和平均。如果再比较区域分布不平衡问题，形势更不容乐观。美国更擅长培养90 分以上的精英教育、培养拔尖创新人才，尤其是那种不世出的天才型选手。中国教育同质化程度高，很难产出杰出人才，被钱颖一评价为基础知识技能“均值高、方差小”。具体体现为中国对留学生的吸引力还远比不上美国。路漫漫其修远兮，还须扬鞭自奋蹄。

## 基于大学排名的国家雁阵模型

用国家雁阵的角度，基于大学排名来进行排名分析，在浩瀚的时空视角上来观测每个国家的高等教育概貌。

假设1：把每个国家的大学分别组成一个雁阵。

选取了G20国家和入围主流大学排行榜前100名者，共计24个国家，分别为中国雁阵、美国雁阵、英国雁阵，等等。

假设2：在每个国家雁阵里，领头雁是那个表现最出色的高校，其办学水平与该国的竞争力正相关。

头雁的意义非比寻常。不但决定着雁阵的前进方向，还决定着雁阵的飞行速度和精神状态。当头雁的翅膀在天空中鼓翼时，翅膀尖上会掠过一股微弱的上升气流，形成空气动力，紧随其后的大雁就可以利用其减少空气阻力。这种关系依次递进，为雁阵持续飞行助航。





确定每个高校头雁。在排行榜中以国家为单位，寻找排名靠前的三个大学为顶尖大学（参见表18）。需要说明的是，之所以选前三个，而不只选一个，是因为很多国家的头雁实力相仿，时常交替。恰如雁阵中担任队长的头雁体力消耗也最严重，需要有替补来交换位置。故选其三，确保数据充分。

**表18　　G24最早大学和顶尖大学表现**

| 国家[①] | 最早大学 | 顶尖大学[②] | QS排名[③] | THE排名[④] |
|---|---|---|---|---|
| 意大利 | 博洛尼亚大学（1088年） | 米兰理工大学（1863年）<br>博洛尼亚大学（1088年）<br>罗马大学（1303年） | 142<br>166<br>171 | 350～400<br>172<br>197 |
| 英国 | 牛津大学（1096年） | 牛津大学（1096年）<br>剑桥大学（1209年）<br>帝国理工大学（1907年） | 2<br>3<br>7 | 1<br>5<br>12 |
| 西班牙 | 萨拉曼卡大学（1218年） | 马德里康普顿斯大学（1499年）<br>巴塞罗那大学（1450年）<br>庞培法布拉大学（1990年） | 223<br>168<br>248 | 501～600<br>193<br>156 |

续表

| 国家 | 最早大学 | 顶尖大学 | QS 排名 | THE 排名 |
|---|---|---|---|---|
| 法国 | 巴黎大学（1257 年） | 巴黎文理研究大学（2010 年）<br>巴黎理工学院（2019 年）<br>索邦大学（2018 年） | 44<br>49<br>72 | 40<br>91<br>88 |
| 葡萄牙 | 科英布拉大学（1290 年） | 里斯本大学（1290 年）<br>科英布拉大学（1290 年）<br>波尔图大学（1911 年） | 356<br>455<br>295 | 501～600<br>601～800<br>401～500 |
| 德国 | 海德堡大学（1365 年） | 慕尼黑工业大学（1868 年）<br>海德堡大学（1365 年）<br>慕尼黑大学（1472 年） | 50<br>63<br>64 | 38<br>42<br>32 |
| 土耳其 | 伊斯坦布尔大学（1453 年） | 土耳其科克大学（1993 年）<br>中东技术大学（1956 年）<br>萨班哲大学（1994 年） | 511～520<br>551～560<br>541～550 | 501～600<br>601～800<br>501～600 |
| 瑞士 | 巴塞尔大学（1460 年） | 苏黎世联邦理工学院（1854 年）<br>苏黎世大学（1833 年）<br>伯尔尼大学（1528 年） | 8<br>70<br>119 | 15<br>76<br>101 |
| 墨西哥 | 米却肯大学（1539 年） | 墨西哥国立自治大学（1551 年）<br>蒙特雷科技大学（1943 年）<br>泛美大学（1967 年） | 105<br>161<br>551～560 | 801～1000<br>601～800<br>— |
| 荷兰 | 莱顿大学（1575 年） | 瓦赫宁根大学（1876 年）<br>阿姆斯特丹大学（1632 年）<br>乌得勒支大学（1636 年） | 123<br>55<br>110 | 53<br>65<br>69 |
| 阿根廷 | 国立科尔多瓦大学（1622 年） | 布宜诺斯艾利斯大学（1821 年）<br>阿根廷天主教大学（1910 年）<br>巴勒莫大学（1986 年） | 601～650<br>322<br>391 | —<br>—<br>601～800 |
| 美国 | 哈佛大学（1636 年） | 哈佛大学（1636 年）<br>麻省理工学院（1865 年）<br>斯坦福大学（1885 年） | 5<br>1<br>3 | 3<br>5<br>4 |
| 俄罗斯 | 莫斯科国立大学（1755 年） | 莫斯科国立大学（1755 年）<br>圣彼得堡国（州）立大学（1819 年）<br>远东联邦大学（1899 年） | 78<br>242<br>461 | 158<br>601～800<br>1201＋ |
| 加拿大 | 麦吉尔大学（1821 年） | 多伦多大学（1827 年）<br>麦吉尔大学（1821 年）<br>不列颠哥伦比亚大学（1908 年） | 26<br>27<br>46 | 18<br>44<br>37 |

续表

| 国家 | 最早大学 | 顶尖大学 | QS排名 | THE排名 |
|---|---|---|---|---|
| 南非 | 开普敦大学（1829年） | 开普敦大学（1829年）<br>威特沃特斯兰德大学（1896年）<br>约翰内斯堡大学（1908年） | 226<br>424<br>434 | 183<br>251~300<br>601~800 |
| 印度尼西亚 | 印度尼西亚大学（1849年） | 加札马达大学（1949年）<br>印度尼西亚大学（1849年）<br>万隆理工学院（1920年） | 254<br>290<br>303 | 1201~<br>801~1000<br>1000~1200 |
| 澳大利亚 | 悉尼大学（1850年） | 澳大利亚国立大学（1946年）<br>墨尔本大学（1853年）<br>悉尼大学（1850年） | 27<br>37<br>38 | 54<br>33<br>58 |
| 印度 | 孟买大学（1857年）<br>马德拉斯大学（1857年）<br>加尔各答大学（1857年） | 孟买理工学院（1958年）<br>德里理工学院（1983年）<br>班加罗尔科学院（1909年） | 177<br>185<br>186 | —<br>—<br>301~350 |
| 日本 | 东京大学（1877年） | 东京大学（1877年）<br>京都大学（1897年）<br>东京工业大学（1881年） | 23<br>33<br>56 | 35<br>61<br>301~350 |
| 中国 | 天津大学（1895年） | 北京大学（1898年）<br>清华大学（1911年）<br>香港大学（1911年） | 18<br>17<br>22 | 16<br>16<br>30 |
| 韩国 | 成均馆大学（1895年） | 首尔国立大学（1946年）<br>成均馆大学（1895年）<br>延世大学（1885年） | 36<br>97<br>79 | 54<br>122<br>151 |
| 新加坡 | 新加坡国立大学（1905年） | 新加坡国立大学（1905年）<br>南洋理工大学（1981年）<br>新加坡管理大学（2000年） | 11<br>12<br>511~520 | 21<br>46<br>— |
| 巴西 | 圣保罗大学（1934年） | 圣保罗大学（1934年）<br>坎皮纳斯州立大学（1966年）<br>里约热内卢联邦大学（1920年） | 121<br>219<br>369 | 201~250<br>401~500<br>1001~1200 |
| 沙特阿拉伯 | 沙特国王大学（1957年） | 阿卜杜勒·阿齐兹国王大学（1967年）<br>法赫德国王石油与矿物大学（1963年）<br>沙特国王大学（1957年） | 109<br>163<br>277 | 190<br>351~400<br>351~400 |

注：①选取了G20国家和入围主流大学排行榜前100名的国家，共计24个国家。
②综合主流世界大学排名、口碑等所得。
③2022年QS世界大学排名。
④2022年THE世界大学排名。

为了评估各个国家的雁阵表现，在各个雁阵的顶尖大学方阵中选取世界排名表现最好的大学为“头雁大学”，给各个国家雁阵的位次进行排序（参见表19）。

**表19　G24高等教育雁阵头雁（最顶尖）大学表现**

| 位次 | 国家 | 头雁（最顶尖）大学 | 最好排名* |
|---|---|---|---|
| 1 | 美国 | 麻省理工学院 | 1 |
| 2 | 英国 | 牛津大学 | 1 |
| 3 | 瑞士 | 苏黎世联邦理工学院 | 8 |
| 4 | 新加坡 | 新加坡国立大学 | 11 |
| 5 | 中国 | 北京大学 | 16 |
| 6 | 加拿大 | 多伦多大学 | 18 |
| 7 | 日本 | 东京大学 | 23 |
| 8 | 澳大利亚 | 澳大利亚国立大学 | 27 |
| 9 | 德国 | 慕尼黑大学 | 32 |
| 10 | 韩国 | 首尔大学 | 36 |
| 11 | 法国 | 巴黎文理研究大学 | 40 |
| 12 | 荷兰 | 瓦赫宁根大学 | 53 |
| 13 | 俄罗斯 | 莫斯科国立大学 | 78 |
| 14 | 墨西哥 | 墨西哥国立自治大学 | 105 |
| 15 | 沙特阿拉伯 | 阿卜杜勒·阿齐兹国王大学 | 109 |
| 16 | 巴西 | 圣保罗大学 | 121 |
| 17 | 意大利 | 米兰理工大学 | 142 |
| 18 | 西班牙 | 庞培法布拉大学 | 156 |
| 19 | 印度 | 印度理工学院孟买分校 | 177 |
| 20 | 南非 | 开普敦大学 | 183 |
| 21 | 印度尼西亚 | 加札马达大学 | 254 |
| 22 | 葡萄牙 | 波尔图大学 | 295 |
| 23 | 阿根廷 | 阿根廷天主教大学 | 322 |
| 24 | 土耳其 | 土耳其科克大学 | 511 |

注：*综合2022年QS排名和THE排名，取最高值。

按照排名位次情况，将上述24个高校分为五个梯次（参见表20）。从中可得，美国、英国仍旧是世界高等教育的第一方阵，代表世界大学的最高颜值；新加坡和中国作为东亚后起之秀，在第二梯次占据一席之地，尤其是近年来快速跃升，表现抢眼；以德国为代表的欧洲国家，曾经辉煌无两，如今在头部表现上略有沉沦，但是整体办学实力优质均衡，不容小觑。

**表 20　　G24 高等教育雁阵分布（实力）梯次**

| 梯次 | 国家 |
|---|---|
| 1 | 美国、英国 |
| 2 | 瑞士、新加坡、中国、加拿大 |
| 3 | 日本、澳大利亚、德国、韩国、法国、荷兰、俄罗斯 |
| 4 | 墨西哥、沙特阿拉伯、巴西、意大利、西班牙、印度、南非 |
| 5 | 印度尼西亚、葡萄牙、阿根廷、土耳其 |




同时可以得到结论：国家实力、经济实力与高等教育国家雁阵表现正相关。国家强、大学强、经济强，三者同频共振。从某种程度上也管窥了各个国家的竞争力水准。

假设 3：每个国家雁阵起飞有先后、水平有高低、速度有快慢，活力大不同。

在头雁的带领下，各个雁阵会有不同的表现，即为“雁序”。有快有慢，有疏有密，有多有少。有的排成“人”字，有的“一”字，有的蛇形；有的整齐划一，有的溃不成型；有的加速前进、齐整有力、搏击长空，有的稀稀落落、时有减速；有的高翔云表，有的低旋水际。

为了分析各个国家雁阵的发展速度，将雁阵中“最早大学”的办学时间为初始时间测算“办学历史”（参见表 18），需要说明的是，这里只选取了严格意义上的现代大学的起始办学时间；将各国家雁阵“头雁大学”的办学水平和办学历史进行比对，测算各个雁阵的发展速度，排序见表 21。

**表 21　　G24 大学雁阵速度（活力）排序**

| 国家 | 办学历史（年） | 头雁大学 | 头雁大学办学水平* | 发展速度 |
|---|---|---|---|---|
| 沙特阿拉伯 | 65 | 阿卜杜勒·阿齐兹国王大学 | 54.5 | 838 |

续表

| 国家 | 办学历史（年） | 头雁大学 | 头雁大学办学水平 | 发展速度 |
|---|---|---|---|---|
| 新加坡 | 117 | 新加坡国立大学 | 85. 2 | 728 |
| 中国 | 127 | 北京大学 | 87. 5 | 689 |
| 巴西 | 88 | 圣保罗大学 | 52 | 591 |
| 韩国 | 127 | 首尔大学 | 70 | 551 |
| 日本 | 145 | 东京大学 | 76 | 524 |
| 加拿大 | 201 | 多伦多大学 | 87. 2 | 434 |
| 澳大利亚 | 172 | 澳大利亚国立大学 | 54 | 314 |
| 南非 | 193 | 开普敦大学 | 54. 8 | 284 |
| 美国 | 386 | 麻省理工学院 | 94. 6 | 245 |
| 俄罗斯 | 267 | 莫斯科国立大学 | 56. 8 | 213 |
| 印度尼西亚 | 173 | 加札马达大学 | 30 | 173 |
| 瑞士 | 562 | 苏黎世联邦理工学院 | 88. 2 | 157 |
| 荷兰 | 447 | 瓦赫宁根大学 | 70. 1 | 157 |
| 印度 | 165 | 印度理工学院孟买分校 | 24 | 145 |
| 德国 | 657 | 慕尼黑大学 | 78. 6 | 120 |
| 英国 | 926 | 牛津大学 | 95. 7 | 103 |
| 法国 | 765 | 巴黎文理研究大学 | 74. 1 | 97 |
| 西班牙 | 804 | 庞培法布拉大学 | 57. 1 | 71 |
| 土耳其 | 569 | 土耳其科克大学 | 39 | 69 |
| 墨西哥 | 483 | 墨西哥国立自治大学 | 30 | 62 |
| 阿根廷 | 400 | 阿根廷天主教大学 | 24 | 60 |
| 葡萄牙 | 732 | 波尔图大学 | 42 | 57 |
| 意大利 | 934 | 米兰理工大学 | 45 | 48 |

注：＊数据来自 2022 年 THE 排名总得分。其中，处于区间段者取平均值，尾部高校取相似值。

从各国大学雁阵发展速度或曰势头来看，速度新锐前三甲分别为沙特阿拉伯、新加坡、中国，这与 3 国近年来在高等教育方面的巨大投入是分不开的。这三个国家也是世界高等教育最活跃的区域，是活力四射的热土。另外，不可小觑的是“金砖国家”[①] 之一的巴西也有不俗表现，因为位于南半球距离天各一方，且语言有障碍，我们对巴西高校还知之不多。从表 21 的测算结果来看，“金砖五国”“亚洲四小龙”都有不俗表现；老牌欧洲高校和他们的经济发展一样，处于平稳态势，其中“欧洲五猪”[②] 表现相对不佳，作为西方大学起源的意大利在国家雁阵序列中掉队了。

诚然，这个分析还比较粗糙，只是按照国家开始举办高等教育的初始时间 $t_0$ 为初始条件，和 2022 年头雁大学的办学水平进行了两点成一线的很粗糙的线性描摹，忽略掉了其中可能的波澜起伏和非线性的实际状况。此外，用世界大学排名来简单化评判办学水平也存有不妥，本书后续将分析大学排名的问题和忧思。再者，头雁并不能完全代表办学的最高水平，毕竟存在“瘦高个”这种头雁水平突出，但后继乏人、弊端重重、生态不佳的情况。所以，仅为粗略比较，窥豹一斑耳。



① 代表世界新兴经济体，包括巴西、俄罗斯、印度、中国和南非，简称 BRICS。

② 投资界对欧洲五个相对较弱、出现债务危机的经济体的戏称，主要以南欧为主，包括葡萄牙、爱尔兰、意大利、希腊以及西班牙，简称 PIIGS。

# 第二篇　莫道君行早 | 空间互动模型

## 从五角场城市化谈起

上几代的中国人对城乡二元关系非常敏感。1998 年我在复旦大学读书，有一位女同学是上海黄浦区人，她父母觉得女儿到了五角场与乡间无异，哀叹“乡下的野风把女儿的脸吹粗糙了”。这不是戏谑或调侃，城市化进程即便是在大上海也是“得道有先后”。

作为中国现代城市的策源地，上海的城市化进程可谓缩影，饱蘸了外国殖民、军事侵略、行政裁撤的历史风霜。1843 年上海开埠后不久，西方列强在当时属于江苏省的上海县城北部着手，沿黄浦江及苏州河两岸创设租界，启动了上海的近代城市化进程。随着工商业发展，大量人口涌入上海并开始了急剧扩张，上海一路急行，由江南水乡成长为远东第一大都市。

上海开埠后的很长一段时期，五角场地区都是一派纯粹的田园风景，盛产棉花和蔬菜花卉等，一副郊外村庄配置。一直到 20 世纪 20 年代前后，随着几条交通干道开通，以及复旦大学等教育机构的迁往，乡村风貌才开始有所改变。

五角场大规模的城市建设肇始于1929年7月旧上海特别市政府制订《大上海计划》。为了对抗外国势力控制下的租界力量，国民政府决定另辟空间将五角场规划为市中心。这是一个雄心勃勃、颇具理想主义色彩、借鉴了西方最先进城市规划理论的设计方案。现在五角场附近的路名可见其端倪，当时修筑了以“中、华、民、国、上、海、市、政、府”为首字命名的道路51条，建设了淞沪铁路支线，建成了市政府[①]各职局办公楼和大量的生产生活场所。可惜的是，随着1937年抗日战争爆发，国民政府近十年的城市建设心血大多毁于兵燹，日军甚至把该地区辟为军事用地和军用农场。抗战胜利后，上海旧租界被收回，也再无另建市中心之必要，《大上海计划》废置不用，五角场再度被打回乡村原形。

1990年前后，五角场附近还是大片空地。1998年金融危机后的上海甚是萧条，五角场附近能看到农田，彼时的最高标志性建筑朝阳百货一言难尽，被学生家长评价为“乡下野风”并不为过。直到2003年上海才决定将五角场确定为城市副中心之一，这个沉潜大半个世纪的“老兵”终于随着中环线的开通被唤醒，再度披挂上阵，担任了引领杨浦区城市化的任务。上海市委市政府统筹谋划，制定了依托高校、大中型国企优势，重点打造三大功能区的规划：一是以复旦、同济、财大等11所高校为核心，推进校际合作、区校合作，建设高校科技园区；二是以黄兴公园为核心，凭借大学的“人气”与“文气”，建立富含人文气质与品味的绿色生态住宅区；三是以五角场环岛为核心，建设商业区。一张蓝图绘到底，梦想逐渐照进现实，2018年消灭了最后一个城中村——五角场镇闸殷村，进入大规模的商业开发，五角场已经成为大上海最重要的功能区之一，吸引了一大批高素质人才安居于此，为城市发展贡献力量。

回看历史，五角场地区的城市化进程像一个大时代的小窗口，是时空坐标的微缩模型，是鱼缸里的悠游小世界，清晰地映照出中国近代城市发展的普遍特征。其中，有资源环境的禀赋，有科学规划设计的加成，有民族意识和历史自觉，有经济发展和工业化进程的必然因素，也有地缘政治促发的偶然性。而更重要的是，投射了高等教育对城市发展的伟大驱动力。




① 中华民国上海市政府大厦，位于今天上海市杨浦区上海体育学院内，1933年10月10日正式落成。

# 第 4 章　大城何谓?

城市就像一块海绵，吸汲着这些不断涌流的记忆的潮水，并且随之膨胀着。

——卡尔维诺





## 城市的打开方式

城市是世界的缩影。有个公式很有趣，“知识 = 体验 × 敏感度”，体验代表输入，是读万卷书和行万里路，是游走城市后数据的积累，是日拱一卒的笨功夫。敏感度更显重要，是看问题的视角和把握关键的直觉灵感，是对数据的扬弃和解读，是选择不同的打开方式去接近真相。

打开灯光地图是看城市繁荣程度最高屋建瓴的方式。从卫星拍摄的世界灯光地图可以看到灯火辉煌的现代城市文明，灯光的强弱和密度直接反映了城市的繁荣程度，最亮的部分集中在北美、欧洲、西亚、南亚和东亚的东部。

对城市灯光的关注由来已久。17 世纪法国太阳王路易十四为了营造“灯火之城”“光明之城”大巴黎，一改店铺打烊各回各家的城市日常和“偷斗篷贼”等盗贼出没的糟糕治安，让商人为巴黎提供“提灯人”租赁服务，设计了公共照明系统，将繁荣和安全延伸到了夜晚。巴黎世博会（1889 年）期间，全世界的人涌向巴黎，看到了一个璀璨光明的巴黎，这个当时世界上最时髦最现代的城市。而在中国古代，出于安全警备和城市秩序的需要，城市长期实施宵禁制度，一直延续到 1924 年。

登高俯瞰是看城市最一键直达的方式。江涵秋影雁初飞，与客携壶上翠微。当我们站在那些城市之巅——北京景山万春亭、洛杉矶格里菲斯天文台、佛罗伦萨米开朗琪罗广场、斯坦福胡福塔、纽约帝国大厦102层观景台，在登高览胜，是感慨天地浩然之时，也会清晰解读出城市的空间机理。尤其是那些历史保存比较完好的城区，能清晰地看出不同的城市类型在拓展和突围：传统老城像树木的年轮一样沿着中轴对称或者中心发散生长，现代新城像巨兽一样向四周蔓延，城市水道是点睛神韵之笔，人们的聚居区就像一块块补丁，或有序或随意或拥挤地镶嵌在葱茏大地和山川湖海之间。

看天际线里的城市是最提纲挈领的方式。漫长千年欧洲中世纪城市最高的建筑必属大教堂，代表着宗教在当时人们生活中的分量。随着西方从中世纪向现代迈进，社会逐渐取代了教会，市场经济取代了自然经济，资本主义逐渐取代封建体制，能看到城市的制高点逐渐从教堂替代为市政府、商务中心，在生长尖塔的位置出现了大烟囱，体会到社会生活重心的迁移。

再或者，看电影、听民谣、品小吃，漫步街头巷尾，体会桨声和灯影里的城市。正如伊塔洛·卡尔维诺①说，“看不见的风景决定了看得见的风景”，这才是原汁原味的城市。




## 演化历程 | 城市的生命进化

城市，作为地理学名词，是相对于乡村而言的概念，取义为大型人类聚居地。世界各国对城市概念和地位的把握不同，例如过去英联邦国家需要考察是否有国教教堂、大学、人口数量等，由英国国王去授予其城市地位。但是，不管拓展到何许维度，首要考虑是人的因素。

城市即人。城市是人的集合体而不是混凝土森林，城市是人类最伟大的发明之一，是人类社会权力和历史文化汇合形成的一种最大限度的共同体。有人聚集的地方未必就有江湖，但一定会有城市。例如，美国和加拿大就是根据人口密度标准来界定城市地区。在高密度人口聚集的底层逻辑之上，加入人的社会生活、经济秩序、历史演变，就构成了活泼泼热腾腾的城市。今天，世界54%的人口生活于城市之中，人类已经成为城市的物种。

---

① 伊塔洛·卡尔维诺（Italo Calvino，1923～1985年），意大利作家。著有《我们的祖先》三部曲、《看不见的城市》等。

刘易斯·芒福德[1]认为，城市是一种象征形式，象征着人类社会中种种关系的综合：是神圣精神世界庙宇的所在，是世俗物质世界市场的所在，是法庭的所在，也是科学团体的所在，促进着人类文明生成物不断增多、不断丰富。他把城市比拟为“磁体—容器”。曰“磁体”，凭借精神的吸引力把人聚拢于此、黏附于此；曰“容器”，建筑、文学、艺术贮存于此，过去、现在和未来钩沉于此，承载着我们对这个世界形而上的观察和想象。按照耗散结构理论来解释，磁体功能源于城市系统远离均衡所内置的动力机制，容器功能来自复杂系统的协同效应。两者相互激荡交融在一起，构成城市龙腾虎跃生生不息的活力。

我非常喜欢的一本书《规模》里，杰弗里·韦斯特[2]给了城市这样一个定义：城市是新兴的复杂适应社会网络系统，是居住其中的人们持续互动的结果，并因城市生活所提供的反馈机制而不断提升和进化。作为复杂性科学家的他，用数学分析证明了一个典型城市的增长模式和细菌群落的增长模式几无二致；城市并非由直线和欧几里得几何学统治的自上而下的机器，更像是一个有着褶皱线的有机体。事实上，城市是自相似分形的，就像生物体或地理海岸线一样。城市像一个活着的生物体，如电、气、水、汽车、卡车等的输送，好似动物的循环和呼吸系统，或者植物的维管组织。

在农耕时代，资源赋予了城市的遗传基因。在本书第 1 章的“发展要素金字塔”列举过区位、资源等先天性地理因素对城市自发形成和发展的关键作用。资源禀赋在很大程度上决定了城市在生产要素的开发和富裕程度，今天的“资源型城市”“交通枢纽型城市”“旅游文化型城市”“工业制造型城市”都得益于此，并以此为核心包裹生长出城市 1.0“晶核城市”。

在工业社会，功能促成了城市的分化格局。排除资源禀赋之优劣，把地理当作无差异分布的静态均衡的平面，把人当作纯粹利益驱动的“理性人”，德国人瓦尔特·克里斯塔勒[3]创建了中心地理论，就城市化机理进行了演绎推导，解释了为什么城市有大小和如何分布的规律。他认为，城市与其经济腹地（最大服务

① 刘易斯·芒福德（Lewis Mumford，1895～1990 年），美国城市规划理论家、历史学家。著有《城市发展史》等。

② 杰弗里·韦斯特（Geoffrey West，1940～），美国物理学家、复杂系统科学家。著有《规模：复杂世界的简单法则》。

③ 瓦尔特·克里斯塔勒（Walter Christaller，1893～1969 年），德国地理学家和城市规划家，研究城市分布规律，创立中心地理论。著有《地图的中心说》。

范围）存在联系。一个城市的等级高，则腹地广，且能够包容低等级城市。在市场机制、交通和制度等因素调节下，形成了城市等级体系。结论是，在开放地区，市场经济发挥主要作用；在山间盆地地区，行政管理更为重要；在新开发地区以及工业人口多的区域，交通便利是首要因素。城市在工业社会的大生产中，逐渐被赋予城市2.0“功能城市”的意义，形成了大小高低的分化格局。

进入知识社会后，尤其是数字化进程的快速推进，城市经济发生了翻天覆地的变化，从工业化驱动的城市功能化，逐渐变成以人为本的城市化，成为越来越重视人居和谐、越来越回归生物体特征的城市3.0“有机城市”。

城市演化的阶段见表22。

**表22　　城市演化三阶段**

| 发展阶段 | 1.0阶段 | 2.0阶段 | 3.0阶段 |
|---|---|---|---|
| | 农耕社会 | 工业社会 | 知识社会 |
| 城市形态 | 晶核城市 | 功能城市 | 有机城市 |
| 核心要素 | 资源禀赋 | 功能价值 | 人居和谐 |
| 主要特征 | 聚集+/安全+ | 效率+/功能+ | 生态+/数字+ |
| 城市规模 | 十万人以下 | 几万人至几百万人 | 几百万人以上 |
| 城市演化 | 单核年轮式拓展<br>中心城市崛起<br>（行政/宗教/军事/商业） | 多核散点拓展<br>工业城市兴起<br>城市蔓延<br>城市群涌现<br>分工细化（港口/铁路/资源/总部/金融型城市） | 多核连片发展<br>城市组团发展<br>超级区域崛起<br>城乡一体化 |
| 社会关系 | 顺应自然 | 利用自然<br>改造物质世界 | 以人为中心<br>促进人居和谐 |
| 基础设施 | 运河、道路、道路、船舶、驿站、烽火台 | 大规模的铁路网、电力网、交通网、通讯网 | 互联网、无线通信、区块链、星链星盾、泛在 |
| 贸易场所 | 固定的当地市场 | 全球市场 | 虚拟市场 |
| 生活方式 | 落后、封闭 | 开放、充裕 | 丰富、便利 |

## 城市 1.0 | 晶核城市

### 重威之城

地球上第一座城市，位于约旦河谷的杰里科（Jericho），可以追溯到公元前 9600 年，遥远到只有些许尘封的遗迹。

如果在同一个历史横截面上划平行线进行比较，两汉和古罗马帝国自是天选年代。两个伟大帝国的国都长安城和罗马城，在丝绸之路的两端遥相呼应，一眼万年。

长安最具风采的年代属于大唐。作为中国历史上最具世界主义色彩朝代的都城，被学者称为“重威之城”，以世界重心的姿态傲立东方。据说，长安最宽的街道能并行 12 辆马车，以划时代的宏大眼光，以无比的自信包容吸引着异族文化，叙利亚人、阿拉伯人、波斯人、吐蕃人与安南人，被统称为“胡人”定居于此，城市人口达到了 30 万。当时的国立大学叫作国子监，容纳着许多留学生，其中最热忱的是日本人，他们学成之后，把大唐最流行的文化元素带回了母国。当日本于 8 世纪设计奈良及京都时，将长安作为模板，缩小规模而参照之、效仿之。

王小波在《红拂夜奔》里写到，大隋朝的人说洛阳城是古往今来最伟大的城市，唐朝的人又说长安是古往今来最伟大的城市，宋朝的人说汴梁是古往今来最伟大的城市。这确是实情，在农耕社会，中国城市发展长期领先世界。特蒂乌斯·钱德勒①测算了不同历史时期 35 个世界最大的城市，其中长安、开封、南京、杭州、北京 5 个城市先后 8 次位居世界第一，无怪乎《马可波罗游记》所记载的东方城市会给中世纪的欧洲带来轩然大波。

要观测中国的城市，可以用说文解字法。中文里“城”和“市”两个字拆开来单独看，恰巧代表了城市发展中两种主导社会秩序的二元对立关系——*为官而城、为商而市*。

“城”是有权力属性的词汇，代表了上层建筑。中国城市的行政功能是第一要紧的，早在秦汉起就建立了大一统、以郡县制为基础的中央集权体制，城市兴

① 特蒂乌斯·钱德勒（Tertius Chandler，1915～2000 年）。著有《城市增长四千年：一个历史人口普查》。

衰与王朝命运紧密相连。在辽阔的国家版图内，能够严选发展起来的城市必是官、兵、民聚集的要塞之地。中国古城最显著的外观特征，是拥有一圈高大巍峨坚固气派的城墙，为了防御外敌入侵，用城墙勾勒起城的轮廓，恰如其分地诠释了芒福德对于城市“容器”功能的阐述。城的主导功能是行政功能，确保政令畅通和城防安全；城的秩序由政府制定，例如进行规划设计，决定是否宵禁。城的等级决定于住在其中的最高长官的等级，例如，有皇帝的叫皇城、有县太爷的叫作县城。直至今日，中国城市还具有一个中国特色的限定修饰词——行政级别，例如约定了副省级城市、县级市等。

“市”是指平民和商人贸易往来的空间，代表了经济基础。随着城市的发展和人的聚集，商业服务业随之供需两旺，这些开展商业和贸易的区域就被称为“市”。几乎每个中国老城都有历史沿用下来的牛市、菜市、骡马市之类的老街区名称。但是，作为一个重农抑商的国度，开展商业和贸易通常只是城市的附加功能，单独以市建城是从宋之后才逐渐发育起来的城市形态。在一些交通发达之地，如大运河沿岸和海港，逐步形成了手工业中心城市（如苏州、杭州）和贸易城市（如泉州、扬州）。




所以，城和市，分别代表着庙堂之高与江湖之远，是两种秩序逻辑。例如，我们不会称上海为“上海城”，因为上海从未当过首都，开埠之前仅是苏州府的一个县城，政治地位不高，只能赋予“市”的称呼，或者再夸张一些为“大上海”。但是对于作为首都的北京，就可以被大大方方地称为“北京城”，甚至用自带的“京”字画龙点睛即可，绝无需要去画蛇添足一个“大”字。

在行政功能主导下，中国历史上的特大城市都是历代京师之地。例如汉代长安、洛阳，唐代长安、洛阳，宋代开封，元代大都，明代南京、北京，清代北京等，规模之巨、人口之众，在同时代的世界范围内无可比肩。宋代的城市化率高达20%～30%，成为农耕社会全球城市化水平的巅峰。人口在10万以上的城市达到46个，北宋东京（开封）和南宋杭州人口都在100万以上。宋朝破天荒地出现了开放式街巷和供水、道路、防火、绿化等基础设施，《清明上河图》描摹了作为北宋都城的开封之繁华如梦，文字则记载在《东京梦华录》中。

从城市形态看，典型的中国古城方方正正扁扁平平，具有显著的规划性，和典型中世纪欧洲城镇常见的蜘蛛网立体式自组装逻辑睽异。中国城市一般以风水理论为指导，根据各城市地形地貌，遵循因地制宜、趋利避害的原则，以行政机关为中心，严格中轴线对称，就像“一层一层剥开”的洋葱，各种职能由内到外依次排开，道路设施四四方方，把一切都安排得明明白白。比较有趣的是，无论城的等级如何，其中的政治中枢是宫殿或县衙，始终是城市焦点所在，如冯友兰所说，“故宫和一座衙门在格局、体制上是一致的，县衙门是一个具体而微的皇宫，皇宫是一个放大了若干倍的县衙门。”

概而言之，中国的古代城市发展进程也体现了中庸之道。在上层建筑与经济发展、中央集权和地方自治、政治的刚性和人文的浪漫、集中治理和多元融合，在对立中巧妙融合。

### 永恒之城

西语同样可以说文解字。“城镇”的英文单词“town”源于古日耳曼语，是指围起篱栏的一块居民点，围子里早先并不住人，到有宗教活动、盛大集会或外敌入侵的时候人们才聚集到这里。今天英、美、加、澳等英语国家很多地名含有“-town”“-ton”结尾，音译为某某“顿”，例如华盛顿（Washington）、布莱顿（Brighton）。如果讲究翻译贴切精准，改用东北方言的“屯”几乎天衣无缝。据学者考证，二者高度相似可能未必是巧合，因为“屯”的出处可以追溯至古突厥，而古突厥和古日耳曼的活动区域是重叠的。此外还有很多欧洲“堡”（burg）字辈的城市，一般都是依山而建、易守难攻的城防要塞，如爱丁堡（Edinburgh）、汉堡（Hamburg）。

如前所述，欧洲地缘复杂，很难用一小篇章把这个“披萨饼”上散布的各类城市风格叙述清楚。其中，古罗马文化和基督教文化最具代表性，以此为主线分述之。

罗马是在西方历史上唯一的“永恒之城”。罗马是一个既为城市（城邦），又是同名国家（罗马共和国和罗马帝国）首都的城市。一部罗马史约等于半部欧洲史。在西方人心目中“罗马”二字约等于中国人心里的“天下”，罗马之于西人好比秦汉之于中国人，是西方世界政治想象力的天花板。

古罗马建筑是人类建筑艺术瑰宝，在古希腊建筑上融入了地中海特色，在建筑型制、技术和艺术方面别开生面，以对称和宏伟独步天下。置身罗马旧城区，仿佛步入神话中的巨人国，敦实厚重、尺寸惊人的古建筑令人目眩神迷，古罗马人的创造力和奴隶们的执行力更是令人叹服折服。值得一提的是，热爱洗浴和广场等公共空间活动的古罗马人，在市政供水基础建设方面格外才华横溢，修建了11条大型输水道，最长达62公里，采用了渠道、虹吸管、隧洞和连拱支撑的石质渡槽等技术，集功能与美观于一体，堪为神迹。

古罗马帝国时代遗留下来的城市，大都保留着整整齐齐的长方形规制。例如庞贝古城，扒掉火山浮灰后可见清晰完备的罗马式市政设施，其中包括一座足以容纳整个城市人口的大型竞技场，以及餐馆、公共浴室、剧场、体育场和神庙等。第三产业也超前发达，在美丽的那不勒斯海湾笑迎着南来北往的商人过客。

古罗马于世界的贡献远远不止于器物层面，更在于制度和文化层面。一是早在2000年前就创立了共和制，用三权分立政治结构制约和平衡贵族和平民阶层利益，成为美国政治制度的母版。罗马法对近代社会的法治精神与观念的宣扬产生深刻影响，其中所蕴含的自然法的平等与权利的观念影响深远，成为诸如《自由大宪章》《独立宣言》等英美宪法性文件的源头。二是欧洲帝制的起源，其铁血扩张历程彰显了国家的武力属性，所谓“霸道”；且不仅止于征服，还给予当地精英公民权以归化渠道，容纳多元化的程度远远超过了同期的奴隶制国家，所谓“王道”。三是基督教发扬光大的土壤。早期古罗马信奉多神教，不断做加法到三十多万个神，覆盖到了社会生活的方方面面，精神信仰世界混乱不堪，于是选择了用基督教替代，把多神教化繁为简为一神教，做了一次成功的负熵，让基督教在罗马城存续发展了2000年，教皇是这个城市最久的统治者，基督教义沿着“条条大路通罗马”的路径辐射到全世界。如果还要强行加一条的话，就是古罗马帝国的区域喜欢喝葡萄酒，或者说帝国染指之处都适合种葡萄。

当罗马帝国跌落神坛分裂东西，罗马文化走向暗处，由基督教文化接盘后，中世纪城市逐渐兴起。这些城市普遍具有商业基因，在一些交通要道、渡口海湾、教堂城堡附近，慢慢集居了手工业者和商人，自组织形成了城市。城市化中心从地中海向西向北迁移，让蛮荒之地逐渐开化。这些城市人口规模一般在数千人到4万人之间，威尼斯、巴黎、米兰、佛罗伦萨等城市一度超过了10万人的规模。威尼斯是当时欧洲最强大的城市国家，借海上贸易的便利，经过几次战争，构筑了强大又奇妙的商业王国，引发了12世纪地中海的商业资本主义。至15世纪，欧洲约诞生了5000个新兴城市。

欧洲中世纪城市具有以往从未有过的自治性。甚至在12世纪爆发过“自治运动”，最终城市获得了特许令，不仅拥有独立的立法权和司法权，而且拥有组织城市管理体系的权力，可以自行制定法律、自行征税、自行铸币，甚至根据各自需要结成政治联盟自行宣战。由于自治传统，欧洲城市对国家的依附性较弱，对政权更迭不敏感，护佑了城市的自组织生长。市民取得了与日俱增的自治和独立地位，建立起了行会制度，这也是中世纪大学产生的逻辑起点。

欣赏一座中世纪城市，仅是俯瞰二维平面是不足够的，还要深入三维立体空间，因为欧洲城市不是平面的，在狭小空间内拥挤着向上生长；甚至还需要四维尺度的介入，感受时光缓缓流逝的静谧，寻找城市层层突围的痕迹。古城的核心建筑物通常是大教堂、市政厅、修道院、修女院、救济院、大学、城堡、要塞等，离散分布在城市的角落，与被石块铺装的蜿蜒街巷连接，街边时常有带拱廊的商店铺面，房前窗外精心摆放着盆花。大教堂往往是城市颜值的高光所在，哪怕人口不足一万的小城镇也会斥巨资建造豪华教堂，功能相当于如今的广场、邻里中心等，是承载市民各项或神圣或世俗生活的综合体。而那些建筑之间不规则形状的开放场所，构成了熙熙攘攘的市场，除了摆摊设点外，还可以举办公共集会、庆典仪式、体育竞赛等，如今还可看到街头艺人的表演。

## 城市 2.0 | 功能城市

### 几何之城

15 世纪，中世纪消亡。欧洲在黑死病的洗礼下宕机，重启后的社会开始转折，在文艺复兴的催化下，宗教、贸易、政治开始分道扬镳，从重视自治和地方保护主义的中世纪宗教秩序，逐渐增强了中央集权专制。

在新的治理逻辑下，到 17 世纪时，出现了一批整齐严谨的巴洛克城市，例如佛罗伦萨的乌菲兹宫殿群、梵蒂冈城，仅靠 20 年就一气呵成的美国华盛顿哥伦比亚特区为其典范之作。笔直的街道、铺装的砖块、水平屋顶的连线、无尽的街道、大量重复的元素（圆形拱门、飞檐、门楣、柱子等）、石材楼梯、雕像喷泉和工工整整的几何花园。一方面通过中规中矩的几何学设计提供了严谨有序的精确秩序和宁静感，另一方面在刻板和公式化的堆砌和程式化中营造出了奢侈浮华。芒福德对这种巴洛克城市持批判态度，他认为法律、机械的秩序和官僚主义空虚而千篇一律，这些不同领域抽象出来的共同点，都是巴洛克城市的产物。

而后，随着工业化如海啸一般推进了城市化进程，一批工业城市和商业城市，因原材料产地和交通物流之便而迅速成长，如曼彻斯特、柏林、阿姆斯特丹。代表工业文明气质的功能主义①渐成主流，以工业大生产的速度快速翻新着城市形态。

20世纪20年代，法国建筑师勒·柯布西耶②提出了光辉城市模型。为了满足数百万人聚集的强烈刚需，他主张城市向空中发展，于是高楼大厦、宽马路、大广场的城市蜂巢拔地而起。摩天大楼耸入云端，成为当代城市的天际线。荣获多项规划大奖的巴西首都巴西利亚，建筑高耸、街道宽阔、流光溢彩、气宇轩昂，却被很多建筑规划师批判，认为只关注了车辆交通，把人文尺度弃之不顾，成了冷冰冰空落落、少有街头生活的城市机器。

在极端功能主义驱使下，我们看到了更多更平庸的规划设计。从都市总装配线上生产出来大量呆板无趣的楼宇，重复着同一张建筑图纸，被大面积建筑立面包裹，像火柴盒一样排布在不同的城市中。有一个苏联段子，说一个莫斯科醉汉乘火车坐错站，在列宁格勒下了车，找到和自家一模一样的房子，用一模一样的钥匙开了门，却被别人的老婆打了出来，用来调侃这种千篇一律的"赫鲁晓夫楼"③。



## 田园之城

人的天性终究是向往自然和田园牧歌的。林语堂说，世界大同的理想生活，就是住在英国的乡村，屋子里装着美国的水电煤气管，请个中国厨子，娶个日本太太，再找个法国情人。他精准地把握了不同文化的精妙趣味。虽然英国人的餐饮黑暗又阴间，但是没有人会怀疑英式花园的高水准，切尔西花展是全世界最著名的花卉和园林展览；也没有人能足够阻挡盎格鲁撒克逊民族对郊区生活的热爱和骨子里的反城市倾向。

早在中世纪，当地中海城邦国家的贵族们在市中心建造公寓的时候，英国的贵族们在乡间建起城堡和别墅，用诗歌和小说描绘乡间风情。这种对田野的热爱深深地刻入基因，被前往美洲的移民们发扬光大，将乡村文化播种在新大陆生根

---

① 功能主义（Functionalism），20世纪20年代诞生的设计思潮，将实用作为美学、将功能作为目标，主张设计要适应现代大工业生产和生活需要。代表性建筑如巴黎蓬皮杜艺术中心。

② 勒·柯布西耶（Le Corbusier，1887～1965年），瑞士建筑大师、城市规划家和作家，现代主义建筑的主要倡导者，机器美学的重要奠基人，功能主义建筑的代表人物。著有《光辉城市》。

③ "赫鲁晓夫楼"是指苏联在赫鲁晓夫时期广泛修建的一种5层楼高的预装混凝土式小户型简易住宅楼。

发芽，并成为一种思想洁癖。托马斯·杰弗逊总统[①]曾谴责城市是“这个新国家身体上的脓疮”，认为城市的产生和发展会招来大西洋彼岸旧世界的一切腐朽和罪恶。

20世纪初，理想主义者埃比尼泽·霍华德[②]提出了田园城市的思想。为了控制工业城市的无节制增长，他在城镇规划中把过剩人口安置到大都市城郊地带的中等城镇内，主张让工业城市重归人文尺度，建设一种融合城市生活和乡野环境优点的城市新样态。这种“摊大饼”式的城乡一体化，在美国尤其是西部频频可见，很多美国富人都愿意在远离城市几十公里的城郊买别墅，以距离换空间，把大把精力用在修剪自家的草坪上。对乡野的热爱，对市中心的逃离，深入骨髓，注入基因。

美国的城乡概念与中国大不同，城乡差异小而模糊。只有很少数是灯火辉煌人潮涌动的大都市，或者说只有纽约格外特别，被活力和机遇眷顾，被称为“大苹果”；大多数城市都沉浸在漫无边际的卫星城和郊区小镇之中，呈现出低密度、小体量的散装形态。所以在美国，大学在哪里往往并不是那么重要，因为本身就没有太多大城市，而且很多大城市本身是脏乱差和犯罪的代表，比如芝加哥和巴尔的摩。

例如，被称为全球科技中心的硅谷（旧金山湾区），就是典型的安安静静乡村气质。所谓金门大桥的壮丽风光、国际大都市的纸醉金迷、硅谷的精英云集……大多存在于想象中，倒是去农场摘樱桃、摘草莓是居民的主要闲趣，赶集去买刚从地里摘的嫩玉米、牛油果是湾区生活的常态。城市乎？农村乎？傻傻分不清楚。因为城乡界限模糊，城市低密度蔓延，美国不得不成为车轮子上的国家，没有私家车几乎出不了门，而矗立在郊区的大型购物中心自然也成了解决衣食住行问题的主要途径。

白头鹰漂亮国正是被许许多多这样的小城镇支撑起来的。有的一个大学就是一个城市，例如康奈尔大学。有的一个产业就是一个城市，如拉斯韦加斯的赌博业、纳什维尔的乡村音乐产业，以及小巧精美的圣诞小镇、好时巧克力小镇、啤酒小镇、地狱小镇等。

---

① 托马斯·杰弗逊（Thomas Jefferson，1743～1826年），美国第三任总统（1801～1809年），《独立宣言》主要起草人，美国开国元勋之一。

② 埃比尼泽·霍华德（Ebenezer Howard，1850～1928年），英国城市学家、城市思想家和田园城镇运动创始人。著有《明日的田园城市》。

## 熙熙之城

中国历史上的城市化水平参见表23。鸦片战争后，中国的工业化和城市化进程从沉睡中被惊醒，租界和铁路为城市注入了新变量。不平等条约形成的“五口通商”催化了近代城市的发展，据统计，英、法、美、德、日、俄、意、比、奥九国在中国沿海、沿江城市设立了30余处租界，固然丧权辱国，但客观上也促进了城市化进程，上海、天津、武汉从三个小县城，开埠后逐渐繁华成为大都市。郑州、石家庄、徐州等因铁路成为重要的城市节点。东北地区率先得益于工业发展，20世纪40年代成为近代中国城市化水平最高的地区。

**表23　　中国历史上的城市化水平**

| 时期 | 年代 | 城市化率（%） |
|---|---|---|
| 战国 | 前300年 | 15.9 |
| 西汉 | 2年 | 17.5 |
| 唐 | 745年 | 20.8 |
| 南宋 | 1200年 | 22.0 |
| 清 | 1820年 | 6.9 |
| 清 | 1893年 | 7.7 |
| 新中国成立后 | 1949年 | 10.6 |
| | 1957年 | 15.4 |
| | 1978年 | 17.9 |
| | 1983年 | 21.6 |
| | 1984年 | 23.0 |
| | 1990年 | 26.4 |
| | 2000年 | 36.2 |
| | 2010年 | 47.5 |
| | 2021年 | 64.7 |

资料来源：赵冈著．中国城市发展史论集［M］．北京：新星出版社，2006；历年《中国统计年鉴》。

但是有限的增量被一场场战乱所冲抵，到新中国成立时城市化率仅为10%。当时，时任北京市市长的彭真曾站在天安门城楼上，向建筑学家梁思成转述中央领导的期待："毛主席希望将来从这里望过去，要看到处处都是烟囱。"这就是当时北京城的梦想。纵然梁思成极力反对，主张保护这个"三千年城邑，八百年首都"的伟大古城，但新中国向重工业进军的迫切无可阻挡。从1954年起，北京的古牌楼、古城墙被当作"四旧"拆除了。梁思成曾经建议在西城再建一座新城，以长安街相连，倒是不期然和如今的雄安新区方案异曲同工了。

城市化是30多年中国城乡二元结构最深刻的变化。美国的诺贝尔经济学奖获得者斯蒂格利茨认为，决定和影响21世纪全世界面貌的就是两件事：一个是中国的城市化；另一个是美国的高科技。

与同时代西方的城市化进程比较，中国有其特殊性。对于西方国家来说，其工业化和城市化是同时进行，相当于硬币正反面，在工业化完成后，相应的城市2.0进程也告一段落。而对于中国来说，这一进程要更滞后，因为城市化程度是由当时的技术水平所决定的，而技术进步是自发而缓慢的。相当于一个化学反应，被化学平衡所控制。在技术方面，中国作为后发国家可以采用复制模仿等方式补课，在时空折叠中实现快速工业化。而城市化过程与人的适应能力密切相关，城市中的社会秩序、生活设施、消费习惯、风土人情等只能慢慢生长，更何况还有户口政策等约束性条件。所以中国城市生长的速度跟不上工业生长的速度，呈现出了"工业化超前，城市化滞后"的时滞，一直延续到2012年前后。其间经历了"离土不离乡"的乡镇工业化和"离土又离乡"的民营企业带动的城镇工业化两个阶段，城市建设高速发展。

中国造城运动规模之大、速度之快，即便从世界城市文明史的维度看也相当惊人。放眼四野，无论是一线城市还是中小城镇，都长期处于大工地的状态。据统计，2011~2013年中国用掉的水泥总量，比美国整个20世纪用掉的都多。城市化率从20%增长到40%的过程，英国用了120年，美国用了80年，中国仅用了22年。

"天下熙熙，皆为利来；天下攘攘，皆为利往。"用这个热闹的诗句来形容中国城市的发展态势，是一种通感的修辞手法。一是形容这种热闹的局面，前无古人后无来者；二是在工业化、市场化、全球化等因素多相催化下，中国呈现了从下而上和自上而下相结合的城市化进程。GDP代表的"利"成为中国城市发展之"锚"，投资、消费、出口"三驾马车"竞相登场、各自突破，引爆了城市建设的大繁荣，一度成为全世界顶尖建筑大咖的比武场。建筑、土木等学科也收获了时代红利。然而，潮水来势汹涌，褪时悄无声息，这几年多种因素导致经济增长放缓，房地产走低，相关专业旋即遇冷。

不平衡不充分现象在城市 2.0 也很突出。中国城市发展重心在东部，尤其以长三角地区质量最高。例如，2021 年江苏的 13 个设区市中，城镇化率最高的是南京市（86.9%），最低的是连云港市（62.38%）。江浙一些县域经济发达的地区形成了“就地城镇化”的局面，城乡之间已无泾渭之分，在小城镇中诞生了大量的细分产业隐形冠军，有些农村地区福利甚至超过了城市，学生考上名牌大学了户口都不愿意迁走。例如，苏州是全国城乡差距最小的地区之一，张家港、吴江和太仓组团式发展，形成了类似洛杉矶城市组团式发展格局，居民本地就业，岁月静好，其乐融融。经济的城乡一体化促成了教育的城乡一体化，例如，张家港诞生了中国第一所县办大学（沙洲职业工学院），为高等教育普及化贡献了新地标。




发达的交通和通信技术发展，没有填平城市之间的差异，倒是常常会放大能级差。例如，八纵八横的中国高铁把各个节点城市网络起来后，放大了城市聚集要素能力的差异，形成了逆向的虹吸效应。大城市越来越发达，中小城市被虹吸甚至萎缩，内地和内陆边疆发展更加滞后，部分城市还趋于衰落，呈现了极化现象。一些老工业城市和资源型城市随着产业更替、资源枯竭而风景不再，例如东北老工业基地和甘肃玉门；一些城市因规划欠妥而沦为“鬼城”“睡城”。有学者统计，中国至少有 84 个城市已经变成了收缩城市，人口在外流，面临着结构转型的困境。

城市是个万花筒。我们可以看到绿草如茵的城市会客厅，看到炫目时髦的高科技，也可以看到环境的污染恶化，看到农民工和北漂沪漂的坚韧不拔，看到静默中的坚守，看到高尚和黑暗，看到伟大和庸常。城市即人，以土地财政为要义的城市化忽视了人文体验，忘记了城市化本应服务于人、为人创造更好的环境和更高的收入。当仅仅关注“利”，人的感受被忽略，城市化也会变得冰冷无趣。

## 城市 3.0｜有机城市

### 规模之城

城市可以被看作发生社会化学反应的反应容器。城市规模越大，资源整合和吸附能力也会更强。意味着更密集的人际网，更高的生产效率，更快的生活节奏，更便利的生活、教育和医疗条件，更丰富的产业结构和就业空间，而这些都会让大城市更具吸引力，反过来刺激人口聚集，形成正反馈机制。

纵使大城市被人诸多诟病，譬如高企的房价、拥挤的交通和冷漠的人情等，但不容否认的是，大城市适合知识密集、高人际协作的行业，会促进知识溢出、节约交易成本，是创意、文化和金融业人士的不二选项。各种各样的人聚集在城里，一起工作，一起娱乐，一起碰撞，一起创造，在人潮人海的交错中，点亮了城市文明之光。

《规模》测算了城市的内置规模效应，所谓的15%法则。如果一座城市的人口是另一座城市的2倍，每个人的工资、财富、创新、专利和互动也越多；每个人所经历的犯罪、娱乐、机遇和教育机构数量也越多；甚至每个人生命的节奏随着城市规模的增长而系统性加速，疾病传播更快、企业产生和消失的速度更快、大城市中的人们步行速度也更快。一切都按照相同的比例增加15%。而每个人使用的单位基础设施和单位能量却越少。这也解释了为什么有人选择逃离北上广，有人选择前赴后继做北漂沪漂，是性价比综合权衡的结果。

迄今为止，全球范围的城市扩张蔓延没有停步的迹象。即使在美国和加拿大的城市化率已达到了80%的情况下，人们仍然在不断向大城市集聚，有学者预言这个星球上将诞生一批人口过亿的巨无霸城市。城市组团式发展同样大势所趋，城市群、都市圈、超级区域成为未来世界经济的重要发展极。城乡边界也日益模糊，从“农村包围城市”转变为“城市拥抱农村”。连片的城市间彼此共享，资源逐渐交融，形成了“超级区域”，成为灯光地图中最亮的星。在全球200个国家的成千上万个城市中，可以发现大约有40个“超级区域”在驱动着全球经济，不仅是所在地区经济、社会、文化、科学技术、金融商贸的中心，也是高等教育聚集之地，城市群和大学群嵌入彼此，加速了要素流动和知识溢出。例如，波士顿-纽约-华盛顿走廊是全球最大的国际金融中心，只占美国2%的面积，却拥有将近美国总人口的1/5，40家世界500强企业，每年有大约300万学生进入其中的875所大学求学。

### 理想之城

2012年后，中国城市化进入下半场，发展速度最快的城市已经从一线城市递进到内陆的一些省会城市，三、四、五线城市开始接棒。

中国城市规划发展，应根植于中国文化的价值判断。美式田园城市的宜居理念固然令人向往，但显然“摊大饼”式蔓延不适合中国国情。因此，强调精明增长①，促进环境宜居、能源集约、可持续发展，取材于中国传统、符合中国人的生活方式和审美习惯、具备中国特色的城市规划成为应然之选。

2013年12月，习近平主席在中央城镇化工作会议强调，“城市建设要让居民望得见山看得见水，记得住乡愁。”理想的城市应该是以人为中心、更加关心人和城市的和谐关系，更加城乡一体和产城人融合，更加注重环境、延续格局、控制边界、传承文化、发展特色。

《城归何处》里有一个清单，列出了理想城市模型的十大要素，包括：气候宜人、亲近自然、林荫道、发达的公共交通、友善的人、老城区、有水、规模适中、国际范、大量的体育设施和活动场地。说到底，友好和活力是城市链接居民和世界的独有魅力。

在城市3.0阶段，评价一座城市的指标越来越趋向于多元，不少城市给自己精选了立意美好的高质量发展定位（参见表24）。



**表24　　常见的城市发展形态定位**

| 视角 | 定位描述 |
|---|---|
| 人文视角 | 人文城市、宜居城市、落脚城市、消费城市、包容性城市、步行城市、未来城市 |
| 规划视角 | 田园城市、光辉城市、紧凑城市、多核城市、韧性城市 |
| 技术视角 | 科技城市、信息城市、数字化城市、智能城市、智慧城市、泛在城市 |
| 生态环境视角 | 绿色城市、泛生态城市、低碳城市、有机城市、可持续性城市、海绵城市 |
| 知识创新视角 | 学习型城市、创意城市、创新型城市、知识型城市、孵化城市 |
| 政治经济视角 | 后工业化城市、全球城市 |

注：落脚城市（Arrival city）：指外来流动人口，尤其是低技能人口，在迁入大城市后形成的稳定的居住社区。这些社区是大城市中的“灰色”地带，又是外来流动人口进入大城市的入口。

消费城市（Consumer city）：指具有供人们“消费”的能力（医疗健康、优美环境、良好的公共服务）的城市，与生产城市相对应。消费城市就是宜居城市。

步行城市（Walking city）：提倡以步行、骑自行车或乘坐公共交通作为优先出行方式，让城市从“以汽车为中心”转向“以人为本”。

紧凑城市（Compact city）：强调通过土地资源的混合使用、密集开发等策略，提高城市土地的利用效率和城市发展的品质。

多核城市（Multiple-cell city）：指由几个核心发展起来的城市。如武汉、布达佩斯。

韧性城市（Resilient city）：指城市能够凭自身的能力抵御灾害，减轻灾害损失，并合理调配资源

① 精明增长（Smart Growth）：是一项与城市蔓延针锋相对的城市增长政策，城市建设要尽量以最低公共成本投入去创造最高收益。

以从灾害中快速恢复过来。

泛在城市（U-City/Ubiquitous city）：基于泛在信息技术，实现城市内随时随地网络接入和服务接入的城市建设形态，是智慧城市建设的重要维度、无线城市理念的进一步延伸。

泛生态城市（Wide-ranging ecological city）：从生态系统的角度综合看待城市发展，以市民生存环境改善和生态化为目的，低碳节能、深度融合、美丽宜居的城市。

有机城市（Organic city）：指像有机的生命体一样，具有生态优化、自我调节、新陈代谢功能的城市。

海绵城市（Sponge city）：指利用渗、沸、蓄、净、用、排等措施进行水管理的城市，目的是城市水资源的高效可持续利用。

孵化城市（Nursery city）：指那些容易产生新思想、新技术的创新型城市，具有多样化特点，与具有专业化特点的中小城市相对应。

全球城市（Global city）：包括国内与国际的政治权力中心、政府组织中心国内与国际贸易中心、金融保险中心、医疗中心、法律中心、高等教育与知识创新中心信息中心、消费中心等，当具有一个或几个上述职能的城市可以称为全球城市。

## 规划之城

中国城市化率增长速度大概是每年 1%。根据《中华人民共和国国民经济和社会发展第十四个五年规划和 2035 年远景目标纲要》：到 2025 年，城镇化率将从 60.6% 提高至 65%。这意味着将有 5700 万人从农村乡镇进入城市，意味着我们无论生在哪里，总有 65% 的中国人会走向城市，在城里的月光能够照亮的地方读书求学、成家立业、养儿育女。

“十四五”规划明确：支持北京、上海、粤港澳大湾区形成国际科技创新中心，建设北京怀柔、上海张江、大湾区、安徽合肥综合性国家科学中心，支持有条件的地方建设区域科技创新中心。

发展壮大城市群和都市圈。重点发展 19 个城市群，即“两纵三横”城镇化战略格局：“优化提升京津冀、长三角、珠三角、成渝、长江中游等城市群；发展壮大山东半岛、粤闽浙沿海、中原、关中平原、北部湾等城市群；培育发展哈长、辽中南、山西中部、黔中、滇中、呼包鄂榆、兰州 - 西宁、宁夏沿黄、天山北坡等城市群。”

## 知识之城

近年来，规划和发展以知识为基础的城市成为新的趋势，认为知识城市能为城市带来经济繁荣和社会空间的稳定。

知识城市除了拥有强大的经济竞争力，能够融入全球知识经济动脉，具备良好的战略规划、制度设计与执行能力外，还要有特定的知识要素为特征的地理单元，就此扩大知识溢出效应。主要形式包括：

一是知识社区。是指在居住空间、工作空间、学习空间、娱乐空间和网络空间上注重知识要素的融入，形成集工作、居住、教育和文娱为一体，注重改善人居环境的新型社区。如新加坡的纬壹科技城、澳大利亚布里斯班的凯文格罗夫都市村。以纬壹科技城为例，其最大的特征是融合：突破了传统园区的设施框架，综合考虑工作、学习、生活、消费、人际交流互动等各方面需求，通过随处可见的连廊连接彼此，让每一栋建筑都成为一个社区，都成为绿色园区。汇聚新加坡国立大学等高等教育资源，聚焦生物医药、资讯媒体和信息科技领域，打造了完善的产业生态系统。好山好水好风景，宜业宜创宜生活。

二是科学城。近年来国内也兴起了科学城热潮，成为国内顶尖城市的重要升级目标。科学城既不同于以生产制造为主导功能的产业园区，也不同于以高等教育为主导功能的科教城，而是以大科学装置群为核心，以国家实验室、国家级重点实验室、高等院校和各类交叉研究平台为支撑的创新资源集聚高地，同时也是成果转化和产业孵化基地，颠覆传统的产学研范式，实现基础研究、应用研究和产业发展的良性互动。如北京怀柔科学城、上海张江科学城、合肥滨湖科学城、深圳光明科学城、成都科学城，都是为服务国家战略而诞生的综合性国家科学中心。

三是跨界创新网络。是指创新主体跨越行政边界而形成的网络组织。长三角G60 科创走廊就是典型案例（参见表 25）。

**表 25　　G60 科创走廊发展历程**

| 版本 | 走廊名称 | 提出时间 | 空间范围 | 主要目标 |
|---|---|---|---|---|
| 1.0 版 | G60 上海松江科创走廊 | 2016 年 | G60 高速公路松江段两侧 | 松江区内部协同创新 |
| 2.0 版 | 沪嘉杭 G60 科创走廊 | 2017 年 | 上海、嘉兴、杭州 | 沪嘉杭城市协同创新 |
| 3.0 版 | 长三角 G60 科创走廊 | 2018 年 | 上海、嘉兴、杭州、金华、苏州、湖州、宣城、芜湖、合肥 | 沪苏浙皖协同创新先行示范 |

资料来源：曾刚等．中国城市协同创新研究：华东师大的探索［M］．北京：中国财政经济出版社，2021.

# 第 5 章　大学城市互动

问何物、能令公喜？我见青山多妩媚，料青山见我应如是。情与貌，略相似。

——辛弃疾



## 演化历程丨从零和博弈到正和博弈

在辽阔浩瀚的时空中，城市和大学一道，作为国家和文明互动演化的产物，有着相似的基因，相依相伴、相似相融，相濡以沫、相得益彰。

世界上大多国家的高等教育机构都位于城市，而那些诞生于郊野的大学也在经年累月中把乡间点化成了城市。大学和城市的缘分，剪不断理还乱，见证和参与着城市的昨天、今天和明天。

早期的欧洲大学虽多存在于城市之中，但不属于城市。尤其是最早教师和学生大多来自外地，并且背负着特权，不受城市当局的管辖，与市民争抢资源。以中世纪大学为例，在教皇和国王的庇护下拥有多项自治特权，能带给城市的利益却并不相称，就像一个异物、一根鱼刺、一个生物相容性差的单体，在城市机体内硬生生嵌入，甚至会对城市造成破坏。在城市的原住民看来，大量师生的涌入，不同的文化、风俗和语言，侵占了城市原有的空间和宁静，还有一些学生滥用特权打架斗殴、酗酒滋扰，使市民与学生间的裂痕越来越大，从开始的对抗发展到械斗，“市民与学人”“城镇与学袍”（Town and Gown）之间的冲突一时间甚嚣尘上，其中尤以牛津大学和牛津城的流血冲突为最。

光阴者，百代之过客也。随着社会形势的扭转，大学逐渐生长、扎根，与城市的关系日渐紧密。从 13 世纪开始，欧洲城市当局和市民逐渐改变了对大学的敌视态度，二者逐渐达成妥协，从摩擦冲突走向了共存。加之大学寄宿学院制的完善，对学生的管理日趋规范，大学和市民之间的摩擦逐渐减少，良性互动日益增加。

进入工业社会，随着大学从培养精英日渐转变为培养普罗大众，以及其职能不断扩展，大学开始打开围墙走出象牙塔，与所在城市的联系日益紧密、日益契合，从单体“嵌入模式”进化到了更紧密的化学“链接模式”，成为难以分离的共同体。很多城市因大学而兴，甚至城市就是大学，城市和大学已经浑然一体无法分割。世界上高等教育发达之处往往是政治、经济、文化发达的城市，城市因大学而荣，如美国128号公路、加州旧金山湾区硅谷等。大学校区、科技园区、公共社区紧密依存，相得益彰，为城市如虎添翼。





进入知识社会，大学发挥着知识经济的平台作用，与城市之间的关系更加密切，大学中有城市，城市中有大学，大学与城市共生共荣、共享共治，形成了多重螺旋多元共治的“耦合模式”。大学从社会的边缘走向社会的中心，大学的“主校区—分校区”分布有力拉动了城市“中心城—卫星城”空间变迁，成为城市规划和城市繁荣的重要利器。

今天，纵然也会有人抱怨大学的存在给城市带来环境的破坏（如实验室带来污染）、生活费用的提高（如拉高房价和生活成本），以及有限生存空间的挤占（如停车位）等，但也只是成长的烦恼。城市终究越来越欢迎和悦纳大学，大学的边界也将越来越模糊、越来越走向世俗化和烟火气。

大学与城市互动关系的演化阶段参见表26。

**表26　　大学－城市互动关系演化三阶段**

| 发展阶段 | 1.0阶段 | 2.0阶段 | 3.0阶段 |
|---|---|---|---|
| | 农耕社会 | 工业社会 | 知识社会 |
| 大学的价值形成 | 闭合模式 | 垂直模式 | T型模式 |
| 城市形态 | 晶核城市 | 功能城市 | 有机城市 |
| 大学城市互动关系 | 嵌入模式 | 链接模式 | 耦合模式 |
| 大学的创新生态位 | 知识仓库<br>“中药铺” | 知识工厂<br>“西药房” | 知识中枢<br>“医院” |

续表

| 发展阶段 | 1.0 阶段 | 2.0 阶段 | 3.0 阶段 |
|---|---|---|---|
| | 农耕社会 | 工业社会 | 知识社会 |
| 大学对城市的贡献 | 培养牧师或社会精英 | 供给知识和技术 | 作为城市的重要组成部分<br>促进区域内生性发展<br>培育创新能力 |
| 城市对大学的态度 | 对抗→欢迎 | | |
| 大学对城市的贡献 | 雇主和消费者、培养人才、塑造城市文化→创新知识、输出技术、咨询资政→创办企业、建立孵化器和科学园 | | |

## 大学，城市的灯塔

大学与城市相依相伴，相濡以沫。大学作为复杂的城市有机体的子系统，生于斯，伴于斯，歌于斯，泣于斯，与城市母体一道成长演化，关系由远到近逐步深入。要探查大学与城市的复杂动力关系，需要脱离线性思维、用系统观来把握。

1863 年 11 月 19 日，林肯在宾夕法尼亚州的葛底斯堡演说，哀悼在葛底斯堡之役中阵亡的将士。其中有句话彪炳史册：

Government of the people, by the people, for the people, shall not perish from.

——民有、民治、民享的政府不会从地球上消失。

孙中山精准地把三个词组“of the people, by the people, for the people”翻译“为民而有、为民而治、为民而享”，简称“民有、民治、民享”，成为政治治理的传世经典。

借用这个句式，对大学与城市协同共生协同演化的关系，或可把它解读为：

——Universities of the city, for the city, by the city.

——大学，为城而址、为城而事、为城而治。

## 为城而址 | of the city

教育是城市的“磁场”动力之一，吸引和荟萃着人才。例如江苏南通，因为发达的基础教育，吸引了外地居民客居求学，在各大名校周边形成了完善的教育服务产业链。徐州市贾汪区本是废弃矿区，因开办了江苏师大附属实验中学，人口集聚效应也很快显现。而我们做徐州丰县的“十四五”教育规划时，也把建成豫皖苏交界地区几个县市的教育高地作为发展定位之一。

教育的磁场能可以转化为发展动能，甚至呈现出线性量化关系。南京一学校由于校长得力，教育质量稳步提升，任职期间该校周边房价涨了6000元，涨幅远超同类地区。又如，无锡某知名中学前些年出了两个高考状元，周围房价以每产生一个状元每平方米涨2000元的速度创造了“状元效应”。对于状元之产生，房企比学校更加乐见其成。

相比较其他教育阶段，高等教育对人口的磁吸作用和对社会的驱动作用更为显著，可以有效提高人口素质、改变人口结构，甚而影响城市布局和产业结构。大学是城市文明之光，是城市朝气之阳，是城市动力之泵。

这也是大学城能够生生不息的内在逻辑。大学城，是指因高等教育而形成的城镇，最早源于欧洲，曾有学者将大学注册人数达到本城市人口的25%以上的城市定义为大学城。无论是自发形成的大学城，如海德堡、牛津、剑桥和美国的众多大学，城校合为一体，规模与中国的镇相当；或是规划印迹显著、由行政主导催化聚合的大学城，如日本筑波大学城和中国20世纪90年代以来兴建的大部分大学城。大学城，因大学之集群倍增了知识溢出效应，体现了高等教育的神奇伟力——把荒芜变为繁华、把城郊卷为中心，并且亘古不变千年永继。这是人类社会任何其他社会组织难以企及的。诚然，有些地方的大学城存在着规划盲目、配套不力、整合和共享不足、文化环境单一等弊端，但是大学城带给人们“早晨八九点的太阳”般的期望是绝无仅有的。漫步大学城，那如青苔般的书卷气息，和如花朵般的青春气息是无价的。





大学本身就是城市的大雇主，要雇用大量的教师、行政员工、实验技术员、后勤保障人员。尤其是中国大学，作为独立的“单位”建制，各种职能一应俱全，需要大量的人力资源来满足师生衣食住行和教学科研全流程的需要。在高等教育资源丰富的城市，大学以及附属医院往往成为城市最大的雇主。在美国的马萨诸塞州的波士顿和剑桥，大学的人员数量已经占到当地居民总数的1/5以上，城市经济的发展大多依靠大学而拉动。在大学就业的员工不仅数量多，而且工作稳定，受市面波动影响小，是可靠理想的就业之所。

大学作为教育产业，对城市具有显著的溢出效应。一个城市人群是有组成比例的，就好比化学反应需要配比。一项来自美国的研究表明，城市中每增加 1 个高科技从业者，就可以增加 5 个服务业岗位，分别是 2 个相对高端的服务人员

（如医生和律师）、3 个消费型服务人员（如餐厅服务员、家政服务员、超市收银员、快递员）。这意味着，大学作为高层次人才的聚集地，会相生相伴，给城市带来大量的周边就业机会。而大学的购买力，基础设施建设，师生员工的餐饮、娱乐、消费、交通、通信等，也都能对城市带来正外部性，带动当地经济繁荣，甚至拉动土地增值和房价攀升。

大学深刻影响城市的文化品味和空间布局。一个伟大的城市往往拥有伟大的大学，这些大学往往是城市最闪亮的名片。大学深蕴的知识、精神、文化、道德等隐性价值，以及无价的品牌优势，构成了城市软实力和巧实力。大学往往是城市的风景线甚至是会客厅，历史悠久、人文荟萃的大学里的楼堂殿塔往往构成城市的主要景观。在大学游学成为一种旅游项目，一种文化产业，尤其名校愈加游人如织，朝拜者众。

但是大学文化的传播和辐射，一定是要以“开放性”为前提的。图书馆、博物馆、体育馆、礼堂剧场向城市居民开放，将赋予城市轻盈而文雅的气质。对于图书馆和博物馆，蔡元培曾打比方，“如果大学是一辆双轮手推车，那图书馆和博物馆则是这辆车的左右两个轮子”，车之两轴何其重要。除了大学的场馆，还有大师的讲座，保持开放都非常重要。在“五四”前的北大旁听生就超过了注册的学生，甚至旁听生还有注册与非注册之差别。美轮美奂的风景，闭环运行好比锦衣夜行，可叹可惜。





## 为城而事 | for the city

大学是城市最重要的经济增长极之一。据估算，大学的科研投资所能获得的回报是其他投资的 7 倍左右，大学带来的价值是其他社会机构所不能比拟的。克拉克·科尔①曾用三个“无与伦比”盛赞大学对社会的突出贡献，认为大学在维护、传播和研究永恒真理方面的作用是无与伦比的；在探索新知识方面的能力是无与伦比的；在服务于文明社会众多领域所做的贡献也是无与伦比的。

大学最重要的产品是人才。人才有分类，学术性、创业型、工程型、管理型，

① 克拉克·科尔（Clark Kerr，1911～2003 年），美国教育家、劳动和工业关系经济学家。加州大学第十二届校长（1958～1967 年），其间领导制定“加利福尼亚州高等教育总体规划”。著有《大学之用》等。

"远近高低各不同，横看成岭侧成峰"。想起了一位院士校长的玩笑话："现在成绩好的学生将来可能成为院士，成绩中等的学生将来可能是我们的同事，成绩一般的学生将来可能成为我们的董事。"人才还要供销两旺。南开大学创办人张伯苓把大学比作大工厂，学生就是工厂的产品，用天津话可称为"货"，质量可是棒棒哒："我们的货跟别的货一样，论学术、技术都差不多；论负责，则胜过别人。"还要有市场策略，胸怀天下："我们南开工厂造人才，本地销路少，别处多销也好。"张校长这里指出了人才销路的问题。人才作为一种产品，在市场经济中，就必然涉及关于人才的"市场腹地"问题。驻地高校的学生和城市朝夕相处好几年，正是他们的理性和感性成熟时期，他们熟悉和适应这个城市，在大学所在的城市求职无疑是最佳目的地，针对所在城市需求匹配人才供给是最理想状态。





大学还可以利用其综合教育资源为城市提供夜间培训、夏令营、岗位培训、成人教育等丰富多彩的终身教育形式，大学推广教育计划加强了大学与城市的文化和信息交流，为城市提供多样化的学习场景。大学师生为社区服务，促进了学习型知识型社区的建设。

为城市提供智库建议也是大学的一项重要职能。从稷下学宫年代伊始，大学就承担着咨政建言、舆论引导、决策咨询等职能，是培养政治精英的"蓄水池"。欧美也有"旋转门"一说。

大学是城市的知识经济发动机。大学是城市知识的创新地，利用其人才、技术、信息、研究设备、校友网络等资源优势，通过科学研究、技术转让等方式，不断进行知识创新，并将它们从实验室带入市场，解决社会的现实问题。师生校友创办科技企业，促进了城市的产业结构转型，催生了经济繁荣。

## 为城而治 | by the city

现代大学的发展离不开城市，现代城市治理离不开大学提供源源不断的创新动力和人力资源。相比以往，大学治理越来越需要"多元共治、协同共生"，需要将内外部利益相关者整合为利益共同体。在这个逻辑下，治理模式不再是以往单向度的，或海洋国家经验主义式"自下而上"的演绎模式，或大陆国家理性主义式"自上而下"的归纳模式，而呈现了多种模式耦合互动的柔性形态。

按照大学的利益相关者圈层模型（参见图 2），大学与城市相关主体进行协同，可以从两个层面重点展开：

校地共同体。常见的深度合作模式包括：构建校地定期会商机制，共建大学（或产业学院、研究院、实习实训基地、专业等），定向培训委培（如政府干部、企业中层、技术人员等），派遣科技镇长团，兴办科技园区、产业园区、大学城和创新港等形式，构建政产学研用合作研发平台（如协同创新中心、新研机构、创新联合体）等，充分调动地方政府和行业企业参与高等教育的积极性。

环高校知识经济圈。可看作大学城的升级版，是推动城市经济发展、放大高校溢出效应和集群效应的一招妙手。主要依托高校的磁场吸引力和知识创造力，整合利用高校所在区域的政府、高校、企业和校友等资源，打造融知识创新、产业制造、商务休闲为一体的知识性、综合性、开放性的功能区。在我国，以上海杨浦区“环同济知识经济圈”为范例，经过十余年建设已经成为国内设计行业规模最大、产业链完整、集群效应明显的知识经济圈，2020 年产值达 495 亿元。此外，成都温江区、北京中关村、南京江北新区等也有大手笔布局推进。

# 第 6 章　高校创新体系

头脑不是一个要被填满的容器，而是一把需要被点燃的火把。

——普罗塔戈

## 演化历程丨科学范式转移加速

20 世纪 60 年代，托马斯·库恩[①]在《科学革命的结构》中提出了“范式转移”理论。“范式”（Paradigm）是有着希腊血统的词汇，用来描述对实验对象的一整套认知模式，其中既有认识论也有方法论，既有技术创新也有制度创新。库恩认为，科学进步既有旧范式框架内的接力发展，也有新范式替代旧范式的范式转移（paradigm shift），二者交替推进科技发展波浪式前进。

通常认为人类社会宏观上有四大科学范式。从几千年前的经验科学、几百年前的理论科学、几十年前的计算科学，再发展到现在的数据科学（参见表 27），科学范式相应发生了转移和进步。

**表 27　　科学范式演化三阶段**

| 发展阶段 | 1.0 阶段 | 2.0 阶段 | 3.0 阶段 | |
|---|---|---|---|---|
| | 农耕社会 | 工业社会 | 知识社会 | |
| 科学范式 | 第一范式 | 第二范式 | 第三范式 | 第四范式 |
| | 经验科学 | 理论科学 | 计算科学 | 数据科学 |

① 托马斯·库恩（Thomas Samuel Kuhn，1922～1996 年），美国科学史家、科学哲学家。著有《哥白尼革命》和《科学革命的结构》。

续表

<table>
<tr><td rowspan="2">发展阶段</td><td>1.0 阶段</td><td>2.0 阶段</td><td colspan="2">3.0 阶段</td></tr>
<tr><td>农耕社会</td><td>工业社会</td><td colspan="2">知识社会</td></tr>
<tr><td>特征</td><td>描述经验事实和实用性探索</td><td>借由观察现象或逻辑推论得到某种学说或假说</td><td>复杂现象的模拟仿真</td><td>基于海量数据分析总结</td></tr>
<tr><td>研究模式</td><td>归纳＋科学实验</td><td>演绎＋数学模型</td><td>计算机仿真＋模拟</td><td>数据挖掘＋机器学习</td></tr>
<tr><td>范例</td><td>一般科学的早期阶段、伽利略物理学</td><td>牛顿三大定律、大陆漂移学说、微观经济学</td><td>自然灾害模拟、运筹学的优化</td><td>所有的大数据实践场景、基于大数据的人工智能</td></tr>
</table>

人类的创新和智慧，在工业社会以来扮演着近乎魔法一般的角色，充分点燃了人类的乐观情绪。技术创新加速前进，范式转移越来越快，大家已乐见其成并习以为常。上九天揽月、下五洋捉鳖，把河填满、把山移平，挪动分子原子电子，编辑人类的婴儿基因……马斯克还宣称要2050年，送一百万人去火星。

以信息领域为例，随着算力、算法、传感、通信快速发展，以摩尔定律①和吉尔德定律②为代表，至今还保持着速度、容量、性价比等方面指数级的递增态势。摩尔定律从1965年提出命题至今，尽管受到芯片达到物理极限、工艺成本越来越高等因素的影响，这条曲线的斜率在变缓，但所观测的现象至今仍旧奏效。无线通信从1G到5G的40年快速迭代，1G打电话，2G发短信，3G看图片，4G看视频和直播，5G智能泛在助力筛查新冠密接……按照“完善一代、研制一代、探索一代”的节奏来看，代边差在显见缩短。“5G，你比4G多的不止一个G”，网友评论是点睛之笔。库茨维尔在《技术奇点》中将目光从信息技术拓宽至生物技术发展趋势，譬如DNA测序、纳米技术专利的增加等，得出一个乐观假设：人类的技术进步是以指数方式发展的。

范式转移是对抗有限资源魔咒的神奇密码。理论上创新作为一种独特产品，可以无边际地进行供给和迭代，用来打破马尔萨斯诅咒。韦斯特在《规模》中，

① 摩尔定律（Moore's Law），预测芯片上可以容纳的晶体管数目在大约每经过18～24个月便会增加1倍。

② 吉尔德定律（Gilder's Law），预测主干网的带宽每6个月增长1倍，增长速度是摩尔定律预测的CPU增长速度的3倍，上网终将免费。

论证了在资源有限的情况下，为了支撑社会经济指数式增长，避免马尔萨斯陷阱，每一个范式转移的半S曲线间距必须缩短（参见图4）。这意味着，人类只要坚持可持续的科技创新和范式转移，并且更迭周期不断缩短、再缩短，那么用摩尔定律冲抵熵增后的世界静好将得以绵延。以粮食生产为例，为了保证农业生产率和粮食总量持续增加，合成生物学①等技术可能带来革命性解决方案。

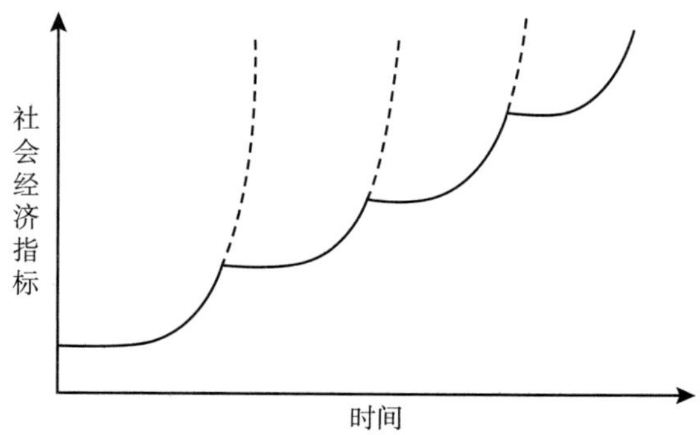


**图4　科学范式转移周期加速**





## 演化历程｜知否，知否？应是逐浪争流

16世纪前，严格意义上的科学仍未诞生，人们对科学的兴趣点仅限于自然哲学。1660年英国皇家学会的建立，标志着科学家正式被认定为一种职业，不再是业余兴趣爱好，从此走上了历史舞台，并且很快在工业时代成为引领社会变革的重要力量。进入21世纪，世界形势迅速演变，科技创新范式也正在发生着改变。全球科技产业进入到前所未有的创新密集期，已经形成从知识创新、技术创新到制度创新等各个环节相互耦合互动的价值链条。未来的科技创新主要呈现出如下几个转变：

从线性创新转变为高风险、高投入、复杂性过程。传统的创新，主要沿着“基础研究—应用研究—工程化—技术扩散”的线性创新链条，从创新源头推进科技成果转化走向市场。随着技术创新和科学范式转移加速，科研创新活动的风

① 合成生物学（synthetic biology），是将分子生物学、系统生物学与工程学原理结合，人工制造生物系统和生物工厂，从而实现创造能量、制造食物，优化工业加工以及检测、预防和治愈疾病的目的。

险、费用、耗时等不确定性大幅增加，创新过程逐渐成为多创新要素交互的复杂性科学，呈现出非线性创新和循环创新等新模式。

从创新单元的自我驱动转变为国家创新体系的高度组织化竞争。传统的创新，主要依赖学者好奇心驱动的自由科学探索，或者是依赖市场盈利驱动的应用研究。众人拾柴火焰高，如今的创新，已不再依靠自然人的单打独斗，不再依靠牛顿等天才科学家的灵感迸发，需要知识网络群体治理交汇与涌现，需要高度组织化的"大科学"工程推动，甚至需要打破国别延伸至世界，形成全球创新网络，呈现出科学建制社会化、科技共同体国际化、多领域跨学科交叉合作等新趋势。创新已然成为国家层面创新体系的竞争，体现了国家实力和国家意志的比拼。

从封闭式创新转变为开放式创新。传统的创新，依靠内向闭环的封闭体系，就足以打造技术壁垒和构筑产业护城河，维持相当长时间的竞争优势。但是当今世界已经进入泛在的互联网时代，无时无刻不以光速向全世界分享海量信息，技术封闭的可能大大降低，技术溢出的可能性与日俱增。概而言之，依靠法律和打官司来保护知识产权的时代过去了。作为科技共同体，必须认清态势，梳理深刻灵活的协同共生意识，充分整合和利用内外部创新资源，打造开放式创新生态系统。例如，组建开放的技术创新联盟和产业联盟等，加快外部技术资源流入和扩大外部市场。互联网的神奇力量在于，可以突破传统时空约束，联通千千万万个封闭的小世界，让地球上的几十亿人实时在线交流、在全世界范围内产生共振，涌现出无与伦比的海量的集体智慧。

例如，《自然》期刊有一篇评论文章"单一作者的消亡"（2007）判断了大科学时代单打独斗将不复存在。这些年我们肉眼可见，单篇论文的合作作者不断增加，现在一篇文章多个通讯作者、多个单位、多个第一作者毫不稀罕，作者数屡创新高。《自然》人类基因组序列文章（2001 年）作者超过 250 名，《物理研究快报》双黑洞合并引力波的观测（2016 年）作者 1011 名。更突破的例子是，《自然》使用多人在线游戏预测蛋白质结构（2010 年）的文章作者" >超过 57000 个 Foldit[①] 游戏玩家"，开创了科研创新事业的众包模式，成为开放式创新的鲜活案例。

从刚性创新转变为柔性创新。传统的创新主要针对集中式、大规模生产的市场需求。当前的创新领域将大为拓展，除了开展国家需求使命导向的战略级科研

① 一个实验性的蛋白质折叠电子游戏。

任务外，一些过去被忽视的分散化、个性化的小领域浮出水面，在长尾效应[①]的影响下，集腋成裘、聚沙成塔，让定制化、柔性化、积木式创新成为可能。这是创新的下沉逻辑。

从传统科学范式转变为“大数据+”“AI+”科学范式。随着万物互联机器智能时代到来，科学范式发生巨大变革，呈现高效能、灵活性、开放性、个性化、全周期等前所未有的体验。例如在合成化学领域，人工智能正在促进其研究范式的变革，革命性地解放化学家的双手，包括建立化学反应基础数据库，进行有机反应预测、逆合成分析和材料的逆向设计，构建知识图谱等方式探索化合物构效关系，借助实验机器人和流动化学系统等硬件设备实现高可靠性、高通量及自动化合成等。

创新体系演化的三个阶段参见表28。




**表28　　创新体系演化三阶段**

| 发展阶段 | 1.0 阶段 | 2.0 阶段 | 3.0 阶段 |
| --- | --- | --- | --- |
| | 农耕社会 | 工业社会 | 知识社会 |
| 经济发展方式 | 手工业生产 | 工业化大生产 | 知识经济驱动 |
| 世界科学中心 | 意大利（16世纪）<br>英国（17世纪）<br>接力 | 法国（18世纪）<br>德国（19世纪末）<br>交替 | 美国（第一次世界大战后） |
| 创新主体 | — | 学术界 | 国际化、多领域、跨学科<br>多元主体创新系统 |
| 创新人员 | — | 研发人员 | 研发人员、风险投资家、金融家、富有开拓精神的管理人员、场营销人员、财务专家、律师等 |
| 创新模式 | — | 线性<br>（研发→示范→扩散） | 非线性、动态循环<br>创新生态系统<br>（传递→反馈→改进→传递） |
| 创新边界 | — | 封闭式创新 | 开放式创新<br>（跨产业、跨企业、跨地域） |
| 创新速度 | — | 线性增长 | 指数增长 |
| 评价主体 | — | 政府和学术界 | 市场和用户参与<br>关注价值实现和以人为本 |

① 长尾（long tail）效应：未来商业和文化需求不在于热门产品，不在于传统需求曲线的头部，而在于需求曲线中那条无穷长的尾巴上。将所有个性化、分散化的少量需求累加起来，就会形成一个比流行市场还大的市场。

续表

| 发展阶段 | 1.0 阶段 | 2.0 阶段 | 3.0 阶段 |
|---|---|---|---|
| | 农耕社会 | 工业社会 | 知识社会 |
| 动力机制 | — | 爱好驱动<br>技术驱动 | 需求驱动<br>市场驱动 |
| 创新目标领域 | — | 面向规模化生产需求 | 面向分散化、个性化需求<br>更加贴近市场和行业 |
| 创新行为 | — | 个人灵感<br>需求导向 | 有组织的团队行为<br>(许可、联盟、众包、众筹) |
| 技术扩散渠道 | — | 依托静态契约 | 依托创新网络<br>(开放边界、网络合作) |
| 创新主体关联 | — | 三角模型<br>↓<br>三螺旋模型 | 四螺旋模型<br>↓<br>多无共轭模型 |
| 大学在知识创新中的角色 | 知识仓库“中药铺” | 知识工厂“西药房” | 知识中枢“医院” |





## 走向组织丨高校创新体系的未来

### 三位一体高校创新体系模型

大学的创新正在从“药房模式”迭代到“医院模式”。这里借用“药房”和“医院”，是对大学以科研创新之长服务社会的比喻。教育的任务是立德树人，卫生健康的职责是治病救人，都是民生保障的重要领域，有其神似相通之处。

克拉克·科尔说，大学是知识的生产者、批发商和零售。在工业社会，大学主要以学科为框架进行知识分门别类地输出，开展的是“知识工厂”式的研发。彼时的大学是负责给药的“西药房”，按照学科体系把各种药上架摆好，等待顾客上门。

进入知识社会，大学作为尤尔根·哈贝马斯①所说的“公共领域”的意味更浓了，从很多方面看大学都成了知识交融的地球村。每一个师生无论著书立说、教育教学、科学研究、文化传承，还是社交沟通、建言献策，几乎方方面面时时

① 尤尔根·哈贝马斯（Jürgen Habermas，1929～），德国当代最重要的哲学家之一，西方马克思主义法兰克福学派第二代的中坚人物。著有《公开活动的结构变化》《知识与人的利益》等。

刻刻都通过各种渠道与社会进行交换和分享，成为创新的力量。物理空间的边界将不复存在，在开放式创新的氛围内，大学以社会经济生产中的实际问题为导向，将成为多个创新网络相交的“知识中枢”，跨界互联、协同创新、共享众包成为新的科学范式。此时的大学升级为诊疗一体化的“医院”模式，既能培养医护队伍，还能问诊检测开方给药，最好根据需求提供精准定制药和靶向药，遇到大病难病还能组织会诊开刀复健，成为生命健康的全流程卫士。

大学是科技第一生产力、人才第一资源和创新第一动力的重要结合点。随着社会快速发展演化，高校、政府和产业等主体功能定位不断调整重构，组织界限逐渐模糊，高校在国家创新体系中的地位不断上升，功能不断拓展，被定义为国家战略科技力量的重要组成部分。国家中长期科技发展规划和“十四五”科技创新规划明确指出，要强化高校基础研究主力军人才培养主阵地的作用，发挥高校作为国家战略科技力量重要组成部分、区域创新重要支撑、国际开放合作前沿窗口和桥梁的显著作用。





我国的高校创新体系，是连接国家政府、产业企业、科研院所、金融资本、社会公众、科技中介等多元主体的共治共轭的复杂网络系统。要以构建和完善国家战略科技力量的总体布局为目标，以立德树人、服务科技自立自强和产业自主可控为宗旨，要积极开展有组织的科研，不断提升体系化创新能力，构建原创基础研究、核心技术攻关、科技成果转化三位一体的良性循环（参见图5）。

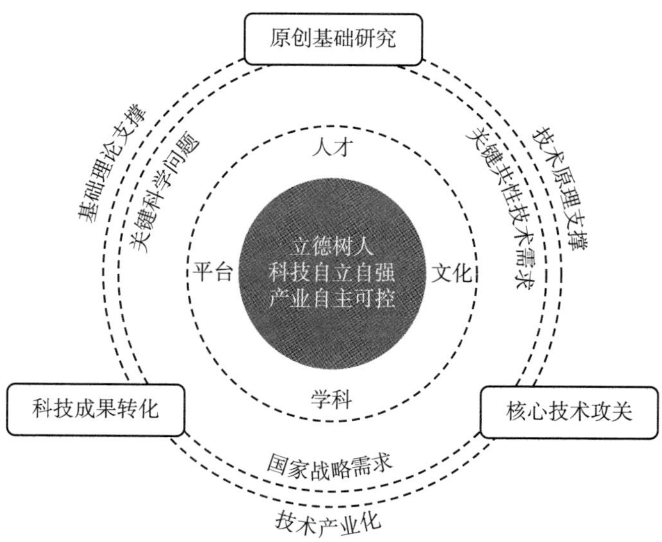


**图5　面向国家战略科技力量的高校创新体系**

### 宏观·三位一体使命驱动

中央和地方，高校和企业、大学和科研院所各有定位，各司其职，有机构成国家创新体系。高校作为国家战略科技力量的重要组成部分，要发挥学科门类齐全、科技人才聚集、基础研究厚实等独特优势，突出使命引领，确立原创基础研究、核心技术攻关、科技成果转化的三位一体的任务导向：一要加强原始创新和基础研究，从关注培育发展壮大未来科学和未来技术出发，强化原创引领能力，开展非共识研究，强化源头创新能力，占领前沿技术领域制高点，服务科技自立自强。二要加强核心技术攻关，突破重大前沿基础问题、产业关键共性技术、"卡脖子"技术、颠覆性技术，强化同国家战略目标任务的对接。三要促进科技成果转化，完善和打通创新链，积极推动成果的落地和转化，提升技术转移体系能力，在服务国家实现关键核心技术自主可控、牢牢掌握自主创新主动权方面发挥作用。

### 中观·分类指导优势互补

区域内的研究型大学、行业特色高校和地方高校各有侧重、各有特色，需要注重分类指导，形成覆盖面广、优势互补的高校创新体系。分类推进"双一流"建设，打造具有全球影响力的一流高校和一流学科；支持发展高水平研究型大学；建设一批高水平地方大学，推动行业特色高校和地方高校聚焦国家和地方重大需求，开展相关领域科学研究和技术攻关。

### 微观·促进纵深交叉布局

加强人才、平台、学科、文化的支撑力，提升科研创新体系化能力。一是统筹人才培养、科技创新和学科建设布局。前瞻性布局关键核心技术相关的学科专业，使学科专业发展更加适应科技前沿趋势和国家发展需求。办好未来技术学院、组建未来实验室，孵化培育决定未来发展方向的先导性科技。二是加强学科交叉融合，以重大任务为牵引，形成跨学科跨单位的协同攻关团队和组织机制，推动高校拥有的国家科技创新基地优化整合，提高承担国家重大科技任务的组织化程度和集成攻关能力。三是促进科产教融合，深化产学研合作，加强高校军民融合，重点加强与骨干央企、行业龙头的全面战略合作，鼓励校校、校企、校所合作组建创新联合体，推动高校紧密对接区域发展战略，提升服务经济社会发展能力。

## 有组织的科研四象限模型

“书架”“货架”理论之说，贴切形象，渐成公论。对于大学教授来说，这两个架子一个都不能少。有了成果，一要上“书架”，并非发表学术论文了事，而是要把科研成果写到教科书里，改变知识结构和丰富认知体系；二要上“货架”，不能以申请专利交差，而是要使科研成果能用得上，实现真正转化，解决生产实际中的关键问题，体现出实践价值，造福于人类社会，贡献于国计民生。“书架”“货架”代表着基础研究和应用研究两种不同路径的分野。不能说哪个更优，哪个更好，若能同时上“书架”和“货架”，当属高等教育从业者的最高价值追求，此生无憾矣！

对基础研究和应用研究辩证关系的探讨由来已久。《大英百科全书》解释为：基础研究是科学家或其他人所开展的没有明确目的的研究工作；应用研究推进基础成果的实现和研发，用以满足特定行业的需求。





1945 年，美国科技政策史上著名的报告《科学：无尽的前沿》决定了第二次世界大战后美国国家科学发展政策走向，直接促成了美国国家科学基金会的成立，影响了世界各国强化基础研究的科技政策制定。该报告认为，基础研究是创新之根基所在，基础研究需要在研究型大学中由最有天赋的科学家通过自由探索的方式完成；以“无用”促成“有用”等。

2020 年，在《科学：无尽的前沿》发表 75 年之际，美国国家科学院发布《无尽的前沿：科学的未来 75 年》，探讨推进基础研究的新政策新模式，提出美国需要在关键研究领域进行集中和持续的投资，建议建立“国家技术委员会”，聚焦高风险关键技术研发，充分彰显了“有组织的科学研究”思路。

《科学：无尽的前沿》认为基础研究和应用研究是相对独立、按先后顺序串联起来的，这条研究与开发（R&D）线性模型已经深入人心，成为创新链的基本骨架（参见图 6）。我国三大科技奖励——自然科学奖、技术发明奖和科技进步奖，就分别位于这条创新链的前、中、后段，分别用“发现”“发明”“创新”三个关键词提纲挈领。恰好与毛主席谈历史观的观点出奇一致，“人类总得不断地总结经验，有所发现，有所发明，有所创造，有所前进”，百川归海，九九归一。

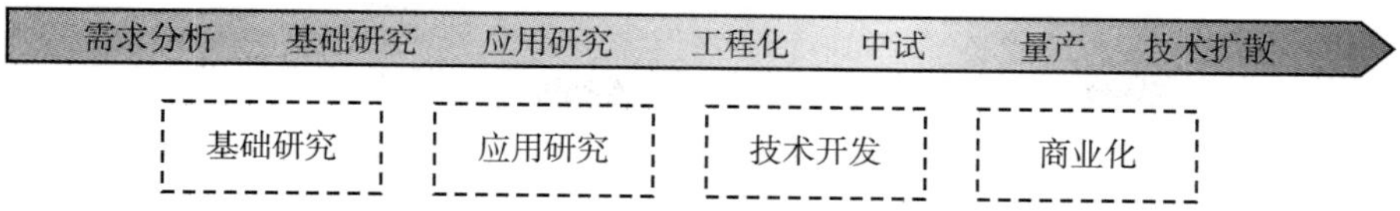


**图 6 《科学：无尽的前沿》的 R&D 线性模型**

线性创新链是高度简化抽象的模拟，然而真实的创新过程是动态、循环、非线性的复杂过程。为了矫正线性模式的不足，更加清晰地阐释基础研究和应用研究的关系，唐纳德·司托克斯[①]提出了科研象限模型（1997 年），建立了一个二维坐标体系，横轴代表面向应用，纵轴代表面向求知，把科学研究细分为四类（参见图 7）。

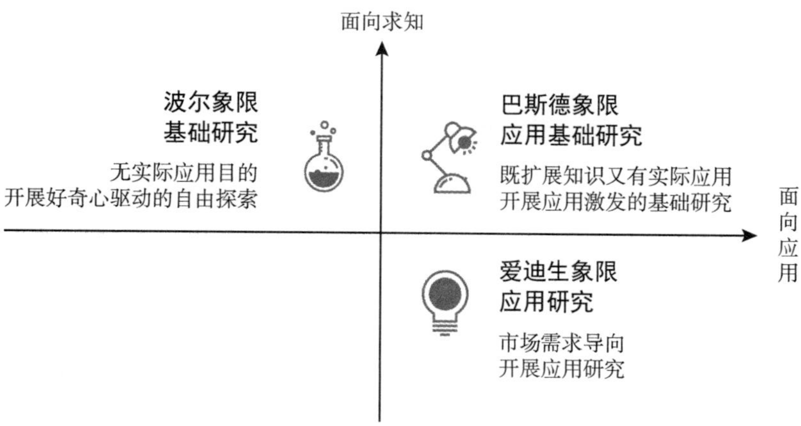


**图 7 司托克斯的科研象限模型**

时至今日，全球创新环境持续变化。充分研判当前科学研究面临的趋势与挑战，尤其是中国科研工作的具体要求，本书尝试对司托克斯象限模型做进一步修订，构建“有组织的中国高校科研象限模型”（参见图 8）。

观其大略，可以看到，新的玻尔象限 2.0、巴斯德象限 2.0 以及爱迪生象限 2.0，与旧版相比有了清晰的使命意蕴和路径选择。而新增设的第谷象限则体现了数字技术价值，赋予了新的时代内涵。“有组织”在四个象限中均有体现，目的在于科技资源投入的效率，跨越科学研究与工程、技术之间的鸿沟，促进跨领域、

① 唐纳德·司托克斯（Donald E. Stokes，1927～1997 年），美国政治学家，普林斯顿大学伍德罗威尔逊公共与国际事务学院院长。著有《巴斯德象限：基础科学与技术创新》等。

跨学科、跨机构的协作，以对冲创新环境不确定性带来的熵增。

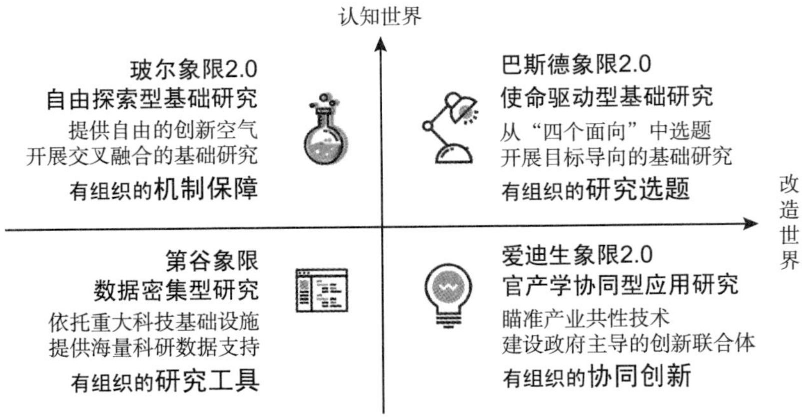


**图 8　有组织的中国高校科研象限模型**





## 玻尔象限 2.0 · 自由探索型基础研究

司托克斯认为，这种研究没有实际应用目的，是纯粹由好奇心和兴趣驱动的自由探索。玻尔对原子结构的探索就是典型代表，所以命名为玻尔象限，有时也被称为纯科学研究。

然而，当今世界这种 100% 分析纯式浪漫主义基础研究并不多见了。一方面很难界定何为无用之用，是否不能有丁点的实用性和功利性；更重要的是另一方面，完全自由而无用的研究，只怕难以找到经费资助，“巧妇难为无米之炊”。首先尖端基础研究普遍需要大型仪器设备支撑，百千万级别的设备并不罕见；其次实验耗材代价不菲，例如我所在的生物医用领域的材料研究，一名博士一年的实验成本 10 万元起步，仅开展一组实验（五只老鼠）就要 1 万元，容不得随心所欲。所以，高昂的科研成本决定兴趣主导科研的时代一去不返，眼下是资本主导科研的时代。贝尔纳[①]曾评价过纯科学研究者：“他们热望能回到理想境界，纯粹地为科学本身而研究科学，但是，这样的境界事实上从来不曾存在过”。主张基础研究的《科学：无尽的前沿》出台后，美国所推进的一系列科技发展计划，实

① 贝尔纳（John Desmond. Bernal，1901 ~ 1971 年），英国物理学家、思想家和社会活动家，剑桥大学分子生物学实验室主任，担任过世界和平委员会主席和世界科学工作者联合会领导成员。著有《科学的社会功能》《历史上的科学》等。

际运行中也以巴斯德象限为主。

玻尔象限 2.0 版“自由探索型基础研究”，重点在于通过“有组织的机制保障”，为科学研究提供自由探索的创新氛围。科学家的好奇心是科学进步内生的、由下而上的、自组织的动力，科学的一切进步都源于科学家的思想自由和学术自由，制度设计的一切出发点都是鼓励和保障科学家的自主性探索。从美、日等科技发达国家实践来看，他们促进基础研究的各项政策的根本出发点都在于实行学术自治和保障学术自由。要通过制定长远的科技发展规划、进行长期稳定的资助和投入、推进长周期的科技评价和容错机制等，以“十年磨一剑”的制度设计，保护科技工作者的自主权和主导权，充分发挥他们的主观能动性，久久为功。

此外，由于基础研究具有高度的不确定性和长期性，是艰苦而富于挑战性的工作。“有组织的机制保障”在于组织跨学科、跨机构、跨部门的力量联合，改变科研零散化、碎片化的现状，通过不同学科间密切的交叉与融合，加强交流形成合力，突出基础研究的原创性、前瞻性和交叉性，提升“从 0 到 1”的原始创新能力。





### 巴斯德象限 2.0 · 使命驱动型基础研究

司托克斯认为这是另一种基础研究，既有扩展知识的目标，又有应用目的，称为应用激发的基础研究。巴斯德就是典型代表，开发出了接种牛痘疫苗，发现了导致发酵现象的微生物及其制造酒精的机理，既扩展了知识体系，也解决了实际问题，故命名为巴斯德象限。

司托克斯认为巴斯德象限格外重要。因为它上联基础研究，下系应用研究，指出了应用的导向性和引领性作用。同时也表明应用研究和基础研究常常没有界限，通过巴斯德象限可以将二者相互关联与融合。巴斯德象限的提出从根本上改变了 R&D 线性模型，为美国政府调整和确立明确的科技政策提供了新的理论根据。

斗转星移，巴斯德象限 2.0 版的“使命驱动型基础研究”，重点在于通过“有组织的研究选题”，强化开展目标引领和任务导向的基础研究，用尖端的基础科学研究手段来解决经济社会重大需求。着重强调了基础研究选题应然的使命感和价值感。基础研究工作者不做无价值负载的信马由缰式研究，必须考虑重要应用场景的牵引，从经济社会发展和国家安全面临的生产实践中凝练科学问题，尤其要在“面向世界科技前沿、面向经济主战场、面向国家重大需求、面向人民生命健康”中寻找命题，按照基础研究10年计划的蓝图，前瞻性地开展科学问题研究，弄懂弄通“卡脖子”技术的基础理论和技术原理。例如，脑科学和类脑研究、合成生物学、跨尺度调控材料、微纳电子与智能交互极端制造、核能科学等。

从发展趋势来看，各个国家都在逐渐转向巴斯德象限为主的融合研究。例如，过去的德国大学崇尚洪堡理念的纯科学研究，长期聚焦在玻尔象限，而在第二次世界大战后开始着手打造应用科技大学，拓展巴斯德象限；美国大学长期尊崇实用主义，以爱迪生象限为主，但随着第二次世界大战后美国政府对应用基础研究项目的支持显著提高，也在转向巴斯德象限。

习近平总书记指出：“基础研究一方面要遵循科学发现自身规律，以探索世界奥秘的好奇心来驱动，鼓励自由探索和充分的交流辩论；另一方面要通过重大科技问题带动，在重大应用研究中抽象出理论问题，进而探索科学规律，使基础研究和应用研究相互促进”。2022年我国《科技进步法》规定，国家加强规划和部署，推动基础研究自由探索和目标导向有机结合。加强以巴斯德象限2.0为中心的融合性研究是时代命题、大势所向。



## 爱迪生象限2.0 · 官产学协同型应用研究

司托克斯认为应用研究是从市场需求和利润角度考量，解决眼下问题。正如爱迪生不眠不休屡败屡战地发明出了电灯泡，因此称为爱迪生象限。这也是西方社会重商主义和实用主义的经典答案。

然而现实问题在于，被亚当·斯密的“看不见的手”推动的应用研究，是否能真正解决产业难题？是否能突破产业共性技术的研发瓶颈？

企业作为创新主体，是进行应用研究和技术开发的最重要的答题人。企业生来就是以利润最大化为目标的，具有强烈的市场敏感性，它所主导的研究必然考虑市场效益和经济回报。而产业共性技术作为一种准公共物品，容易被移植复制和二次开发，竞争对手可以用低成本从技术溢出中获利，会阻碍企业的研发动机。尤其对关键共性技术研发而言，由于技术风险、投资风险和市场风险较大，一般企业都不敢贸然进入。特别对一些市场规模小的技术而言更是如此，如全民揪心的光刻机和光刻胶技术。故而，仅靠企业组织研发产业共性技术，往往面临着“市场失灵”和“组织失灵”的双重困境。

所以，爱迪生象限的2.0版“官产研协同型应用研究”，强调的是“有组织的协同创新”。瞄准产业共性技术、关键核心技术、产业“卡脖子”技术以及面向强国建设的关键技术等重点环节，旨在解决产业现实问题，开展政府主导下的官产协同创新研究，撬动产业关键共性技术供给。

西方实践表明，第二次世界大战后发达国家不断加大制度供给，注重政府干预和规划引导，尤其在孕育阶段发挥主导作用，通过集中资源财政扶持，设立专项研究计划（例如美国的先进技术计划、欧盟的尤里卡计划和“地平线2020”规划），建设研究联合体和研发平台（参见表29），利用宏观调控等举措来扩大对产业共性技术研发的支持。

**表29　　　　代表性产业共性技术创新联合体**

| 研发平台 | 简介 | 关键共性技术研发主题 |
|---|---|---|
| 德国弗劳恩霍夫应用研究促进协会（FhG）<br>www. fraunhofer. de | 成立于1949年，目前在德国经营76家研究所和研究机构，超过30000名员工 | 生物经济、数字医疗、人工智能、下一代计算、量子技术、资源效率与气候技术、氢技术 |
| 荷兰国家应用科学研究院（TNO）<br>www. tno. nl | 成立于1932年，总部位于荷兰海牙，拥有3652员工 | 人工智能、国防安全和安保、能源转型行业、建筑、基础设施和海事、循环经济与环境、健康生活、交通运输、信息与通信技术、战略分析与政策 |
| 日本产业技术综合研究所（AIST）<br>www. aist. go. jp | 始于1882年成立的农商部地质研究所，1952年和2001年重组。在东京和筑波设有总部，设11个研究所，2300名研究人员 | 生命科学和生物技术、信息技术、纳米技术材料和制造、环境和能源、地址调查与应用地球科学、计量测试科学 |
| 韩国科学技术研究院（KIST）<br>www. kist. re. kr | 始建于1966年，坐落于首尔市北部。拥有8个部门41个研究中心，2700师生员工 | 脑科学、下一代半导体、人工智能与机器人、气候与环境、生物医学融合、先进材料技术、清洁新技术、研究资源和数据支持 |
| 中国江苏省产业技术研究院（JITRI）<br>www. jitri. cn | 成立于2013年12月，新建或加盟57家研究所，研发人员约10000人 | 先进材料、能源环保、信息技术、装备制造、生物医药 |
| 中国台湾工业技术研究院（ITRI）<br>www. itri. org. tw | 成立于1973年，位于中国台湾新竹县，研发人员6000名 | 智慧生活、健康乐活、永续环境、智慧化致能、净零排放 |
| 比利时微电子研究中心（IMEC）<br>www. IMEC int. com | 成立于1984年，总部位于比利时鲁汶，致力于纳米和数字技术创新，现有5000员工 | CMOS、集成光子学、生命科学、互联健康解决方案、传感和驱动、连接技术、计算系统架构、能源技术、氮化镓、人工智能 |

第谷象限·数据密集型研究

这一类的研究既不以追求基本认识为目标，又不以追求应用价值为目的，主要开展对某种特殊现象的系统性研究，如研究昆虫的标记等。司托克斯并没有给这个象限命名，后来有人称之为“皮特森象限”，认为是过自由探索，开展既不抱探索目的、又不抱应用目的，仅仅是为了系统了解某一特定现象的探索。

时至今日，前文在“科学范式转移加速”中提过的科学第四范式——数据密集型研究范式恰好符合此象限特点。数据密集型研究的出发点不是以好奇心去探求因果关系，也无具体的应用目标去解决问题，更多来自外部环境的推动，目的是获取研究对象的海量数据，寻找相关关系。吴家睿在《基础研究的再认识》（2022 年）中建议把该象限命名为“第谷象限”，他认为这位丹麦天文学家第谷，因为观测了大量天体的运行规律，为开普勒后续的研究奠定了基础，是数据驱动研究的范本。

第谷象限“数据密集型研究”，重点在于通过“有组织的研究工具”，依托重大科技基础设施提供海量基础数据，为基础科学前沿重大突破奠定基础。据不完全统计，1970 年以来，超过 40% 的诺贝尔物理学奖用到了大科学装置或科学卫星获取的数据，人类基因组计划是典型案例。



## “从 0 到 1”如果是量子的

为了解决我国基础研究缺少“从 0 到 1”原创性成果的问题，科技部等五部门在 2020 年印发了《加强“从 0 到 1”基础研究工作方案》。从这个标题的内涵可以解读出两个方面：一是并非所有基础研究都是原创性的；二是我国目前基础研究大多是非原创性的。

2015 年，硅谷投资家彼得·蒂尔[①]写《从 0 到 1》的时候，他只怕没想到，这本关于如何创建创新公司、为商业导航的创业圣经日后成了中国科技创新的顶级热词。源于这个概念抽提精妙，一戳即中，内涵秒懂。作者原意是“从 0 到 1”是垂直方向的深入进步，探新路，求新知，做没有做过的事；“从 1 到 N”是水平方向的广泛进步，照搬前人经验进行复制。

在国内的创新语境中，这个概念更加具体和深化了。“从 0 到 1”，往往代表

① 彼得·蒂尔（Peter Thiel，1964～），美国企业家、投资家、国际象棋选手，曾创办 PayPal。著有《从 0 到 1：开启商业与未来的秘密》。

基础研究的原始创新、源头创新、颠覆性创新、革命性创新，是科技创新界的延安，是西西弗斯之石，是阿喀琉斯之踵，是可以燎原的星星之火，是产业链价值链问题的根治良药。

有个朋友则提出了更加颠覆、深入腠理的量子式解读。他认为，这里 0 和 1 是二进制，不成功则成仁，只有成功和覆灭的关系。“要么功成名就，要么默默无闻”。这说法着实有些魔幻现实主义了。情节怪诞，更显真实。我其实内心赞同这种说法，但从感性来说又很不忍。真实世界的评价体系正如二进制般残酷而严苛，是“胜者全得”的社会。第一个发现的叫原创，可得诺贝尔奖，是一骑绝尘俯瞰天下的珠穆朗玛。第二个做得再好再优，诺贝尔奖是没戏了，但是能发表在《自然》《科学》等顶刊上，依旧是创新界的顶流，乔戈里峰同样也高山仰止。那么问题来了，有多少人还记得第三峰、第四峰，又有谁知道是哪些高峰肩负起了世界屋脊？

严格意义上的“从 0 到 1”门槛很高，但也不必太过介怀。对于大多数的研究，即使从事基础研究、原创研究，更准确来说是“从 X 到 X + 1”的工作。这个 X，或许是 0，或许是从 1 到 N 中间的某个数值，属于“从 0 到 N”的任意区段。科技工作者的贡献不论始于什么样的“X”，贡献在于这个宝贵的“1”。只有千千万万的这样貌似微小的“1”，才会千里之行积于跬步。而这一群人正如西西弗斯，把不断滚落的大石头，从山脚下日复一日地托起。

## 走向交叉丨高校学科建设的未来

### 观隐性知识之妙

《道德经》开篇云，“故常无，欲以观其妙；常有，欲以观其徼。”前半句是的“妙”是指规律和趋势，难以言传的隐性知识，需要做的是善于用抽象思维无中生有，见微知著，洞察先机；后半句中的“徼”代表边际，是肉眼可见的显性知识，需要扎根实践，广闻博学，具体问题具体分析。

知识是指用来解决问题的、经过整理的易于理解和结构化的信息，是人类认知成果的总和。提出隐性知识概念的是迈克尔·波兰尼①。他认为存在两种知识：

① 迈克尔·波兰尼（Michael Polanyi，1891 ~ 1976 年），英国物理化学家和科学哲学家。著有《个人知识》等。

一种是显性知识，例如论文、专利、设计图、数学公式等；另一种就是隐性知识，难以表达或尚未显性化，通常嵌于个人经验、团队默契、技术诀窍、组织文化、价值观和情绪等形式之中。

世界上最远的距离，是知道和做到。比起在互联网时代易于获得的显性知识，隐性知识更显宝贵。隐性知识是高度个人化、与实践相关的，是身临其境在做某件具体事情时汲取的经验，是藏在人脑但尚未成型，心乖于内而口屈于外，是别人“偷不去、买不来、拆不开、带不走”的独门绝活。打个比方，地图是显性知识，但别人在你面前热情洋溢地指着方向说“向前走第二个红绿灯右转弯再走50米”就是隐性知识。

具体地，OECD又将知识进一步细分为四类，参见表30。





**表30　　四类知识的关系梳理**

| 知识类型 | 表达方式 | 扩散方式 | 细分类型 | | 内涵 | 效用 |
|---|---|---|---|---|---|---|
| 显性知识 | 可编码<br>书面表达 | 公共媒介 | Know-what | 事实知识 | 定性描述<br>定量表征 | 知其然 |
| | | | Know-why | 原理知识 | 科学原理<br>运行机理 | 知其所以然 |
| 隐性知识 | 不可编码<br>难以外化 | 面对面<br>交流 | Know-how | 过程知识 | 人机协作<br>技术诀窍 | 观其妙 |
| | | | Know-who | 人际知识 | 人际协作<br>合作伙伴 | 谙其脉 |

隐性知识的重要性和普遍性超乎人们想象。笼统地说，隐性知识可以用来管理显性知识，所谓的知识管理重点就在于隐性知识的拿捏。在具体问题面前，需要用隐性知识来指导人们选用适当的显性知识。条条大路固然通罗马，但有最快和最短路径之分，需要隐性知识来导航，帮助“观其妙”“谙其脉”。

人们总是知道的比讲得更多，绝大多数知识都深藏于人的内心，都是隐性知识。甚至知识从本质上就是隐性的，所有显性知识都依赖于隐性知识的存在与支撑，以嵌入隐性知识的方式存在。维特根斯坦说“世界是事实的总和而非事物的总和”，或许表达了隐性知识的无处不在和人间真实。我们的宇宙中，可见部分只占宇宙物质的10%不到，剩下90%以上的暗物质无法直接被观测，但却因为干扰星体散发的光波或引力等被感知到存在。如仓央嘉措的诗，“你见，或者不见我，我就在那里，不悲不喜”，不论观测到与否，暗物质就存在于宇宙中，不增不减，不破不灭。事物之间的复杂联系，即隐性知识，就好比“暗物质”，恰恰是那种无处不在、无可言传的隐秘而伟大，真实而细节地储存于大脑或者肌肉记忆里。

隐性知识是知识创新的内核。例如，学者需要聚集在一起讨论和交流问题，这种思维的碰撞和启发是任何书面读物都带不来的。所以优秀的创新常常以团队和学派的形式出现，例如哥廷根学派、芝加哥学派和奥地利学派。所以人们强调创新氛围的重要性。

在知识社会，知识毫无疑问是这个时代的真正动力，其中隐性知识的重要性越发凸显了。根本原因在于显性知识的流动性大有不同：农耕社会不必多说，大家生于斯长于斯，显性知识和隐性知识并没有太大区分，读书是贵族和精英阶层的特权；工业社会知识虽然流动了，但出于竞争的需要，必须保守技术秘密，所以显性知识依旧是奢侈品；但在第三个知识纪元中，物理边界淡化，技术扩散效应以更快的速度展开，开源和开放取代了存量思维，知识和信息总量以指数级增长，获得显性知识不再是难题，相反在纷乱中寻找秩序，减少知识混沌和知识断代，在复杂中做减法、“清君侧”成为首要任务，强调信息检索和协同整合能力成为核心需求。这都属于隐性知识的范畴。

### 论学科建设之“损益”

中国大学讲“学科”，就好比中国人讲“道”和西方人讲“本体”一样，无处不在无所不包，却难下精准定义。但凡有学校、有科学的地方就有学科；不仅大学讲学科，中小学也有学科。

学科大概是指理论化、体系化的某个科学领域。具体可贴上“学科划分、学科设置、学位点设置、教学科目、专业训练、学术纪律、规范准则、学科制度、学科建制、学科建设”等一大沓标签。各有内涵，不在此赘述。

学科早有渊源。以西方为例，中世纪大学以神学为尊，传统古典大学以人文学科为贵，近代大学以纯科学为荣，现代大学以实用主义学科为盛。第二次世界大战后随着大科学的兴起，学科边界逐渐模糊，西方大学开始向跨界转型，以交叉学科、边缘学科、新兴学科、横断学科为潮流。

中国现代大学作为向西方文明学习致敬的产物，经历了近代以西方大学为蓝本、新中国成立以苏联高等教育为模板、新世纪以欧美大学为参照的红尘往事，建成了气象万千、盛景如画的大好河山。同时还产出了一个特殊的治理范式——“学科建设”。

之所以说特殊，是因为在西方作者撰写的外文文献中基本找不到与学科建设（discipline construction）相对应的词，在欧美高校和教育主管部门也很难找到负责学科建设的职能机构，更少见学科目录等规范性制度。笼统来说，西方高校注重的是具体某个学科如何发展，却很少看到“学科建设”这种统领式的架构体系。

即便是侧重政府权力主导的德国高等教育体系，近年来主抓的“卓越战略”中“卓越集群”的做法，虽与我国的“一流学科”有神似之处，但也放弃了传统的学科逻辑，转而以问题为导向、组建跨学科跨机构的研究团队。总体来说，西方高等教育延续了“只见树木不见森林”的自组织基因，从分科而治转向了跨学科综合，一骑绝尘而去。





我国的学科制度也并非原创，是一套移植自苏联的建制。从 20 世纪 50 年代起从院系调整等大手笔伊始，参照苏联计划经济和全能政府的办学逻辑，学科制度逐渐演化并发展成熟。大致的做法是，由教育主管部门组织学科分类、学科审批、学科规划、学科评估等流程，规定和确认学科发展的合法性，大学从而获得人员编制、资金支持等学科发展必要条件。学科建设曾经让新中国在相对短的时间内建立起比较完备的学科体制，促进了知识分化、专门化和精细化，大幅提高了人才和知识的输出效率，为推动中国教育现代化起到了重要作用。

时至今日，学科建设是龙头、是骨架、是命脉、是范式。涉及学校的学科设置、学位点、学科招生人数、学科经费、交叉学科、一流学科、学科群、学科知识体系，关乎结构、规模、质量等宏观决定性问题，何其重要！

但是平心而论，学科建设的问题和诟病也有不少。任务重、材料厚、评估频、次次突击；数人头、凑数据、搞拼盘、层层加码，严重依赖结果性评估，干扰了内涵式和长周期发展的注意力。在此基础上建立的纵向分化的投入机制，进一步加剧了马太效应，导致强者愈强、弱者恒弱，资源投入的边际效应递减。动态调整和退出机制等制度空转、效能不足等。

这都只是机制问题，更深层次的体制问题在于：知识生产指数递增，让业已固化甚至老化的分科制学科体系难以消纳。固若金汤的学科边界割裂了学科之间的联系和衍生，形成了自立门户、画地为牢的状态，让交叉学科、边缘学科、新兴学科本应自由生长的土壤贫瘠化。

老子说“为学日益，为道日损”。知识体系在分化，学科体系就要做熵减，对抗学科的分裂主义。组织架构在分化，学科制度就要做熵减，对冲机构的臃肿肥大。诚然，就学科设置机制而言，近几年来在“放管服”改革下已有调整优化。诸如缩短学科专业目录修订周期，推动其向指导性、统计性转变；拓展一级学科，弱化二级学科；给予高校一定自主设置权等。尤其是2021年增设第14大“交叉学科门类”，释放了学科门类的大交叉大整合的信号，打破了学科割据局面。希望这样的改革步子迈得再大一些、快一些，让生产关系自适应于生产力。



## 品学科空间之“绵延”

亨利·伯格森[①]把世界分为两类：真实空间和意识中的时间。二者是不同的东西：空间是同质的和可逆可替代的，而时间是异质的和不可逆、不可替代的。以往人们对时间的所有描述都是对时间空间化的隐喻，例如用物体的空间变化来定义时间，用钟表指针的位移来指代时间流逝，而这不是人们对时间的真实体验。于是，伯格森把排除了空间化隐喻的心理时间定义为绵延（法文：durée；英文：duration），是昨天、今天和明天交织在一起的无法拆解的概念，就像糖粒溶解于水。

在这一幢绵延哲学的大厦里，所有由思想建构起的抽象概念，都在延绵不绝、持续演化。例如“时光”不应以星期和期限分割，而是沧海横流与秋收冬藏。那么，同样是人类构思出来的“学科”，也不应是物理、化学和经济等的分科而治，泾渭分明，而是存在强关联的空间。

中科院院士、力学专家杨卫，曾经担任过国务院学位委员会办公室主任和教育部学位管理与研究生教育司司长，对学科建设应该很有发言权了。在他的《研究生教育动力学》中，用连续介质力学的方法，建构了学科空间的概念。这本书很有趣，用非常硬核的手法研究了软科学问题。他指出，知识按照学科进行剖分，但是知识是鲜活的、流动的、生长的信息体，具有不可禁锢性；同时知识之间存在有机的联系。所以，他将学科空间定义为关联度空间，用“学科球面”进行了抽象描述。

对学科之间的壁垒问题，他分析了“学科间的界面”，认为界面体现了学科

---

① 亨利·伯格森（Henri Bergson，1859～1941年），法国哲学家和作家，1927年获得诺贝尔文学奖。生命哲学代表人物，倡导“绵延”和“直觉”。著有《形而上学论》《论意识的即时性》《创造进化论》等。

体系中不同组元在法律层面（证书）、知识层面（课程）、文化层面（学术传承）、人脉体系（班级和圈子）的差异。用“界面能”解释了不同学科群体之间的张力，例如各自有学科话语体系，各自有资源渠道，管理分割和留学学派不同产生排斥，以及专家评审中倾向于抵制学者的跨界行为等。杨卫院士的著作时空感超强，他的《力学导论》宏大叙事，石破天惊，值得一看。

## 交叉学科生长模型

跨学科风靡于20世纪六七十年代，尤以美国为最。出现了跨学科研究（IDR）、跨学科教育（IDS）等概念，涌现了大量的交叉、横断和边缘学科，产生了许多着眼跨学科的研究共同体。到今天，在学科高度分化基础上的跨学科耦合已成为促成知识创新、特别是原始创新的重要因素。如今我们已经很难在国际顶尖研究当中找到界限清晰的学科概念了，几乎每一项重大突破都是学科交叉“跨”出来的。





跨学科的热度有多高，别的不说，仅“跨”在disciplinary（学科）的英文前缀就有inter-、multi-、cross-、trans-等诸多选项，并且各有侧重，各安其位。对应于中文世界，如果细究，可以被一一对应翻译为“跨学科”“多学科”“交叉学科”“超学科”等，或者通俗化为跨界、混搭、杂化、拼盘、乱炖……万变不离其宗，本质是把不同的元素连接起来，是一种建构式创新。

跨学科已是大势所趋和众望所归。本书基于知识生产与交叉方式，将新兴交叉学科生长模式大略分为边缘生长型、问题聚合型和横断叠加型（参见表31）。

**表31　　新兴交叉学科生长模型**

| 生长模式 | 边缘生长型 | 问题聚合型 | 横断叠加型 |
|---|---|---|---|
| 生成逻辑 | 以学科为中心<br>（知识生产模式Ⅰ） | 以问题为中心<br>（知识生产模式Ⅱ） | 新生横断学科<br>或与之融合 |
| 生成方式 | B = A1 + A2 + A3… | B = f（问题） | B = Ai + 横断学科 |
| 生成过程 | 自组织 | 问题域引导 | 大跨度整合叠加 |
| 价值追求 | 求真 | 求用 | 求新 |
| 范例 | 物理化学<br>制度经济学<br>生态哲学<br>量子信息科学 | 管理科学与工程<br>集成电路科学与工程<br>生物医学伦理学<br>行为科学 | +安全<br>+智能<br>+绿色<br>+健康 |

以教育部新设第14大交叉学科门类为例，“集成电路科学与工程”属于问题聚合型，针对国家高精尖缺领域集成创新的迫切需求，集合了电子科学与技术、材料学、物理学等学科的相关班底；“国家安全学”属于横断叠加型，与不同学科门类结合，会发展出国土安全、经济安全、产业安全、政治安全、军事安全、文化安全、科技安全等分支。

1985年，我国召开了全国首届交叉科学学术研讨会，钱学森、钱三强、钱伟长等著名学者讲话，钱三强预言道：“21世纪将是一个交叉科学时代。”这些年来，我国高校日渐重视和推进跨学科，积极倡导文、理、工、医、农等学科间相互渗透结合，推进各类跨学科计划、项目和研究平台。例如，清华大学成立多个校院两级跨学科交叉研究机构，设立了促进交叉研究的专项基金；北京大学设立前沿交叉学科研究院；浙江大学启动了面向2030的学科会聚研究计划，形成了双脑计划、天工计划、精准医学计划等交叉研究计划；2022年9月，香港科技大学（广州）打破传统学科架构，首设4大“枢纽”和15个“学域”架构，替代传统的“学院”和“学系”二级架构，意在促进新兴学科和前沿学科发展。

针对我国高校情况，借鉴海内外学科交叉案例，补充两点建议：

第一，以跨学科建筑提供物理创新空间。与传统的将学科分开的研发建筑不同，跨学科建筑目的是将不同学术背景、趋同研究主题的实验室聚集在一起，激发不同学科科研人员的对话与交流。斯坦福 Bio－X 以解决生命科学中的重大问题为宗旨将不同学系聚集于克拉克中心，以及北卡罗来纳大学艺术与人文研究院和海德厅，都是跨学科研究建筑作为公共空间的典型案例。

第二，以机制改革保障学科交叉融合。当前，跨学科研究机构在实际发展中面临制度性难题，需从教师流动机制、资源管理分配等方面进行变革。①探索联合聘任（Joint appointment）、集群教师、校内博士后等人才工作机制。②建立利益联动机制。跨学科成果认定及收益分配关系到个人和机构业绩等核心利益，类似于科技成果转化需“先确权再转化”，跨学科研究需“先确权再联合”，完善收益分配和学科资源分配机制。③强化数据开放和资源共享机制。

### 学科建设波士顿四象限模型

优势学科和潜力学科是建设高水平大学的基础。从比较优势的角度出发，要综合衡量自己的实力和竞争优势，发展提高自己的优势学科，加快建设一批潜力学科。通过重点支持投入，加快潜力学科向优势学科发展，进而拉动其他相近学科的协调发展，形成高峰凸显、高原崛起的发展态势，在保持特色的基础上推进“有所为，有所不为；有所先为，有所后为”的非均衡发展策略。

波士顿矩阵又称为“市场增长率 - 相对市场份额矩阵”“四象限分析法”等，是分析和规划企业内部产品组合的方法。该模型把产品组合分为“明星”“金牛”“问题”和“瘦狗”四个象限，据此来把握产品现状、预测市场变化和配置企业资源。

2017 年我们运用科学引文数据做过一份校本研究报告《大学排名的博弈》，其中一章即借镜波士顿矩阵进行学科分析（参见图 9）。根据各学科的发文和引文数据进行测算，可以直观地看到每个竞争优势所处的相对位置，据此研判各学科的发展态势，并相应调整发展策略。





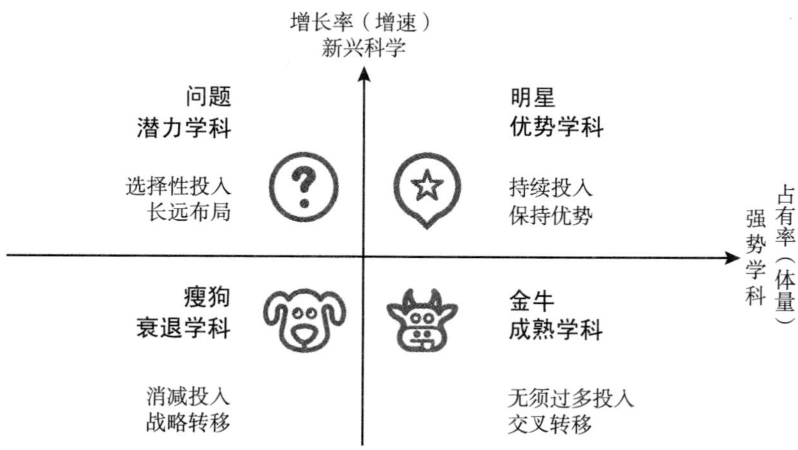


**图 9　学科态势象限模型**

在这个代表学科发展态势的矩阵图中：横轴代表相对于全学科的发文数量占比，中线为全学科发文的平均数，越向右代表占有率越高，发文数量占据优势，意味着是强势学科、主流学科。纵轴代表发文的增长率，中线之上表示超过世界平均水平，越向上则发展速度越快，代表着新兴学科、前沿学科具有较大的发展空间。

横纵轴分隔出的四个象限，分别代表“明星”“金牛”“问题”“瘦狗”，根据波士顿矩阵制定的学科发展策略见表 32。

表 32　　根据学科发展象限模型制定学科发展策略

| 象限 | 学科 | 占有率增减趋势 | 收益率 | 所需投入 |
|---|---|---|---|---|
| 明星 | 优势学科 | 保持 | 高 | 高 |
| 金牛 | 成熟学科 | 保持 | 高 | 低 |
| 问题 | 潜力学科 | 增加 | 没有 | 非常高 |
| 瘦狗 | 衰退学科 | 削减/放弃 | 低/负 | 0 |

### 明星象限·优势学科

位于明星象限的学科，是未来一段时期欣欣向荣的优势学科，既有体量又有增量，不仅自身的学科竞争力强，在学科梯队、科研基础和学科条件等方面具有相对优势，具有较好的占有率；而且该学科主题在整个学科版图内具有强增长性。对于优势学科应明确学科发展重点、强化竞争优势。

发展策略：持续投入，保持优势。持续人、财、物投入，树立长远愿景，保持现有优势，加强竞争地位。

### 金牛象限·成熟学科

位于金牛象限的是处于成熟期的主流学科，表现为低增长率和高占有率。因业已成熟，学科整体增长率低，边际效益不高，按照企业的经营理念就是：无须加大投资扩大规模，应成为企业的资金池，支持其他产品，尤其要当明星产品投资的后盾。通俗的语言是要“挤金牛的奶”，为其他更有潜质的学科提供资源。

转化为学科语言，可以理解为：可以借助相关人才和知识储备，支持其他学科、形成交叉学科，尤其是将资源转向优势学科，成为有力后盾。

发展策略：无须过多投入、交叉转移。成熟学科不需要过多的资金投入，可以提前布局，借助相关人才和知识储备，加大交叉合作力度，有策略地将学科资源引导向优势学科和重点支持的潜力学科转移。

### 问题象限·潜力学科

位于问题象限的学科属于潜力学科，处于学科生命周期中的新兴学科范畴，具备高增长率，具有较大发展空间；但目前竞争力还不强，实力尚不突出。潜力学科往往处于学科发展的前期、引入期、潜伏期，机遇与风险并存。

发展策略：选择性投入、长远布局。对潜力学科应采取选择性发展战略，有所为有所不为，在符合学校整体利益的情况下，可以将精选的潜力学科列入学校中长期规划，加大资源投入和政策扶持，与优势机构合作等，促进早日转化为优势学科。

瘦狗象限·衰退学科

位于瘦狗象限的是衰退学科，处在低增长率、低占有率象限。投资回报率低，每况愈下，很难为学校带来增量和收益。

发展策略：削减投入、战略转移。对此类学科应采用撤退战略，削减投入，逐步减少体量，进行裁撤、淘汰、合并、重组，敢于用奥卡姆剃刀做减法，把相关的人才、资金、科研条件等发展性资源向优势学科转移，实现学科结构的重组与优化。



## 走向协同丨高校技术创新的未来

### 打好关键核心技术攻坚战

技术创新是指开发新技术和创造新组合，科学发现和技术发明成果的具体应用，本质上是知识、经济一体化过程。按照通常规律，技术创新的主体是企业，高校可以与企业、科研院所等一道，协同参与技术创新。技术创新之关键，在于着眼产业变革方向，加强原创性、引领性技术前瞻，开展战略性储备性技术研发项目，其中开展关键核心技术攻关是重中之重。

关键核心技术，一般指控制着同行业技术制高点的技术体系，具有不可替代、不易掌握、难以超越的关键核心作用。关键核心技术攻关，往往具有成本高、见效慢、不确定性和外溢性强、创新主体多元和协同要求高等特点。尤其当前形势下，我国许多产业在国际化竞争中不仅受到美欧等发达国家的技术封锁和贸易制裁等“高端卡位”，也面临着新兴经济体更低成本竞争优势所形成的“底部挤压”，在关键核心技术上面临的“卡脖子”问题进一步凸显，万众瞩目，至关重要。

西方大量实践表明，关键核心技术的突破，大都是在国家重大战略布局下取得的，需要由政府以超常规形式来组织动员政、产、学、研、用等全方位力量，甚至是非常规集中配置相关要素，通过体系化能力设计和强战略规划引领，促进纵深交叉布局，以举国之力来取得集中突破。例如，在政府主导下大手笔投资研发与技术采购，包括美国的“曼哈顿计划”“国家纳米技术计划”“阿波罗计划”“半导体研发计划”等，在过去60年，美国累计投入4万亿美元用于研究与开发。更进一步地，欧美通过立法等提供制度环境，对其他国家的技术进步进行追踪阻击，如2022年8月拜登政府签发的“芯片法案”。技术创新之争，是一场海陆空综合的立体化、体系化能力之大决战，其疾如风，其徐如林，侵掠如火，不动如山！

**如何张榜？如何选帅？如何保障？**

习近平总书记强调，“可以探索搞揭榜挂帅，把需要的关键核心技术项目张出榜来，英雄不论出处，谁有本事谁就揭榜。”瞄准关键核心技术“揭榜挂帅”，建立一套选贤任能、让能者脱颖而出的体制机制，是构建自主可控安全高效的现代产业体系的重要举措。

“揭榜挂帅”在我国部分科技领域已有一些探索。例如新冠疫苗研发中，多个团队“揭榜”，分别沿着不同技术路线加速攻关赛马，为战胜疫情、构建人类卫生健康共同体提供科学技术支撑。一些地区在探索“揭榜挂帅”机制中也取得了较好成效，如江苏在探索科技核心技术攻关中，形成了“任务定榜、挂帅揭榜”“前沿引榜、团队揭榜”“企业出榜、全球揭榜”“需求张榜、在线揭榜”四种模式。然而，作为有别于传统科研项目组织的新范式，“揭榜挂帅”实践还有待进一步释放影响力，需要在顶层设计、项目实施、过程监管、评价验收等环节不断探索和深化改革。

传统科研项目的顶层设计，一般由学术专家科学问题导向的论证和指南任务布局，限制了“榜”的来源多元化和解决问题的多途径化；由于指南申报需求规模大，而预算资助有限，项目竞争激烈，使得资历尚浅的研究者和“非圈内”人士及方案被排除在资助范围外，导致学科固化、交叉融合不足，帅才难出。项目管理中常常重申请结题、轻问题解决，导致项目实施完毕，但“卡脖子”的技术仍未取得突破和应用之现象。

从科技管理的角度来看“揭榜挂帅”的要素，主客体分别是“榜”和“帅”，必须把握好“如何张榜”和“如何选帅”两大环节，并将“如何保障”作为确保体制机制高效运行的重要因素。

## 以更加宏大的视野去“张榜”

从国家紧迫需要和长远战略需求出发，加强顶层设计，以使命驱动和问题导向设立六个榜：

一是重大使命榜。按照国家战略与安全、产业竞争力、重大民生需求确定科技攻关任务，尤其要落实“以人民为中心”的理念，把人民生命健康放在首位，例如，重大传染病疫情的技术保障、污染管控修复与资源化、应急管理技术。

二是战略任务榜。面向国家重大需求，围绕关键核心技术自主化，形成原创性、标志性成果，提供技术储备和战略支撑。例如，服务碳中和目标的核心技术。

三是产业需求榜。面向经济主战场，创新链对接产业链，解决产业“卡脖子”问题，着力建立自主可控安全高效的现代产业体系。例如，光刻胶、超纯试剂、高端软件等。





四是科技前沿榜。面向世界科技前沿，探索前沿性、原创性科学技术问题发现和凝练机制，推进一批长周期、高风险的重大研究项目。例如，合成生物学、微纳跨尺度制造等。

五是国际借鉴榜。美国国家科学基金会（NSF）、美国国立卫生研究院（NIH）、美国国防部高级研究计划局（DARPA）、美国国家航空航天局（NASA）等机构在科技悬赏项目实施、资助与管理等方面提供了若干可资借鉴的清单和案例。例如，量子飞跃计划、再生医学、脑科学计划等。

六是专利空白榜。发挥专利导航在创新资源配置中的作用，注重在新兴领域、交叉领域、特色领域凝练问题，填补专利地图空白。例如，高端医疗器械、分析检测仪器设备等。

## 以更加开放的思路去“选帅”

一是分类遴选。针对重大问题榜、战略任务榜，宜由战略科技力量牵头实施，统筹安排基础研究、应用研究和技术创新任务；针对产业需求榜，宜建立企业牵头主导的科技攻关机制，支持龙头企业整合科研院所和高校力量形成创新联合体；针对科技前沿榜，宜择优委托国家实验室、国家重点实验室、省级重点实验室等牵头实施；针对国际借鉴榜、专利空白榜，采用开放竞争、猎头甚至是众包等方式，在全球范围内择优遴选科学家和研究团队。

二是协同作战。强调开源共享，打破不同创新主体间的边界约束，推动知识和信息畅通流动，强化行业龙头企业的垂直整合能力，形成政府、科技界、产业界和用户多方参与的任务型创新联合体（项目公司）。

三是充分竞争。坚持发挥好市场在资源配置中的主导作用，采用不设门槛、差额入围、平行竞争研发等公开竞标方式，选取或整合最好的标的及方案，交由不同的团队独立或联合攻关，健全奖补结合的资金支持机制，实现创新价值最大化。

### 以更加精准的机制去保障

“揭榜挂帅”制度落到实处，归根到底要强化政策规划引导和创新环境营造，围绕关键核心技术攻关，优化科技资源配置、激发创新主体活力、完善科技创新体系。

一是推行技术总师负责机制。给予科研人员更多自主权，与挂帅者签署责任书，实行“挂帅出征、挂图作战、挂责问效”，建立服务于目标实现的管理方式和资金使用制度，推动项目、基地、人才、资金、数据等一体化配置。

二是建立分级责任和契约机制。打造鼓励创新的容错氛围，既要给予揭榜者充分信任和授权，也要明确目标责任、强化问责考核，建立责权统一、激励和约束并重的管理机制。

三是优化创新要素流转机制。促进信息、激励、资源等创新要素在高等院校、科研机构和企业间有序流动，引入高层次人才“转会”制，建立有偿使用的资源配置体制，探索以股权为纽带的创新链与产业链耦合机制。

## 多元共轭协同创新模型

政府、企业、高校、社会公众等作为技术创新体系的主体，关系日益错综复杂。此处综述研究它们之间关系的理论模型，包括三角模型、三螺旋模型和四螺旋模型，并基于既有理论提出多元共轭模型，以及探索混合所有制的 PPP 模式。

### 三角模型・官产学三角协调

伯顿・克拉克总结了高等教育的三种理想模型：国家控制模式、学术自治模式和市场导向模式，构建了一个由政府、市场和学术三方力量组成的“三角协调”模型（见图 10），成为分析高等教育治理的经典理论。

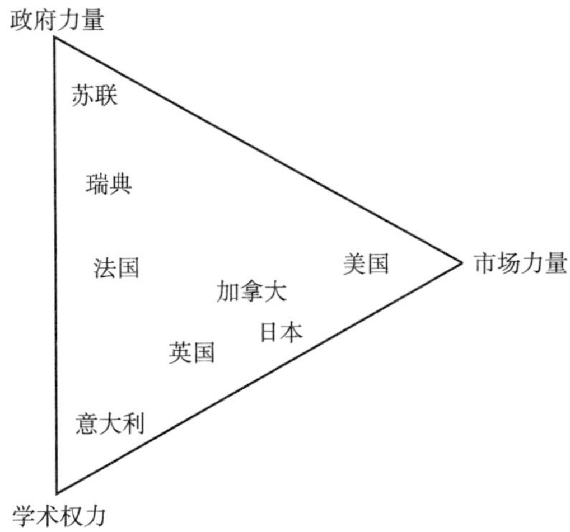


**图 10　伯顿·克拉克的三角协调模型**





他用该模型分别对美国、英国、苏联等八个典型国家进行了考察分析，他们在三角形中不同的位置，代表着三种要素不同程度的组合。其中：苏联是计划经济体制的代表，政府为大学提供大部分经费，国家权力居绝对支配地位，因此“居庙堂之高”，傲然于“政府力量”顶端；美国则是市场经济体制的代表，是市场化最彻底的国家，故而“处江湖之远”地占据了另一头；宁静温暖的意大利相对保守，基本沿袭了欧洲大学“学术至上”的运作传统，安居于“学术权力”一角。实际上，透过伯顿·克拉克近乎白描手法所绘制的“权力三角”，观察“政府—市场—学术”三寡头的关系，我们似乎能从中解读出超越了高等教育范畴的政治与经济味道。

### 三螺旋模型·官产学协同创新

20 世纪末，立足于对知识经济、知识社会和大学“知识资本化”“技术产业化”的理解，美国的亨利·埃茨科威兹[①]和荷兰的洛埃特·雷迭斯多夫[②]等人注意到了“大学—产业—政府”三方复杂互动关系，将三者的关系置入三维空间，考虑其动态关系。他们组织召开了国际三螺旋研讨会，提出了官产学“三

---

① 亨利·埃茨科威兹（Henry Etzkowitz，1940 ~），国际三螺旋协会主席，美国斯坦福大学研究员。著有《三螺旋》等。

② 洛埃特·雷迭斯多夫（Loet Leydesdorff，1948 ~），荷兰社会学家、科学计量学家。著有《以知识为基础的经济之建模、测度与模拟》等。

螺旋”关系模型（见图 11）。

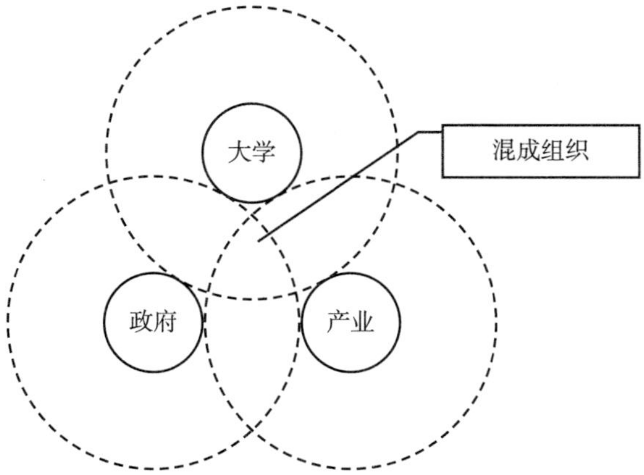


**图 11　三螺旋（有核）协同创新模型**

“三螺旋”是从社会学的视角来研究创新活动的组织实现问题。大学、产业、政府三方不仅是创新的要素，而且是活动的主体。传统的组织边界以及功能划分被打破，大学贡献前沿知识，政府提供有效政策和管理，产业生产前沿的技术和产品。三者交互协同，形成混沌的创新流，不断推动创新螺旋式上升。在创新过程中，大学—产业—政府三者相对独立却又协同作用、功能互补、利益互惠、密切合作。知识分别在三个范畴内流动：一是三个主体（核）内部；二是两两互动；三是在三方重叠形成的混成组织里，例如研究中心、孵化器、科技园、技术转移中心、衍生企业等。

埃茨科维兹进一步提出区域创新的三螺旋空间的概念。它由三个空间组成，即知识空间、共识空间和创新空间。知识空间，意味着需要一定规模与层次的大学与研究机构，以促成知识空间的“临界质量①”为目的，通过知识溢出转化为生产力，为区域发展提供知识源泉。共识空间，是相关参与者在一起工作，通过创新互动协作、反复分析论证等过程形成共享理念。创新空间，指通过科学技术、商业知识与资本的结合，形成创新体制机制，构建混成组织，建设开展创新活动。翻译成通俗的语言，就是大学聚集、创新者云集、合作平台汇集，彼此重叠、相辅作用。

① 临界质量，是指维持核子连锁反应所需的裂变材料达到一定的临界点的质量。

## 四螺旋模型 · 官产学用开放式创新

面对日益严重的资源环境、文明冲突、社会撕裂等，随着用户导向创新理论的提出，进一步发展出了协同“大学—政府—产业—公众（媒介和文化）”四方的“四螺旋”创新生态系统理念（见图 12）。该理论关注广域范围内的开放式创新，关注多主体在跨区域、跨部门、跨文化背景下的动态互融关系，重视用户对行业发展的反馈作用，从创新源头上应对挑战。

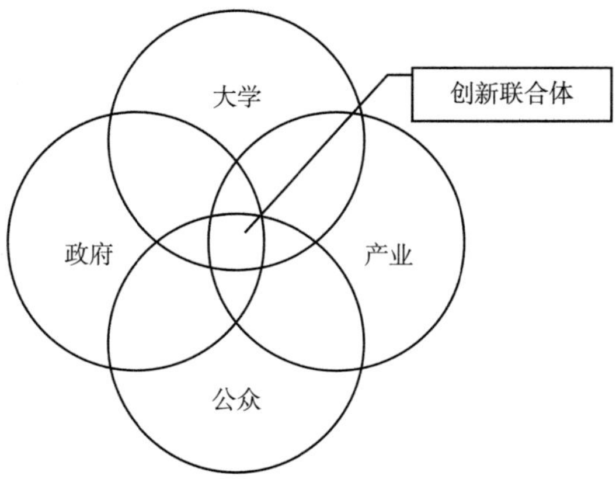


**图 12　四螺旋开放式创新模型**





## 共轭模型 · 多元共轭协同创新

随着科技活动进入高度组织化的“大科学”时代，越来越多元的主体参与创新。为了更加贴近于市场，服务于日益分散化和个性化的需求，形成了大学、科研院所、产业、政府、金融、公众、科技中介等多元创新主体共治、一起参与创新体系构建的局面。对这种现象，借化学领域的“共轭”概念，来隐喻此时的多重主体的互动关系。

“共轭”英文为 conjugate。仔细琢磨一下它的中文，“轭”这个字内有乾坤，它本意是指驾车时搁在牛马颈上的曲木，“共轭”就是把木头搭在并排的几个牛马脖子上，相当于一个联动系统，牢牢把控了整个汽车的动力输出。将这样一个共襄盛举的过程类比到学科术语，例如数学的共轭复数，是指虚数部分互为相反数。化学上的共轭，是共价键单双交替、一二一二排开，例如最常见的苯环的离域大 π 键，这样的内能更小，结构更稳定。借用化学共轭的概念，用一个六元共轭苯环的电子结构来绘制示意图（见图 13）：

来看看这个美不胜收的共轭结构：相邻的这些原子的电子云轨道连片交叠着，电子在轨道里自由驰骋，为整个体系带来活力，你中有我、我中有你，血浓于水、互通有无，成为亲密可靠牢不可破的战友，仿佛共享循环系统的连体人，似一个灶上搭伙的好兄弟……靠得紧密，连得扎实，合作得亲密无间。





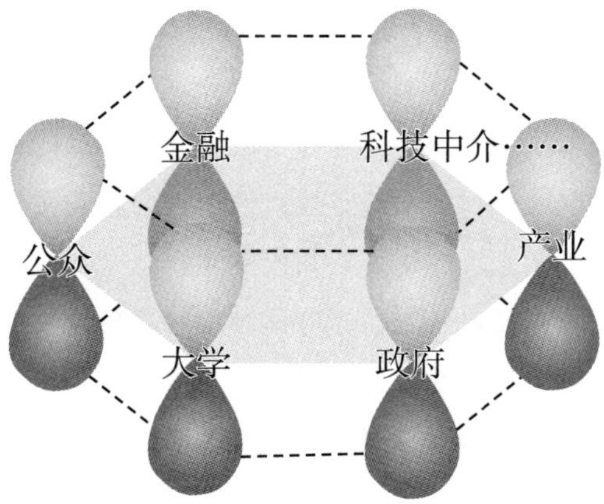


**图 13　多元创新主体的共轭模型**

就本质而言，共轭模型展示了每一个创新主体（原子）围绕技术创新和产业化目标（π 轨道），进行创新要素（π 电子）供给与交换（离域运动）的一个复杂系统。

## PPP 模型 • 校企利益共同体

PPP 模式是调节政府、教育与市场关系的重要手段，是深化教育办学模式改革的举措之一。PPP 模式是指政府等公共部门与私人部门的合作伙伴关系，目前在国际上已运用到几乎所有的领域，包括基础设施等“硬经济”，以及产学研合作研发、技术转移、校企合作培养等“软经济”。

从 2013 年起，我国开始正式广泛推行 PPP 合作，从 2015 年起开始提出推进科技等领域的 PPP 合作，并且不断强化企业在合作研发中的地位，促进实现科技与经济的有效结合。PPP 模式作为混合所有制改革的重要表现形式，具有独特的优势：

一是以契约形式明确了多元主体的合作伙伴关系，形成了一种有效的协同共治模式。各主体在契约保证下，发挥各自优势，实现通力合作，促进官产学之间的合作研发、知识共享、课程共建、人才共育、成果共用，确保各方共同获得收益、共同承担风险。

二是通过利益纽带强化了校企合作，提高了企业的参与度和责任感。将隐性的利益相关者转向显性的利益共同体，引导企业深度参与办学，成为真正的办学主体之一，推动校企合作走向深入务实。传统的校企合作往往以学校为主导，企业积极性不高，毕竟“商人无利不起早”，学校一头热、但企业缺乏利益动机，无法形成有效激励。通过 PPP 模式有效设计，可以提高企业的参与热情，一方面由协议明确了各利益相关者的权责边界，约定运作管理、风险监控、利益分配、绩效考核等，减少了合作项目的不确定性；另一方面企业可以以与政府平等的身份参与项目管理，增加了企业的话语权和积极性。

三是 PPP 模式具有融资功能，可以纾解政府和高校的财政压力。运用 PPP 模式，公私部门通过建立合作伙伴关系，引入以企业资本为主体的社会资源，能够弥补政府财政投入不足的弊端，提高资源配置效率。

PPP 项目主要适用于具有公共物品特性的项目。例如，产业共性技术研发具有准公共产品的属性，比较适合使用 PPP 模式；又如为学生提供生产实习实训基地，可以更好地发挥企业在实践教学端的作用。

诚然，由于当前高校 PPP 模式存在主体界定不清、风险分担机制不明等问题，实践中并不多见。但不妨碍深入探索，通过委托代理机制和博弈分析，完善风险边界和利益联动机制，真正发挥其优越之处，有其用武之地。

# 第7章 校城互动案例

*世上只有一种英雄主义，就是在看清了生活的真相之后，依然热爱生活。*

*——罗曼·罗兰*

## 斯坦福大学·硅去来兮

虽说文无第一，很难断定世界最好的高校是哪一所。但是斯坦福大学有两点是世界上任何大学都比不了的，第一是具有最均衡的一流学科分布；第二是众多改变世界的伟大科技公司的摇篮。

斯坦福大学是世界上最优秀的大学之一，充满传奇，屡创奇迹。成立于1885年，那时候特斯拉的交流电机才刚刚发明，西部大开发正兴起，加州还相当落后，忙着修铁路搞基建，驱离原住民，颁发《排华法案》，文明程度似乎也不够昌盛。在斯坦福大学成立后的60载岁月中，屡屡遭受财务危机、挣扎蹒跚、默默无闻。直到第二次世界大战后才抓住了电子信息产业快速发展的风口，由一所地区性大学一跃成为世界顶尖大学，并开创了大学科技园模式，助推旧金山湾区成为世界高科技中心——硅谷。回溯起来无非是短短120多年的历史。所以，国运当头，大势所趋，“四个自信”真是不可或缺。办大学也需要李书福那种“造车就是四个轮子加一个沙发”铁憨憨式质朴勇气。

### 源委·草根逆袭终封侯

关于斯坦福大学的各种传奇故事在网上广为流传，有些是真的，有些是杜撰的。其中传播最广的段子是这样的——

有一对乡下夫妇，找到哈佛大学，提出为哈佛大学捐一栋大楼。哈佛大学的校长很傲慢地说，捐一栋楼要一百万，然后三言两语便把这对老夫妇打发走了。这对老夫妇一边走一边唠叨，才一百万，才一百万。他们有一个亿要捐，于是干脆自己捐了所大学，就是今天的斯坦福大学。

这一讹传被翻译成各种文字，人人争说，以至于斯坦福大学不得不在官方网站上公开辟谣。其实，阿马萨·利兰·斯坦福先生①鼎鼎大名，是时任加州州长及参议员，加州的铁路大王。真实故事在斯坦福大学博物馆有详细记载。

如前所述，19 世纪美国高等教育落后于欧洲，斯坦福夫妇就像当时绝大多数的美国大亨一样，打算送独子小斯坦福去欧洲留学。不幸的是不满 16 岁的儿子在欧洲染伤寒去世，经受丧子之痛的夫妇俩悲痛不已，决定创建一所大学以表纪念，"以后所有加利福尼亚的小孩都是我们的孩子。"这所以儿子命名的大学即小利兰·斯坦福大学（Leland Stanford Junior University），简称斯坦福大学。



1885 年，斯坦福大学注册成立。如前所述，那是一个以杰出校长意志主导学校发展，百舸争流、千帆竞发的镀金时代。斯坦福先生走访了美国很多大学，例如到哈佛大学向校长艾略特取经，邀请康奈尔校长怀特主政。但是怀特婉言谢绝并举荐了自己的学生、印第安纳大学校长大卫·斯塔尔·乔丹②担任此职位。

初创的斯坦福大学从开张的第一天就打定主意，要办一个无宗派、给予男女同校教育公平、引导学生追求理想、强调合作与团体价值的大学。校训为德文"Die Luft der Freiheit weht"，是校长乔丹从文艺复兴时期著名骑士诗人乌尔里希·冯·胡滕③的诗句中摘抄出来的，意指"让自由之风劲吹"，表述了尊崇柏林大学"学术自由"思想之意。

乔丹在短短一年之内，邀请了 15 名来自印第安纳大学及康奈尔大学的教授，于 1891 年正式开始营业。第一批共有学生 500 名左右，这些学生不都是一年级新生，很多是从其他大学转过来的高年级学生。在首批斯坦福的学生中，走出了一

---

① 阿马萨·利兰·斯坦福（Amasa Leland Stanford，1824～1893 年），美国实业家、政治家，曾任加州州长（1862～1863 年）和美国参议院议员（1885～1893 年）。

② 大卫·斯塔尔·乔丹（David Starr Jordan，1851～1931 年），美国鱼类学家、教育家。印第安纳大学校长（1879～1891 年）和斯坦福大学第一位校长（1891～1913 年）。

③ 乌尔里希·冯·胡滕（Ulrich von Hutten，1488～1523 年），神圣罗马帝国骑士，德国人文主义者、桂冠诗人和讽刺作家，投身于新教宗教改革及日耳曼民族主义事业。著有《命运》《发烧》《武装起来》等富有战斗精神的作品。

位美国总统胡佛。

然而，创业之路相当坎坷。随着斯坦福于1893年逝世，学校面临严重的入不敷出的财政问题。遗孀简·斯坦福节衣缩食，将资产几乎全部用于学校的运转，勉强熬过了举步维艰的岁月。

可以说在斯坦福初创的一甲子岁月中，始终在应付持续不断的财务危机，其间还遭遇美国的经济大萧条、地震的严重损毁等。当东部的麻省理工等高校抓住第二次世界大战机遇，加强国防军事科研而迅速崛起时，身处西部的斯坦福大学并没能和联邦政策同频共振，错过了这一波发展机遇。第二次世界大战之后斯坦福大学再度深陷财务危机，几乎山穷水尽。

## 定位·靠船下篙定韬略

让斯坦福大学另辟蹊径柳暗花明的是弗雷德·特曼①。第二次世界大战后特曼从哈佛大学回到母校斯坦福大学，先后担任工学院院长和教务长。他提出了改弦更张的系列创举：

一是将转变办学定位，面向工业界开展合作，尤其要抓住战后产业需求脉搏，向无线电通信、生物科技等应用领域转型。之所以选择和工业界无缝对接，是因为斯坦福大学位于西部，地理位置远离政治中心，不像东部高校可以近水楼台先得月、从联邦政府拿经费做基础研究课题，只能差异化发展，从工业界找出路，从事距离商业化更近的应用研究项目。正是这个务实的定位让斯坦福大学化蛹成蝶。

二是提出协同聚焦型学术发展战略。协同多元力量，前沿科学+工程应用，学院+系+衍生企业，创业型科学家+工程师+企业家+风险资本家，将资源集中到少数关键领域，打造学术尖塔。很快斯坦福大学就在美国最热门的医学、法律、工程和商业领域，都拥有了最顶尖卡司。

三是盘活地产，创建大学科技园。斯坦福夫妇留下的33.1平方公里土地（相当于北大和清华面积总和的6倍）长期闲置，但根据遗嘱还不得出售。于是特曼建议学校以象征性地租形式将之租赁，1951年创建了“斯坦福科技园”。此举不

① 弗雷德·特曼（Frederick Emmons Terman，1900～1982年）美国电机工程专家，曾任斯坦福大学工程院院长、教务长，创建斯坦福工业园，与威廉·肖克利并成为“硅谷之父”。著有《电子与无线电工程》。

仅解决了斯坦福大学的财政问题，助推学校跻身世界一流，而且促进了硅谷的形成。所开创的“斯坦福—硅谷模式”成为大学科技园的典范之作。

## 升维·跨界育人新范式

### 通专结合培养创新型企业家

人们常说：哈佛难进，麻省难出。斯坦福大学则是既难进又难出。录取率几乎全美最低，网罗了全世界各领域的精英。

在人才培养上，既强调通识教育，又强调专业教育。“麻省理工的人不会写，哈佛的人不会算”，但是斯坦福的人却是既会写，又会算，而且特别能挣钱。采用三学期的学制，课程多、压力大，人才培养质量控制非常严格，本科生的四年毕业率只有75%左右，博士生淘汰率更高。





纽曼的博雅教育思想认为，学生之间的相互学习交流甚至比书本知识更重要，所以寄宿学院制成为精英人才培养的标配，鼓励大家吃住学在一起。斯坦福大学将这一理念进行了新的演绎，通过做项目的形式把学生们聚集在一起，一道帮扶成长。

斯坦福大学校训是“让自由之风劲吹”。比之美国东部名校相对传统的欧式做派；斯坦福大学是更典型的美式作风，更注重学生的自由发展。例如，医学院敢于放权，将给教授的一部分经费直接给了博士生，通过平衡学生和教授的关系给予学生研究的自主权；而哈佛大学和耶鲁大学则是给予学生时间的自主权。二者逻辑一致，路径相左。

斯坦福大学擅长培养创新型企业家。坐拥硅谷，斯坦福大学和工业界联系非常紧密。无论是教授还是他们的学生都可以借此承接工业界的项目，锻炼解决实际问题的本领，进一步促使斯坦福培养和锻炼了大批创新创业人才。单纯从技术角度来讲，斯坦福毕业的工程师未必就比伯克利和麻省理工的强；但如果要想成为未来工业界的领袖，或通过发明创造来改变世界，去斯坦福是不二之选。从20世纪80年代起，斯坦福的师生成功地创办了许多著名的高科技企业或项目，比如思科、太阳、硅图、美思普、雅虎、谷歌、Instagram 和 Snapchat 等。硅谷正是靠着这些从斯坦福大学走出的科技创业者才得以常青。

斯坦福大学为硅谷的工程师们提供了非常便利的终身教育进修机会，可以非全日制攻读硕士和博士学位；或者去斯坦福商学院充电，进修 MBA 课程或者 EM-

BA 课程；并且为受教育者提供远程教育。反之，这些有工作经验的学生进入斯坦福大学后，也带来了工业界的课题，加深了学术界和工业界的连接。

## 设计思维培养新工科人才

斯坦福大学哈素·普拉特纳设计学院（Hasso Plattner Institute of Design，简称 D. School）成立于 2004 年，最初由斯坦福大学机械工程系教授大卫·凯利（David Kelly）创办，2005 年获得哈素·普拉特纳（Hasso Plattner）捐赠进一步扩大规模。

D. School 并不是一个常规学院，不授予学位，也不附属于斯坦福任何一个院系，而是为全校工程、人文、商学、医学等各类学生开设 20 多门有关设计与创造力、创新创业、教育、社会、商业、领导力等方面结合的课程，是促进设计与工程技术、人文艺术、商业创新有机结合的创新中枢，其师资来自斯坦福大学以及硅谷产业界等。D. School 宗旨是培养独具创造力的创新者，以及孕育可持续的创新环境。

D. School 强调跨学科交叉和以学生为中心的体验式教育理念，培养和提升学生的“设计思维”能力。设计思维（Design Thinking），即利用工程和设计方法，将它与源自艺术领域的创意相结合，糅杂社会科学界的理念和工具，以及商业界的洞见。设计思维共有五个步骤：其一，同理心（Empathize），观察用户行为，了解用户真实想法，尽量去体验用户所体验的；其二，下定义（Define），定义项目/团队的立足点，阐述想解决的问题、短期目标、长远影响、基本方法等；其三，设想（Ideate），做头脑风暴，尽可能多地假设解决方案，再简化为具体方法；其四，原型制作（Prototype），用最短的时间和花销来制订出解决方案，D. School 强调共享设备资源，让学生快速、廉价地做产品原型；其五，测试（Test），通过测试产品原型来重新审视产品，甚至对项目任务等作出重新定义。

D. School 的设计思维课程充分体现了“做中学”的思想，要求学生不只是解决问题，更要充分定义什么是问题。设计思维还强调与真实世界的连接，不仅是课程由教师和产业领袖共同搭建的团队来讲授，其正在进行的项目也设计合作伙伴、利益相关等多方创新主体，有些课程结束后还能进阶为学生社团的跨年度项目。

以 Bio－X 为代表的跨学科研究范式

Bio－X 是斯坦福大学近 20 个独立的跨学科研究机构之一，与各个学院的行政级别一致，坐落于克拉克中心。看它的名称，Bio 为 Biology 的缩写，X 表示医学、工程学、物理学、化学等自然学科，可以理解为以解决生命科学中的重大问题为宗旨，基于 X 学科开展跨学科研究。最初由生物化学家詹姆士·斯普迪赫（James Spudich）和物理学家朱棣文于 1998 年共同发起，自成立以来，Bio－X 资助了一系列生物科技前沿领域研究，整合斯坦福大学多学科资源，成功破译了人类遗传基因密码，在生物科学研究领域取得了突破成就，产生了一批衍生企业和跨学科学者，已经成为学科交叉、融合的典范。

斯坦福大学拥有的类似跨学科研究机构还包括材料与能源科学研究所（SIMES）、吴蔡神经科学研究所、伍兹环境研究所等。主要存在五种类型的学科交叉、融合模式，分别是：化学＋生物学、文化＋经济学、环境＋气候、医药＋卫生保健、物理学＋材料科学＋能源＋太空。Bio－X 和吴蔡神经科学研究所的组织架构见表 33。





**表 33　　Bio－X 和吴蔡神经科学研究所的组织架构**

| 机构名称 | | 组织架构 |
|---|---|---|
| Bio－X | 领导层 | 斯坦福跨学科生命科学理事会、执行委员会、科学领导委员会、种子基金委员会 |
| | 科研人员 | 研究所研究员、克拉克中心研究员 |
| | 学员 | 博士生、博士后、本科生 |
| | 员工 | 管理团队、克拉克中心工作团队 |
| 吴蔡神经科学研究所 | 领导层 | 斯坦福跨学科生命科学理事会、执行委员会、顾问委员会 |
| | 科研人员 | 附属研究员、学院学者、荣誉教授、学术委员会 |
| | 学员 | 博士生、研究生 |
| | 员工 | 项目管理员、协调员、财务人员等 |

Bio－X 所在的克拉克中心位于医学院、工程学院和人文科学学院的交汇处。与传统的将学科分开的研究建筑不同，这座建筑的目的是激发不同学科科研人员偶遇，作为枢纽交叉科学蓬勃发展。例如，中心内较多桌椅都采用带轮子的设

计，各楼层以外露走廊代替传统过道，设计了可供展览、活动的中庭以及餐厅、咖啡厅等公共空间。斯坦福大学为 Bio－X 提供了丰富的共享研发设备，我们课题组所在的分子影像中心即在于此。

受克拉克中心成功经验的启示，斯坦福大学还有一些跨学科研究中心建筑也陆续投入使用。例如，杨致远和山崎明子环境与能源大楼（Y2E2），主要入驻了伍兹环境研究所、普雷科特能源研究所两个跨学科研究机构。吴蔡神经科学研究所和人类健康研究所（ChEM－H），同样采取了实验室大通间、中庭、多功能室、餐厅等公共空间设计。

Bio－X 和吴蔡神经科学研究所都有丰富的跨学科资助计划。例如，吴蔡神经科学研究所除了获得外部资助（如 NIH 资助项目）以外，还设有 5 种资助来加强和推动跨学科科研合作，分别是神经科学金点子、种子基金、研究加速器、转化神经科学、访问学者等。

Bio－X 的“跨学科倡议种子资助计划（IIP）”为生物工程、生物科学和生物医学领域高风险、高回报的跨学科项目提供资助。2000 年成立以来，IIP 大概每两年提供 400 万美元种子基金，每个项目的资助金额约为 20 万美元，目前已实施 11 轮（截至 2022 年），一共为 204 个跨学科项目提供了早期资助。资助项目普遍涉及生物、医学、环境、化学、物理、工程等领域，还包括统计学、音乐学、心理学、语言学等人文社会学科。IIP 不仅促进了学科交叉、融合，加速了创新步伐，还催生了技术转移和创业公司。据统计，前 7 轮 IIP 计划已为斯坦福大学带来超过 2.7 亿美元的外部资金。

## 有为·撸起袖子去创业

斯坦福大学最“独上高楼、望尽天涯路”之处，在于它所浸润和散发的浓浓的创业文化，可以与工业界之间实现无缝连接，对区域经济社会发展作出直接而巨大的贡献。

开辟了科技创业之路。传统的校企合作模式是由大学教授负责创新链的前段，形成技术后转移转让给企业；企业负责创新链后半段，实现技术的工程化和商业化，然后回馈一部分利润给大学。而斯坦福大学在完善的资本市场加持下，很多教授选择了“撸起袖子自己干”的方式，自己创办公司将技术商品化。

斯坦福大学的创业基于需求导向，而非技术导向。传统的大学教授和毕业生创业是源于自己擅长的专业和技术。比如麻省理工学院的毕业生办计算机公司、机器人公司，加州大学伯克利分校的毕业生办集成电路设计公司。而斯坦福大学则有不同的思路，更多地会从需求侧出发，因地制宜，靠船下篙，办了许多针对当下需要的应用型公司。

斯坦福大学的创业文化非常兴盛。以“创业”为主题的课程、高潮迭起。大牛云集的讲座，在这个硕大无朋的校园里比比皆是，就像分化的细胞们承载着自己的独特基因，成为融化在骨子里的独特气质。还有种类众多形式多样的创业类活动，例如一年一度的“斯坦福酷产品展览会”（Cool Product Expo），就是其中的一抹令人沉醉的胭脂红。展品多定位于电子、生命科技等领域，并不都是高深莫测的前沿高科技，但是不乏创意，符合所谓主题“酷炫”之意。网站上有链接，也不限于在斯坦福校内展出，产品也比较成熟，甚至有了定价和初步市场，只是需要更多阳光雨露以滋养。

创业是文化，是特色，也是传统。福布斯每年选出的“最具创业精神大学”，斯坦福大学都不遑多让地独占鳌头。如果斯坦福大学的教授没有办过公司，自己都会觉得不好意思。教授们的成功也鼓励了学生们，他们愿意到衍生企业、小公司去工作和实习，甚至宁愿退学去创办公司。正是在这样的文化中，源于斯坦福大学的公司不断地在硅谷诞生。

事实上整个硅谷都沉浸在创业空气之中。当人们将成就感和盈利模式更多投放在衍生企业而非房地产和股票时，当乔布斯和比尔·盖茨戴上了天神的光环，创新创业成为越来越多人的信仰、情怀和梦想，成了街头巷尾最热议的题材。湾区不仅仅有创业咖啡馆、创业餐馆，还有创业健身房、创业球场，更有很多创业教室，投资人和创业者像求偶季节的天堂鸟一样密匝在此，大把的热钱和烧脑的项目彼此碰撞着火花四溅，把创造的氛围撩拨得如火如荼。

为了鼓励创业，斯坦福大学为教授和学生的创业行动大开绿灯，鼓励教授用职务发明创办公司。对教授暂时离校创业非常宽容，甚至允许教授们在上交给学校一些公司收入后，免去教课的任务。并且在专利股权等方面给予扶持，事实上斯坦福大学并没有打算通过专利挣钱，采取相当开明和慷慨的激励制度，目的是从创业成功中获得回馈。有史以来，斯坦福大学在专利上获得的转让费和股权的收益不过10亿美元，这与它每年获得的10亿美元捐赠相比，不过是九牛一毛。

斯坦福大学还设有专门帮助学生创业的办公室，支持在校学生与企业家、投资家之间建立联系，不仅帮助学生寻找投资，而且学校自身就有一小笔天使投资投给自己的学生。

此外，大学基金会也是风险投资的重要来源之一。在2017～2018年，斯坦福的大学基金产生了30亿美元的投资收益。在过去五年时间里，斯坦福大学基金的投资收益率为9.4%，可见资金运作水平与活跃程度。很多知名风险投资人经常会在斯坦福大学讲课，前面提到的彼得·蒂尔等就曾经在斯坦福大学开课。斯坦福大学统计系所在的办公楼由红杉资本捐赠，被命名为红杉资本楼。

## 品味·多元文化共交融

### 多元包容的人文底蕴

斯坦福大学身处美国西部，整体气质要比东部高校开放和包容。教师和学生来自世界多个国家和地区。

斯坦福大学校园也体现了多元异质文化的交融荟萃，非常壮美大气、古朴浑厚。校园入口是一条宽阔的棕榈大道。与美国东部大学常见的巴洛克风格完全不同，也迥异于红砖大学、玻璃大学，斯坦福大学校园采用了不多见的南加州风格或曰西班牙风格。色彩上多为黄墙红瓦，以砂岩质地的粗粝，在蔚蓝天空衬托下，反衬出浓烈而温暖的调性。造型上突出了波浪起伏的古罗马式半圆形拱形门廊，围绕在长方形庭院四周，在加州艳阳中散发出迷人的光影和节奏。校园建筑不高，可以看到整洁辽阔的大草坪，质朴端庄的天主教堂，庄重敦实的胡福塔，内敛低调的博物馆，收藏丰富的罗丹雕塑公园等。

1903年罗斯福总统造访斯坦福大学，称赞校园的壮美，“你们的大学是经过如此优秀、忠于我们美国风格的建筑师精心设计，他设计的不是奴性时尚，而是将古加利福尼亚式风格套用到了一所新大学的建筑身上。一所在外观上如此独特的大学，配上峡谷地理格局及秀丽的天空，再加上这些漂亮的建筑物，如果它最后没有成为一所最为适合市民、最为适合学术发展的地方的话，我会感到非常失望。”

校园人文气息非常浓厚。斯坦福博物馆馆藏了大量罗丹的作品，包括《巴尔扎克》《地狱之门》《加莱义民》等，并有各个阶段设计稿，冷冰冰的青铜被赋予艺术家的血肉和情欲。馆藏的中国文物也有不少，甚至包括马家窑陶器。

有必要提一下斯坦福胡佛研究所（全称为胡佛战争、革命与和平研究所），作为一个智库，重视原始档案积累。其中馆藏最有名的档案是苏联档案，其价值可以与俄罗斯保存的档案相媲美。国人熟悉的蒋介石日记、蒋经国日记、宋子文日记等档案，均保存于斯。

## 体教结合的典范

桃李不言，下自成蹊。体育运动文化是美国文化的重要组成部分，斯坦福大学无疑又贡献了浓墨重彩的一笔，被媒体誉为“体教结合的典范”，是顶尖大学中为数不多专门设置了体育奖学金的学校，体育成绩常年在全美高校总排名中名列第一，多项赛事在全美大学体育协会（NCAA）名列第一，诞生了泰格·伍兹、麦肯罗等顶尖好手以及多个奥运会冠军，学校的游泳队经常是半支美国奥运游泳队。假如将斯坦福大学算作一个独立的国家，在奥运会中的排名可能达到世界前十名。

学校体育运动设施条件优渥，健身房、运动场馆云集，坐落在校园的各个角落，为运动健身创造了绝佳载体。同时，学校也提供了一些个性化和弹性化的体育课程，例如大家交口称赞的高尔夫球课，据说性价比奇高，可以玩中学、学中游，有无边美景可供欣赏。手续便捷，只需要提前一天在网上预订好套餐内的可选课程，到时就可以去上课了。

出没于校园各个角落享受运动快乐的俊男靓女，芳华烂漫，青春正好。除了在专业场所挥汗如雨，在校园内的各条干道上也随时可以看到跑步健身者，他们沐浴在加州的阳光下，步子坚定而优雅，日子恬淡而寂静。

校园南边则是一大片风光美好的山岗，很多人会在这里远足爬山，一圈下来约一两小时，可以俯瞰校园，也可以领略远近高低各不同的绝美山景，锻炼散心怡情一举三得，妙不可言。

## 一场美式毕业典礼

在烈日灼心中，我们举家前往，观看了斯坦福大学2016年度的毕业典礼。这是斯坦福大学第125个毕业典礼，欢送了1700多名学士、2500多名硕士和1300多名博士，同时也是约翰·轩尼诗（John Leroy Hennessy）校长的谢幕之作。幽默风趣、英姿勃发的轩尼诗校长即将结束16年的斯坦福校长生涯，把接力棒交给继任。

在我参加的大大小小几十个毕业典礼之中，此次的观礼别具一格。成千上万人集聚在斯坦福大学硕大无朋同时也无棚的露天体育场中，他们大多是毕业生的亲友，身着节日盛装，甚至还带着庆祝毕业的标语和气球，载着满满的喜悦和自豪，从世界各地云集而来，见证这重要的一刻。在欧美人心目中，毕业典礼与婚礼一样，是万万马虎不得的环节。而我们国人把庆祝时刻前移到了“金榜题名时”，可见关注点大不相同。

这是一个效率奇高、相当紧凑的典礼。在两个小时中，流畅地完成了各项动作。分别有：半小时的毕业生狂欢游行，校长团的盛装出席和离场，礼宾、司仪、各院系负责人庄严肃穆地串场和参与，演讲嘉宾的深情发挥，校长大人多次登台之倾情告白……当然，重头戏是以7个学院为单位，分别整齐划一地宣布授予学位，那阵势让我想起了北京奥运会开幕式的方阵表演。一切来得太快好似龙卷风，把现场气氛行云流水地带入了一个个小高潮。

然而感受最深刻的是“历史”两个字。是关键词，是基本点，是我半晌日光浴后的最强烈感受，想必也是轩尼诗校长和他的伙伴们试图阐述的最核心要素。我甚至觉得，整场活动包括演讲在内，看似为不经意的自由发挥，但内涵却是精心串起来的。这是一场形散神不散、颇具匠心的舞台剧，而穿针引线、游走于各个环节的线，就是“历史”这个关键词。

身着耀眼大红袍的轩尼诗校长必然是主角了，他先后出场多次，是本剧的实力担当。第一轮里，带领着大家一起为奥兰多枪击事件的和斯坦福强奸案的受害者祈祷，用“传统”二字定义了毕业典礼的意义，鼓励毕业生们转身向自己的亲友和所爱的人们致敬。之后，他为杰出人士颁奖，为演讲嘉宾做详细介绍和总结，为毕业生们颁发学位。在最后的环节里，他用了颇长的一段篇幅来感谢他的好搭档——教务长约翰·埃切门迪（John Etchemendy），感谢这位16年来手足情深的事业好伙伴的卓越贡献。据说这也是轩尼诗校长在每年毕业典礼的保留剧目，逐次都会浓墨重彩地介绍一位斯坦福历史上的关键人物。历史就这样点点滴滴累积了分量，成为万物生长的春风细雨。

“历史”也是演讲嘉宾肯·伯恩斯（Ken Burns）的主打曲目。这位制片人，因拍摄了《美国南北战争》（The Civil War）而名声大振，故对“历史”有深刻独到的见解，把战时美国总统林肯的名言语录更是引用得严丝合缝、信手拈来。美国的历史很短暂，比起中国历史的洋洋大观和浩如烟海来说，只是一个幼小的孩童，但并不妨碍他们对自己历史的珍爱和呵护。

因为珍重，故而敬畏。伯恩斯本着高度专注的精神将“历史”的文章娓娓道来，也在中途给了在场观众一个迅雷不及掩耳的政治表态——“216年来美国大选的候选者们都是称职的，唯独今年除外”。然后开始了兴致激昂地不点名地吐槽某位候选人先生（特朗普），时长超过了5分钟。他说，某人的当选好比让汽车新手去开波音747；判断美国将陷入分裂之万劫不复、此乃生死存亡之关头……这令人心碎的呐喊，让我想起了蒋介石1937年的讲话：“如果战端一开，那就是地无分南北，人无分老幼，无论何人，皆有守土抗战之责任，皆应抱定牺牲一切之决心”，让我这个旁观看热闹的人不顾道德地笑作一团。而演讲人猝不及防的坦白，也引来了在场观众的集体愕然，有人掌声雷动，也有人嘘声一片。我身边那位此前跟着国歌一起朗声高唱的女士就是其中愤愤不平的一员，她和周围几个人面面相觑，“哦！拜托！这是毕业典礼，不是政治集会！”，还有人愤然离场以明心迹。

不能肯定此番政治色彩满点的演讲是否刻意为之，但是全程轩尼诗校长在笑；讲完以后，校长还上台总结这是一个“启发灵感和诚实的演讲”，颇具“你懂的”真谛。斯坦福大学的校风是“让自由之风吹拂”，今天的风不知道是何级别，是起于青萍之末，还是卷起了一点点狂放不羁的小风波。





自由之风吹拂下，培养了一批乐观热情的毕业生。校长致辞最后一句说，“期待你们的成功，一定会的。”我也乐观其成，因为在他们身上满溢着青春勃发。

这次观礼，除收获了“政治小彩蛋”外，最大的惊喜是开场时半个小时的狂欢档，毕业生们身着各异，有组织有秩序有创意地分享着自己的喜悦。那一刻我是羡慕嫉妒的，人们需要这种经历——努力一番、激昂一回、挥洒一次、青春一度。这是个沉甸甸喜滋滋的毕业典礼，就像湾区漫山遍野的燕麦，瞬间爆发着蔓延开来，一片金色辉煌。

历史是什么？历史是任人打扮的小姑娘，是各花入各眼的锦簇花团，是根据观众需要而采取不同排列组合方式。研究历史更是为了看清今天，而那些历史的纷纷扰扰是是非非，真相也只有上帝才知道了。既然我们做不了上帝，那就做一个带着立场和主义的观察者。

### 无围·城校聚合硅谷兴

关于硅谷的研究汗牛充栋，《硅谷百年史》进行了全景式回顾和分析，将其成功总结为七项要素：“引擎”公司，智力资本的供应者，风险投资，天使投资和法律服务基础，晴朗和温暖的气候，移民涌入，创业与容忍失败的文化，追随梦想及改造世界的灵感。事实上，硅谷的成功不仅是创新要素的聚集，更重要的是这些要素之间的互动，形成了一个孵育创新的良性生态系统。

天时·从农夫果园到科技中心

湾区有很多博物馆，几乎填满了我的每个周末。例如圣何塞艺术博物馆、加州科学院、圣马刁历史博物馆、旧金山亚洲艺术博物馆、Triton 艺术博物馆，等等，当然斯坦福大学自己的博物馆也非常精彩。这些博物馆从不同视角，展现了发展一二三产业的不同侧面的硅谷。例如，在一个小镇的博物馆看到了杏园的介绍，得知这里在西拓之时本有“美利坚梅脯之都”之称。在计算机博物馆，可以看到硅谷信息产业成长之路，从电子技术和半导体技术（20 世纪 50 年代）、集成电路（20 世纪 60 年代）、微电子计算机（20 世纪 70 年代）、集成电路和计算机产业（20 世纪 80 年代）、计算机产业（20 世纪 90 年代）、互联网和社交网络（21 世纪）、移动互联网和大数据（21 世纪第二个十年）、人工智能和区块链（21 世纪 20 年代）等，不断兴起新的技术浪潮。此外，硅谷的生物医药和环保产业也实力非凡，例如在生命科学领域，硅谷位居全美第二。

斯坦福大学和硅谷的相互成就，通过斯坦福科技园得以实现。特曼在 1951 年提议设立了斯坦福科技业园，使得校园周边聚集了一些高科技企业，吸纳了大量的斯坦福毕业生，产生了紧密的产学互动、城校融合。谷歌、雅虎、YouTube 等就创办于斯坦福校园，所以有人把斯坦福大学称为“硅谷的震中”。据统计，硅谷的 22000 家高新技术企业中，有 1/3 的企业得益于斯坦福大学。特曼曾感慨：“当我们在硅谷刚刚开始创建一个技术专家组成的社区时，这里几乎一无所有，而世界看起来巨大无比。现在，世界的很大部分就在这里。”

此外，硅谷历史上还有一段很著名的故事——肖克利半导体实验室和“八叛徒”。威廉·肖克利①是发明晶体管的诺奖获得者，是天才更是伯乐，同时也有糟糕的臭脾气。肖克利回到家乡硅谷创业（1955 年），激活了硅谷半导体工业的创业连锁反应。尽管他自己带的团队没过两年就散了，但是团队中的八个科学家辞职，成立了仙童半导体公司，所谓“八叛徒”事件。而仙童半导体公司，几乎是半导体产业的黄埔军校，成为硅谷一大批高科技公司的源头。

70 多年的历史，让硅谷从“农场果园”摇身一变成为世人瞩目的“全球科技中心”。当今的硅谷经济体量可以排在美国所有州中的第 6 位，如果组为单一经

① 威廉·肖克利（William Bradford Shockley，1910～1989 年），美国物理学家。因发现了晶体管效应，获得 1956 年诺贝尔物理学奖，被称为“晶体管之父”。

济体，在世界上可以排在20位以内，超过瑞士和沙特阿拉伯。圣何塞都市圈和旧金山都市圈分别位列美国2017年经济最强劲地区的头两位。2017年，硅谷最核心的圣何塞都市圈人均产值为12.8万美元，富裕程度仅次于卡塔尔。

### 地利·阳光明媚气候宜人

硅谷并没有一个明确的地理范围定义，它不是一个统一的行政区域，也没有一个单一的地方政府管理，广义的硅谷可以包含整个湾区，本书中对湾区和硅谷不做刻意区分。硅谷的主要大城市包括旧金山和圣何塞，此外还有很多城市，包括英特尔所在的圣塔克拉拉、雅虎所在的森尼维尔、苹果所在的库比蒂诺、谷歌所在的山景城、斯坦福大学所在的帕洛阿尔托、脸书所在的门洛帕克、甲骨文所在的红木城等。





硅谷气候可谓得天独厚。一年四季相差不多，冬暖夏凉，常年气温在15~28度，紧邻太平洋却气候干爽，每天能和蓝天白云以及金色阳光相伴，据说地球上只有2%的土地拥有这种气候。除了适合做果园，这里的葡萄种植业也十分发达，附近有著名的葡萄酒产地纳帕谷。

很多人被这里的地中海气候吸引而来。例如，特曼离开波士顿回到硅谷，很大程度上就是为了挑个好环境颐养肺结核，果真病情也缓解了。保罗·格雷厄姆①在《怎样成为硅谷》里提到：为什么计算机学科实力很强的卡内基梅隆大学没有在其周围形成创新区？因为匹兹堡气候太差，远远比不过硅谷。在他看来，硅谷一直是吸引年轻人和乐观人士的磁石，是各种新事物的源头，滑雪、冲浪、瑜伽、冥想、禅修等新鲜事物和人们对新技术的狂热一样盛行于斯。

### 人和·活力创业生态支持系统

让我们来给硅谷的创业团队们做个大阅兵：

第一个走来的是学术方阵。高校以斯坦福大学、加州大学伯克利分校、加州大学旧金山分校、圣何塞州立大学为代表。此外还拥有劳伦斯伯克利国家实验室、斯坦福线性加速器两个美国国家实验室以及美国国家航空航天局埃姆斯研究中心等国家级研发机构。硅谷建在一个集中的世界顶级大学网络中。

---

① 保罗·格雷厄姆（Paul Graham，1965~），美国著名程序员、风险投资家、博客和技术作家。知名VC孵化器Y Combinator创始人。

这些学术机构吸引了来自全世界的人才。根据维基百科的统计，自 1901 年诺贝尔奖开始颁发以来，仅加州大学伯克利分校就有 107 名诺贝尔奖获得者，斯坦福大学有 83 名。而伯克利地形起伏，所以就有了著名的桥段，说在加州大学伯克利分校，拿到了诺贝尔奖唯一的待遇就是给一个固定车位。

第二个是高科技企业方阵。龙头企业包括大名鼎鼎的思科、英特尔、惠普、苹果、谷歌、高通、甲谷文、Adobe、赛门铁克、优步、Lyft、Yelp、Eventbrite、Stubhub、贝宝、Linkedin、Instagram、Zoom、eBay、Netflix、Facebook/Meta、推特、闪迪、英伟达、迈克菲、特斯拉、富兰克林资源和应用材料等。此外，许多领军企业也纷纷在硅谷设有研发中心或者办公室，比如微软、亚马逊、三星、华为、百度、阿里巴巴、腾讯等。在硅谷还看到了来自中国的产业园。硅谷市值在 10 亿美元级别的公司几乎全来自高科技产业，这些大公司也为硅谷带来了显著的知识溢出效应。在 2021 年，美国 43% 的风险资金流向硅谷；25 家新独角兽企业中，有 15 家位于硅谷。

第三个是风险投资和天使投资方阵。斯坦福周围的沙丘路 3000 号附近，集中了全美国 40% 左右的风险投资，包括凯鹏华盈、红杉资本等风险投资公司，以及 Y Combinator、Plugand Play 等孵化器和加速器。他们为产业发展提供了大量的资金和优质的投后服务。在湾区热钱之多之盛，会给人一种遍地黄金的错觉，因为餐馆里隔壁桌子随时有可能在谈几十亿的生意。

第四个方阵是法律服务方阵。除资金外，硅谷的法律服务也相当成熟。众多律师事务所可以为没有信用记录的初创公司提供一系列免费服务。之所以免费，就像前述热钱一样，因为它们很可能马上就在纳斯达克上市。此外加州法律也利好于初创公司，例如不在雇用合同中约定竞业禁止条款，有利于技术和创意的流动，促进知识的溢出。

当然，“硅谷最宝贵的是一种心态”，包括宽容失败的创业氛围、追逐梦想的西部开拓精神等。一批又一批的科技新贵上市融资，同时又有更多的企业失败，再重新站起来继续创业。硅谷本身就是一个充满生机活力的耗散系统，聚集着全世界的追梦者、造梦人，其中包括大量来自中国和印度的工程师。与此同时，硅谷的物价与房价也水涨船高，这里成了美国生活成本最高的地区。

## IMEC·摩尔定律的探路者

比利时很小，面积3万平方公里（不到两个北京市面积大）。麻雀虽小，但特色标签相当鲜明。比利时不仅在化工、生物医药、电子与通信、航空航天、汽车、可再生能源，以及现代物流等领域，拥有世界级的竞争力，甚至在诺贝尔奖获得者数量上（人均），也排在全球前20名以内。

距离布鲁塞尔25公里外的哥特风城市鲁汶，市中心面积不足9平方公里，也依旧很小，相当于北京天安门广场加上故宫。这里生长了古老的鲁汶大学和比利时微电子研究中心（Interuniversity Microelectronics Centre，IMEC）。

IMEC是世界顶尖的微电子研究中心，以微电子基础研究和产业应用的结合而著称于世。其最大特色为跨高校、跨机构打造创新联合体，开展核心技术攻关，通过共性技术突破带动产业发展，是协同创新2.0的典型示范。特色独具，且听道来。



### 开局·聚焦产业关键共性技术

在20世纪80年代时，已经风靡美国的微电子，在比利时还不是很发达。当时有6名有斯坦福经历的比利时教授，保守振兴实业之心，向弗莱芒政府谏言去解决大学与微电子产业协同发展的瓶颈——科研和产业的严重脱节。1984年，弗莱芒政府从善如流，拨款6200万欧元，在鲁汶大学旁就地取材组建了IMEC，定位是研发、培训和制造三位一体的非营利性机构。

IMEC原名翻译过来是“大学校际微电子中心”。顾名思义，当时有很多大学教授参与，产学研合作气质在初创时已然根深蒂固，但通常被叫作“比利时微电子研究中心”，也可称为“欧洲微电子研究中心”。其创建和摩尔定律有着扯不开的关系，创始人的愿景就是让互补金属氧化物半导体（CMOS）计算机芯片变得更小、更强大、更节能，目标是让摩尔定律照进现实——每24个月将集成电路芯片（IC）的功率翻一番。这意味着从一开始就在对标一条指数级增长的赛道，野心和雄心可想而知。

IMEC的管理架构是由董事会监督，董事会成员则来自工业界、弗拉芒大学和弗拉芒政府的代表等。这样的管理架构，让IMEC天然就具有官产学三螺旋合作的基因，与产业界紧密结合。

主要研究方向集中在微电子、纳米技术、辅助设计方法以及信息通信技术上，核心竞争力在于芯片技术。当今时代，谁能掌握芯片核心技术，谁就能走在世界科技前沿，走出"芯荒"。研究项目的选题标准是要超越工业应用5～10年的技术。在台积电量产5纳米之际，IMEC的研究重点已经转到2纳米及以下的工艺节点。

此外，IMEC延伸芯片技术特长，围绕着纳米和数字技术，在生命健康、智慧城市、智能移动、生产过程控制、能源等方面加大布局，在CMOS、集成光子学、生命科学、互联健康解决方案、传感和驱动、连接技术、计算系统架构、能源技术、氮化镓、人工智能等领域开展世界领先的研究工作。

创新模式聚焦产业关键共性技术，与产业所需的前沿技术紧密结合，技术上保持中立，不与企业争利，形成了与企业共同开发、共享成果、良性闭环的商业模式，对优化产业整体的生态系统贡献甚巨。对于一些可以自行处理的技术成果，有的转让，有的则对外出售，将技术进行商业变现和打造衍生企业等。

IMEC从成立至今38年，已快到不惑之年。为了让摩尔定律始终有效，提高芯片性能必须解决不断飙升的工作量和复杂性问题；同时将尖端半导体技术不断应用于越来越多的智能应用领域，包括可持续能源、健康和生命科学、工业4.0、农业、智慧城市和教育，等等。IMEC已经从最初的70人增加到5000名研发精英；从几千万欧元提升到7亿多欧元营业额，从一个新兴实验室发展成为一个广受赞誉的全球电子产业共性技术研究中心，与美国的英特尔和IBM并称为全球微电子领域"3I"。英特尔CEO帕特·盖辛格曾表示，欧洲有两颗宝石：一个是阿斯麦尔（ASML），拥有最先进的光刻技术；另一个是IMEC，从事世界上最先进的半导体研究。2021年美国拜登政府将IMEC和ASML一起列入供应链审查名单以左右中美芯片之战。

## 开源·深耕产业激活自我造血能力

IMEC把政府资金、产业资金和技术资源合理配置，形成了自我造血能力。大量资金的投入，不断迭代研发设备，形成正向循环，走出了一条可持续发展的商业化之路。

为调动高校的合作研发积极性，弗莱芒政府从一开始就注重IMEC和周边高校的平衡。在当时的启动资金6200万欧元中，为了谋求可持续发展，其中一部分以项目合作形式拨给了大学，从某种程度上也是帮助大学和产业走得更近。这样就避免了学校因政府拨款减少而产生的抱怨，进而更加主动地开展项目研发活动。一次性投入后，政府每年向 IMEC 注资 3000 万欧元，逐年略有增幅。实际上政府投资随着产业注资的增加而不断稀释，其比例从早年的 90% 以上，到后来仅占一成左右。

同时，IMEC 深耕产业，利用强大的技术资源，打造了一套风险投资生态系统：

（1）积极创办衍生企业（spin - off）成绩傲人。自 1984 年成立至今，已成立超过 200 家衍生企业，其中 2017 年以来新成立的 22 家衍生企业总市值已接近 2 亿欧元。2013 年审计表明，IMEC 投入产出比是 1∶9，地方政府每投入 1 元钱，就能够为当地产出 9 块钱的经济效益。

（2）Imec. istart 是 IMEC 的开放加速器计划，为科技衍生企业提供种子前资金和量身定制的支持。它被 UBI Global（专注于孵化器和加速器领域的瑞典研究咨询公司）评为世界上最好的大学企业加速器之一。该计划面向全球任何希望技术创新商业化的企业，帮助成立创业公司并推出第一款商业产品。自 2011 年以来已投资了 260 多家公司。每年都会选择大约 30 家高潜力衍生企业，提供种子前资金（5 万欧元，特殊情况可增至 15 万欧元）和 1 年的创业孵化培训，此外提供共享工作空间、软件交易、营销和沟通建议等支持。

（3）Imec. xpand 是一家 2017 年成立的独立管理的早期和成长型风险投资基金，专注于基于硬件的纳米技术创新。除了 IMEC 外，该基金还有公众、机构和企业投资者。到目前为止，该基金已经投资了 16 家公司，获得了近 3. 5 亿欧元的额外融资。



## 开放 · 设备先进的开放式创新平台

“在芯片技术上，没有哪家公司能完全独自开发。”摩尔定律的要求越来越逼近极限，研发成本越来越高，单靠一家企业，已经很难完全负担起庞大的研发需求。

IMEC 拥有一条价值 25 亿欧元的 12 英寸晶圆研发线，超净室总面积达到 1 万平方米，可开展 7 纳米以下 CMOS 研发，较目前最先进的制造工艺领先 2 ~ 3 代。还配置有射频和高功率实验室、神经电子学实验室、硅光伏实验室、有机光伏实验室、超大规模集成设计方法实验室、微系统实验室、基于 130 纳米 CMOS 技术的定制成像器工艺线等最先进的研发设施，几乎涵盖纳米电子学的各个方面。目前，IMEC 正在为 18 英寸晶圆时代的到来做准备，欧盟投资预计超过 10 亿欧元。

除了拥有一流的硬件条件，IMEC 还有一流的软件条件，通过制度设计，打造了一个开放式创新研发平台，为合作伙伴提供一流的研发条件，满足其早期开发、减少研发风险、分担成本、保护知识产权、优化投资回报的需求。主要的合作方式包括：

（1）多边众筹——工业联盟项目。对于有产业共性技术需求的公司，参加这种项目需要向 IMEC 支付可观费用，包括加入费和年费。IMEC 拥有决策权，同时充分听取各家企业的意见，如果出现决策失误，企业提出后可以迅速纠偏。英特尔、三星、台积电、高通等企业，之所以能避免竞争，携手在这个平台上共同开展研发，也与这个制度设计有关。

（2）客户定制——双边合作研发项目。基于 IMEC 已有的一些技术，根据客户的特殊需求来定制研发项目，按照协议分担研发费用，确定研发成果和知识产权的共享和使用。

（3）代工服务——为衍生企业、中小企业、大学等给予开发和制造专用集成电路（ASIC）、微机电系统（MEMS）和微器件的代工服务，提供一站式解决方案，进行原型设计，分摊加工成本，进行全生命周期产品管理。





**开放·无国界技术创新**

IMEC 在全球范围内形成了广泛而开放的创新生态系统（见表 34）。研发人员来自全球 95 个国家，超过 5000 人。3/4 的客户来自比利时以外的国家和地区。除了总部位于鲁汶，还在三大洲设立了 12 个办事处。其合作网络有 600 多家机构，包括了绝大多数世界知名的半导体巨头，几乎涵盖了从材料、设备、设计和生产等全产业链的企业；在安特卫普大学、弗莱芒大学、根特大学、哈瑟尔特大学、鲁汶大学等设有研究小组；与全球 200 多家高校开展技术合作。IMEC 以最先进的技术和设备为凝聚力，让不同国家和地区的研发人员、大学、企业的科研力量聚集在了一起，共同推动世界半导体技术的进步。

**表 34　IMEC 海外研发中心**

| 国家 | 合作项目 | 合作内容 |
| --- | --- | --- |
| 荷兰 | 霍尔斯特中心 | 2005 年与荷兰国家应用科学研究院（TNO）合作成立，开展健康技术、柔性和无线电子产品研发 |

续表

| 国家 | 合作项目 | 合作内容 |
| --- | --- | --- |
| 荷兰 | OnePlanet 研究中心 | 与瓦赫宁根大学、拉德布德大学、拉德布德大学医学中心合作，开展精准健康和农业领域研究 |
| 美国 | IMEC 美国 – 佛罗里达 | 2016 年在佛罗里达高科技走廊的 NeoCity 建立了设计中心，开展空间应用、低温和超导计算方面的创新 |
| | IMEC 美国 – 伯克利 | 2019 年与加州大学伯克利分校合作设立研究前哨，共同开展人工智能和机器学习的新型架构以及系统技术协同优化 |
| | IMEC 美国 – 圣何塞 | 是 Imec. IC – link 的所在地，提供 ASIC 一站式解决方案 |
| 在比利时根特、布鲁塞尔、安特卫普，荷兰埃因霍芬、奈梅亨和瓦赫宁根，美国佛罗里达以及加州的旧金山、圣何塞、伯克利，中国上海，印度班加罗尔，日本东京等地设有研发中心或者办事处 | | |





## 开环 · 构建产学研协同创新生态系统

大学和工业界开展研发的区别主要在于：大学通常在预算有限的情况下进行长期研究，而工业界则专注于高投资的短期应用。IMEC 弥合了大学和行业之间的鸿沟。

IMEC 同时承担着培养人才的功能。imec. academy 是其学习机构，提供纳米电子学和数字技术方面的专业课程，并从事教育技术研究，被称为世界半导体人才库。IMEC 还与大学合作，提供本科、硕士、博士阶段人才培养，例如与复旦大学签订了双学位（3 +1）协议等。

在 IMEC 的带动下，培养的科技人才、创办的衍生企业、孵化出的科技企业，以及吸引来的项目合作上下游科技企业等，已经逐渐在当地形成了聚集效应，营造了一个创新生态系统，使比利时成为半导体技术先进国之一。

## 以色列 · 创业型国家

大概是 10 年前，一本《创业的国度：以色列经济奇迹的启示》风靡国内，讲述了这个人口不足 900 万，实际控制面积约 2. 5 万平方公里、不足江苏省的 1/4，身处中东乱局，资源贫瘠，地缘情况相当恶劣的国家的创新、创业、创富故事。

对以色列和犹太人的感受十分矛盾，此处不多展开，本着不神化不矮化的原则，尽量客观阐述。忽略宗教、文化、历史等方面的鸿沟，以色列人的创业气质足以彪炳百代，值得我辈赞佩。在马克·吐温形容的这片“荒凉、贫瘠，看不到希望”的土地上，创造了敢教日月换新天的奇迹，孕育出了别具活力的创新生态系统。

既然有“创业型大学”术语，如果评定“创业型国家”，当有以色列的一席之地。敢于无中生有，虎视眈眈，此等雄心和胆识，在软弱和纷乱的时代何等稀缺。犹太民族特殊历史沿袭所孕育出的低等级文化，从小被培养出的敢于争论和质疑的批判精神，是这种敢作敢为创业气质的重要源流。正如佩雷斯为《创业的国度》的序中所言：最谨慎的方法就是大胆一试。

在世人看来，中以有很多共通之处，尤其在于实用主义和高度重视教育。以色列重视教育的程度之高令人惊叹，甚至在建国（1948 年）之前就先期筹划建立了希伯来大学（1918 年）。更早可以追溯到 19 世纪末，当第一批犹太人在以色列定居时，就有海德堡大学教授撰文提议创办大学，并很快得到犹太复国运动的支持。

以色列开国总理大卫·本古里安在希伯来大学医学院的开学典礼上讲道：“剑和书手拉手来到这个世界，然而近来犹太民族国家的救赎将向这个世界证明：书比剑更具有力量。”实际上以色列把剑和书都运用得出神入化，依靠军事实力、科技创新等方面的优势，背靠美国巨大腹地，依仗全世界犹太民族乐于归化的“软实力”，在国际秩序中扮演了远超于它自身体量的角色。

众所周知，以美两国关系特殊，在创新领域可以比喻为前店后厂的关系。在美国，无论是华尔街的资本、主流媒体的宣传、好莱坞的助攻，还是左右两翼的选举，犹太人的影响力世人皆知。所以人们说以色列是美国的娘舅。但是以色列也有独特秉性，有独立自主的一面。例如不顾美国反对加入了由中国主导的亚投行，一直没有签署《瓦森纳协定》[①] 等。在高度商业文化主导下，实际上以色列政府对商业界的影响力也很有限。外甥多像舅，对以色列和美国的认识都需要

① 《瓦森纳协定》又称瓦森纳安排机制，全称为《关于常规武器与两用产品和技术出口控制的瓦瑟纳尔协定》，共有包括美国、日本、英国、俄罗斯等 40 个成员国，它没有正式列举被管制的国家，只在口头上将伊朗、伊拉克、朝鲜和利比亚 4 国列入管制对象。

辩证思维。

20 世纪 90 年代初，以色列重塑了创新发展战略，通过首席科学家制度和《产业研发促进法》等保驾护航，2016 年再度进行科技体制结构性改造，升级组建了以色列国家技术创新局①，持续构建灵活的创新生态系统。以色列创新局的官网上第一句介绍是：创新是以色列最宝贵的自然资源之一。如今的以色列拥有超过 350 个跨国公司研发中心，其中许多是财富 500 强公司，是全球人均风险资本投资最多的国家。建立了举国式的立体研发体系（政府、高校、军队、企业、个人），营造了蓬勃的社会资本体系（风投、私募、华尔街），完善了创新成果分配机制（创业者 50%、孵化器 20%、社会投资方 20%、企业员工 10%）。在半导体、人工智能、网络安全、生命科学、纳米技术、农业科技、医疗器械、军事科技、水处理等领域技术全球领先。

以色列的高等教育在吸引海外犹太人、强化国际合作，培养下一代和营造创新创业生态方面发挥了巨大的作用。如今的希伯来大学、特拉维夫大学、以色列理工学院、魏兹曼科学研究院等实力不凡，每万人中的科学家和工程师比例居全球第一。

概而言之，以色列高度重视教育科技事业，抢抓机遇先发制人。大量的知名学府，高密度的创业公司，丰富的工程师人才，大规模的社会资本，聚集于此，形成了耗散系统，促发了集群效应。然而，由于自身地缘环境难以改善，在国际形势演变和美国趋弱的大环境下，以色列的比较优势渐趋弱化，但不妨碍把它作为创业型国家的案例来借之鉴之。

## 魏兹曼科学研究院

魏兹曼科学研究院（Weizmann Institute of Science），是以色列主要从事基础领域研究的机构，约等于中科院的定位，位于雷霍沃特。2022 ~ 2023 年沙特阿拉伯世界大学排名中心（CWUR）发布的榜单中名列全球第 74 名，2021 年上海软科世界大学排名（ARWU）位列全世界第 92 名，2022 年美国 U. S. News 世界大学排名位列全球第 122 位。作为一个小而精、仅提供理科研究生教育的高校，成绩不凡。

① 以色列国家技术创新局（National Authority for Technology and Innovation），官网：innovationisrael. org. il。

魏兹曼科学研究院秉承了以色列的创业基因，自我造血功能强大。据说每年享有全球最高的技术转让费收入——350 亿美金，更遑论其每年都得到来自世界各地的犹太人的巨额捐款。校园还有大片高科技产业园，超过了所在城市 1/4 的面积。

1959 年，魏兹曼科学院设立耶达（Yeda）技术转移公司，开创了全球高校院所技术转移的先河，同时它也是世界上最为成功的科技转移公司之一。耶达秉承“让科学家专心做科研，其他事情我们来办”理念，独立运营、市场化操作，全权负责魏兹曼科学院研究成果的应用开发和技术转移工作。投资或持股创办了多家高科技企业，同时通过专利许可和专利授权方式，向多家企业转化专利技术，并配合其进行二次技术开发和产业化开发，进而反哺魏兹曼科学院的基础研究。参与从实验室到市场全过程的各个产业化步骤，与魏兹曼科学院的科研人员保持密切联系，并持续跟踪他们的研究成果，一旦发现有商业可能的成果后，会成立专门的评估小组对该项成果进行评估，通过评估后，耶达负责该项成果的专利写作、申请、授权及后续所有商业化运作。

2014 年，魏兹曼科学院修订了知识产权和成果转化管理章程《魏兹曼科学院知识产权与利益冲突管理章程》，更加明晰了科学院、科学家、耶达公司三者之间的关系。充足的资金，系统的管理，对基础研究的执着，让魏兹曼科学院独树一帜。

## 柏林·欧洲创业之都

柏林位于北德意志平原的中心地带，横穿东西向的商业和地理轴线，是德国的首都，是德国目前最大的城市，是德国 16 个联邦州之一，与汉堡、不来梅同为德国仅有的三个城市州。

柏林是一个充满故事的城市。柏林第一次有文字记载是在 13 世纪，从 18 世纪开始连续成为普鲁士王国（1701 ~ 1870 年）、德意志帝国（1871 ~ 1918 年）、魏玛共和国（1919 ~ 1933 年）、纳粹德国（1933 ~ 1945 年）的首都。柏林的辉煌于 1945 年结束，在盟军和苏联红军的打击下损伤惨重，几成废墟。战后被两个世界分割：东柏林成为东德的首都，被苏联控制；西柏林成为西德在东德的一块飞地，被柏林墙围住，由美国、英国、法国控制。1990 年 10 月 3 日，德国重新统一，柏林墙被拆除，柏林重新成为德国首都，并且展现出惊人的韧性。

曾几何时，柏林市长在讲话中坦言柏林“穷，但很性感”。作为德国的首都，柏林财政却长期严重依赖南部的富裕州转移支付，大量人口依靠社会福利过活，普通柏林人的平均收入远远低于其他城市。这既有历史原因，也有现实制约。但是柏林永远不乏魅力，历史遗迹众多，艺术气息浓厚，城市环境优美，交通便捷开放，吸引了来自世界各地的年轻人。

最糟糕的日子早已过去。如今的柏林繁华而富有青春活力，无论是从文化、教育、政治、传媒、科学和艺术都堪称世界级城市。低于35岁的人群有80万，每年可输送30000名受过高等教育、与当地经济发展紧密结合的专业人才。拥有67个科研中心，4家综合性大学和23家应用科技大学，有超过120家创新中心，其中有来自国家和大型跨国公司的创新中心，可以为创业精英提供支持。此外，柏林的国际化水准非常卓越，在柏林说外语的人数超过了纽约，70%的人口可以说两种语言。在小型初创公司中第一语言是英语，其次为德语。



城市的产业结构就好比人的个性，是资源禀赋历史沿革等众多因素的加成。通常大城市都和服务业联系在一起，但是柏林却以制造业见长，在光学电子、化学医药、生物科技、生物工程、交通工程、可再生能源等制造业的多个领域都有涉猎，传统工业基础扎实。此外，柏林的文化传媒产业也很发达。

近年来，柏林为外界熟知的，是它的新身份——欧洲的“创业之都”。柏林每年诞生44000个新公司，平均每20分钟就有一间科技初创企业成立。在德国十大最成功的初创企业中，有6家来自柏林。德国创业越来越受国外风投资本家的欢迎。2021年，柏林的初创企业筹集的资金，比德国其他任何地区都多，共约105亿欧元流入，主要为电子商务、金融科技与保险科技、交通运输、生命与数字健康。

柏林成为活力创业之都，吸引着来自世界各地的高素质的年轻创业者，归功于以下几点：

一是比其他大城市要低得多的物价水平和房屋租金，相对慷慨的签证制度和充满活力的文化。欧洲大陆上的创业人士、艺术家、音乐家与作家汇聚于此，因为“在欧洲很难找到像柏林一样的城市，充满前卫与创新精神”。

二是强大的教育科研体系保障了充分的人才供给。柏林有11所公立大学、2所教会大学和25所国家承认的私立大学，超过20万来自世界各地的人在柏林从事着教学和研究工作。根据麦肯锡的一份报告，德国3/4的人口拥有大学教育水平。柏林的大学没有围墙，校区和校舍散落在柏林市内，和其他科研机构之间物理交错，沟通合作十分便捷，营造了良好的创新氛围。柏林洪堡大学和柏林自由大学前身同为柏林大学，是现代大学的模板，文理兼修；柏林工业大学是柏林唯一一所理工科大学，同样科研实力雄厚。这三所大学都因计算机科学和互联网技术而为人熟知。

三是优越的国际化资源。英语在柏林没有门槛。每年吸引大量来自世界各地的留学生群体，包括数量庞大的中国留学生。柏林初创公司 42% 的员工来自国外，在柏林居住的外籍人士来自 180 多个国家。

四是迅速壮大的创业生态系统。孵化器、加速器、各种私人初创培训机构、共享办公室、天使投资和风险投资人，以及将销售资金投入新创业公司的连续创始人纷纷涌入柏林。此外还有丰富的展会活动、媒体平台以及辅助项目和咨询服务。柏林为聚集的世界知名企业提供了丰富的合作机会。

# 第三篇　踏遍青山人未老 | 写意苏式山水

## 从壶中天地谈起

物理标准模型说，“物质是基本粒子的宇宙构成”；莎士比亚说，“我即使被关在果壳中，仍自以为是无限空间之王”；佛家说，“一沙一世界，一花一天堂”。壶中天地，是中国传统文人内心的世界，相当于基本粒子宇宙、果壳宇宙和沙砾宇宙，洞悉着小巧玲珑中见天地浩渺的世界观。

白居易有诗云：“谁知市南地，转作壶中天。”自与民同乐的香山居士点化始，“壶中天地”成为中式造园的理想标准。其局如壶，进门处曲径通幽，复行数十步，豁然开朗，好比从壶嘴进入壶身的体验，如陶渊明遇见桃花源的惊艳。明清以后，文人造园理想更进一步，变为佛家用语“芥子纳须弥”，意思是微小的芥子中能容纳巨大的须弥山。文人在庙堂与江湖可以鲲鹏万里，但在家中只需芥子那么一丢丢大，于方寸见乾坤。

比之西方园林运用标准的几何图形和直线，在布局上追求开阔性和对称性的理性设计思路，中式园林艺术和中国山水画一样，走向了另一条审美之路：注重散点透视，讲究山水意境，要求主客体相互交融，让造园者情怀与园林景物配合无间，心随身驰，移步换景。

清朝江南园林甲天下。汉族文人借造园之举，抒发外族统治之下闲散隐逸之无奈，把山水意趣与壶中天地的理想交融在一起，把梦想之景变为现实之境。

这里讲一个南京的文人园林——随园的故事。

钱塘人袁枚①，少年得志，24 岁高中进士，授翰林院庶吉士（官员后备）。27 岁因满文考试不合格被外放江苏，辗转于多地任县令七年，仕途原地踏步，加之疲惫于迎来送往，遂生退意。乾隆十三年，33 岁的袁枚辞官，购得南京小仓山之隋园运营。该园为曹雪芹祖上故居，曹家被抄查后，江宁织造府一职由隋赫德接任，故名为隋园。袁枚购得并将其易名为“随园”，取随心所欲、随遇而安之义，也与他潇洒随性风格相吻合。





袁枚自从接手了随园后，就对它倾注大量的心血。建屋舍、开池塘、移怪石、种花草……以卓然之审美力，对其一造三改，建成了一个集山水人文商住用于一体的综合体。在此闲居的 50 多年间，以随园为楔、诗文为引，广结四方、自由游走，吟诵风月、放情声色，过着风流快活的写意人生。随园名噪一时，名震一方，甚至乾隆皇帝下江南专门派了人来画随园，以备修皇家花园时参考。随园后在太平天国毁于战火，所幸著作中留下了记录，在南京城内留下了地名，遥敬风华盛景。

袁枚在设计随园时，也力求打造“壶中天地”的妙哉境界。“四时之景不同，而赏心乐事者亦与之无穷矣”，《随园二十四咏》中涉及 24 处景观，自然与人文相得益彰。应四时、朝暮、晦明、晴雨之变，设计了各具特色的景致，把文人的诗情画意借着良辰美景抒发出来。

在实用性方面，追求实用功能与个人兴趣相统一，练达而洒脱。除了适宜居住外，还要兼有农业自然经济的功能。袁枚闲居于此，很有一点“肥遁”意味：居川林之饶，享林泉之乐，或登高临下，或列坐水次，或吟咏笙竹，赋诗叙怀，不亦快哉！

在审美性方面，注重自然美和人工美相统一，表达随顺自然、因地制宜的意境。明清工匠在建造园林时，选址后的第一步工作是修整自然环境，这称为整山

① 袁枚（1716～1798 年），钱塘（浙江省杭州市）人，号仓山居士、随园主人、随园老人。清朝诗人、散文家、文学批评家和美食家，“性灵派”三大家之一，与纪昀并称“南袁北纪”。

理水。袁枚在修造随园时并没有大兴土木，在前人宅院的基础上对草木做了修整，因高就低，掇山理水，表现山壑溪池之胜；点景起亭，览胜筑台，茂林蔽天，繁花覆地，小桥流水，曲径通幽，巧得自然之趣。以“虽由人作、宛自天开”的无为境界作为审美尺度，“造屋不嫌少，开池不嫌多。屋少不遮山，池多不妨荷。游鱼长一尺，白日跳清波。知我爱荷花，未敢张网罗”，求得有若自然、妙极山水之园林美学。

之说以花笔墨铺垫袁枚的随园，故事的高潮与华章在于此：这位随园主人颇具创业经商头脑，擅长治理，凭一己之力把破败荒园打造成一个融旅游观光、美食品鉴于一体的文旅融合休闲度假区。几大手笔包括：

第一步坐地收租。随园很大，袁枚就先把园子边上的山田池塘出租，从此以后每年都可收租金，自家每天的蔬菜瓜果、鸡鸭鱼肉用度也有了稳定供应。他还循法在安徽也置了一块地，仅收租一项就能赚到不少收入。

第二步营销引流。随园风景优美，袁枚创造性采用了“开放”理念，拆除围墙，除了自己居住的净绿轩外统统向公众开放，将私园变公园。每逢假日，游人如织，任其往来，门联上写欢迎辞：“放鹤去寻山鸟客，任人来看四时花”，做足了品牌营销，人人晓得江宁有这样一个山清水秀人美花娇的好去处。

第三步餐饮搭台。袁枚嗜好美食，据说每到别人家吃饭，总会带上自己的厨子，吃到什么好吃的就让厨子现场学艺。他还搜罗了 326 种南北菜肴、饭点和茶酒，写了本《随园食单》，至今仍被老饕们视为美食圣经。他的菜谱写得很精致，比如讲烧小猪看得人垂涎：“小猪一个，六七斤重者，钳毛去秽，叉上炭火炙之。要四面齐到，以深黄色为度。皮上满满以奶酥油涂之，屡涂屡炙。”在以美食家理论为推介，以进士级诗文为品评，花样铺垫做足之后，遂躬身创业在随园开了家饭店，照单提供《随园食单》上的美食，设计了亭榭就餐、歌舞佐餐等沉浸式体验，很快就成了网红爆款。

第四步文化唱戏。随着游人食客激增，开始在园子里售卖《随园诗话》《随园食单》等著作，都成了畅销书，各界人士争先购买，海外也有慕名而来的读者。产业链也早早打通，家里还有刻版印刷的作坊，可以自产自销。仅印刷出版一项，年入可达 5000 两白银。作为名流贤达，流量变现也一定不能少。但凡各方人士邀请写墓志碑记、寿序谀文、传记题字等，来者不拒，服务三包。闲的时候还能写小说，其志怪小说《子不语》取材也很注重用户导向，写些神灵鬼怪、世态人情、奇事轶闻，同样大受欢迎。

第五步开班授徒。名声积累到一定程度，袁枚就开始卖课，把知识经济做足。开培训班广收学生，晚年还收了一批女弟子，成为女性诗歌史上不可小觑的创作群体。未多年，已经“田产万金馀，银二万”，实现了财富自由。

之所以用袁枚的随园，是作引子讲大学大城落地江苏的故事。一则，一方水土养一方人。江苏有水乡情韵，精明能干务实乖巧，喜欢讲因地制宜、更喜欢靠船下篙，擅长顺随自然、顺势而为。二则，私以为袁枚的造园、治园之举颇为先见，是把园子打造成了一个活物，开放而鲜活，具备新陈代谢的耗散系统功能，可举一反三。用现代语境解读，袁枚其人，真正是个“创业型”文人。

# 第 8 章　从劝业到创业

一切历史都是当代史。

——克罗齐





## 时光折叠南京城

南京的地缘位置十分重要，位于中国南北的交汇处和长江的拐点处，是富庶江南距离中原腹地最近的枢纽。南京山川秀美、风景宜人，交通发达、物流便捷。长江和秦淮河遥相呼应，形成“两江夹一城”的格局，“虎踞龙蟠”的钟山、石头山等连绵环绕，内有玄武湖、莫愁湖等点缀镶嵌，形成了风水颇佳的山水地形。遥想三国东吴孙权，当年首次选择南京定都时，依着山川河流设计了城市构架，多么具有地理唯物主义眼光。

从军事地形上看，南京西北两面有长江作为天然屏障，东面是宁镇山脉的丘陵，形成了江南一带最具军事防御价值的地形地貌。当然这个价值是相对而言，比起江南一带的连片平原和太湖水网，至少可以因山为域、因江为势。但在真正的战事面前，南京缺乏防御纵深，实则易攻难守。显然，南京最终集齐十个王朝，成为“十朝都会”①，绝非因为它的军事价值，而在于政治、经济和文化等要素价值。

回看这十个王朝，除了大明帝国曾正正经经在此定都 50 多年外，其余九个都是偏安一方、不在历史考点上的分裂小朝廷或者国中国，合计 345 年，平均下来

① 东吴、东晋、南朝宋、齐、梁、陈、南唐、明、太平天国、中华民国。

一个王朝不过半百，确实有些短小了。然而更残酷的是，王朝虽短，彼此更迭之间的血雨腥风确打不了折，新皇帝的怨念也打不了折，所以南京经历了多次改朝换代、被迫易名、血洗屠城甚至被荡为平地。据魏根深①统计，截至1600年，中国大地上发生战斗最多的城市中，南京（106次）雄踞榜首，遥遥领先于洛阳（70次）和长安（52次）。经历过六次毁城，城邦毁灭，人口锐减，文化断层，最后一次就是血痕未干的侵华日军南京大屠杀。

从政治上看，南京作为长江文明的一部分，和发育更早的黄河文明相比，算作后起之秀。魏晋南北朝时期，南京被称为“建康”，成为六朝古都②，自此登上历史的舞台，挑起东南第一大城市的光荣使命，一直到民国时期被上海的崛起冲淡了光辉成色。

从南北朝时期始，中国的政治中心和来自北方游牧民族的侵扰不断东移，农业和经济中心不断南迁，南京的政治生态位在大格局变迁中起灭往复、循环震荡。南朝之后，南京被隋唐王朝打压衰微。唐宋之际是个大变革，开辟了近世平民社会之端，南京的政治生命在沉寂300多年后再次崭露头角，成为南唐的政治中心。两宋时期，南京或为江宁府（建康府）治所，或为留都（陪都）所在地，是江南和东南地区最高的行政机关。

1356年，朱元璋攻克南京，日后将南京设为首都，命名“京师”，点亮了这座城的高光时刻。朱元璋曾征求学士朱升今后的战略方针，朱升答：“高筑墙，广积粮，缓称王”，朱元璋照单全收，遂成霸业。所以今天我们在南京可以看到明城墙和19座利用制高点修建防御用的小城。14～15世纪，南京一度是工业革命前人类建造出的最大城市，“巨大”是洪武永乐留下的显著标签，内城面积41平方公里，外城230平方公里，明代中叶人口达120万。彼时，南京文渊阁修成了世界有史以来最大的百科全书《永乐大典》；南京大报恩寺修筑了世界奇迹琉璃塔；南京龙江宝船厂建造出下西洋所用的巨舶郑和宝船；南京阳山开凿总重3.1万吨、高达78米的天下第一碑材。

① 魏根深（Endymion Wilkinson，1941～），英国汉学家，美国哈佛大学费正清中国研究中心教授，欧盟驻华前任大使。著有《中国历史研究手册》。

② 六朝古都指东吴、东晋、南朝宋、齐、梁、陈。

清军入关后，废除了南京的政治双子星待遇，改“应天府”为“江宁府”，但南京政治军事地位依旧显赫，是统辖江南省和江西省军民政务的两江总督驻地。1661 年，清廷将江南省一切为二，从江南分出了安徽，但是主管安徽民政事务的安徽布政使寄驻南京将近百年，一直到 1760 年才从江宁府移驻安庆府。换句话说，南京曾相当于安徽首府的飞地，“徽京”之说早有伏笔。此外，南京还是江宁布政使的驻扎地，和苏州一道分治江苏。

从经济上看，南京地处于长江中下游的交通要冲，又坐拥鱼米之乡的江南，天时地利人和俱佳，自南北朝以来经济就开始活跃，繁荣富庶，文化昌盛，催生了将南方粮仓和北方政权汇通一脉的大运河之生命线。据统计，明清时江南省赋税占全国的 1/3，有“天下财赋出于东南，而金陵为其会”之说。

从文化教育上看，南京是不遑多让的文教中心，学校林立、学派众多，人文荟萃、大咖迭出，在书法、绘画、诗歌、小说、戏曲、文论等领域都取得巨大成就。江南贡院是古代最大的科举考场，可以同时容纳两万人进行考试，明清中国的 10 万进士和一半以上的状元，均从这里考出来。因科举繁荣，南京城里常年定居着文人举子，诗琴书画，风流韵事，群聚于斯，故又有“天下英才，半数尽出江南”“江南佳丽地，金陵帝王州”之说。

从地缘性格上看，历史上有四次南北文化大交融，造就了南京人实诚包容不排外的品性，俗称的大萝卜性格，或者说只有都城王霸之相才能晕染出的“兼相爱、交相利”气质。但与帝都北京人风格迥异，南京人并不喜谈政治，是世俗和实用意义上的大大咧咧。有一高人分析，如果用北京方言“局气”（办事公正守规矩）来解读北京人，那么用南京方言“胎气”（豪爽大方不小气）、“棍气”（打抱不平讲义气）来阐释南京人更贴切，算得上是同气连枝了。

## 南京高等教育回溯

南京高等教育史好似一部浓缩的近现代中国史。好故事的几大要素：人物、背景、冲突、高潮、对话、结局都充分具备了。让我们从近代史开端快速回放：

晚清以降，洋务教育思潮风行海内。清廷因太平天国运动催化，形成了外重内轻、督抚专权的权力格局，南京得地利之便、迎风气之先、顺时势之需，创办了一批新式高等学堂。例如，鸦片战争以后，出于富国强兵的需要，建设了江南水师学堂、江南陆师学堂等；戊戌变法以后，清政府推行新政，大量新式中小学堂亟需师资，发展师范教育刻不容缓，三江师范学堂遂告成立；1905 年科举制寿终正寝，促成了法政学堂的一时之盛。这得益于主政者刘坤一、张之洞等人的远见卓识，尤其张之洞为“当世第一通晓学务之人”。

另外，19 世纪末到 20 世纪初是民族资本主义发展的黄金时期。以晚清状元张謇为首的士绅群体以超前的战略和国际化眼光，秉持实业救国和教育育人的理念，掀起了一股创办实业的爱国运动潮，江南地区工商业开始蓬勃发展，同时应需大力发展实业教育，一大批有关工业、商业、农业、医学、外语的高等专门学校和系科相继问世。张謇一生共创办了 370 多所学校，建立了近现代最有影响力的教育团体——江苏省教育会。在北洋政府期间，南京的公立高校、教会大学、私立高校多元并立，与上海、北京一道形成了高等教育三足鼎立局面。





到了南京国民政府时期（1927～1948 年），充分利用民国首都之得天独厚，大力发展高等教育，尤其是国立高等教育。国立、省立和私立大学（包括教会大学）竞相争辉，加之中央研究院等研究机构兴起，南京在全国的学术地位急剧上升，在教育、文化、科学等领域，全国的“重心”都逐渐地由北京、上海向南京转移。国立中央大学在罗家伦就任校长之后，进入平稳发展的九年黄金期（1932～1941 年），发展令世人瞩目。药专、政大等国立大学纷纷设立。彼时的国民政府对高等教育加强了管制，例如，发表“训政”时期施政宣言，严令各学校不能放任学生参与政治斗争和政治运动，严防进步学生赴陕北入学，建立训导制度，加强军事训练，设立课程标准和教师资格审查制度，建立统一的招生制度和入学考试制度等。

需要指出的是，抗日战争时期（1937～1945 年），包括南京在内的江苏大部分地区沦陷，南京高校满目疮痍，七零八落。国立中央大学迁往重庆沙坪坝，私立金陵大学迁到成都、重庆等地，损坏和摧残空前。由于战争不断，国民政府无暇顾及，反而给了高等教育自由发展的空间，尤其是私立院校的发展数量一度远远超过公立高校，但质量参差不齐，不乏入不敷出和难以维系者。

新中国成立以前南京高校的更迭脉络回溯见表 35。

表 35　　新中国成立以前南京高等学校的更迭脉络

| 起点 | 校名 | 地址 | 发展脉络 |
| --- | --- | --- | --- |
| 1888 年 | 汇文书院（1888～1910 年）<br>基督书院（1891～1906 年）<br>益智书院（1894～1906 年）<br>宏育书院（1906～1910 年）<br>私立金陵大学（1910～1951 年） | 鼓楼 | 1951 与私立金陵女子文理学院合并为公立金陵大学。在 1952 年的院系调整中，主体并入南京大学，其他院系分别并入或组成其他高校 |
| 1890 年 | 江南水师学堂（1890～1925 年） | 下关 | 洋务运动中开办的军事学校 |
| 1896 年 | 江南陆师学堂（1896～1909 年） | 三牌楼 | 德式军事学校 |
| 1902 年 | 三江师范学堂（1902～1906 年）<br>两江师范学堂（1906～1911 年）<br>南京高等师范学校（1914～1921 年）<br>国立东南大学（1921～1927 年） | 四牌楼 | 1927 年并入第四中山大学 |
| 1906 年 | 暨南学堂（1906～1917 年）<br>国立暨南学校（1917～1927 年） | 薛家巷 | 中国第一所华侨学校。1921 年迁往上海，与东南大学在上海合设上海商科大学，1927 改组为国立暨南大学 |
| 1912 年 | 江苏公立法政学校（1912～1923 年）<br>江苏法政大学（1923～1927 年） | 建邺路 | 1927 年并入第四中山大学 |
| 1915 年 | 国立河海工程专科学校（1915～1924 年）<br>河海工科大学（1924～1927 年） | 湖南路 | 1927 年并入第四中山大学 |
| 1915 年 | 私立金陵女子大学（1913～1930 年）<br>私立金陵女子文理学院（1930～1951 年） | 宁海路 | 中国第一所女子大学。1951 年与金陵大学合并，主体并入南京大学 |
| 1923 年 | 南京工业专门学校（1923～1927 年） | 复成桥 | 1927 年并入第四中山大学 |
| 1924 年 | 国民革命军中央陆军军官学校（1924～） | 黄埔路 | 广州的黄埔军校 1927 年迁到南京，1950 年在台湾复校 |
| 1924 年 | 私立南京文化学院 | 龙蟠里 | 1928 年迁到北京，1937 年停办 |
| 1927 年 | 国立第四中山大学（1927 年）<br>国立江苏大学（1927 年）<br>国立中央大学（1928～1949 年）<br>国立南京大学（1949 年） | 四牌楼 | 国内首屈一指的名校，解放后被拆散，衍生出南京大学、东南大学等 12 所高校 |

续表

| 起点 | 校名 | 地址 | 发展脉络 |
| --- | --- | --- | --- |
| 1927 年 | 中央党务学校（1927～1929 年）<br>中央政治学校（1929～1946 年）<br>国立中央政治大学（1946～） | 建邺路 | 1954 年在台湾复校 |
| 1927 年 | 晓庄试验乡村师范（1927～1928 年）<br>南京晓庄学校（1928～1937 年） | 晓庄 | 1937～1945 年抗日战争期间停办。1951 年在原址复校 |
| 1934 年 | 国立边疆学校（国立政治大学蒙藏学院） | 石门坎 | 1949 年并入中央民族大学 |
| 1935 年 | 国立戏剧专科学校（1935～1949 年） | 双龙巷 | 1949 年并入中央戏剧学院 |
| 1936 年 | 国立药学专科学校（1936～1950 年） | 丁家桥 | 新中国成立后不断合并，先后更名为华东药学专科学校、华东药学院、南京药学院、中国药科大学 |
| 1937 年 | 国立中央工业职业学校（1937～1940 年）<br>国立中央工业专科学校（1940～1950 年） | 铁汤池 | 因抗战迁往重庆，1950 年改为西南工业专科学校 |
| 1940 年 | 国立音乐院（1940～1949 年） | 西康路 | 1940 年在重庆青木关成立，1946 年迁南京。1949 年迁往天津，并入中央音乐学院 |
| 1941 年 | 国立社会教育学院（1941～1950 年） | 栖霞山 | 因抗战迁往四川璧山，1946 年 9 月迁南京栖霞山，因房舍不够，一部分设在苏州拙政园。1950 年迁无锡，1952 年合并成立苏州大学 |
| 1942 年 | 国立东方语文专科学校（东方语专）（1942～1950 年） | 三牌楼 | 1946 年从云南迁至南京。1950 年并入北京大学东语系 |
| — | 私立建国法商学院 | 匡庐路 | — |
| — | 私立重辉商业专科学校 | 朱雀路 | 租用校舍 |
| — | 私立南京工业专科学校 | 膺府街 | 1951 年撤销，一部分迁往上海参与合并组建华东交通工业专科学校，留下一部分被并入南京大学 |

新中国成立后主要的变革，主要分为两个阶段：

第一个阶段以新中国成立后不久的改造为起点。1949 年在接收旧大学之初，即着手对之进行了初步的改造。50 年代初又进行了大规模的院系调整，彻底改造并建立了以专业为基础的社会主义大学制度，全面向苏联学习。院系调整后，高校数量变化不大，但是专业种类和专业点数大大增加，促进了专业分化，培养规模迅速增加。逐渐提高多样化程度，高等职业教育和成人高等教育快速发展。

第二个阶段以世纪之交的转型为起点。由 1999 年高校扩招政策开启转型，从精英化转向大众化和普及化，再进入全面深化与内涵式发展阶段。随着经济发展，对高等教育的影响也日益显著。今天的南京科教兴盛、产业基础雄厚。拥有高等院校 51 所、国家级重点实验室 29 家。



## 南洋劝业会之缘起缘深

追溯晚清洋务以降的南京，比之身处戊戌变法、义和团、八国联军、庚子新政旋涡中的北京要平静很多。拂去 30 多年前太平天国的战乱阴霾，在两江总督张之洞的坐镇下，积极推进近代化事业，建设城市基础设施，开办新式工厂、新式学堂等，领一时风气之先，城市面貌不断趋新。

叶兆言写过很多关于南京的文字。他将 1910 年的南京形容为“到了预产期的孕妇，挺着晃悠悠的肚子躺在那儿，等待着阵痛的到来。”阵痛是指辛亥革命，孙中山将在南京担任中华民国临时大总统，并在此掀开中国现代史新的一页。在临盆的前夜，在南京的夜空，曾交汇出一道灿烂的尊崇科技、创新创业的光芒。中国近代第一次世界博览会——南洋劝业会（1910 年）在南京成功举办，标志着这座城市完成了近代化转型，为民国首都的创建奠立了重要基础。

### 我中国五千年未有之盛举

博览会是指大型国际性展示活动。古时用来物产交换的市集，逐渐演变为综合物品交易、节庆等的展销会。隋炀帝曾在河西走廊之张掖举办规模宏大的万国博览会（609 年），具备世界博览会的雏形。工业革命之后，博览会被赋予了全新的内涵。为了振兴贸易与工业，博览会开始重视工业和科学，汇集各地产品技术并陈列评比，同时也是面向公众的科普学堂，是工业、科技和思想碰撞的国际场域。

近代中国对于博览会的认知，从“炫齐赛珍”“联交睦谊”（1866 ~ 1876 年）到“兴商利权”“堵塞漏卮”（1876 ~ 1890 年），再到“劝兴实业”“启发民智”（1896 ~ 1937 年），反映了国人看待世界的心路历程。其中，邻国日本成功举办了五次劝业博览会影响尤巨，张謇[①]参观了日本第五次国内劝业博览会（大阪博览会，1903 年），对他以后的实业活动影响深远。

1908 年，在晚清一些颇具国际视野的官绅学者，如托忒克·端方[②]、张謇、陈琪[③]等的动议和筹划下，南洋劝业会在朝廷首肯下得以筹办。之所以冠名“南洋”，盖因两江总督兼任“南洋大臣”为定制。而南京为两江总督府所在地，交通便捷、物产富饶，虽为通商口岸但享有完整主权，成为博览会举办地的不二之选。之所以用“劝业”一词而弃用“博览”，是为了突出发展实业、振兴工业之主旨。

1910 年 6 月 5 日，南洋劝业会在南京开幕，这是近代中国首次面向世界的规模最大的博览会，也是清末中国自洋务运动变法图强以来，近代化水平在世界各国面前的一次集中呈现。劝业会历时半年，展品多达百万件，全国 22 个行省均设立专门展馆，还有英、美、德、日等国前来参展，共吸引中外 30 多万人参观。时人称之“我中国五千年未有之盛举”。





南洋劝业会具备了现代博览会的基本元素：展示、论坛、娱乐。建有环会场铁道、跑马场、动物园、照相室、音乐会、焰火等，活动精彩纷呈。其间还举办了一次规模宏大的运动会，被追认为第一届全国运动会。29 岁的浙江绍兴中学学堂学监兼博物教员鲁迅率全校 200 多名师生赶到南京观摩；14 岁的茅盾和 16 岁的叶圣陶当时还是中学生，流连忘返；徐悲鸿、刘海粟、骆憬甫、史量才、郑逸梅、颜文梁等中国近代史上熠熠生辉的人士也悉数登场，感叹“一日观会，胜于十年就学”。

## 工业化行程之里程碑

在南洋劝业会事务所成立之时，坐办陈琪报告曰，“劝业会的宗旨有三：一振兴全国实业；二建造南京市面；三辅助社会教育。”以劝工、劝业、劝教为要

① 张謇（1853 ~ 1926 年），江苏南通人，晚清状元，中国近代实业家、政治家、教育家、书法家。主张“实业救国”“父教育，母实业”，一生创办了 20 多家企业，370 多所学校，成就南通为“中国近代第一城”。著有《张季子九录》《张謇日记》《张謇函稿》等。

② 托忒克·端方（1861 ~ 1911 年），满洲正白旗人，清末北洋大臣，积极推行新政推动了地方现代化的进程，是中国新式教育的创始人之一。1905 年作为清廷委任出洋考察宪政的五大臣之一，历时 7 个多月考察欧美 14 国，同时他也是金石收藏家。

③ 陈琪（1878 ~ 1925 年），浙江青田人。因精通英语，被清政府派赴美国等地考察，归国后到江苏主持南洋劝业会、江南公园诸事。著有《新大陆圣路易博览会游记》《环球日记》《温游纪实》《中国参与巴拿马太平洋博览会纪实》等。

义，将中国社会正在酝酿的深刻变化显性化了。

南洋劝业会上，百万展品被分为 24 部、440 类，分别展出在主题馆、地区馆、企业馆等几十个展馆中，最终评选出 5000 余件获奖展品。获奖展品如启新的水泥、大冶的铁器、上海的棉丝都切实体现了当时民族工业的发展。有考察南洋劝业会的日本工商界人士评论："清国工业现已进入工业革命时期，由手工业、家庭工业逐渐向工厂机械工业发展"。

南洋劝业会不仅有展品展览，还有展品研究。会场中设有"公议厅"，是开展公共研讨之地，关于农业、教育、工业的系列演讲也在此召开。劝业会期间，由李瑞清①任会长、张謇任总干事，成立了劝业会研究会，旨在通过考察展品，研究物产改进的方法，结集出版了《南洋劝业会研究会报告书》，提供了翔实的比较研究资料。正是在劝业会上，张謇提出了著名的"棉铁政策"，提倡振兴实业，要从至柔（棉）至刚（铁）两物质共同着力。

劝业会也是晚清中国不断敞开国门、国人开放意识不断强化的结果。劝业会期间，在上海总商会的安排下，50 多位美国商人专程来华参会，并拟定合作方案。根据张謇日记记载，这些合作包括共建银行、开航业、设商品陈列所、置商品调查员等。劝业会闭幕不久后，来华参会的日本商人出版了一部《南京博览会各省展品调查书》，被称为"清国物产志"。

南洋劝业会对实业发展有重要的影响，实业团体得到了促进和发展。南洋劝业会期间，全国的绅商云集一地，增强了商界的凝聚力。张謇等人发起组织了全国农务联合会、中国实业协会、工业演说大会、中国报界俱进会等全国性社团组织。

## 重塑城市建设之面貌

南洋劝业会对晚清中国社会的影响是全面而又广泛的。它直接影响到南京的政治、经济、交通和社会生活等各个方面。

从社会经济来看，南洋劝业会是全国范围内的物产流通大动员，吸引了各省的经商者、消费者、教师学生和相关从业人员，短时间内促进了南京本地的经济

---

① 李瑞清（1867～1920 年），江西南昌人，晚清教育家、美术家、书法家。光绪年间进士，曾任两江师范学堂校长，以"嚼得菜根、做得大事"为校训，倡导"独立思考、崇实务本"的学风、"俭朴、勤奋、诚笃"的校风。

社会发展，带动了周边产业发展，如住宿业、交通业和餐饮业等。

从城市建设来看，南洋劝业会对南京城市建设的影响最为明显而直接，“建造南京市面”的初衷得以实现。繁荣了城市面貌，推动了市政建设，为后来的国民政府定都南京打下了良好的城建基础。正如南洋劝业会帮办向瑞琨所说：“南京之南洋劝业会以后，电灯、电话、旅馆、宁省铁路、沪宁铁路等，亦较前发达。因该会而教育与实业发生之团体，至今尚存。其影响所及，非当时所能预料也。”

劝业会址在城北的丁家桥、三牌楼，为了办好这个占地700余亩的庞大盛会，南京专门建造了一座电厂供给装扮会场的五彩电灯。又在今天的玄武门、模范马路（时称“劝业路”）修建了一条“小火车”（新中国成立后才被拆除）。南洋劝业会期间兴建的马戏场、动物园、植物园、剧场等达30多座，此外新建有旅馆、餐馆和店铺200余家，这些都成为城市公共设施。

如今，位于丁家桥的东南大学、南京工业大学校区，因继承了国立中央大学复校南京时的“丁家桥二部”，成为南洋劝业会会场遗址的所在地。南京工业大学丁家桥校园内的水泥阳蓬，由当年湖北水泥厂用最新的建筑材料水泥所筑造，位于劝业会场核心的审查室和“水竹居”之间的“泗门汀桥”上，也是如今可追溯的劝业会代表性遗迹之一。

此外，南洋劝业会为南京城市建筑建设提供了世界上先进的建筑方法和理念。具体体现在各展馆的设计和建造上，中西合璧，异彩纷呈。南洋劝业会事务所建造的展馆多参照西式风格，例如教育馆是仿德国式建筑；农业馆为中西合璧，四角有亭；美术馆仿罗马式；武备馆仿德国式，陈列洋务运动以来各种自制新式武器；医药馆仿意大利式；京畿馆仿法国式；暨南馆仿南洋群岛式等。各省展馆则基本上都是传统的中式建筑，有亭楼，有牌楼，有的还是中式平屋。这些展馆的建筑形式对南京后来的建筑产生了相当影响，使得古老的南京在晚清帝国大厦将倾之时，却奇迹般地实现了向现代化城市的大踏步前进。时至今日，南京仍然留下了一些受到当年南洋劝业会建筑风格影响的中西合璧式民国建筑。

## 广开社会大众之民智

南洋劝业会通过一场声势浩大的博览会来让人们边看边学、激发追赶之志，开启了推动工业创新发展所需的社会氛围和共同意识。

一是激发了忧患意识和内省意识。客观上中国手工制品和国外机械产品之间存在巨大的技术落差，让民众、尤其是制造从业者意识到工业革命的迫切性，激发实业救国的内生动力。比如蚕丝制品，以前的中国可以说是傲冠全球、独步世界，以“丝国”著称，但是邻国日本经过工业革命以后，其生产设备由落后的铁木织机升级为新型电力织机，纯蚕织品摇身变为人造丝织品，快速占领了以前由中国垄断的市场份额。通过这种现实直接对照，优劣自见，中西方科技文化的冲突让人们意识到自身落后，重新面对现实，思索国富民强的出路。

二是提升了竞争意识和发展意识。耳闻目染改造着人们传统的抑商重农、农本商末的思想，由上而下的洋务运动走入普通民众心中。劝业会通过观摩与宣传网罗的近代民族工业展品如蒸汽机、起重机、钻床、车床、轧棉机等，提升了传播科技、增进知识的社会基础。还通过展品研究，做到格物致知，将不同省份的工艺现状、中外技术做比较，提出了中国“机械制造尚在萌芽时代”的观点，是对民族工业的一种反思。

三是改变了思想观念和认知体系。在一定程度上刷新了国人的世界观，开始以平等和贸易的观念看待国际关系，培养了参政议政、缴纳税款的现代国民意识，加快了宪政改革等。例如，有记者专门论述了南洋劝业会对预备立宪的作用，认为政治问题的实质是经济问题，立宪政治的关键在于培育具有政治责任心的国民，“欲引起国民之政治责任心，不可不先引起国民之经济竞争心”。中国商业研究会祝辞里表达的民族意识更为明显，认为当今列强的竞争是实业的竞争，劝业会是“实业之中枢，而物产比较竞争之所也”，并直言“劝业会为和平战场也”。

总之，南洋劝业会筹办前后，社会风气发生了很大的变化，“其初发生也，民间应者稀。至最近而贾于廛、工于肆、农于野，出于南方之途者，莫不曰劝业会”，起到了开一时之风气、策异日之富强的作用。南洋劝业会是鸦片战争后70年来中国社会在物质文明和精神文明上发生深刻变革的一个标志。

## 力拓实业教育之先河

南洋劝业会和教育的关系，好比阳光和空气的关系，已经密不可分。例如，时任两江师范学堂监督（即校长）的李瑞清担任了劝业会研究会的会长；在劝业会和劝业会研究会中发挥重要作用的黄炎培、沈恩孚，民国后成为江苏省教育会的重要人物，黄炎培成为职业教育理论和实践创新大家。

南洋劝业会遵从“劝业”主旨，与实业教育紧密契合。在组织筹办、展品展陈、评奖研究、观摩宣传等角度，为实业教育开辟一方天地。来自京师大学堂、江南高等商业学堂，以及各地工艺学堂的展品纷纷获奖。例如，唐山路矿学堂

（西南交大前身）与邮传部高等实业学堂（上海交大、西安交大前身）单独占屋一间，位于“实业高等部之口、师范部之末”，摆放了各类陈列品，陈列品包含“大学各科之计划教授法、时间、科目、讲义、特殊之器具用品及成绩品”。唐山路矿学堂三个学生的参展品分获金牌奖。教育馆陈列的各种科学教学仪器颇多，如物理器械50余种，涉及力学、声学、热学、电磁等各领域。还设有工业演说大会，发表了有关工业发展历史与前途、工业与农业的关系、各种科学发明等主题演讲，推广了实业和科普教育。

在南洋劝业会上，人们已经意识到，科技与实业教育的缺乏正是中国实业落后的深层次原因。有人论述教育与工艺的关系时指出，“教育者何？造人而已，造之使有人格而已，故教育家与工艺家一也。工艺家造物，而教育家造人。工艺家日取新法新理以造物，则物质日进于文明；教育家日取新法新理以造人，则精神日进于文明”。

在促进实业教育方面，南洋劝业会不忘“劝业、劝工、劝教”之初衷，将实业教育深入人心：

一是体现在“劝业”的示范作用上。博览会结束后，全国刺绣工厂和刺绣传习社规模迅速扩张，仅“锦绣行”就发展了1000多名刺绣会员，名师云集，培养了大量优秀的绣工、绣师，促进了我国刺绣工艺改良和创新发展。

二是体现在“劝工”的引导作用上。学校教育从人文教育迅速向技术教育和实业教育转型。引发了南京本地的两江师范学堂和南京高等师范学堂这一脉学科体系和教育方法变革，丰富了工艺专修科、农业专修科等实业学科，为南京的工科教育奠定了教育和人才基础。

三是体现在“劝教”的辐射作用上。随后在一批士绅和实业家们的推动下，中国的实业教育迅速发展，一大批现代化的高等教育机构和组织相继成立。例如，黄炎培联合蔡元培等，发起成立了中华职业教育社；张謇以一己之力创办了370多所学校，一个人成就了一座城，成为一座历史丰碑。

然而，南洋劝业会对中国实业教育贡献最关键之处，莫过于改变了人们的教育理念。在千年的科举制度告终后，虽然推翻了思想桎梏，同时也打断了青年人才的上升通道，扰乱了社会业已成规的耗散秩序，这也是清朝在推行大量新政改革后迅速覆灭的原因之一。经南洋劝业会一役，国人目睹了工业革命的奇迹，树立了培养经世致用的专门性技术人才的目标，为好学上进的学子寻到了替代科举、成功立业、安邦定国的康庄之路。

# 第 9 章 地方高校发展攻略

记住该记住的，忘记该忘记的。改变能改变的，接受不能改变的。

——塞林格

## 江苏高等教育全景图谱

提及江苏，离不开辖江临海、物华天宝、水韵诗意、崇文重教、人杰地灵等意境美好的形容词。江苏是经济大省、科技大省、制造业大省，更是当仁不让的教育大省，教育水平在历史上一直居于高位，无论基础教育还是高等教育都特色优势突出，有着“中国教育看江苏”的好口碑。

科举制绵延 1300 多年，历史上有明确籍贯记载的 357 名状元中，江苏占 60 名，为全国之冠。新中国以降，江苏有中国两院院士 118 人，居全国省份之首，其中江苏高校共有两院院士 79 人。有人统计，70% 的院士都曾在江苏接受过教育。放眼活跃在世界最前沿的华裔顶尖科学家，诺奖等大奖获得者、院士等，有很多都出自江苏籍，不胜枚举。2020 年全省公民科学素质抽样调查的结果显示，江苏省具备科学素质的公民比例为 13.84%，超过全国总体水平（10.56%），居全国第一。

江苏的高等教育是妥妥的实力派。结合地缘、人文、历史、办学风格以及未来发展趋势，排除苏南苏北难以归并的局部特异性，从共性着眼，在四个方面做粗浅分析。

## 经济富庶　重教崇文

江苏经济发达，社会富庶，为高等教育高质量发展提供了基本盘。得益于上天的眷顾，这方土地物产丰饶、水乡密布、交通便利，平地面积占比全国领先，是钟灵毓秀的鱼米之乡。党的十八大以来，江苏定位为“经济强、百姓富、环境美、社会文明程度高”蓝图，扛起“争当表率、争做示范、走在前列”的使命，各方面事业不断取得进步。2021 年江苏 GDP 总额达 11.6 万亿元，人均 GDP 为 13.73 万元，在省域内排名第一，是国家财政重要支柱。从经济体量和人口规模来看，江苏足以与世界上一些发达国家和地区比肩，例如德国、法国、美国加州等，这些国家和地区也常常作为比较借鉴的他山之石。

从教育投入来看，重视教育的优良传统刻在江苏人的骨子里，发达的经济水平又为发展教育奠定了强大的物质基础。孔子讲“庶、富、教”，只有在先庶（劳动力充足）、先富（人民生活富裕）的基础上，才能有效地进行教化。江苏人花在教育上的经费和精力一直走在全国前列。从清末起，江苏人赴海外留学人数就居高不下。几年前有新闻爆出，在淘宝搜索“江苏”二字，前 100 页清一色都是教材教辅。新冠肺炎疫情期间，江苏的流调数据大多与培训班有关，再度引发网友热议。江苏的办学经费相较其他地区更为充沛，而且有善用民间资本发展教育的经验，采用了教育债券等多元化筹资形式，民办教育相对活跃。纵然目前江苏生均经费在全国不算很高，但是每个家庭都愿意在子女教育上投入真金白银，在所不惜。或者也可以认为，是发达的经济水平给江苏人提供了“鸡娃资本”，率先把自己“卷”了起来。

从财政拨款来看，我国高等教育经费拨款模式主要为“生均拨款 + 专项拨款”。生均拨款作为保障性经费是“起步价”，省一级确定标准，再根据学科和学历层次折算，大体在国家政策导向下进行区域间平衡、逐年递增。专项经费是受政策性导向影响的发展性经费，例如江苏有高校优势学科建设工程、品牌专业建设工程、协同创新计划、特聘教授计划“四大专项”建设，为江苏高水平大学建设提供了资金支持。总体来看，江苏作为经济发达省份，高等教育投入在全国处于较高水平，2019/2020 学年全省地方属普通本科院校生均教育事业性经费达到 42671 元，总体规模稳步提升，但是增长幅度慢于全国整体水平。

## 积淀深厚　空间广阔

从高等教育体量来看，江苏的规模在稳步扩大。江苏的高等教育毛入学率达到62.4%（2020年），已经实现了普及化，预计到2025年达到65%左右。联合国人类发展指数报告根据评分结果，将国家分为四类：低、中、高和极高人类发展水平，其中极高人类发展水平的高等教育毛入学率是67%。参考美国高等教育87%的毛入学率，可见江苏还有进一步扩张空间。

从层次结构来看，未来发展的重心将上移。从底部沉重的金字塔结构向橄榄型转型，减少专科体量，扩大本硕博规模。按照“专∶本∶研”比例，目前江苏为3∶3∶1，韩国为2∶7∶1，日本为3∶6∶1。预计将新建或升级一批本科高校，更多的本科毕业生将面临读研深造和外向升学，专业学位研究生占比将继续增加，博士生规模到2035年或可实现倍增，专业博士成为新的选项。

## 优化布局　战略突破

江苏以散装“苏大强”著称，13个大市都是全国百强。在高等教育领域依旧全攻全能，均值较高，方差不大，少有缺项弱项。但存有不平衡不充分的缺憾，而更显著的忧患在于“头雁”引领力不足。

从类型布局来看，江苏各级各类高等教育均有涉及，品类齐全。2022年全省普通高等学校总数168所，其中本科78所（部属10所、省属33所、市属7所、民办26所、中外合作办学2所），专科层次高等学校90所（省属41所、市县属26所、民办22所、中外合作办学1所）。高校数量居全国之首。

从区域布局来看，名城和名校交相辉映，13个大市都有本科院校分布。但是无论是总数、本科院校数、高水平大学数还是一流学科数，南京和苏南地区都优势明显，几乎集聚了70%的高等教育资源，尤以南京为最；苏北地区缺少高水平、综合性大学的支撑。以本科院校为例，全省78所，其中苏南54所（包括南京34所）、苏北24所，苏南苏北本科院校比为2.25∶1。而从人口来看，苏南苏北常住人口比为1∶1.23，通常高校数量与人口有正相关性，这种错配是江苏区域经济社会发展的不平衡现象的映射。《江苏教育现代化2035》和《江苏省“十四五”教育发展规划》都把区域均衡列为重点方向，提出拓展本科层次办学容量，优化中心城市高等教育布局，资源配置优先向苏中、苏北倾斜，从功能区的角度进行分类引导，优化结构和树立标杆学校。

从层次布局来看，江苏名校众多，“双一流”高校有16所，但是特别突出的不多，被一些高等教育专家形容为“高原厚实、高峰不高、丘陵成片、谷底宽广”。根据《江苏高水平大学建设方案（2021～2025）》，要在2025年，实现20所高校进入全国前列的高水平大学，省属高校中新增2～3个学科进入全国学科评估前10%。这是个稳健的目标。

从学科布局来看，江苏覆盖了除军事学以外的几乎所有学科门类，但匹配和服务产业发展尚力有不逮。当前，产业基础高级化和产业链现代化、动能转换是显见大局。制造业支柱稳固、高新技术提速、数字经济被寄予厚望，意味着需要加大相应的人才供给。而江苏高校的专业结构同质化程度较高，各学校不同程度存在贪大求全、资源分散等现象。专业设置与经济社会发展的契合度不强，例如，与信息技术、装备制造、数字创意等江苏重点发展产业对接不足，急需的应用型学科规模较小，在人工智能、微电子、大数据等新兴学科和网络安全、应急管理、康复护理等民生专业布局不足。




要强调的是，有别于义务教育要求均衡公平，高等教育是不同的竞争逻辑，我国采取的是“非均衡发展策略”，通过引入竞争机制来提升效能。用雁阵模型来分析，江苏急需“头雁”在顶尖方阵上占据一席之地，带领整体雁阵高度提升。高等教育领域，乃至高端人才领域都有其特殊性，是一个胜者全得的博弈场，再多的“好”“较好”都无济于事，往往只缺那一两个点睛之笔的“好极”。所以，对高均值的江苏而言，更需要世界顶尖研究型大学的强势突围，需要战略科学家和学界领袖的高光点亮，需要世界级代表性成果和重磅国家战略力量的坐镇压轴。

## 守正务实　阔步创新

江苏人继承了吴韵汉风，精明能干、吃苦耐劳、守正务实、细腻柔韧，文化涵养深、规则意识重、治理水平高。13大市依据地缘文脉又可细分为中原文化、盐商文化、苏商文化、江南文人文化等分支，并可继续细分。江苏可能是中国本土情结最重、最不愿出远门的省份，擅长“坐商”，行事稳健，崇尚实业。与隔壁浙江人善抱团、尚远征，天生互联网基因的狼性“行商”风格迥异。

从人才培养特色来看，恰如地理人文特征所映射的特色，江苏高等教育有史以来就重视实用知识，盛产文人雅士和经世致用之才，不长于军政之学。一代代江苏人留在家乡、热爱家乡、建设家乡，又反哺了高等教育的发展。很多近代教育家都成长或成名于苏，如盛宣怀、黄炎培、张謇、李瑞清、马相伯、叶圣陶、钱伟长、钱穆、潘序伦、唐文治、陶行知、蒋梦麟等，成为中国高等教育近现代化过程的开路先锋、中流砥柱。

从开拓创新风格来看，江苏是通江沿海之地，历来接触西方观念和新学较早，且擅长大政府强政府治理模式，战略规划和控盘能力强。所以，无论是旧中国的教会大学、私立大学，还是改革开放以来的中外合作办学，或者走出国门办海外分校等开放性办学形式，都走在前沿，引领一时之先。同样，江苏也是全国最早提出并探索教育现代化的省份，自 1993 年启动实施苏南教育现代化试点工程以来，形成了教育现代化的“江苏样本”。但是近些年来外部竞争激烈，前有标兵，后有追兵，相比广东、浙江等地的大手笔投入和大踏步探路，江苏略显保守和沉寂。





## 地方高校的围城与困境

### 地方高校特写

名词解释——什么是地方高校？

全称：地方所属高等院校

简称：地方高校、地方大学

定义：中国内地高等学校中公立学校的一种，是指行政隶属关系在地方，办学经费主要来源于地方财政，主要为地方培养高素质人才，为地方经济社会发展服务的高等学校。

类别：可细分为省属、市属、县属、省部共建、省市共建等多种类型。

规模：根据教育部发布的《全国高等学校名单》（2022 年 5 月 31 日，未包含港、澳、台地区），全国高等学校共计 3013 所，其中地方高校约占 95%。它们在不同地域不同层次不同类型中均有分布，发挥的作用也不尽相同。

近义词辨析：与地方高校对应的叫“中央部属高校”，是指国务院组成部门及其直属机构在全国范围内直属管理的高等院校，共有 118 所，教育部管理 76 所，其余 42 所由中国科学院、工业和信息化部等部委管理。打个不恰当的比方，在分层比分类更一统江湖的价值体系当下，部属高校相当于“中央军”，资源得天独厚；其中 31 所副部级大学外加国防科技大学应该算是“王牌军”，九校联盟

（C9）尤其是清华、北大是“御林军”，是天选之子。那么地方高校就应该是“地方军”，资源条件视各地经济实力和高校分布不等，略带草根气质，需要艰苦奋斗、自强自立。当然地方军同样可以居功至伟，例如救清朝于水火之中的湘、淮军。

## 正视边界条件·适应难改变的

所谓边界条件，就是要认清办学条件的局限性，“接受不能改变的。”当然这种局限性是在眼下时空内相对而言的，从更广阔的时空来看，一切常量都可以化作变量。在这个积极正向的时代，我们深信明天会更好，可以“用发展的办法来解决发展中的问题”，可以积极奔走鼓与呼，可以自我完善、自我革命，也可以安静忍耐和等待，守望云卷云舒后的晴空万里。



### 资源总量稀缺　政府主导配置



所谓办学资源主要是指经费和土地等必须要素，代表了发展的动力源。宏观来看，我国高等教育总体办学资源是稀缺的。而我国教育领域的计划经济惯性还比较突出，政府主导地位突出，在行政审批、财政拨款、指标分发和政策扶持等资源配置方面体现的政策性导向比较鲜明。

对地方高校来说，能够得到的投入比较少，例如省属高校没有基建专项，属于结构性短板。地方高校重视的发展性资源还包括各类指标，尤其是代表高质量办学资源的博士生指标和学位点等，是学校向上攀登的生命线。此外，组织管理、行政级别和岗位编制等也是重要的政策性资源。

### 非均衡式发展　加剧分化格局

不同于义务教育强调“优质公平”，高等教育采用的是“非均衡发展策略”，打造的是“分化格局”，构建的是两头小（硕博 + 专科）中间大（本科）的“橄榄型”体系。

从国家角度来说，在资源有限情况下，采取非均衡发展战略是最优解，将有限的资源首先投向效益较高的部分，形成制高点，采取“先富带后富、强者带弱者”的雁阵策略。可以看到，大致从新世纪开始，无论是“211 工程”“985 工程”，还是“双一流”都是非均衡发展策略的具体化，少数头部精英高校由此获得大量财政拨款和政策扶持，意在提升头雁高度，冲击世界一流。

基于竞争逻辑的非均衡策略势必形成纵向分化格局，带来分配不均、冷暖不匀和丰俭不等。不平衡不匹配是普世矛盾。头部高校、部属高校、理工科高校、发达地区高校……依次排开，可以画一个办学资源金字塔。理想状况是引入市场竞争机制，高校争先恐后创一流，形成活力四射的雁阵团队。但现实情况是，头部和底部之间的资源鸿沟越拉越大。头部资源叠加难免浪费，边际效应递减；底部精打细算捉襟见肘，甚至步履维艰。分化格局不应该是僵硬和固化的，而应该是鲜灵和活泼的。当马太效应不断强化、直至利益固化时，头雁集团也就失去了秩序活力，不再是吐故纳新的耗散系统，而会导致低效的趋同和内卷。所以，科学的非均衡策略必须设置好准入和退出机制，并且将其法治化和透明化，给底部高校留出上升通道。这是一种渴盼和呼吁。

### 多头权力主体　撕裂评价体系

改革开放后，亟须发展经济建设，扩大高等教育招生规模。囿于中央财力有限，国家提出“创收”概念，鼓励各学校“依靠广大教职工艰苦创业，广开财源，增收节支，逐步发展”，通过计划外委培和自费生、校办产业、横向课题、成果转化等实现多元化筹资。1992 年后，按照“共建、调整、合作、合并”方针，大多数高等学校的管理权又被下放到省级政府。

由此，高等教育逐渐形成了多级投入、多头管理的局面。仅从财政投入角度来看，就存在财政部、教育部和部属高校、地方政府和地方高校等权力主体的多头博弈。其中，地方高校还分为省属、省部共建、市属等多种类型。如果再把其他资源主体列入，又要增列科技、基金委、工信、发改等条线部门，以及行业企业的横向合作等。复杂如斯，博弈难度可想而知，合纵连横时常有之。例如，地方政府负责地方高校的财政支出，二者之间本存在张力，但在面对中央财政时，地方政府和地方高校又会作为共同体向中央争取资源。

多头管理造成了评价体系的撕裂。不同的权力主体对高校的要求和评价各有侧重。以省属高校的科研评价为例，教育主管部门是高校的主要评价主体，但按照部门职能，教育主管部门对大学的考评重点在人才培养、学科建设、招生就业等更加凸显教育内涵的维度；相对而言，科研只是其中一部分非核心内容，所以对科研的评价通常占比不高，并将论文专利奖励等容易量化的显性指标作为参考值，外加代表性成果作为辅助。虽说“破五唯”，但并非不“看五唯”，目前还没有其他更有公信力的评价体系替代。科技主管部门更重视发明创造和技术创新的创新力评价，尤其是知识产权的创造和运用，包括转化应用成果和经济效益等。省级政府更看重对产业结构和产业升级的贡献力评价。社会大众则关注品牌口碑和影响力评价，有没有袁隆平的成就，有没有引领思想文化之先河等。很显然，不同评价主体把“评价之手”落在了在创新价值链的不同方位，而这些“手”比“市场之手”更有权力，让大学这头努力上进的“大象”无所适从，只能 360 度无死角地响应要求左右开弓，变成目光涣散定位模糊棱角丢失的经济“动物”。但又有几个学校能做到面面俱到、处处领先?

评价体系撕裂，进一步导致了办学定位乱序。这也是“科技三问”（为什么产业链与创新链融合不够？为什么科研成果转化与经济发展结合不紧？为什么科技发展的社会感知度不高?）之所以存在的根本原因：卷子只有一套，阅卷人却不是同一人，就有了各花入各眼的错位。当然欧美高校也存在多元共治的情况，因此发展公司制度和董事会制度、吸收外部人士参与学校治理是西方近年来的趋势之一，虽然解决不了多元主体的问题，但有其可贵之处，即把出卷人和阅卷人统一了起来，把外部的交易成本内部化为组织成本。





近年来，千校一面的同质化问题广受诟病。有一部电影叫《失常》，当所有人都变成了一个模样，一样的无聊乏味，一样的大猪蹄子，哪怕个个全是高级精英，世界也依旧可怖可憎，怎能不令人失常错乱。但话说回来，“千校一面”又岂是学校的过失？其实很多的地方本科高校，本来就是苏联模式下的单科类学院转型发展和高职高专院校合并升格而来，本身就带着行业企业的基因，天生不缺特色，只不过被同一个评价体系牵着“牛鼻子”，向着同一个目标“综合性、研究型”奔腾而去罢了。

## 审视初始条件·改变能改变的

所谓初始条件，就是了解目前办学的真实情况，摸清家底、弄清短板、探清差距。“改变能改变的”，才是查摆问题的初衷。

### 办学品质粗糙　遮蔽教育温度

刚才讲了多头权力主体交织的复杂存在，蓦然回首，有没有发现灯火阑珊处人山人海，却唯独丢失了大学元概念的主体——教师和学生？实际上当我们进入工业社会，琢磨起官产学协同创新 N 重螺旋的时候，就已经把他们给丢在一边了。对物的崇拜和对人的冷漠，是工业文明的副产品。

价值体系的撕裂，实际上也在造成话语体系的剥离。我们在热烈呼应“为谁培养人、培养什么人、怎样培养人”，却另有一套潜规则下自成蹊。大学排名扶摇直上，人才培养新招不断，而真正的培养模式却多年“换汤不换药”，教材内容落伍陈旧，实践条件拥挤过时，教育缺乏标准规范。一些大学里的不堪乱象更屡受关注：教授变成了“叫兽”，老师当成了“老板”，学者有了江湖，忙碌着打招呼、托关系、拉项目、抢帽子、占山头，争名逐利生龙活虎，却唯独上课敷衍枯燥乏味；学生则熟练了“摸鱼”和躺平，学会了精致的利己主义；家长变成了“校闹”，人际关系冷漠疏离了无情意……这些现象固然有偏见和厚古薄今的成分，但是大学沉迷于功利主义也是客观现实。

有没有观察过中国大学和欧美大学的差别？不用写长篇大论，肉眼可见的是围墙。到欧美大学打卡，标志物是核心建筑或名人雕塑；而在中国大学就一定要和围墙与校门合影，感慨“你看，这是清华大学的校门，多白”。从古代城墙脱胎而来的围墙，不仅在物理空间屏蔽，而且在心灵世界隔阂。

比方说国际化这件事，本是一种只可言传不可意会的人际交流，但在国际化指标体系引导下它迅速被具化和量化了，甚至变成了一种经济利益的让渡。有的学校国际化数据很漂亮，但真正的合作交流依旧被有形无形的围墙横亘着和阻碍着。而事实上，没有充分融入的多元包容，没有基于可持续发展的互惠共荣，没有跨文明跨种族的价值观理解，终将是浮于表面和空洞的国际化，无助于大学的内涵建设。

有没有观察过中国大学生和欧美大学生的差别？是脸上的笑容和心中的激情。哪怕是中外合作办学的学生，也总是洋溢出阳光和自信。中国孩子体质健康，但在课堂上托腮而坐和校园里迎面而来的他们，总是少一些青年人该有的神采和光亮，或许只有在运动场上才能寻觅回些许。董云川说“中国大学犹如一个正在发烧的巨人，头脑滚烫，体征畏寒”，啥都不缺就是缺少温度。我们的很多大学培养不出快乐的读书人，孕育不出纵身学术的狂热痴迷，浇灌不出独立思考的精神贵族。

社会要求“上好学”，意味着必须“办人民满意的大学”；人民所盼更有温度更有情怀的教育；国家所需更多兼具家国情怀和跨界能力的人才。然而“满意”二字何其难哉，不平衡不充分始终在路上。发展规模大、速度快、步子急，灵魂可能会跟不上肉身，内涵和品质就会粗糙。所以很多家长花大钱操碎了心把孩子送出国，用“脚”投不满意票。

所幸这种情况也在改善，“以本为本、四个回归”等是非常好的提法，试图解决的就是教育品质问题，打造高水平的本科教学。高校正在把更多的精力聚焦于人才培养和学科建设，抓教学、抓教风、提高教学质量，不断推进内涵建设，相信假以时日，质量必有所改观，并且会随着制度优势的发挥树立起高等教育自信，那就是真正地走向世界舞台的中央了。

### 校地融合不足　缺乏务实机制

比起闭门办教育、埋头抓质量来说，打开校门、跨越围墙搞协作的难度系数倍增。虽说多主体合作（校企合作、校地合作、校城合作、校校合作、国际交流合作）和多要素协同（产教融合、体教融合、科教融合、产学研用金融合），这些关键词已经碎碎念了很多年，但是时至今日，真正能把跨单位跨机构合作的文章做好仍非易事。




以校城合作互动为例，高校与城市互动和服务城市，主要有输出人才和输出技术两条路径。目前的互动算不上深入，现状远比想象尖锐。有统计表明，江苏高校优势学科和优势产业结合度不到三成，南京高校的学科优势和南京产业优势结合度刚刚突破三成。

从属地城市的感受来看，高校服务城市的贡献能力还不够强。一是高校人才培养滞后于社会需求，专业设置“看目录”，课程体系“看书本”，理论与实践脱轨，人才培养计划与社会发展、实体经济的需求脱节。二是高校的科技创新偏重于基础研究，能够转化的科技成果不多，研究方向和产业发展的匹配度有限。三是即便是在应用研究领域，高校以散兵作战和“点对点”方式为主，开发、生产、咨询、顾问等浅层次的协作比例较大，难以系统集成为体系化能力，难以产生影响地方社会经济发展的重大成果。

从高校自身的感受来看，贡献不足的背后有很多无奈和委屈：

一是校城信息衔接不畅。政府搞不清高校在研究什么，对各个高校的特色专长学科优势了解不深；反之高校对城市需要什么、发展目标是什么也缺乏了解。双方信息不对称，缺少沟通渠道和交流平台。

二是地方政府对和大学的合作经常“重名不重实”。地方政府重新闻效应和舆论效果，喜欢短平快出效益的项目，首选的合作高校主要看品牌看名气，偏爱头部高校，甚至不惜舍近求远，去北京、上海与名牌高校合作，忽略了家门口的地方高校。但实际上不同学校有不同定位，地方高校通常擅长应用研究，与地方政府合作的契合点更多、参与度更强。所以，尽管看起来校城合作活动很丰富，签署园区共建、学科共建合作协议、推进科技攻关协同创新等，红红火火轰轰烈烈，但是距离真正的融合发展尚有距离。

三是缺少合作抓手。需要行之有效的项目把高校、城市、市民联系在一起，把高等教育和基础教育衔接在一起，把大学和城市捆绑在一起。例如，高校与中小学科技互动活动，高校实验室与基础教育的合作，让院士进中学等。

此外，还有一个深层次的管理权限和隶属问题。城市里的高校大致分为三类：部属高校、省属高校、市属高校和民办高校。其中，省属高校体量最大，人才资源最为集中，科研内容区域性更鲜明，科研选题应用性更显著，科技创新重心偏向创新价值链的中后端，更适合与城市合作、参与城市发展。但省属高校与属地城市不存在隶属关系，学校的办学定位、评价体系、条件保障等都归属于省级政府，与属地城市关联不大。庸俗地说，即便再多的科技成果输出到城市，助推了城市的产业发展，但没有正向反馈渠道，也没有办法把成效计入考核成绩，更没办法获得来自城市的资源支持。省属高校在城市的归属感不强，“我本将心向明月，奈何明月照沟渠”，难以真正融入城市、与城市休戚与共。深入的校城合作，需要设计更有力的融合共建模式来保障和引导。

## 校地融合发展攻略

地方高校要想在高等教育生态丛林中立于不败之地，必须因地制宜，主动适应地方所需，与地方经济社会紧密联动，在将知识转化为现实生产力的同时实现自身价值，实现校地融合发展。

第一，善用挖掘地理和物质条件，另辟蹊径，找准独特的生态位，订制竞争优势。例如，发展工业区的工学院、商业区的商学院、人口密集区的医学院，举办海洋区的海事专业、农牧区的农学专业等。因地制宜而取得胜算，达到事半功倍。

第二，下沉人才培养链和科技创新链，紧密对接和嵌入产业地图，推进更加务实的协同创新 2.0。以强组织能力弥补单打独斗能力不足，高效协同校内外资源，开展深度的产学研协同创新。2012 年，教育部推进的高等学校创新能力提升（即“2011 计划”），以产学研协同创新为核心理念，在人才、学科、科研三大方面实现大跨度、宽领域、链条式的重大变革，打破了高校传统的封闭体系，有力激发了高校的创新潜能。在新发展阶段，要推进更加务实的协同创新2.0，需要围绕产业链和创新链耦合进行系统化设计，通过大学、科研院所、产业、政府、金融、公众、科技中介等多元主体的共轭共治，实现机构组织、仪器设备、科研数据、研究成果、人才资金等要素的高度协同。目标要实现三个“实”：一是打造“实体”的创新平台；二是追求“实效”的社会贡献；三是具备“实战”体系化能力。

第三，积极争取所在城市的支持，探索校城共建共荣，打造“省市共建高校”。我喜欢讲温州肯恩大学的例子。该校坐落在浙南如画如诗的山岙之中，既有世外桃源一般的清幽静谧，又有融通世界的开放开明，以及国际化教育的活泼活力。而这所学校不过是从零做起，正式获得教育部批复还不足五年。我去过温州肯恩大学两次，每次都被它的发展态势震撼，动容于它的大气和精致，澎湃与和谐。而印象最深刻的是其校史馆开篇习近平总书记的一番讲话，精彩又感人：“温州是一个了不得的地方，温州是一个神奇的土地，温州人是可怕的温州人。温州人在一块比较贫瘠的土地上顽强地生存下来，创造了世人瞩目的温州经验，全中国都在学习温州经验。而温州人走遍了全中国，现在走向了全世界，有海水的地方就有温州人，他们在那里勤劳地创业，并且取得了辉煌的成就。温州人缺的不是钱，温州人缺的是教育，在我们全省来讲，温州这个地方的高等教育比较薄弱，但是你们像一场及时雨，你们在那里建一所学校，正是温州人求之不得的。有了温州人的勤劳和聪明，有了强大的教育，将会产生巨大的活力，温州的经济、温州的社会，会有更大的发展，你们将做一件功德无量的事情。”把高等教育和城市命运联系在一起，把山与海的梦想统一在一起，在高站位的谋划和大手笔的推进下照进现实，是地方大学借力发展的最佳姿态。

## 错位特色发展攻略

“山不在高，有仙则名；水不在深，有龙则灵”。对地方高校而言，凸显特色、错位发展无疑是最佳选择和现实路径。

第一，非均衡发展是必修课。很少有几个学校能做到是事事巨精，无不是突出自己的学科专长，把某几个特色明显的学科作为学科生态体系的支点和亮点，并保障其有力的资源配置。尤其在资源有限的前提下，采用非均衡发展战略是必然之举，只能适当收缩，聚焦专长特色，实现差异化发展，有所为有所不为，有所多为有所少为，有所先为有所后为。每所大学都各有所长，很难全面占先。提及特色和“小而精”，不得不提奇迹般的加州理工学院。该校创办于 1891 年，前身只是一所社区学院，为周边居民提供艺术和手艺职业教育。1907 年，随着海耳①等科学家的加入，大胆做减法，以科学为主题专注特色发展，在 20 世纪 20 年代办学声誉大幅提升，成就了全美规模最小（本科生不足千人）的顶级研究型大学。本书第 6 章的“学科建设波士顿四象限模型”可用作学科战略的分析工具。

第二，根植传统衍生优势。每所大学都有传统，传统是不可复制的，根植传统来打造特色更难以被复制。例如，师范大学聚焦师范传统，海洋大学发展海洋专业等，这是行业背景赋予的独特优势。同时，要将传统学科内涵与前沿技术相结合，在主流学科基础上叠加横断学科、探索边缘学科和交叉学科，提前预判和布局新的学科增长点等，给自由生长留出空间。

第三，保持战略定力和耐心。面对着“双一流”的升格冲动和功利主义的盛行，格外需要久久为功、善作善成。例如，中国海洋大学坚持特色发展，战略定力十足，在调研时校长告诉我们，“不会为任何基于规模导向的排行榜绑架”“我们不引进院士和帽子人才”“我们没有过五唯，所以不用破五唯”。而江苏提出，无论是“双一流”建设还是高水平大学建设，都必须要凝聚一个共识“校校有任务，校校有特色，校校有机会”，为地方高校聚力发展给出了具体指导。

## 分类多元发展攻略

这是一个共享共赢、互联互惠的时代。对于教育而言，无论基础教育还是高等教育，促进资源流动和要素共享，促进新陈代谢和吐故纳新是基本逻辑。教育体系不应该固化主体，要从单一纵向的“分层管理”向纵横交错的多样化“分类治理”转变，力求在不同层次、不同类型上有所建树，让研究型大学、应用型大学、学术型大学、创业型大学和职业类院校，理工类、文史类和体育艺术类院校，高水平巨型大学和特色鲜明小规模学院，“双一流”和地方高水平大学，高峰学科和高原学科，公办、民办和中外合作办学等不同定位、不同类型、不同规格的

① 乔治·埃勒里·海耳（George Ellery Hale，1868～1938 年），美国天文学家，“现代太阳观测天文学之父”。

学校找准各自的赛道和起跑线，各美其美，百花齐放。同时，在完善分类定位、分类设置的基础上，结合资源配置机制进行比较研究。

谈及国际比较借鉴，众多专家对江苏出的第一个点子就是向美国加州取经。加州高等教育有良好的顶层设计，主管部门制定战略规划，推进高校与加州地方经济社会互动共生。校本研究也做得非常有特色，对本行业或相关领域的人才需求进行分析，再将分析结果反馈给管理部门。同时在战略实施中以自愿问责形式主动融入地方发展，例如加州大学总办公室每年发布《年度问责报告》，大大提升了办学运行的透明度。此外，美国相对成熟的市场机制发挥着调节作用，自下而上地促进了政府、市场与高校的良性互动局面。

加州的高等教育分类体系非常有代表性。1960 年在克拉克·科尔主导下，加州政府制定了著名的“加州高等教育总体规划”，以法案形式约定三级结构：联邦制的加州大学系统（研究型大学，共 10 所分校）、加州州立学院和大学系统（本科生教育和硕士研究生教育，共 23 所）、社区学院（职业教育和转学课程，共 123 所）。三类高校既自成体系，又能够通过弹性学制、转学制度与学分互认等畅通渠道，促进了多样化发展，满足了学生个性化发展的需求，促进了加州高等教育的繁荣与发展，成为众多国家竞相效仿的典范。然而，成也萧何，败也萧何。随着加州州立大学可以逐渐提供部分博士学位，以及全州性财政政策的缺失，该规划的生命力遭遇挑战。加之近年来世界经济疲软，加州财政锐减趋势导致公共教育经费萎缩，学费不断飙升，把加州高等教育系统一度推向寒冬。江湖曾传闻要裁撤加州大学伯克利分校的化学系，令同行们大惊失色。过去加州高等教育的成功在于政策调节的精准性和灵活性并驾齐驱，现在的危机根源在于政策缺乏弹性空间。

1967 年，克拉克·科尔因学生运动被解除校长职务，随后担任了卡内基高等教育委员会主席，再度发挥智慧，主持制定了指引高校实现多样化发展的“卡内基高校分类体系”。该体系从 1976 年起不断有新版本迭代，最新的卡内基高等教育分类（2021 年），将美国 3938 所大学分为 7 个层级，分别是博士大学、硕士院校、本科院校、学士/副学士学位授予院校（四年制）、副学士学位授予院校、专门高等教育机构、原住民院校。每个层级又有详细的分类。

国内的高校分类以上海为代表，2015 年在全国率先实施高校分类管理改革。在“改变一列纵队为多列横队”的要求下，按照不同的人才培养目标定位，根据“政府政策引导、高校自主选择”的操作原则，上海全部 62 所普通高校分为四类，其中包括 13 所学术研究型高校、10 所应用研究型高校、17 所应用技术型高校、22 所应用技能型高校。通过不断优化指标体系和改进评价方式，形成了积极的评价导向。这种分类不是为了给学校贴标签，重点在于落在实处，对各个类别中做得足够好的学校给予投入支持，例如给高水平的应用技术大学给予了大力度支持，形成了正向引导，使其明确办学定位，发展动力更足。

# 第 10 章　探索中国式创业型大学

凡是不能毁灭你的，最终都会让你更强大。

——尼采





## 创业型大学理论综述

进入知识社会以来，随着信息技术的强势赋能，西方经济得以重振。但是与经济发展向阳而生不匹配的是，高等教育经大规模扩张后，此时却遭遇着新的危机：一方面是随着大学扩招，政府财政投入削减，许多大学面临着棘手的办学资源的缺口，甚至一些学校面临着“生存还是毁灭”的危机；另一方面，社会对高等教育的要求越来越高，大学的功能定位在不断加成，刚刚摘掉精英教育光环的大学，在办学资源稀释的情况下，必须提升办学质量，回应社会期待。面对着这些难题，人们认识到，大学绝不再是知识的“孤岛”，必须变革治理逻辑。

基于上述背景，世界各国高校在经历了自下而上的教授治校、自上而下的政府主导等治理模式之后，不约而同地选择了与政府、市场和公众等加强纵深联系，将更多地学术权力让渡给了外部利益相关者，把更多期待投向社会、投向市场、投向工业界，获取发展资源，转变办学思路，从解决好奇转变为谋求实用，从追求学术真理转化为实现市场价值。而这种做法的共同之处，被高等教育专家观察和总结后，被定义为一个新的专有名词，叫作“创业型大学”。

### 创业型大学理论溯源

20 世纪末，创业型大学（Entrepreneurial University）相关理论和实践逐渐为越来越多的高等教育从业者所关注。作为一种仍在不断变化演进的新的大学形态，这一概念至今为止尚未得到统一明确的定义。但学界达成共识，认为这种新的办学范式比之传统的大学形态，至少具有以下几方面的特征：①融学术文化与创业文化于一体，具有较强的科研实力及科技成果转化能力；②更加突出问题导向和实用性；③拓展多元化资金，反哺学校发展；④注重拓展与地方政府和产业界的互动，主动嵌入区域经济社会所需；⑤不断改革和创新治理模式进行自我革命。

伯顿·克拉克是创业型大学概念的首创者。20 世纪 90 年代通过对众多典型高校的深入走访调研，他敏锐地觉察到，高等教育发展面临瓶颈，认识到大学组织运行模式变革不可避免。需要更灵活地对社会需求作出反应，通过开源创收谋得发展资源，才能适者生存、适者优胜。在研究初始阶段，他把长于此道的这类大学命名为进取性大学（proactive university）。之后，他在《建立创业型大学：组织转型的途径》（1998 年）和《大学的持续变革：创业型大学新案例和新概念》（2004 年），正式启用了“entrepreneurial university”来命名他推崇的这一类新型大学，认为这是 21 世纪大学组织转型和进取变革的必然趋势。对于这个新的大学样态，国内学界通常将它翻译为“创业型大学”，但就像许多学术名词翻译都很难精准匹配一样，这个名词翻译也很有难度。实际上，从 entrepreneurial 的词源来看，除了强调创业和敢于创新突破之外，它本身还蕴含着拥有企业家精神及敢于承担财务风险的意蕴，是一个天生就带着“创业”“企业”“营业”“敬业”等多重标签的复合概念。

### 创业型大学本质特征

创业型大学本质特征在于积极进取性和灵活适应性。

其一，创业型大学始终以积极进取的姿态来完善自身。它是大学人才培养、科研和社会服务等职能结合的延伸，拓展了大学的边界，以柔性形态更加紧密无间地与经济社会相融合。它不仅要传授既定的知识，培养经济社会发展所需的各类专业型人才，更要创造和传播新的知识，还要转化研究成果，适应并且引领与拓展新的产业发展，即将知识作为资本，使之转化为直接的生产力，实现对于经济社会发展的增值和推动作用。

其二，创业型大学相比其他类型高校有着更敏锐的目光和灵活的手段。能够发现区域和经济社会发展中的短板，并且善于开辟和利用各类资源为我所用，善于通过协同和共治的手段来谋得内外利益相关者共识，实现组织的可持续发展。

## 创业型大学与协同创新

创业型大学和协同创新是一枚硬币的两面、无法分割。协同创新的代表理论是“三螺旋”理论，所以学术界常常将创业型大学和三螺旋理论相提并论，并由此揭示了创业型大学在知识经济中无可替代的创新价值。

三螺旋理论的创立者埃兹科维茨对创业型大学有深刻洞见。他从两次学术革命和研究型大学发展脉络的角度来探讨创业型大学，通过对麻省理工学院、斯坦福大学等案例进行研究，考察了研究型大学向创业型大学转变的过程。从学术革命的视角，论述了研究型大学在开展知识生产和人才培养的基础上，通过转化科研成果直接为产业和社会服务，从而成为经济社会发展的引擎，催生了新一轮学术革命，完成从研究型大学到创业型大学的转型。埃茨科威兹提出创业型大学转型的五个关键因素：知识资本化、相互依存性、相互独立性、混合形成性、自我反应性。



埃兹科维茨的创业型大学观与“三螺旋”理论密不可分。作为分析大学、产业、政府间关系的主流模型，该理论扬弃了政府控制大学和产业的国家干预主义，以及政府、大学、产业三者彼此分离的自由放任主义，强调三者的动态平衡、相互影响和协同进化。“三螺旋”互动基础上，会产生新的混成组织，例如孵化器、科技园，形成以硅谷、阿姆斯特丹知识经济圈等为代表的社群。“三螺旋”网络还有回归效应，即对大学、产业、政府等主体的递归，例如能够改变大学对其研究成果本身的认识。从这一角度而言，创业型大学成为“三螺旋”关系的推进器，是知识经济的生产力要素之一。

## 创业型大学转型路径

通过案例研究，伯顿·克拉克总结了创业型大学转型的五条基本路径，时至今日仍旧对我们有启发性。融入中国当下的语境进行解读，这五条路径分别为：

（1）强化领导核心。在向创业型大学转型初期，需要有一批坚定有力的领导者来引领改革，将学术管理权赋予各院长、系主任或研究中心主管，推动大学快速响应环境变化，提升组织执行力。

（2）拓展外部联系。打破、扩展和模糊传统意义上的大学边界，加强与地方经济社会互动。针对产业共性技术研发等重要课题，建设大学科技园、新型研发机构、工程研究中心、知识产权服务机构、技术转移机构和创业孵化器、鼓励师生创办高科技衍生企业和咨询中心，强化专业学会、行业协会、学术期刊等学术共同体作用。促进大学、政府、产业界、公众、校友、潜在投资者等利益相关者之间的紧密合作、多元共治。

（3）争取多元化资金。君子爱财，取之有道。除了积极争取来自政府的财政拨款、专项经费和科研经费等之外，还要积极面向社会各界寻求资源支持，拓宽筹资渠道，挖掘商业潜力，创造更大知识价值。例如，校企合作研究经费、终身教育和培训费、留学生经济、校友经济、社会捐赠、校办产业经营利润、知识产权收益、大学科技园创收、基金收益等自主性收入等。根据伯顿·克拉克对创业型大学的案例研究，这些财政来源要占学校总经费的 2/3 以上，是体现大学灵活性和适应性的重要指标。

（4）激活学术心脏地带。伯顿·克拉克认为在大学里，主宰学者工作生活的力量在于学科，把大学基层学术组织的重要角色形容为“学术心脏地带”（academic heartland），认为是传统的学术价值观扎根最牢固的地方。在建设创业型大学时，要坚持以学术为本，下沉一线，激活院系、研究所等教学与科研的基本单位，将之转型为创业型组织。组成各类“中心”“研究所”“实验室”“项目”等跨学科组织，形成以聚焦交叉学科为代表的新型科研组织，通过产学研合作、科产教融合等增强优质教育供给。

（5）形成创业文化。创业型大学的转型需要共同理念支撑，使得组织上下具有一致的行为准则。创业文化是创业型大学转型的重点与难点，开始可能是通过制度变革来体现，积极营造自主创新创业的文化氛围，形成对向创业型大学转型的认同感；但更重要的在于要化为实践和行动，成为整个校园共同价值，体现在精神和信仰上，形成一整套的创业文化体系。比之传统的大学文化，这种创业文化需要更冒险、更创新的内涵，才能与前四种转型要素协同，由理念向实践迈进。

### 典型西方创业型大学

从各个案例来看，每个创业型大学的形成都不是一蹴而就的，而是各个学校自适应环境逐渐形成。尽管它们的发展历程不同，但其成功的共性在于对高等教育和经济社会发展新趋势、新机遇和新挑战，作出了及时准确地判断和回应，在调整办学思路、制定治校方略、聚焦学科方向、改革机制体制以及构筑大学文化等方面大胆推新，另辟蹊径。目前在西方被普遍认可的创业型大学主要有三类：

第一类以美国的斯坦福大学为代表，在研究型大学基础上集成了创业型大学要素。美国高等教育秉持实用主义理念，有开展应用研究、注重创业增收的传统，但是更直接的动力来自生存需求。1885 年私立斯坦福大学在当时远离政治中心稍显荒蛮的加州建立，60 年长期深陷严重的财政危机，直到抓住了第二次世界大战以后电子信息产业快速发展的风口，才有机会得以发展成为研究型大学，开创大学科技园模式成就硅谷，成为创业型大学的标杆。

第二类以德国慕尼黑工业大学为代表，从工科大学转型而来。德国大学继承了柏林大学传统，长期以来注重纯科学研究，与市场和商业保持距离。然而，20 世纪 70 年代以来的经济危机导致高等教育财政预算削减，欧洲大学普遍面临着资源匮乏危机。外在环境压力迫使欧洲大学走上创业型大学的转型之路，开辟多元化筹资渠道，注入办学动能。





第三类以英国的华威大学为代表，从教学型大学转型而来。创始于 1965 年的华威大学，诞生于高等教育思想更加保守和学院派浓厚的英国，建校初期，不但长期面临着资金短缺困境，而且学校与工商界的合作被师生抵制甚至发生了严重的学生骚乱事件，备受舆论抨击。最终，学校通过多种形式的社会服务和亲工商路线走出了困境并得以快速发展，成为众多学校竞相学习的创业型大学典范。

总结创业型大学转型的共性，会发现其动力机制来自发展资源匮乏，问题倒逼之下不得不从社会中寻找发展资源、谋得创业路径，所谓“不成功则成仁”。而那些秉持博雅教育理念，拒绝应用研究甚至拒绝科学研究的传统大学或者文理学院，以及那些具有丰富办学资源、享受政府或私人等源源不断大量资金扶持的高校，不具备这种问题倒逼的动力源泉，很难孕育出创业型大学特质。

## 中国式创业型大学

### 中国式创业型大学内涵

创业型大学是一个舶来术语，一些对高等教育专有名词不熟悉的人，乍看到“创业型大学”五个字，难免会望文生义，仅从创新创业的角度来理解其内涵。固然建设创业型大学离不开创办企业、服务产业、培养创业精英的要义，但无论是追溯其概念源头，还是强调扎根中国大地办大学，对创业型大学的理解都不应该仅局限于“创业”“企业”“产业”，尤其要把这一理念与中国土壤、中国实践紧密结合，浇灌和绽放出具备中国元素的灿烂之花。

概而言之，我们所期待和发展的中国式“创业型大学”，是坚持中国特色社会主义办学方向的新范式：

第一，中国式创业型大学的“创”是敢创、能创、善创的意志品质，体现大学积极进取姿态和创造性适应环境的能力。要不断自我迭代和自我革命，开辟发展新领域和新赛道，塑造发展新动能和新优势。正如尼采所提出的“超人”概念，是一种精神的进步，是一种灵魂的蜕化，是一种百折不挠、无所畏惧向上生长，具有精神的超越性。

第二，中国式创业型大学的“业”，是广泛、博观、宏伟的“百年大业”（参见表 36）。要着眼教育强国、科技强国、人才强国建设和区域经济社会高质量发展，心系人民幸福安康，体现中国式现代化建设的根本价值取向。要充分发挥好大学作为知识中枢的作用，深化社会服务的广度和深度，形成创业型人才迭出、创业型师资队伍支撑、创业文化润泽、以尖端技术引领产业创新发展的办学格局。




**表 36　　中国式创业型大学之“业”**

| 视角 | 内涵 |
|---|---|
| 百年大业 | 符合国家需求、区域期盼、学校特色<br>坚持立德树人、服务科技自立自强和产业自主可控 |
| 传道授业 | 以产业需求引领学科专业布局优化和人才培养模式变革<br>推进科产教融合人才培养模式变革，输出兼备学术与应用特征的创业型人才 |
| 聚才兴业 | 深化评价改革，走好人才自主培养之路<br>打造创业型特质的师资队伍 |
| 创新创业 | 布局嵌入产业地图、交叉特色的学科生态体系<br>开展有组织的科研，写好协同创新和科技创业大文章 |
| 建功立业 | 发挥知识中枢功能，创办衍生企业、孵化科技企业 |
| 开基创业 | 从市场中找寻机遇，广泛开拓资源 |
| 进德修业 | 构建创业精神润泽、积极进取的组织文化 |
| 经国大业 | 构建多方合作联盟，推进国际影响力能级提升，开拓国际产学研合作 |
| 安邦守业 | 推进具有创业基因的大学治理体系现代化 |

建设中国式创业型大学，要坚持扎根中国大地和强烈的使命担当意识，始终把服务国家、报效祖国牢牢放在首位。映射在创业型大学场域，就是将西方创业型大学所关注的市场需求导向升级到国家需求和使命引领导向，服务科技自立自强、产业自主可控，培养德智体美劳全面发展的社会主义建设者和接班人。同时要注意取长补短，规避市场规则的缺陷和功利主义影响，为社会提供“真正学术性的、科学的、适度的服务”，避免唯市场导向对大学根基的戕害。

建设中国式创业型大学，要坚持以人民为中心的教育导向，站在人民立场，服务师生福祉，注重师生的满意度和体验度。不仅关注外部利益相关者的多元共治，同时也高度关注内部的协作治理。要尊重师生主体地位、发挥主体作用，做到治理改革问计师生、发展成果惠及师生、管理服务师生一线，让师生获得实实在在的尊重、权益和服务。归根到底，要激发每名教师和学生的主观能动性，让教师与学生教学相长、相互成就，共享共治学校发展成就。





建设中国式创业型大学，要坚持深化改革创新，充分发挥中国的制度优势，加快推进治理能力现代化。创业型大学的转型密码要求强有力的领导核心，需要统一意志的创业文化，中国高校党委领导下的校长负责制和社会主义核心价值观的营造，与创业型大学内在逻辑具有一致性。要根植中国土壤和中国文化，把四个自信转化为办好中国式创业型大学的自信自觉，要结合实际有所选择地吸收借鉴全球大学的治理成果和成功经验，探索现代大学治理的“中国之治”。

习近平总书记在党的二十大报告中强调“要坚持教育优先发展、科技自立自强、人才引领驱动，加快建设教育强国、科技强国、人才强国，坚持为党育人、为国育才，全面提高人才自主培养质量，着力造就拔尖创新人才，聚天下英才而用之”，这是建设中国式创业型大学的核心遵循。

## 创业型大学的本土化

从理论研究来看，20 世纪末，随着创业型大学理论逐渐被引入我国，伯顿·克拉克、埃兹科维茨等学者的著述被不断译介，我国学者对于创业型大学的理论研究也更加广泛和深入。主要包括如下视角：①中外比较视角。研究西方典型创业型大学办学模式，作为他山之石来为我所用。②社会学视角。注重探讨创业型大学的概念内涵、组织特征与建设路径，对这一范式形成的动力机制、价值取向等进行考量。③案例研究视角。重点关注我国地方本科高校在创业型大学建设和转型过程中遇到的困境与出路，进行战略战术的研判和审思。

从实践探索来看，近十多年，我国的福州大学、浙江农林大学、南京工业大学等地方高校提出建设创业型大学的发展目标，力求突破传统高校资源路径依赖，探索中国式创业型大学办学之路。尤其从大学的基本职能出发，将创业型元素充分融汇在科技创新和人才培养等关键领域：①重视协同创新和科技成果转化。协同创新是创业型大学立论基础，创业型大学的科技创新从立项之初就与社会需求紧密相扣，从产业共性问题中进行选题，开展巴斯德象限中的应用导向型科学研究，深度参与科研项目的研究、小试、中试乃至产业化、商业化的各个环节，直到科技成果转化为学术资本，知识资本变现为商业价值。②强化创新创业教育。开展创新创业教育既是应对社会对创业型人才需要的市场化选择，同时也是创业文化潜移默化的一部分。创业型大学所培养的学生除了具备扎实的基础知识和专业知识，还要良好的创业意识、创业能力和实战经验。

十多年来，创业型大学本土化已有一些探索与实践，被认为是地方本科高校转型发展的重要战略图景，被众多高等教育从业者寄予厚望。人们认为，建设创业型大学是地方高校走出“同质化”困境、摆脱办学资源不足，深化转型发展、提升办学能级的现实可选路径。

诚然，我国创业型大学的实践时日尚短，尽管已有一些标志性的做法和模式受到社会各界关注，但尚未形成国际范围的影响力，尚未形成体系化的办学范式。还有一些地方本科院校在推进创业型大学建设过程中，感受到一些发展瓶颈，例如，校领导班子稳定性不强、转型的主导力量和评价模式难以转变、自主经费缺乏和筹资渠道有限，等等，存在着一些制约因素。总之，创业型大学的本土化还需假以时日，期待“大鹏一日同风起，扶摇直上九万里”的功成之日及早到来。

### 南京工业大学的探索与实践

南京工业大学是一所以工为主的江苏省属地方高校，在21世纪初即形成了产学研合作、服务地方经济社会的办学特色。2013年成为首批14所入选2011计划高校之一，获批建设国家级协同创新中心。2018年12月，南京工业大学于第四次校党代会确立了“奋力建成国内一流国际知名创业型大学”的目标。2022年9月，召开校第五次党代会，保持战略定力，更进一步提出“建设特色鲜明国内一流国际知名创业型大学”的目标。

在创业型大学的建设实践中，南京工业大学坚决贯彻落实党中央决策部署，坚定社会主义办学方向，坚持把立德树人作为根本任务，将服务国家作为使命追求，将深化改革作为前行动力，将加强党的建设作为坚强保证，为党育人、为国育才，谱写了创业型大学建设的华彩篇章，在中国式创业型大学建设方面取得了探索性、突破性的成绩。宝贵经验在于：

一是干事创业的精神面貌。创业是一种气质，一种信仰，需要扛得住打击，耐得住寂寞，跟得上速度，永不屈服永不颓丧。作为一所具有百年历史的工科院校，学校深挖创业文化精神渊源，传承以南洋劝业会为起点的创新创业基因，形成了遵循科学规律、强调问题导向、注重流程化和一体化治理逻辑的工科气质，激活第一资源，激发内生活力，从上到下团结进取，干事创业气氛浓厚，生命冲力欣欣向荣，创新创业蔚然成风。

二是不断深化创业型大学建设路径。坚持使命引领和问题导向，将学科发展蓝图和地方产业地图无缝对接，促进“科研链—产业链—教育链”三链深度耦合，围绕创业型大学建设系统设计和推进工作，在办学理念、党建模式、科产教融合人才培养、产学研深度协同创新、人事制度改革、评价机制改革、揭榜挂帅和科技成果转化政策、创业文化塑造与凝练，以及紧扣行业特色服务江苏化工行业转型升级、建设应急管理智库和人才库等领域，不断推陈出新、先行先试，为同类型高校发展探索经验和有效模式。

三是积极呼应国家政策，开展高水平应用研究与应用型人才培养。围绕国家碳达峰碳中和目标等重大使命，在江苏省发展先进制造业集群、“产业强链”三年行动计划、数字经济和数改智转、医工结合服务生命健康等领域，提早布局、抢先入场，既能上“书架”又能上“货架”，服务区域经济社会发展，深度融入全球创新网络，取得了卓有实效的成绩和贡献。

# 第 11 章　推进应用型大学转型

*不要停在平原，不要登上高山，从半山上看，世界显得最美。*

*——尼采*

## 应用型大学之辨析

既然要转型，先把“型”勾绘准确。应用型大学是以培养具有较强专业应用实践能力和解决问题能力的高层次应用型人才为目的的高等教育类型。应用型大学以本科教育为主，定位介乎于研究型大学和职业技能型大学之间，在国内有应用科技大学、应用技术大学、本科职业大学等分形。

应用型大学兴起于欧美，我国主要借鉴了欧洲从 20 世纪 60 年代发展的应用科技大学模式。此外，英国 19 世纪中后期的城市学院、美国 19 世纪末兴起的社区学院、日本 20 世纪 50 年代开设的短期大学等也各有特色，值得参考。

关于应用型大学转型的文章很多，基础性内容不再赘述了，提三个观点。

### 学制灵活·开放包容·应用型大学灵魂之所在

应用型大学之所以能够在高手如林的高等教育生态体系中衍生并充满生机，在普及化时代具备一席之地，在于它具有高度的社会适应性和亲和性，能够柔性生长，满足不同学习者的需求，具有自组织特性：

虽说以本科为主，但也涉及专科和研究生教育，理想态是成为架通不同学历的“立交桥”；招生对象既可以面向职业教育背景，也可以面向普通教育背景；

既欢迎有职业经验者，也接纳无职业经验者，体现高度的兼容并蓄；既提供学历教育，也提供面向一线、贴近行业的继续教育、技能培训；既有全日制，也有非全日制，甚至可以有部分时间制、工学交替等方式，并且可以适时调整转换。例如，美国社区学院既能提供职业教育终端学习，又能提供转学课程，体现了高度的开放性和灵活性。

## 专于实用·精于实践·应用型大学魅力之所长

应用型大学是高等教育的一种，教育内容远远超出职业培训的范畴。高等教育有五大职能，应用型大学自然一个都不能少：

虽说以人才培养为主，但是也要从事科学研究，主要是应用研究；虽说侧重于技能教学，但也强调科学素养培养。所要培养的高层次应用型人才，不仅要主动适应社会发展，还要积极引领社会发展，包括各行各业的高级工程师、技术研发人员、技术骨干以及高级管理人员等，是典型的创新型、应用型、复合型人才。



未来社会需要更多复合和交叉。例如，化工行业需要工程与数字化人才、科学与营销人才，需要具备跨界能力。除了传统有机化学知识外，还需要掌握更多的复合技能，如具备有机化学和生物化学知识，需要与人工智能及大数据技术协作，需要优秀的人际交流技巧，更强的机动性、敏捷管理能力和国际化经验。这些意味着未来的化工高等教育人才培养需要企业和高校深度合作，开设化学品法规等交叉融合课程。

因此，这对应用型大学的办学提出了多重要求。人才培养过程有机融合“理论与实践、课内与课外”多种要素，包括创业教育等，重在培养学生理论联系实际的能力，赋予学生以沉浸式体验的教学与实践场景，集理论素养、动手能力、团队精神以及终身学习能力于一身。

进而对应用型大学师资团队提出了高要求。不再是追求传统的“德高为师、学高为范”，也不是单求实用的“技高为师、身正为范”，而是既能引导学生学习和掌握专业理论知识，又能指导学生实训的专业化人才。这种“既能上得了课堂，又能下得了工厂”，继承于德国应用科技大学的师资结构理念，又被称为“双师双能”型教师。

## 扎根地方·服务地方·应用型大学立意之所贵

相比传统大学，应用型大学具有开放式创新平台特征，强调与各行业群和产业结构及市场经济的紧密耦合。所以应用型大学的一大特征是产教融合，要求人才培养要紧密结合地方和行业的需求，科学研究要从真情实景中寻找选题。

在欧洲，为了实现紧密对接产业链，应用科技大学将服务同一产业链的关联专业组织设立为专业集群，将专业集群和产业集群对接起来。例如，芬兰政府建立了由地方政府、应用技术大学和企业组成的研发网络，共同开展应用科学研究项目。

## 转型之我见 · Tide is turning

转型（transform）永远是时代命题。仅仅从词义上理解，意味着形状和形式的变换，以软物质的可塑性来适应“提档升级”的需要。

2015 年 10 月，教育部出台了《关于引导部分地方普通本科高校向应用型转变的指导意见》的文件，兴起了建设应用型大学、向应用型大学转型的潮流。向应用型大学转型，正是高等教育发展到新阶段的产物，体现了人才培养模式要契合产业人才规格的需求，是高等教育与社会经济发展之间相互促进的结果。

第一，转型是社会有机体最生机勃勃的活力之所在。转型一定是为了更好地、可持续的发展。例如，为了高附加值，要向创新驱动转型；为了生态文明，要向绿色低碳转型。这是一个强目标导向的概念。大至国家民族，小到每一个微小的单细胞体，都需要随时启动转型，这是物竞天择的一部分。高等教育从发轫以来就一直在转型和演化，否则英国高教体系分类就只会停留在古典大学那第一行。

第二，向应用型大学转型，不是听从行政指令被动进行改变，而是自发地自组织行为。要么是尝到甜头，在转型发展中学校实现了跨越式发展；要么是尝到了苦头，绝境倒逼出一条改革之路。一定有内生动力机制，在澎湃的经济社会发展动力中驱动形塑。

第三，转型本身没有高低之分，在形变过程中可以向上转也可以向下转，可以升维也可以降维，可以变形金刚（transformer），一切皆有可能。

第四，转型与分类有强关联，是一枚硬币的正反两面。正因为高等教育是多样类型的“百花园”，才有了转型发展之说。所以转型切切不是“一股脑一窝蜂地齐步走”，不是形式统一但治标不治本的“一条鞭法”，更不是简单地“搅金银铜铁为一器而主于适用”、病急乱投医的功利主义。

第五，转型有别于转向和转轨。转型的变革力度大于转向，不是简单地调转方向；也并非转轨，不是简单地套用应用型大学的格式。现在谈及向应用型大学转型，言必称应用型学科专业、双师型建设、双元制教育、产教融合、校企合作、项目制教学等元素。这些自然是重要的，但过于追求程式化和技术化，将应用型人才培养约等于职业培训，是对应用型大学概念的降维。还是要回归初心——解决来自生产生活实践中的问题，回应社会所需，回归到知识创新的元使命中。

## 德国应用科技大学调研报告

2016 年冬天，我们曾就德国应用科技大学主题进行专题调研，并形成了一份《德国高校分类管理暨应用科技大学发展改革研修考察报告调研报告》。报告核心内容有三个方面。



### 求真求用 · 办学特色



德国应用科技大学高度重视学科、专业设置与地方经济社会发展同步，注重与企业的联合。例如，博伊特应用科技大学开设新学科新专业都是在与企业代表的协商下产生的。该校的化学不是传统化学，而是与柏林的拜耳公司合作开展和制药结合的化学学科建设；物理也不是传统的物理，而是和医疗器械相结合的物理学科。

在教学方面，与传统大学以理论教学为主不同，应用科技大学在教学中包括比重较大的实践性教学。所有的本科生在学习期间，都有 6 个月的义务实习，大概有 80% 的毕业论文都会在企业完成。对办学规范化和标准化要求较高，成绩不达标者会影响政府奖学金。例如，在柏林最大的应用科技大学——HTW 应用科技大学，3 次不通过考试会被除名，此外还有“第三学期规则”，即第三学期结束后，如果第一学期的课程还没通过，会被除名。在德国，60% 的学生在上学之外另有兼职，及早参与职业锻炼。当一些大企业或家族企业有需求时，学校可以与企业合作开展“双元制”教育。

在科研方面，从最初成立时的教学型机构，渐渐被赋予应用研究任务。2015 年，德国联邦政府教研部（BMBF）发布了《壮大应用科技大学——区域振兴之力》报告，再次肯定了应用科技大学作为城市与环境的解决方案的社会服务能力和社会影响力。2016 年，德国联邦政府实施了“创新型学院”计划，提供了 5.5 亿欧元的资金，鼓励应用科技大学针对与企业合作过程中发现的具体问题，与合作伙伴共同开发新的产品，创新优质服务。

## 允公允能·人员构成

在师资队伍方面，师资构成主要有三类：教授、兼职教师和实验室工程师。

（1）教授。一般都拥有博士学位，要求既有扎实的学术基础，又具备丰富的实践经验。德国《高等教育总法》中规定了教授至少从事过为期 5 年的职业实践，其中至少 3 年是在学校范围外完成并取得特殊成就。在实际招聘中，一般还要求担任企业部门经理以上职位的经历，具备与企业界联系的能力，例如有过改善产品的经验。固然在高校薪资不如企业，但通过制度安排吸引了人才。例如，在博伊特应用科技大学任教授，每 4 年可享受 1 次为期半年的学术休假，可以自由发挥自由选择，去对口单位从事实用研究，了解产业问题和动态，更新和扩充知识。此外，在教职岗位的创新成果知识产权是属于个人的，可以一边经营公司一边上课，该校建筑学系 30 个教授中 90% 拥有自己的公司。

（2）兼职教师。绝大多数来自企业，不但具有较高的学历、工程师或师傅（职称）证书，还能把生产实践中最新的发展趋势融入教学内容。据统计，有 25% 的课程是由这些兼职教师完成的。此外，他们可以成为企业与学校之间联系的纽带，协助解决学生实习与就业等方面棘手的问题，并且协助企业培养未来员工、提前踩点和挖人。举个例子，在博伊特应用科技大学，一个印刷公司为学校提供了高端印刷设备，并配备了两个讲师授课，毕业后就聘用这些学生去他们公司上班，所培养的员工工作上手很快。

（3）实验室工程师。实验课程在教学实践中占据很大比重，所以实验室工程师是师资的重要组成部分。他们是学生实验课的主讲老师，同时负责实验室的日常维护和保养。“一丁点的实践胜过一海洋的理论。”来自博伊特应用科技大学的一位技术工程师对我们介绍道。他还补充，虽然学校里收入相对较低，但是更自由，有更喜欢的环境，工作更有趣味，体现了大学的独特黏性。

在招生方面，博伊特应用科技大学有两个标准：一个是高中成绩；另一个是等待时间。还要考察申请人是否具有相关的工作经验。实际上，很多申请者都具备 2~3 年的相关工作经验，所以学生入学平均年龄在 22 岁上下。HTW 应用科技大学招生对象包括高中和职业学校毕业生，特殊人群（如外国人和残疾人），参考录取公式：$X = 0.7X1 + 0.3X2$（其中，X1 是高中成绩，X2 是职业学校的成绩）。

## 宜工宜学·双元制专业

在德国，大学与企业合作，有时会应企业需求开设“双元制”（dual system）专业，即同时在学校和企业获得教育。这种形式改变了先读书后企业培训的模式，让上大学和职业培训可以同时进行，缩短了求学时间，教育质量更好，就业率可以达到100%。更深入来说，这种沉浸式教育，是企业和大学联手，抱着培养产业接班人的目的设计的，除了教技术，还培养价值观等体系化能力，在教育中孕育了产业未来的风格和样貌，立意深远。

双元制的具体做法是，申请者通过企业的考察后才会被学校录取，同时得到企业提供的资助。双元制教育模式下的学生具备双重身份：在学校是学生，在企业是实习生。教学的理论部分在学校进行，实践部分在企业进行。毕业设计或论文选题是企业具体工作或具体问题的解决方案。





例如，法兰克福应用科技大学有三个学科开展双元制：建筑、测绘、航空运输管理。学生入学前，进行6个月的职业培训；入学后，第一年学生每星期2～3天在学校，剩余时间在企业；入学第2、3、4、5年的半个学期，都在学校。最后的几年，暑假在企业上班。企业设有导师，规模较小的企业以联合进行培训，导师的教学方案出自手工业协会，将行业标准和教学方案对接。

## 美国 LasPositas 社区学院考察日记

19世纪末创立的美国社区学院，是集普通教育、职业教育、补偿教育、社区教育等于一体的高等教育机构。生源开放，有教无类；师资开放，来去自由，专兼皆可；学制开放，针对不同学生需求提供不同教育方式，如转学教育、职业教育等，一切皆有可能。可以说，美国社区学院以强大的社会适应性、办学灵活性、经费多样性和制度创造性，被认为是美国通往未来的动力之源。

先选用一个我们很熟悉的角色——比方说韩梅梅同学——有了一些积蓄，打算买部手机。考虑到手头不宽裕，就先买了小米手机且用着。两年以后回到移动运营商那儿，以旧换新，升级换代，把小米换成了华为，这是一种成熟的商业模式。把买手机的原理运用到读书深造上。韩梅梅这回要考大学了，因为高考滑铁卢，只能先上一个专科将就着。好在两年之后实现华丽逆袭，大跨一步到重点大学本科去读书了。更让人羡慕的是，在两年专科修得学分都能算数，并且省了大把银子。这是不是很棒的求学深造路径？

在美国，这样的求学路径，就是社区学院。当然国内也有专升本，但比起加州社区学院学生有机会升到斯坦福大学、加州大学伯克利分校，其能级跃迁相差甚远。

社区学院作为美国教育体系的重要组成部分，担负着高等教育普及化的任务，为普罗大众提供了两年制的初级高等教育，提供了一条草根逆袭、华丽转身的通道。正所谓，既具备低阶便宜耐操优势，又有升级换代发展潜力，有力集成了多项优势，体现了美国人天马行空、不落窠臼的体制创新能力。美国前总统奥巴马曾就读社区学院，之后才转入哥伦比亚大学和哈佛大学。

2016 年某个秋日，我们前往位于东湾 Livermore 的一家名为 LasPositas 的社区学院学习。该学院在美国的最好大学网（BestColleges. com）上，被列为最好的加州社区学院之一。

校方对我们的造访非常重视，校长、副校长以及国际部门的负责人纷纷出席，热情洋溢地介绍了学校各方面情况，并引领我们参观了学校的各个角落。学校有 40 年的办学经验，校舍都是近十多年里新修的，总体状况很好，超出了我对社区学院想象。

### 三分天下有其一

先看全景图。社区学院在高等教育体系里占据了重要、基础的地位。截至 2011 年，美国有 4599 所有授予学位资格的高等学校，其中四年制的 2870 所，两年制的 1729 所；高等教育学生人数为 2030 万，大概有 770 万在社区学院求学（2012 ~ 2013 年）。也就是说，有 37.6% 的大学是社区学院，有 37.9% 的大学生在社区学院求学。

要说明的是，因为美国社会的撕裂，中产阶级缩减以及高昂学费的影响，美国的大学数量和注册人数从 2010 年到达峰值之后在逐年减少，其中以社区学院和营利性大学学生人数减少尤为明显。

在上述 770 万学生中，310 万为全日制学生，其他 460 万为业余时间求学。换言之，大部分学生边工作边读书。而社区学院的学生平均年龄是 29 岁，40% 的学生在 21 岁以下。怪不得校园里的气氛一点不轻飘，反而很沉稳呢。

坦白说，临来之前我是带着偏见的，以为社区学院大概就是中国的大专职高，默认为学习风气不浓。但是一踏进学校就发现自己的偏见有多么不可饶恕。在目光所及之处，无论是教室、自习室、图书馆、实验室还是艺术中心，他们所呈现出来的精神面貌和学习风气令人肃然起敬，校风学风都很好，连谈恋爱手牵手的都看不到。当然，管窥之貌，不足采信，但确实展示了令人称赞的一面。

## 经济适用低门槛

社区学院有公立和私立之分，公立学院占绝大部分。社区学院的财政支持主要来自政府的公共税收。正因为此，社区学院的建校宗旨倾向于照顾本地生，学费收入比外州、外国要低，而且在入校、转校方面，本地学生都占据先机，体现了公益普惠性。

社区学院是许多来自贫困家庭学生获得高等教育、更好的工作的途径，所以学费低廉成为它的重要卖点。我们访问的这家社区学院当时每年学费 7000 美金，比起动辄年花费 6 万美金（其中 4 万美金为学费）的私立大学如斯坦福大学，价廉之优势相当具有冲击力。如果是州内学生，收费比州外、境外的学生更便宜。此外，在这里读书的学分也相当廉价，对国际学生是 243 美金一个学分，多数都可以被转移后的大学所承认，可以说是经济适用居家过日子的上上之选。从 2019 年起，加州政府签署法案升级福利，为首次全职就读社区学院的加州学生免除两年的大学学费。

这家社区学院实行开放式入学，不需要入学考试，无须标准化成绩，对英语的要求不高（托福 450 ~ 500 分，雅思 5.0 ~ 5.5 分），只需要一些财务证明等手续，对所有想接受本科教育的人敞开了大门。学校不提供住宿等办学条件，大家都是走读生，抛下了许多管理运营的包袱。

## 转型升级当跳板

社区学院最引人瞩目的就是转学机制，这个鲤鱼跃龙门的过程叫作 Transfer。很多社区学院都与大学签有定向协议，当学生符合一定条件后，例如修满规定学分、成绩达到某些要求后，就可以转学到包括很多名牌学校在内的定点大学，而且录取概率较高，拿到的文凭也丝毫没差。据介绍，加州大学系统有 31% 的学生来自社区学院，加州州立大学系统有 60% 的学生来自社区学院。

例如，在我们参观的这家社区学院，可以申请转学到包括加州大学伯克利分校、加州大学洛杉矶分校等加州大学系统名校，以及所有的加州州立大学，选项中还包括了斯坦福大学这样的私立大学。据校长介绍，约有 70% 的学生已经申请了转学。在座谈中，该学校很热情地安排了一个即将毕业的中国女孩来介绍情况，她刚刚被加州大学伯克利分校录取，操着一口非常流利的英语，展现出了很好的综合素养。

可以想见，作为外国学生，把社区学院作为跳板 transfer 到大学的难度，应当远远小于国内“标准化考试+托福”的方式，而且多了两年的缓冲期可以提升语言水平，同时减少了经济上的开销，性价比不可谓不高，是很多中国留学生的事实选择。我甚至听说过放弃录取清华大学选择去美国社区学院的案例。

### 多元灵活重开放

访谈中得知，社区学院对师资的要求非常灵活，底线是硕士学位（有一小部分师资获得了博士学位）。绝大部分是兼职教师，少数约 20% 为专职教师。在授课中，全部实行小班教育，一个班不超过 25 人，有导师辅导制解疑释惑。在学校的辅导室内我们还看到了井然有序的答疑场面。

这家社区学院提供了 50 个 2 年副学士学位项目，1 个“2+2”的转学项目以及 35 个短期的证书项目。重点关注生物科学、商学、计算机信息技术、计算机科学、早期儿童教育、经济学、工程学、运动机能学、市场学、职业安全与健康、心理学、社会学、剧院艺术、视觉通信、葡萄栽培学等学科。

从学科设置上可以看出，它不仅仅关注于应用学科，在基础学科方面有普遍涉猎，这对学生的综合能力是大有裨益的。此外，课程体系和区域经济社会发展也联系紧密。例如，加州以葡萄酒闻名，学校四周的山坡上遍布了葡萄种植园，听校长介绍说他们的酿酒工程非常地道，正在积极寻求国际合作。在调研过程中，我们参观了他们的实验室，例如自动化学科设置了汽车、飞机的维修实践课程，学生可以有针对性地锻炼动手能力。

尽管是一家社区学院，但有着不俗的国际化视野，这让我颇感惊艳。全校共有 9000 名学生，其中有 130 名来自 34 个国家的国际学生在此求学。校长和负责人都在交流中强调了学校的国际化策略。在他们看来，多元文化是一所大学培养具备开放视野和广博胸襟人才的必经之路。紧凑的社区学院校园里可以看到来自世界各地、各种肤色的人聚在一起，小校园里也有大世界。

# 第四篇　风景这边独好 | 勾绘经纬方略

## 从《孙子兵法》谈起

不知从何时起开始对战争题材格外感兴趣，甚至把公众号介绍都改成了“不爱红妆爱武装”。踩中本工业党兴趣点的，是它的工具价值：一是理性和沉静；二是简化和约分。

现代人的世界太难了，世界在复杂而混沌，信息在过载和爆炸。我们在左顾右盼、千挑万选中尝试 KISS（Keep it simple and simple），但知易行难。相反地，战争的逻辑就简单直白多了：善恶？对错？好坏？利弊？统统不作数。在兵家的世界里只言胜败。

谈及胜败，首引《孙子兵法》。作为军事思想家的孙武有着强烈的求胜欲，全书“胜”字用了 82 次之多。这本兵家宝典作为中华智慧的结晶，历经 2000 年仍生生不息，在西方世界长期畅销。据说老布什就把这本被翻译为《The Art of War》的教科书摆在案头，指导美军按照“道、速、全”之法，以师出有名、速战速决、全攻全胜的路数，一番操作猛如虎，赢得了海湾战争。

对“胜”的看法，一种看法认为要在肉搏巷战中激烈拼杀、刺刀见红，以消灭对手的有生力量为目标。这是典型西方政治的零和博弈思维，属于“你死我活”的对抗逻辑，所以出现了绞肉机般的两次世界大战。依中国式思维来看，有数以千万的人在非必要的战场和非理性的战争中失去生命。

之于“胜”，中国人有着更高阶和更理性的认识。《孙子兵法》通篇在阐释这种观点：胜，不是指将对方打倒，而是让对方服从自己的意志，接受自己的条件，取得最大的战略价值。赢得战争不是胜，赢得和平、互利双赢才是胜。孙武的“胜”，体现了系统思维和竞合逻辑，意味着力量的角逐——竞争力强则为胜。所谓不战而屈人之兵。

一是“知彼知己，知天知地”的知胜思想。

孙武说“知彼知己者，百战不殆”，曾被毛主席在《论持久战》中引用，称之科学的真理。需要知哪些？一曰知彼，判断形势，不审势则宽严皆误，进一步要从对方角度换位思考，是更罕见的自觉；二曰知己，有自知之明，老子说过自知比知人要难，段位更高。书里还有“知天知地，胜乃可全”，告诉我们仅靠知彼知己不够，还要知天知地，要研判天时、地利、人和，从系统观来把握全局。

具体操作就是看地图、通全局、晓敌情，研判民族、种族、文化等因素的效应。例如看地图就非常重要，无图无真相，林彪喜欢成日里琢磨地图，兄弟连上阵之前要背熟地图，希特勒丘吉尔每天在地图上写写画画。更高阶就是情报战，甚至是特工战、双重间谍等，一条准确的军事情报可以决定战争的走向。然而，情报也只是信号而已，运算和判断才是后端，傲慢与偏见照样会让局势翻转。

二是“不战而屈人之兵”的全胜思想。

全胜是《孙子兵法》中非常重要的战略思想。“全”，完全、保全、完美之意，是一种和合的境界。把对手变为朋友，用协同共治的办法，兵不血刃地获得天下大同是上上之选。林肯说：“要想永久地消灭你的敌人，最好的办法是把他变为你的朋友”。毛主席的话更朗朗上口：“什么是政治？政治就是把敌人的人搞得少少的，把自己的人搞得多多的！”

这是统一战线的理论源泉。建立最广泛的统一战线，是我们党的重要法宝，是得以制胜的一大软实力。以淮海战役为例，赢得荡气回肠：我方胜在得道多助，上下一心：正面战场能打敢拼，思想宣传入脑入心，支前群众鼎力支持，隐蔽战线情报充分，卧底党员反戈助攻。国军输在失道寡助，气数已尽：派系林立，利益为重，各自打小算盘，没有大局意识，大难来临各自飞，结果落得个满盘皆输。

三是“以正合，以奇胜”的奇胜思想。

“凡战者，以正合，以奇胜”脍炙人口，是中国式谋略精华。所谓正合奇胜，即打赢战争的基本战术原则是“分战法”，一要正面稳固、扎住阵脚，二派奇兵从侧方加以突破，取得最终的胜利。胜败的逻辑，从来不靠总体上的力量对比，而是要在关键局部制造强弱对比，方可以少胜多。翻译成现代语言就是差异化战略、错位发展，是在激烈竞争中突围、摆脱不利战略地位的良方。

游击战堪为经典之作。其精髓是敌进我退、敌驻我扰、敌疲我打、敌退我追，汉高祖时代就发明了游击战术。阿富汗靠着山地游击战、越南靠着丛林游击战，拖垮了美国。尤其是越南战争美军死亡近六万人，偷袭、埋伏、陷阱、竹签阵和地雷阵的组合拳，让美国大兵心胆俱碎。也正因为此，美国人知耻后勇，开始恶补《孙子兵法》。

四是“求之于势，不责于人”的势胜思想。

这句原文很长，上下文连起来是说要善于顺势而为、借势而上，推一把万仞之山上的千钧之石，借用制高点的势能为组织赋能，从而取得胜利。这个“势”，不是靠消极等待而来，而是要主动创造——造势、潜心积累——蓄势、抢抓机遇——乘势。

具体体现在舆论战、宣传战、心理战等软实力战。首先发动战争的动机一定要师出有名，是正义之师，这是中国文化对道义的重视，也是战争总动员的重要环节。其次，舆论宣传是没有硝烟、但刀光剑影的战场。毛泽东曾说“自己从没拿过枪杆子，笔杆子倒是须臾不离手。”在延安的窑洞中，他用手中的笔杆子撰写了一系列评论、社论，打出了漂亮的舆论战。据说让蒋介石暗暗佩服，自认为比毛泽东差远了，后来他就不再发表反驳的文章。

五是“上兵伐谋，其下攻城”的谋胜思想。

孙武强调了战斗的不可预测性，提出用理性的伐谋来替代攻城，善用智慧而不是硬拼、运用巧力而不是蛮力去实现目标。采用灵活的战略战术，把政治考量和军事政策联系起来，运筹帷幄之中，决胜千里之外。他提出了“诡道十二法”，重在影响和改造敌人心智，摧毁和削弱敌人意志，包括误导、震慑、瓦解、塑造对手等，后被历代兵家继承发展，形成了后世的《三十六计》。

失于谋略而满盘皆输的负面典型，应该算上第二次世界大战中的日本。尤其在太平洋战争的战略表现非常破碎；或者都谈不上战略两个字，选择了作死的下下策。养蛊自噬的赌徒心态，愚蠢弱鸡的政治智慧，疯狂失控的日本军部，孤立短视的国际关系，导致陷入战争的深渊无力回天。

“不战而屈人之兵”是孙武思想的集大成者。他特地强调了“非战”“非攻”“非久”的思想，与硬实力、软实力和巧实力异曲同工。其中，战略战术是巧实力，是基于实力比较的运筹，谁胸中沟壑多，谁就多几分腾挪空间；统一战线、舆论宣传是软实力，是基于现实数据做最大公约数的合计；只有元数据属于硬实力，但是它不是自动获得，需要数据挖掘、去芜存菁和靠拢真相。

本篇以《孙子兵法》制胜之道为题，为扎根中国办大学探寻些许路径。归根结底在于“上下同欲者胜”，共勉之。

# 第 12 章　知胜之道｜大学评价的博弈

井蛙不可以语于海者，拘于虚也；夏虫不可以语于冰者，笃于时也；曲士不可以语于道者，束于教也。

——庄子

## 量化评价的技术性批判

在谈量化评价之前，我觉得首先要对人类的直觉保持尊敬。直觉是人们对世界的直接领悟、体会和表达，是人之为人而不是一般物体的特异性所在。放弃人的主观感受，只是俯视看指标是非常可惜的。就好比我们亲身去旅游，和在线“云旅游”是两种不同的体验。即使这沓照片很厚，这些视频非常高清，这些文字描述栩栩如生，也避免不了对真实世界的降维和扭曲，因为它们代替不了直觉体验。

即便进行量化，也要注重量化过程的科学性。以下主要以大学排名为例，从理念方面的“拜量化教”，以及从技术层面的指标筛选和权重设计、统计手段和数据来源的不足之处进行分析。

### 拜量化教之害

量化本身并无罪。管理就是把细节量化，彼得·德鲁克[①]说过“管理就是要

① 彼得·德鲁克（Peter F. Drucker，1909 ~ 2005 年），美国管理学家，提出了目标管理理论，被称为“现代管理学之父”，著有《管理的实践》等。

可衡量”“无量化，无管理；先量化，后决策”。所以，“微笑要露 8 颗牙”“鞠躬要弯腰 75 度”“每天步行 10000 步”“21 天效应”① 等，虽然看起来有些教条可笑、简单粗暴，却也便于实操、容易奏效。

西方人对量化的要求历来严谨。例如，德国人可以用外挂模式把厨房改造成分析化学实验室。美国人虽然谈不上刻板和死心眼，但也喜欢用数字说话，热爱量化模型、数量分析。例如，美式足球（橄榄球），几乎就是个移动的游标卡尺，打来打去其实就是在跟距离和数字较劲，居然把一种野生荷尔蒙爆棚的运动弥漫出了数量范儿。

以湾区的 Landels 小学为例，开展了一项需要家校互动的项目叫作“5210”，是说小学生每天要吃够 5 种蔬菜或者水果，看不超过 2 小时的显示屏，进行 1 小时的户外体育锻炼，不喝碳酸饮料。该项目是分阶段渗透的，第一周重点是蔬菜水果，学校会发下表格来，让孩子们每天填写进餐的水果蔬菜名称，一周后家长签字，反馈给老师，达标的孩子会得到一个荣誉手环；第二周则改为记录看电视、手机、IPAD 的时间，等等，以此类推。“5210”将好习惯的养成分解为四个部分，一星期一个进阶，层层递进，再通过正面激励的方式不断加以巩固。这种方式就像微积分：每天付出小小的努力，每天进步一点点。把量化变身为进化。



据说结绳记事是中国量化的萌芽，但量化概念对擅长大写意的中国古代文化来说并非长项。很多人并不苛求“刹那、弹指、须臾、瞬间、顷刻、霎时”的精准时长。“过两天”是最长的两天，可能意味着明后天，也可能永远都不会发生，丰俭由人，需要配合上下文和讲话语气来揣测。中国大厨尤其讲求悟性，因为菜谱上只云“盐少许，文火片刻”，描述混沌模糊，全靠悟性体会。悟性最好的当属孙悟空了，师父敲他三记脑袋，就悟出来半夜三更去学艺，可怎么确定是凌晨三点而不是下午三点或者三天之后呢，只有“不明觉厉”可以形容了。

后来西学东渐，把量化文化传播过来。中国从量化的旱地变成了泽国，走向了另一个极端，走向了拜量化教的极致。一切以量化为纲，让绩效成为评判优劣的首要甚至唯一依据，形成“锚定效应”。即受到某些指标的第一信息支配，把人们的思想固定在某处，陷入思维的陷阱。

此外，量化还有个“副作用”，是指人们为了迎合指标而采取行动，导致数字不但没有反映真实世界，而且可能会扭曲和破坏真实世界，促生“眼镜蛇效

---

① 21 天效应，行为心理学概念，是说一个新习惯、一个新想法的形成并巩固需要 21 天。

应”。所谓眼镜蛇效应，是说英国殖民印度时期，英政府为减少眼镜蛇的数量，颁布了法令，规定每打死一条眼镜蛇都可以领取赏金，结果印度人为了赏金开始养殖眼镜蛇，最终导致眼镜蛇数量不减反增。引申一下，如果医生的考核指标是手术成功率，那么医生就会倾向于不给重症患者做手术，以减少失败的可能，最终损害了病人的利益。

在高等教育领域，基于文献计量学的学术论文，因为统计便利和高纯透明度，成为量化工具箱里的首席，成为重要的评价因子。与之有关的偏见就此产生：①英语 > 其他语言；②国外数据库 > 国内期刊数据库；③学术论文及其引用 > 发明专利 > 专著教材；④基础研究 > 应用研究 > 人才培养 > 文化传承创新；⑤自然科学 > 人文社会科学；⑥医学、材料等热点领域 > 数学物理等纯科学，等等。

我其实不反对量化，但不赞同“低效”量化。其时统计学和数字技术已经很先进了，但是在大学评价的量化水平却始终在加权综合阶段，轻易而随意的指标设计，低水平、不科学、无效率的量化管理，成为貌似精细、实则粗放的普遍症状。没有精巧设计的低效量化可能比不量化危害更巨。不同的国家，文化，不同类型的大学，不同特点的学科专业，硬生生被“按”在同一张表格里进行比较，导致那些很难用数据来衡量的品性无所依托，个性化、多样化、文化的因素被忽略和模糊。相当于一种冷暴力，把柔性的观点抽提成了刚性的数据，把时空交叠、满载着多少青年情怀的大学压缩成了莫得感情的柱状图，把五彩斑斓的校园坍缩成了干巴巴的数字，在量化的极度简约中流失了大量的细节，也迷失了大学的灵魂。

被低效量化裹挟的并发症也是显见的。学术被当成追求各种利益的工具，学术研究开始指标化、快餐化、功利化。例如，大学会激励和量产 SCI 论文。这方面关于学术 GDP 的负面批评已经很多了，国家层面已经意识到，在下重拳“破四唯”“破五唯”，此处不加赘述。固然有一些学者是被平庸之恶所引诱，开展低价值、弄虚作假的学术研究，破坏学术生态，但更多的学者是被“发表或者灭亡”（publish or perish）咒语驱使和胁迫。例如，研究生毕业必须要数文章，为了凑篇数，一些高质量成果不得不拆分发表、提前发表，降低了成果的系统性和档次，灵感被压制，创造被束缚，造成了社会和个人双输，陷入了低水平的纳什均衡。

低效量化导向的“应榜办学”“以刊评文”导致了大学的目标异化，致力于成为排名好看的大学，而不是人民满意的大学。例如，会影响学科布局，由于医学学科科研项目多、文章显示度强，科研数据“好看”，有利于提升高校在大学排名中的位次，许多高校扩建医学院或者与医学院、医院合作，形成统一的格式化的大学构型。更有甚者，为了排名采取不正当竞争行为等功利主义行为。

## 指标筛选之误

一是指标不系统，一些重要的方向性指标缺失。

系统思维是应该从顶层设计开始，自上而下、自洽自适的。同样，指标体系应该是一套连贯的具有系统性的指标，体现大学的本质特征和整体功能。然而，当前的大学排名指标体系只能反映等局部量化特征。

（1）缺乏对人才培养过程研判的有力抓手。立德树人才是大学的核心任务，虽然目前的指标体系有对人才培养的考量，但缺乏伴随式、过程性、发展性的杀手锏级评价手段。各类数据眼花缭乱，反映真实问题的评价因子却无从得出。

（2）对于社会服务和文化传承同样缺少适用的抓手。教育部门和经济部门的分而治之，导致评价体系的分道扬镳，真正利益相关者的满意度评价未能列入指标体系。至于大学的软环境，诸如精神文化、学术氛围、人文情怀更加难以量化、无从比较。





（3）不重视中长周期评价。对于基础研究等方面人才，应突出中长期评价，减少短期行为。着重评价原创价值、研究质量和实际贡献。例如，美国最大的私立医学研究机构霍华德·休斯医学研究所只资助人，不资助项目，考核周期长达 7 年。

二是过分倚重高水平大颗粒度评价因子。

由于重大项目、科技奖励和人才帽子容易计数，且显示度高，逐渐成了高质量发展的代言人，是一类具有中国特色的评价因子。这些高水平指标中很大比重来自政府、行业领导部门的评估结果，固然数据可靠可信，但如果不加克制，所带来的效果可能弊大于利。

（1）仅对排名靠前的研究型大学有较好分辨率。从捕捞法则来看，对高水平指标的倚重会导致“取法乎上，得其高分辨率”，即对大颗粒度、高水平成果有分辨率，有利于研究型大学的竞技，所以中国大学排名的第一方阵不出意外地成为研究型大学的舞台，其他类型高校无可争锋。

（2）降低了对中小颗粒评价因子的灵敏度，可能会滋生“一俊遮百丑”的自我麻痹。由于高端成果需要较长周期积累，例如，教学名师需要几十年的积累，重点实验室也需要几代人的努力，这种长跨度指标更多地表现存量水平，不能敏锐地体现增量，呈现拖尾效应，可能会遮蔽掩盖真实问题，无法反映实时现状。

（3）违背了独立性原则。指标体系能拆解的底层假设是还原论，即整体能拆分成多个指标，同时各个指标能有机组成一个整体。还原论逻辑意味着同层次的指标应具备独立性，不应具有包含关系。但实际上很多指标只关心结果，忽略了某些“线性相关”过程的质量度量，彼此高度重叠、高度相关，一荣俱荣、一有皆有，诸如人才帽子经常出现“大满贯”选手。大量的重复计算，实则导致了指标体系低效而臃肿，区分度降低，提供的有效信息单薄，而信号机制却被过度放大了。

（4）容易催生竞争失灵或者恶性竞争。由于计划经济惯性带来的高等教育“分层”逻辑及“限项”原则，部属院校获取上述项目、奖励或头衔的概率大于地方院校，经常是不完全公平竞争的状态；与此同时，为了争取人才项目，导致大学彼此之间互撬人才、互挖“墙脚”的恶性竞争乱象。

三是个别评价因子筛选不当，未能体现评价目标。

例如：（1）教师薪酬指标可能与学生的科研学习呈负相关。

（2）毕业生就业收入指标，可能与办学情况缺乏正相关性，和所学专业与个人素质关联更大。

（3）毕业生就业率指标更是备受争议，用就业率替代“高质量就业能力”属于混淆视听。而且由于拥有“应届”身份在求职、考试、落户，尤其在公务员招录等方面具有优势，毕业生对初次就业慎之又慎，很多毕业生为了保留应届生身份宁愿待业，“慢就业”甚至“不就业”，这种情况下继续追求就业率已经不合时宜。

（4）声誉指标调查有很明显的晕轮效应。人们往往凭印象、凭直觉进行主观判断，一个经典案例是在美国举办的一次学生调查中，普林斯顿大学的法学院位居调查结果的前十名，但实际上普林斯顿大学根本没有设立法学院。

### 权重设计之弊

在评价指标体系中，各指标的重要性不一定相等，因此要赋予不同的权重，权重的确定常用专家打分法、特尔菲法和层次分析法等。然而，现实情况是“大多数人都认为，权重分配的主观性和随意性是排名方法中的根本性缺陷。……这种主观性和随意性体现在指标权重和方法的不断变化”，经常任意而武断地赋予权重。

### 统计手段之赝

对评价因子数据的统计处理方法上失之于糙。对于平均值、中位数、四分位数、标准差、方差的运用不多，对效率、速度等涉及时间跨度的指标关注不足，对数据的标准化处理①、综合评价合成方法②、统计图表的关注不够，以及对正态分布、泊松分布、玻尔兹曼分布等概率分布的参考不深。简而言之，量比评估尤其是普遍缺少统计和概率理论的指导，以加权综合为主。

导致的突出问题在于：一是如前所述，过度倚重高水平指标，高端指标刷屏，导致灵敏度降低等诸多弊端。二是过度看重总量和规模性指标，结果是“十所蓝翔合并出一所哈佛”，“巨无霸”大学排位占优，出现加州大学分校比加州理工学院排名更优等现象。而且由于数据处理手法问题，常常不恰当地放大、甚至扭曲了学校间的差异。

### 数据来源之觞





主要体现在数据来源的可靠性、调查数据的可靠性，以及基于文献计量数据库自身的缺陷。有研究甚至认为，大多数大学排名可能通不过一般性审查，因为它们的数据可靠性令人担忧。尤其是学校自行统计的数据，往往口径不一、“水分”较大，不能反映真实情况。

## 大学排名之透视

### 何为指标体系

“指标”（indicator）是对所观察事物的量化统计。

指标的基本单元可以称为“评价因子”（factor）。例如，运动量指标包括步数、游泳距离和健身时长，科技产出指标包括学术论文和发明专利等。后面的可测量的信息就是评价因子。

“指标体系”（indicator system）是对离散的指标按照一套逻辑把它们关联起来，进行综合评价和合成。换言之，指标体系是关于评价因子的函数。

由于目标的复杂性，常见的指标体系是树形多层的，即除了一级指标作为总

① 多指标体系中，由于各指标的单位不同、量纲不同、数量级不同、不便于分析，甚至会影响评价的结果。因此为统一标准，要对所有的评价指标进行标准化处理，以消除量纲，将其转化成无量纲、无数量级差别的标准分，然后再进行分析评价。

② 常见的综合评价合成方法，除了算术平均法外，还有几何平均法、平方平均法等。

目标外，还存在不同层级的指标，整个指标体系呈现树形结构。举个例子，以身材管理的场景为例，设计一套关于评估“动吃动吃”指标体系见表 37。

**表 37　　　　身材管理指标体系**

<table>
<tr><td>一级指标</td><td colspan="12">身材管理 = 增肌减脂</td></tr>
<tr><td>二级指标</td><td colspan="5">热量摄入</td><td colspan="7">热量消耗</td></tr>
<tr><td>三级指标</td><td colspan="3">正餐摄入</td><td colspan="2">零食摄入</td><td colspan="4">基础代谢</td><td colspan="3">运动量</td></tr>
<tr><td>评价因子</td><td>早餐</td><td>午餐</td><td>晚餐</td><td>奶茶</td><td>可乐</td><td>年龄</td><td>性别</td><td>季节</td><td>肌肉占比</td><td>步数</td><td>游泳距离</td><td>健身时间</td></tr>
</table>

## 大学排名的前世今生

大学排名并没有统一的概念或模式，可有全球性排名、区域排名、国家排名、学校排名与学科排名等形式。本章所指大学排名一般特指大学综合排名。

大学排名起源于 1870 年美国联邦教育局年度报告根据其掌握的数据信息对其境内大学进行排名。具有现代意义的大学排名则是由 1983 年美国 U. S. News 所发布的大学排名。1987 年后又改为每年一次，并开始面向研究生教育。

世界大学排名溯源于中国上海。1998 年是中国高等教育面向大众化大扩招、大发展的前夜。斯年 5 月 4 日，时任国家主席江泽民在庆祝北京大学建校 100 周年大会上宣告：“为了实现现代化，我国要有若干所具有世界先进水平的一流大学。”“985 工程”应时而生，清华北大、C9 高校及 39 所“985”高校身处于不同的核心圈层，成为这个跨世纪工程的首批受益者，领跑中国高等教育第一方阵走向了日益明朗的分化格局。为了达成建设世界一流的大学之目标，如何评判世界一流大学必然是先导课题。上海交通大学刘念才教授与他的团队于 2003 年发布榜单，主要从理工科的角度来探讨世界一流大学的特征和标准，成为第一个多指标的世界大学排行榜，即后来赫赫有名的上海软科世界大学排名（ARWU）。

这个排名我当年有幸看到过，是一个非常朴素的 Excel 表格，其指标体系在当时来看高不可攀，因此中国大学在此榜单中的初始表现并非理想。但其重要意义在于提供了一把简洁透明、可以在全世界范围内统一丈量的尺子，为中国大学向上攀登提供了发力的依据。

此后，随着高等教育全球化趋势的加速、国家高等教育重大战略决策的实施，中国大学集体欣欣向荣向上跃迁的态势催生了大学排名的动力，与此同时，科学计量学和诸多科学引文数据库的发展也为大学排名奠定了数据基础。进入 21 世纪以来，各类大学排名如雨后春笋，风起云涌，蔚为壮观。据不完全统计，目前已有超过 45 个国家进行国内大学排名，出现了数十种世界大学排名。

## 大学排名的江湖流派

为了操作性和可比性，世界大学排名总体相对简洁，选用了容易获取数据的作为公约数，主要有三类共性评价因子：一是科研文献计量，主要是从发文数量和引用数量进行评估，个别会采用加权法排除学科差异；二是声誉类调查，采用问卷形式，但难以完全保证客观公允性；三是国际化办学，虽权重不高但通常都会涉及，代表了高等教育追求多元化和包容性的价值观。

中国大学排行榜的运行逻辑略有不同。为了适应本土情况，进行了相对复杂的指标体系设计。共性的评价因子主要包括：一是官方评估认定的奖励、平台等；二是科研文献计量；三是高考录取分数线与就业率；四是资源类数据；五是社会效益。

由此可见，二者设计的逻辑差异较大。即便是就中外唯一的交集“科学引文数据”本身来说，调查方法和重视程度也截然不同。例如，武书连排名采用原创的国产化数据库。相较而言，世界大学排行榜中对科研文献关注度较高。两者的设计逻辑比较见表 38。



**表 38　大学排名指标体系的设计逻辑比较**

| 分类 | 共性评价因子排序 | “体检”方法 | 指标体系评价 |
| --- | --- | --- | --- |
| 世界大学 | 科研文献<br>社会评价<br>杰出人才<br>国际化程度 | 量脉搏<br>看口碑<br>拼颜值 | 指标体系较简单<br>注重量化简易<br>强调办学国际化和标准化 |
| 中国大学 | 官方评估<br>资源总量<br>科研文献<br>社会效益 | 数帽子<br>称体重<br>量脉搏 | 指标体系较复杂<br>注重本土特色<br>强调官方评价和办学的社会效应 |

大学排名，归根到底是为达成目标定做的量尺，为了免得顾此失彼被人指摘，指标体系必然与本地化需求相呼应；为了避免挂一漏万，中国大学排名往往会用

"一个也不能少"的思路，通过指标体系的丰富性来表达公允，贴近常识。常识很重要，常识是原始人的形而上学，糟糕的排名甚至违背常识。于是乎，就出现了日益庞大的评价因子阵营，在不断完善和丰富自身指标体系的同时日渐臃肿。

诚然，这种区域排名的本土化改造，是全世界的普遍现象。例如2022年美国U. S. News榜面向美国本土的"最好大学排名"第一位是普林斯顿大学，而该校在其"最好全球大学"排名中为第16（排除英国牛津、剑桥大学后，是美国本土的第14位）。可见二者指标体系运行逻辑区别甚巨。同样的情况，在非英语国家体系更为显著，但是呈现出共同的世界大势：主流世界大学排名体系在向区域性靠拢，尽量和当地的排位兼容，以体现排名的"公信力"；而各个国家的办学方向也在按着主流世界大学排名的评价体系调整，以彰显办学的"国际化"和"标准化"。二者在以肉眼可见的速度相向而行。

12大主流大学排名榜单，在公信力、客观性、随机性、透明度、灵敏度等方面见仁见智，各显千秋。观其风云，得其大略，据其特色，各取诨号见表39和表40。





**表39　主流世界大学排名的风格流派**

| | 榜单 | 风格特色 | 自定义诨名 |
|---|---|---|---|
| 综合类 | ARWU榜 | 关注顶级学术成果和人才，高山仰止 | 东邪 |
| | QS榜 | 主观比重相对较高 | 西毒 |
| | CWUR榜 | 关注学术，和ARWU接近但更接地气 | 南帝 |
| | U. S. News榜 | 注重多样性和学术性，迎合市场 | 北丐 |
| | THE榜 | 维度较广，灵敏度高 | 中神通 |
| 学术类 | ESI | 只关注文章数和引用次数 | 韩信点兵 |
| | NI | 只针对自然科学领域高端成果 | 弱水三千 |
| | CWTS榜 | 挑选前百分之一的期刊和引用 | 百里挑一 |

注：ARWU榜：是全球首个世界大学排名，关注学术性评价，尤其是尖端成果的显示度。全部来自客观数据，无调研数据。网址：www. shanghairanking. com。

QS榜：Quacquarelli Symonds（QS）是英国一家专门负责教育及升学就业的组织，成立于1990年。QS起先和泰晤士高等教育组织合作，于2004年起联合发表QS－THE世界大学排名。后来分手，至2010年开始推出各自的排名。网址：www. topuniversities. com。

CWUR榜：主要关注教学质量、毕业生就业率以及教师素质等。其指标体系和ARWU榜有共通之处，但纳入指标的奖项范畴更为宽泛。网址：http：//www. cwur. org。

U. S. News榜：《美国新闻和世界报导》教育版块对大学进行了详细分类排名，其中一个版块是"最好全球大学"。该榜单注重开放性、多样性和差异化，颇具美式风格。网址：www. usnews. com。

THE榜：由英国泰晤士高等教育发布，由2004～2009年期间的QS－THE排行榜分家而来。网址：www. timeshighereducation. com/world－university－rankings。

Essential Science Indicators（ESI）：基本科学指标。是由美国科技信息所于2001年推出。ESI为全

科研文献计量，分为 22 个学科对论文数据和被引频次进行统计，每 2 个月更新一次。网址：esi. clarivate. com。

NI：自然指数。由英国《自然》集团发布，汇总全球科研机构发表在若干个精选的顶尖自然科学期刊文章总数（最新数据为 2018 年确定的 82 个期刊），通过加权分值计数进行总体排名。网址：www. natureindex. com。

CWTS 榜：由荷兰莱顿大学科学技术研究中心出品，完全基于高质量论文数进行排名。网址：www. leidenranking. com。

**表 40　　主流中国大学排名的风格流派**

| 榜单 | 风格特色 | 自定义诨名 |
|---|---|---|
| 软科中国榜 | 最贴近世界大学排名指标体系 | 西游 |
| 武书连榜 | 关注小颗粒度指标，相对简洁、敏感 | 水浒 |
| 校友会榜 | 各种排名、奖励、平台集大成者，万千众相 | 红楼 |
| 中评榜 | 投入产出并重，指标稳定，面面俱到 | 三国 |

注：软科中国榜：前身是中国最好大学排名（BCUR），由刘念才发起，与 ARWU 同属上海软科教育信息咨询有限公司（简称软科）旗下产品。网址：www. shanghairanking. cn。

武书连榜：由武书连领衔的大学评价榜，采用“不同学科的科研人员平均具有相同创新能力”假设，实现不同学科之间的直接比较。微信公众号：武书连。

校友会榜：全称为艾瑞深校友会大学排行榜。蔡言厚为首席专家、赵德国为主持人。网址 cuaa. net。

中评榜：又称为金平果排行榜、邱均平大学排行榜、评价网大学排行榜，由中国科教评价网与中国科教评价研究院（杭电 CASEE）、中国科学评价研究中心（武大 RCCSE）合作推出。网址：www. nseac. com。



## 大学排名的问题检视

不管你爱或者不爱，大学排名它都在那里，只增不减。

在没有大学排名的年代，人们选大学会首推专业和学科，关心所在城市和自己的爱好，保留几分面朝大海春暖花开、劈柴喂马和叩问内心的冲动。在排名大行其道的今天，原本的环肥燕瘦都被帽子和牌子掩盖了，玉环须减肥，飞燕得增重，都得在这设定好的程式中彷徨和呐喊，肩并肩地精神内耗起来。

自从大学排名诞生以来，审视、批判与质疑始终存在。例如，袁振国《大学排名的风险》分析了大学排名“导向不可取、方法不科学、指标不匹配、数据不可靠、学校不可比”的缺陷，认为大学排名“不严肃、不科学、不可信”。

对大学排名的看法，或许上海软科 CEO 程莹的看法最为深刻且具有代表性。他把对排名的态度细分为九种，分别为：①排名的粉丝；②排名的看客；③排名的解说员；④排名的行家；⑤排名的操纵者；⑥排名的洞察者；⑦排名的抵制者；

⑧排名的驾驭者；⑨排名的制作者。芸芸众生各有角色，各有立场，各有认知，各有章法。

大学排名总体上能反映各个学校的综合办学水平，相当于做了全套的西医体检：各项指标全部合格的人，未必就身心康健；体检报告小毛病不断者，也可以虎背熊腰、虎视眈眈。规范化的量化数据，有时候代替不了“望闻问切”的直觉观感。

## 规范排名的柏林原则

为了规范大学排名机构的行为，联合国教科文组织、欧洲高等教育研究中心和华盛顿高等教育政策研究所组成的大学排名国际专家组于2006年在柏林召开会议，讨论通过了高等教育排名的质量标准和操作范例，即高等教育机构排名的柏林原则，简称伯林原则。柏林原则合计16项，从排名目的、指标设计与权重分配、数据采集与处理和排名结果的公布4个方面设置了16条标准，意图为各个国家、地区和全球性排名的制作和发布提供基本框架，形成使排名方法持续完善的机制。

有学者将四个主流中国大学排名对照柏林原则进行了分析、评述。逐项对照、比较分析，给予吻合度量化评价（参见表41）。

**表41　　中国大学排名与柏林原则的吻合度对照**

| 柏林原则 | | 武书连榜 | 校友会榜 | 中评榜 | 软科中国榜 |
|---|---|---|---|---|---|
| 排名的目的 | 排名应该成为对高等教育的投入、过程和产出评价的众多方法中的一种 | B | B | B | A |
| | 排名应该明确自己的目的和目标群体 | A | A | B | B |
| | 排名应该认识到高等教育机构的多样性并考虑到它们不同的使命和目标 | D | A | A | C |
| | 排名应该清楚数据来源范围和数据背后的含义 | A | A | C | B |
| | 排名应该考虑被排名院校所处教育体系的语言的、文化的、经济的以及历史的背景 | A | A | C | A |
| 指标设计与分配权重 | 排名方法应当清楚透明 | C | B | C | D |
| | 指标的选择应该基于指标的恰当性和有效性 | B | D | B | D |
| | 尽可能优先评价产出而不是投入 | B | B | B | B |
| | 指标的权重分配应该非常明确并且尽量保持稳定 | A | C | C | D |

续表

| 柏林原则 | | 武书连榜 | 校友会榜 | 中评榜 | 软科中国榜 |
|---|---|---|---|---|---|
| 数据收集与处理 | 排名应该有一定的道德标准并吸收好的操作方法 | B | B | C | B |
| | 排名应该尽可能地使用审核过的、可核实的数据 | A | B | C | A |
| | 按照科学的数据收集过程所获得排名数据 | B | C | C | A |
| | 运用各种手段对排名活动本身进行质量保障 | C | C | B | C |
| | 采用体制性的措施增强排名的可靠性 | D | C | A | B |
| 结果公布 | 提供有关排名制作的所有信息方式 | C | C | D | B |
| | 通过一定的处理消除或降低原始数据中的误差，并且通过恰当使得错误可以被校正 | D | D | D | C |

注：A 表示非常吻合；B 表示比较吻合；C 表示吻合度一般；D 表示比较不吻合；E 表示非常不吻合。

资料来源：王雪燕，中国大学综合实力排行榜的实证分析与建议——基于高等教育机构排名柏林原则的视角［J］. 情报杂志，2019，38（3）：75－79，32.





## “池塘模型”与“捕捞法则”解构大学排名

“池塘模型”和“捕捞法则”，是用生态体系的视角将大学和排行榜代入，将庞杂的大学排名体系形象化，希望能起四两拨千斤、百炼钢化绕指柔之成效。

### 大学生态系统的“池塘模型”

梭罗①在《种子的信仰》中如是说，“如果你在地里挖一方池塘，很快就会有水鸟、两栖动物及各种鱼类，还有常见的水生植物，如百合等。”一个池塘，就是一个生态圈，有水草、浮萍、水绵、鱼、虾等，水草丰茂，生机盎然。不同的生物和非生物休戚与共，都是大自然的组成部分，既相互独立又互相联系、互相制约。

一个池塘的组成和一个大学的构成有异曲同工之妙。现代大学也是一个生态系统。自现代大学诞生起，大学功能不断发展完善，从仅仅强调人才培养，逐渐发展出科学研究、社会服务等新功能。新时代赋予了大学新的功能，不仅要出人

---

① 亨利·戴维·梭罗（Henry David Thoreau，1817～1862 年），美国作家、哲学家，超验主义代表人物。著有《瓦尔登湖》等。

才，还要出成果、出机制、出思想、出文化、出品牌。大学生态系统与池塘生态体系类比见表42。

**表42　大学生态系统与池塘生态系统之比较**

| 池塘生态系统 | | 大学生态系统 | |
|---|---|---|---|
| 渔产品 | 植物<br>（水草等） | 办学资源<br>（师资、经费、基础设施、硬件设备等） | 硬实力 |
| | 动物<br>（鱼、虾、两栖动物等） | 办学成果<br>（所培养的人才；技术、作品、论文、专利、奖励等） | |
| | 微生物<br>（菌、藻类、原生动物等） | 品牌资产<br>（品牌声誉、名师声望、智库成果等） | |
| 环境 | 水 | 体制机制 | 软环境 |
| | 阳光、空气 | 文化环境 | |

在抽象简化的池塘生态系统（大学生态系统）里：以植物（办学资源）为饵，哺养出动物（办学成果），孕育微生物（品牌资产）；动物、植物和微生物三者作为有机体，共同构成池塘里的渔产品（硬实力）；有机体赖以生存必需的阳光空气（文化环境）和水（体制机制）构成池塘的软环境（软实力）。据此构建“大学生态系统的池塘模型”（见图14）。

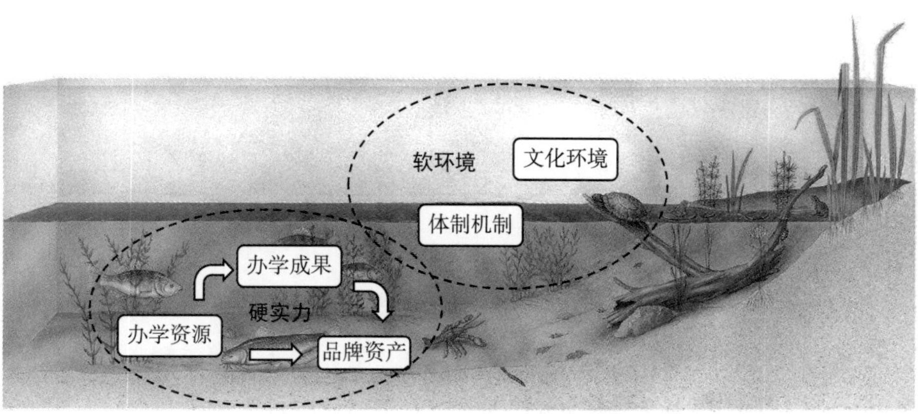


**图14　大学生态系统的池塘模型**

在这个大学的“池塘”里，存在一些运行机制和规律：

第一，池塘产品输出是可持续的。只要环境适宜、资源充沛，渔产品即可生存和繁衍；如果足够肥沃，还能生长得非常茂盛，把产品源源不断向外界输送。大学生态系统也是如此，只要孕育适合发展的体制、机制、文化氛围等软环境，就能为社会源源不断地输送各类人才和新思想、新理论、新科技、新概念。

第二，池塘生态环境各要素彼此联系、彼此协同，形成了共生体系。共生是指共生单元之间在一定的共生环境中按某种共生模式形成的关系。按照共生理论，当一株植物单独生长时，显得矮小、单调，而与众多同类植物一起生长时，则生机盎然。大学也是如此，各类资源有机组合、和谐共存，形成可持续发展的生态环境，形成 1 +1 >2 的共生效应（协同效应）。

第三，池塘大小决定了产出边界。池塘容积对应大学的规模，规模越大，包容性和生长潜力越大。规模相对较小的大学，即使风调雨顺、精心养护，产出总量也会很有限，或许能养出几条惊世骇俗的大鱼来，但终究逃不出一汪水池的边界。在注重数量而非单位质量的评价体系中，大池塘占据先天优势。

第四，池塘资源稀缺会导致排他性。在边界条件的制约下，池塘的资源是受限的。在大学办学过程中，也会受到条件的制约，“巧妇难为无米之炊”。努力开疆辟土，才能让办学更从容不迫、有条不紊。在资源总量限定的情况下，只能优选效益最大的产品组合；对于大学而言，就是选择最能够契合发展愿景和自身特色的发展路径。

第五，池塘中最重要的边界条件是水，既有体量，又有质量。水的体积、温度、pH 值、含氧量等都需要符合生物生长的条件。制度就扮演了这个举足轻重的角色，好的制度能搞活一个学校欣欣向荣，坏的制度会让一个机构变成死水一潭。

第六，池塘的生物虽则相濡以沫在水中，但是归根结底来自阳光和空气的照拂与滋养，生态环境是生命动力之源。就好比大学的生生不息离不开文化的浸润、多元化和国际化的熏陶。

第七，崇仰自然，敬畏自然律。良好的池塘生态体系是各类生物与非生物资源协同的结果，牵一发而动全身，必须遵守万物生长的自然律，符合既定的发展规律。对于大学运行而言，必须权衡单方面调整获得的收益增量能否高于池塘原有净收益的总和，是否能与共生规律契合；在创新体制机制时务必谨慎，优选路径、渐进施策，及时监控与调整，在有限的生态容量下生生不息。

## 大学排名的“捕捞法则”

把大学看作一个池塘，各类大学排名就如同渔网，大学排名用各自的指标体系编织成不同尺寸、大小的网格，到池塘里打捞相对应的渔产品，即评价因子。将“池塘 = 大学、渔网 = 大学排名、网格尺寸 = 指标体系、渔产品 = 评价因子”一一代入，一一解构，可以推演出“捕捞法则”，具体描述见表 43。

**表 43　　大学排名的“捕捞法则”模型**

| 池塘捕捞的话语体系 | 大学排名的话语体系 |
|---|---|
| **渔产品**<br>植物、动物、微生物 | **大学的产品**<br>条件、成果、思想 |
| **撒网捕捞**<br>在池塘里撒网，通过统计打捞到的渔产品的状况，从而推断池塘的富饶程度 | **大学排名**<br>用大学排名，通过统计采集到的评价因子的状况，从而判断大学的办学水平 |
| **渔网孔径**<br>渔产品孔径不一，有大有小，我们可以通过设定不同的网格尺寸，有针对性地去打捞 | **指标体系**<br>评价因子水平不一，有高有低，我们可以通过设定不同的指标体系，有针对性地去采集 |

## 颗粒度 vs 分辨率和灵敏度

各类大学排名有各自不同的关注重点和响应阈值。只有在特定的区间内，才会作出及时的识别、准确的判断。通过对各类大学排名的评价因子颗粒度进行分析，将前述 12 个大学排名所涉及的评价因子，按照自组装的思路，以及各个评价因子颗粒度水平分为四个等级——基础、优秀、高端和顶尖，其中评价因子的等级越高、颗粒度越大；同时，按评价因子类型分为三类——人才、成果和环境，将中国大学排名所涉及的评价因子打散，按照颗粒度和类型重新进行归类（见表 44）。

表 44　　中国大学排名常见评价因子按颗粒度和类型筛分

<table>
<tr><th>颗粒度</th><th>梯度</th><th>人才</th><th>成果</th><th>环境</th></tr>
<tr><td rowspan="4">颗粒度大<br>↕<br>颗粒度小</td><td>顶尖（世界领先）</td><td>院士、政要、大师、领袖、富豪、百强 CEO</td><td>诺贝尔奖、菲尔茨奖等国际重要奖项，《自然》《科学》等顶刊论文</td><td></td></tr>
<tr><td>高端（国内领先）</td><td>国家级人才项目：杰青等重要人才项目，百篇优博、高被引科学家、教学名师、创新团队、行业专家、名企 CEO、高考状元</td><td>学术引领力：国家科技奖、自然指数期刊论文，1% 期刊论文、高被引论文、重大项目、重点学科</td><td>社会捐赠</td></tr>
<tr><td>优秀（省部级）</td><td>博导、高级职称、一般人才项目、社会精英</td><td>学术影响力：较高影响因子和引用率论文、基金、挑战杯、全国性竞赛、专利奖、精品成果、学位点、国际专利</td><td>国际化</td></tr>
<tr><td>基础</td><td>研究生、本科生、高考分数线、就业率、生师比</td><td>学术生产力：论文、专利、专著</td><td>资源保障、教师收入、社会声誉</td></tr>
</table>

根据筛分的结果，再将前述 12 个大学排名所涉及的评价因子与之对应，按评价因子颗粒度分布梯度重新类归大学排名（见表 45）。

表 45　　大学排名按评价因子颗粒度分布梯度类归

| 梯度 | 人才 | 成果 | 环境 |
|---|---|---|---|
| 顶尖 | 中评　校友会　CWUR　ARWU | 中评　校友会　CWUR　NI　CWTS　ARWU | |
| 高端 | 中评　校友会　CWUR　软科中国 | 中评　校友会　软科中国　CWUR　武书连　NI　CWTS　ESI | 校友会 |
| 优秀 | 中评 | 校友会　中评　CWUR　U. S. News　武书连　CWTS　ESI | 中评　校友会　THE　QS |
| 基础 | 中评　校友会　THE　QS　U. S. News　武书连　软科中国 | 中评　软科中国　THE　QS　U. S. News　武书连　ARWU　ESI | 中评　软科中国　THE　QS　U. S. News |

可以看出，大学排名的出现频次明显不同，且出现区间和规律也有所不同。按照出现频次由多到少依次排列，给四个水平梯度层级赋予不同的权重（基础 1 分、优秀 2 分、高端 3 分、顶尖 4 分），计算加权平均值，可得对高水平指标响应度的排序（见表 46）。

**表 46　　　　12 所大学排名对高水平指标识别度的排序**

<table>
<tr><th>大学排名</th><th>总频次</th><th>高水平指标响应度<br>（加权平均）</th><th>梯度</th><th></th></tr>
<tr><td>ARWU</td><td>2</td><td>4.50</td><td rowspan="2">顶尖</td><td rowspan="12">颗粒度大<br>高分辨率<br>⇕<br>颗粒度小<br>高灵敏度</td></tr>
<tr><td>NI</td><td>2</td><td>3.50</td></tr>
<tr><td>CWUR</td><td>5</td><td>3.20</td><td rowspan="3">高端</td></tr>
<tr><td>CWTS</td><td>3</td><td>3.00</td></tr>
<tr><td>校友会</td><td>8</td><td>2.63</td></tr>
<tr><td>中评</td><td>10</td><td>2.30</td><td rowspan="3">优秀</td></tr>
<tr><td>软科中国</td><td>5</td><td>1.80</td></tr>
<tr><td>武书连</td><td>4</td><td>1.75</td></tr>
<tr><td>THE</td><td>4</td><td>1.25</td><td rowspan="4">基础</td></tr>
<tr><td>U. S. News</td><td>4</td><td>1.25</td></tr>
<tr><td>QS</td><td>4</td><td>1.25</td></tr>
<tr><td>ESI</td><td>3</td><td>1.00</td></tr>
</table>

### 取法乎“上”得高分辨率

高水平指标占比高，评价因子颗粒度大，意味着渔网的网格尺寸很大，网格粗疏，只对大的目标敏感，仅能捕捉到最大的鱼；体格不够的都成了漏网之鱼。对研究型大学的办学实力更有识别度，对高质量更有分辨率。这种指标体系对“顶尖水平”的大学有更好的响应，比拼的是学术机构的“颜值”。例如，ARWU、NI 靶向目标通常为一流大学、研究型大学，擅长在高手中分出高下。

### 取法乎“下”得高灵敏度

低水平指标占比高，评价因子颗粒度小，意味着渔网的网格细密，捕捞时不同大小的鱼虾尽在网中。尽管判断不了大小的差异，但能评估出总量的轻微变化趋势，对洞察研判趋势更有灵敏度。因为大鱼都由小鱼成长而来，没有小颗粒的基础，就不可能有高层次的升华。因此，评价因子颗粒度越小，越偏向基础性信息，整个排名体系的灵敏度越高，能感知最新脉搏，更灵敏地洞察先机，更迅速地识别处于爬坡上升阶段的高校，能更敏锐地诊断出潜在的问题，比拼的是“体重”。例如，ESI、QS、U. S. News 和 THE，这四个世界大学排行榜都处于“基础水平”响应区间；其中 ESI 最为敏锐，擅长“实时”掌握大学学术水平变化趋势，是学科发展增速的风向标。

## 麻雀式解剖武书连排名





武书连榜的历史可以追溯到 1993 年《广东科技报》发表的《中国大学评价——1991 · 研究与发展》，至 2022 年新榜发布，历 30 个春秋，经多次修改和完善，武书连榜指标体系已经基本趋向稳定，近年来没有大的增删，仅在指标权重上微调。武书连榜是中国第三方大学评价的开创者，也是坚持时间最长、被引用次数最多、最受关注同时也最受争议者。

作为武书连榜的系列成果，每年武书连课题组会发布多个中国大学排行榜，出版《挑大学、选专业》系列红宝书，指导考生填报高考志愿。由于其在考生和家长中影响力，武书连榜对高校的招生情况发挥了一定的外部性作用，一些地区教育主管部门将其纳入了考核大学办学水平的参考指标之一。久而久之，武书连榜成为评价大学办学的成败得失，以及学校进行 KPI 考核、对标管理的工具之一。

### 武书连榜的指标体系

2010 年，武书连排行榜放弃问卷调查类指标，开始了纯量化之旅。同一年，武书连老师《科学管理研究》上发表《2010 中国大学评价》一文。满版的数学工具，不定睛一看，真想不到是讨论大学排行榜的，武老师用数学公式将自己所立论的“大学人”假设和高等教育实证研究联系起来。我曾在 2017 年研读了该论文，真心被这套方法的系统性震撼了。但武老师发表论文是 2012 年之前。当年他和中科大一个课题组为了加州理工学院进入武书连榜单的得分产生了分歧和争论，武老师发表长文驳斥后就再也没了消息。记得曾有一次向武老师交流讨教，他说 2017 年要发表论文介绍新的指标体系，但期待好久也未见出来。不知道这样理论奠基式的作品会不会再有，或者说市面上也不一定再需要了。毕竟对公众来说，知其然已然足矣，又何必知其所以然？

## 计算公式解读

（1）一级指标综合实力 $A$：

$$A_k = W\left( a_1 \frac{B_{1k}}{\sum_{j=1}^{n} B_{2j}} + a_2 \frac{B_{2k}}{\sum_{j=1}^{n} B_{2j}} \right),\ a_1 + a_2 = 1,\ k = 1,\ 2,\ \cdots,\ n$$

$B_1$、$B_2$ 分别是二级指标的人才培养和科学研究总量。$\alpha_1$、$\alpha_2$ 是它们相应的权重，数值根据全国大学中在人才培养和科学研究投入的人力资源比例测算而来。武老师说，2010 年，全国大学专任教师中有 57.95% 在做人才培养，42.05% 在做科研，这两个带小数点的数据就是后来二级指标的权重来源。同理可得，之后所有的公式计算的系数 $\alpha$，都由类似的投入量配比计算得出。

（2）二级指标中的第一项，人才培养 $B_1$：

$$B_{1k} = W\left( a_3 \frac{C_{1k}}{\sum_{j=1}^{n} C_{1j}} + a_4 \frac{C_{2k}}{\sum_{j=1}^{n} C_{2j}} \right),\ a_3 + a_4 = a_1,\ k = 1,\ 2,\ \cdots,\ n$$

其中，本科生培养 $C_1$：

$$C_{1k} = \left( a_5 \frac{V_1 D_{1k} \prod_{i=1}^{4} R_{ik}}{\sum_{j=1}^{n} V_1 D_{1j} \prod_{i=1}^{4} R_{ij}} + a_6 \frac{D_{2k}}{\sum_{j=1}^{n} D_{2j}} + a_7 \frac{\sum_{i=3}^{10} D_{ik}}{\sum_{j=1}^{n} \sum_{i=3}^{10} D_{ij}} \right) \sum_{j=1}^{n} C_{1j}$$

这里出现了 $R$ 和 $D$，即武书连榜指标体系中的三级指标。$R$ 类，是经过测算得出的折合系数，最后还需要乘以总量（所以总量越大越好）；$D$ 类，是各个指标的加权总和。因而，加大体量和规模有益整体表现。

值得一提的是，$\alpha_5$ 是“基础”（就业率、分数线、生师比等）权重，$\alpha_6$ 是“教师学术水平”权重，$\alpha_7$ 是“教学保障”（教育部的各类评奖、平台）权重。在 2010 版本里，这三个权重分别为 60%、10% 和 30%。在 2017 年的版本里，根据武老师的口述，前两项权重已经被调整为 55% 和 15%，说明教师学术水平越来越被重视。后续增加了信息透明度等，权重不知。

研究生培养 $C_2$：

$$C_{2k} = [\rho R_{5k} + (1 - \rho)] v_2 D_{11k} + R_{5k} + v_3 D_{12k} + D_{13k} + D_{14k} + D_{15k}$$

这部分相对简洁，把各部分指标不断累加即可。武老师考虑了学术型研究生和专业型研究生的区别，用系数 $\rho$ 来加以区别，2010 年的版本里默认 $\rho$ 是 0.5。

研究生培养分值，直接体现为研究生数量和奖项上，充分体现了结果性评价逻辑。多几个人头（尤其是博士，因为其系数要乘以 10）、多几个单项冠军就可以成为全能王。

（3）二级指标中的第二项，科学研究 $B_2$：

$$B_{2k} = W\left(a_8 \frac{C_{3k}}{\sum_{j=1}^{n} C_{3j}} + a_9 \frac{C_{4k}}{\sum_{j=1}^{n} C_{4j}}\right),\ a_8 + a_9 = a_2,\ k = 1, 2, \cdots, n$$

其中，自然科学 $C_3$：

$$C_{3k} = \sum_{i=16}^{21} D_{ik} + D_{23k}$$

社会科学 $C_4$：

$$C_{4k} = \sum_{i=16}^{20} D'_{ik} + D'_{22k}$$

$C_3$、$C_4$ 较为直观，各项累加即可，分值越多越好。唯一不同的是自然科学 $C_3$ 多了一个系数 $R_6$，这是军事科研保密系数。对此系数存疑者甚众，但武老师未在书面上给予解读，揣测是国防军工类学校的特殊考虑。



## 评价因子分布与演化趋势

上述介绍的公式是对《2010 中国大学评价》的梳理翻译。武书连榜指标体系二级指标有四个大类目——本科生培养、研究生培养、自然科学、社会科学四项指标。去掉数学公式表达为表 47。如前所述，武书连榜单的权重是不固定的，是根据人头比例测算而来。由于我在文献中只看到武书连 2010 年公布的权重，所以表中数据只代表当年的数据，后续年份的权重理论上应该有所调整。

**表 47　　武书连榜二级指标体系（2010 年）**

| 一级指标 | 根据全国大学人才培养投入人力和科学研究投入人力在总投入人力中的比例测算 | | | |
|---|---|---|---|---|
| 权重 | 人才培养 $B_1$ | | 科学研究 $B_2$ | |
| | 57.95% | | 42.05% | |
| 二级指标 | 对全国大学培养的本科生和研究生进行权重赋值 | | 根据全国大学在投入自然科学研究的全时人力和社会科学研究的全时人力的比例测算 | |
| 权重 | 本科生培养 $C_1$ | 研究生培养 $C_2$ | 自然科学 $D_1$ | 社会科学 $D_2$ |
| | 35.15% | 22.80% | 31.48% | 10.56% |

只有四个项目的二级指标看似简单明了，但是三级指标加起来超过 43 项（2017 年统计）。从评价因子数据来看，除了科学引文数据大部分源于自家的 SCD 数据库和一些专利数据外，大部分指标来自教育部高教司（几乎把他们的业务全部涵盖了，占了 15 项）；其次是科技部的选择性数据（奖励、大学科技园等），再就是少量的共青团中央（挑战杯）、中组部（人才计划）和英语竞赛、建模比赛等较大规模赛事。

实际上，武书连榜自身也在进化。如表 48 所示，近年来武书连时常会在三级指标中增加评价因子。因为没有新的论文发布，本人碍于羞涩也不好意思向武老师一一咨询，就偶尔披露的指标体系调整情况来看，以修修补补和增增减减为主，武书连榜指标体系框架已渐趋成熟。

**表 48　　武书连榜指标体系的进化史**

| 年份 | 指标体系变化和评价因子调整 |
|---|---|
| 1993 | 发布首个包含自然科学和人文社会科学评价在内的中国大学排行榜 |
| 2000 | 以“对中国高校主要功能的评价”取代研究与发展评价，建立以“对社会的贡献”作为衡量标准的评价体系 |
| 2001 | 增加了博士生创新环境，2002 年改为研究生创新环境；增加了新华文摘；删减了博士后培养指标；删减了 ISTP 和 ISSHP 指标；人才培养权重由 0.6251 调整为 0.579，科学研究从 0.3749 调整为 0.4291；增加专利授权权重；增加国家级奖励权重；降低 SCI、CITA 权重 |
| 2002 | 取消省级奖（2021 年恢复），取消社科专著（2008 年恢复）；逐渐降低 IE 权重直至 2008 年最终取消；没有引文的论文减半计分；提高 CSCD 引文的权重；设立 SCD 国内引文数据库 |
| 2003 | CSSCI 被引一次的权重增加到 2.5 分，2007 年又增加为 3 分；把国家级奖由 5 个等级改为 2 个等级 |
| 2004 | 删除专科生得分 |
| 2005 | 增加本科生质量 |
| 2008 | 增加了学术抄袭、剽窃；增加了 MEDLINE（2009 年取消） |
| 2009 | 学术抄袭剽窃无期限降分；增加了国务院学位办组织的全国优秀博士学位论文；增加了教育部的本科教学工作水平评估结果 |
| 2010 | 放弃所有问卷调查类指标，大量采用教育部门公开发布的数据 |
| 2015 | 使用自己的 SCD 国际引文数据库 |
| 2017 | 增加全国大学生英语竞赛获奖指标，且权重较高；研究生获奖结果和本科生获奖结果分离 |
| 2018 | 新增本科毕业生就业质量指标；新增择校顺序指标；SCD 引文数据库进一步筛选 |

续表

| 年份 | 指标体系变化和评价因子调整 |
| --- | --- |
| 2019 | 新增教育部艺术展演活动奖；新增学术著作及他引，学术著作来源为南京大学“中文学术图书引文索引”，引用来源为 SCD 引文数据库 |
| 2020 | 人才培养基础数据来源变更为在教育部网站和省教育厅网站发布的年度《毕业生就业质量报告》和《本科教学质量报告》；新增全国大学生田径锦标赛阳光组获奖指标；新增体质测试达标率指标；重新恢复省级奖项；将著作来源变更为最近 5 年被 SCD 数据库引用过的著作；取消外观授权；本科教学保障中教师得分和学生竞赛得分分离 |

## 武书连榜的三大“法宝”

武书连排行榜坚持“成果导向”，指标体系除了“新生录取分数线”之外，大量评价因子关注大学的产出，强调社会贡献。不看过程，只看结果；不用软评价，只用硬指标。专注的成果导向和数据偏好下，固然社会评价褒贬不一，总体来说对大学办学情况的灵敏度较高，精炼而明快不失为典范之作。它有三个特点。





### 广泛“归一”　有“层”无类

为了实现综合排名，武书连提出了“不同学科的科研人员平均具有相同创新能力”的假设，姑且将之称为“大学人”假设。据此假设，在衡量学科指标时进行归一化处理，对不同的学科、不同的学校类型进行了同一序列内的比较，甚至连人数的计算都设定了“师生当量”，把自然人进行了归一化处理。

除比较不同学科进行了归一化处理外，还将源数据进行了同比约除。所以现在看到的各个分项指标都不是源数据，而是相对值，必须乘以相应年度因子后才能恢复源数据数值。也就是说，对于各所学校来说，不能纵向比较每年各个单项得分。

归一化的数据处理结果直接直观，用 A、B、C、D、E 共五等 11 级分级，把各类学校的档次区分得清清楚楚明明白白。

### 自建数据库　自定义系数

武书连榜非常重视科研成果，文献计量占了很大比重，而且采用了自创的科学引文数据库 SCD。其中，中文引文收录始于 2006 年，国际引文收录始于 2014 年。SCD 数据库来源刊每两年修订一次，其中收录了 6186 种中文学术期刊。目前是武书连榜单的唯一科研文献数据来源。

从逻辑上看，SCD 数据库依旧遵循其“大学人”假设，强调“学科平等”“机会均等”。当然现实情况并非这么理想，学科也分红海和蓝海，此处不作细究。该假设认为某个学科的期刊入选总数应该取决于该学科的人头数（用中级职称以上的师资人数替代）。SCD 数据库的源期刊总量，由全国高校中级以上师资人数确定；各学科源期刊论文数量与该学科中级以上师资人数成正比例相关。由此可知，该数据库在统计操作中需要设计一些加权系数，要对源期刊进行排序筛检，要对论文引用次数遴选。如果能够确保价值中立和客观判断，这一假设可谓快意之事、创新之举。

从用法来看，武书连榜对科研成果的统计同样不重视区分质量，各期刊论文得分一致，通过他引次数的加成来提升分值，和 ESI 逻辑相仿。

### 源自公开数据

武书连强调，所有的数据都公开可得，可重复，可检验。一是为了力求“真实可靠”，大量选用了政府部门的公开数据。二是为了避免“社会热议”，舍弃了院士、基金委杰青、教育部等国家级人才计划等项目。而他坚定地反对纳入院士的理由是“院士早就不做科研了”，这使得评价因子颗粒度变小，灵敏度上升，倒也未尝不可。三是，诚如他所言，教育部、科技部等主管部门对大学办学也有一些相当严谨和客观的综合评价，但由于大量数据不公开，可能存在一些更有含金量、更关键的评价因子没能体现其中，堪为憾事。

## 武书连榜的断层扫描

### 贡献与创见

在中国大学排行榜里，武书连榜是最早先的榜单，同时也是我认为最为精炼、最有味道的榜单。在自己的逻辑假设体系内自成一体，努力闭环，关注科研文献和学术范，近 30 年长期主义的自我扬弃不断完善，在舆论如潮中保持兀自岿然，这种定力值得敬佩。前些年武书连榜单对浙江大学的格外垂青曾引起了诸多争议，但中长期观察表明，浙江大学确实办学成效显著、上升势头迅猛，力证了武书连榜的见微知著、先知先觉。

傲慢与偏见

武老师本人是位有个性有棱角的学者，更是位非常敏锐和富于聪慧的创业者。与他的交流有趣有料，语言率直，判断犀利，观点鲜明，但确有合理性启发性。这样的表现，也许是为了品牌塑造特地强化过，抑或刻意遮掩过，不得而知，“特立独行”应是他留给很多人的印象标签。武书连榜单和他本人一样，带着浓浓的“特立独行”印记。

重数不重质

2012 年中科大某课题组在《中国高教研究》上发文对簿武书连，认为依照武书连榜单的评价体系，加州理工学院可能名落孙山，指出了许多该榜单的不合理之处。尽管这篇文章在公式推导和验算时不够严谨，写出了一篇经不住推敲的“战斗檄文”。但其中的主要观点，包括榜单的唯规模倾向等却是不争的事实，大部分三级指标都和办学规模正相关。



韩信点兵，多多益善。实际上武书连榜的三级指标中，除了军工和大学科技园外，凡与折合系数 $R$ 相关的项目都与人头数相关，大致可推算总榜单中有 1/3 与人头数相关。况且所有的成果都来源于人，有足够的体量才能产生足够多的成果。人多好办事在该榜单里淋漓毕现，连武书连自己都坦承“谁的饼大谁占便宜”。再考虑到成果产出来源的话，因人头数所影响的比例将远超 1/3。

诚然，唯规模者绝非武书连榜独有之弊。用渔网去捕捞，池塘大的终究会多一些收获。但凡用学校整体盘子去做综合实力比评，此种弊端很难规避。对“小而精”的高校，可能更适合在“学科排行榜”等细分市场崭露头角。

至于为何重数不重质，武老师在 2001 年的一篇文章表达了主张：“中国高等教育资源稀缺，和人口基数相比属于精英教育，中国本科大学在校生的质量差距不大，仅有 3% 的精英之间的差距”。因此，他认为可以用毕业生的数量来代表大学对社会的贡献。于是乎，专业型研究生在武书连榜看来是无差异的标准化存在，只要计数就够了。

简言之，这种“不同学科的科研人员平均具有相同创新能力”的“大学人”假设的逻辑原点，就是用数量来代替质量，用人数估算成效，实际上把芸芸众生撒豆成兵，把 3.0 的智慧生命体简化成 1.0 的粒子。这一立论忽略了人的差异性，忽略了社会网络的互动性，和理性人假说高度神似。

在人头数的折算方式上也颇耐人寻味。例如，仅仅对研究生人数的折算就有三种不同的系数。在以研究生折合本科生人数时，按照硕士生 1.5 倍、博士生 2 倍的标准；在折算教师平均水平计算分母时，把 4 个博士生折算为 1 个教师，40 个硕士生折算为 1 个教师，导致分母趋小，进而扩大了该项得分；而在折算研究生水平时，又按照博士生乘以 10 倍、硕士生乘以 4 倍匡算，作为分子又夸大了该项得分。综上，结果是研究生数量越大，更有利于增加得分；研究生层次越高得分提高越快。研究生纵横四野，博士生笑傲江湖，研究型大学一统天下。

进一步地，当人成为计量单元后，固然逻辑可以在归一化后闭环，但在实际操作中却带来了归属的困难。例如，在区分成果的时候，很难推测归属于老师还是学生，或许只能霸气处理，设置一个权重类似如“X% 的成果属于老师”来简化之，陷入“逻辑闭环，折算断层；小心假设，大胆分析”之窘境。那么，又做科研又教学生的教师怎么算？交叉学科的怎么办？或许计划经济思维本身，就对协作关系、边缘创新、交叉思维兼容度不高。



### 评上不评下

因评分体系中科研占比较大，多数系数设置有利于研究型大学，所以对排名靠前的学校比较友好；对普通高校缺少助力，导致排名靠后者浮动较大，参考价值减弱。以 2017 年综合实力榜单为例，总计 721 个大学参与排序，第 1 名清华大学总分 169.08 分，第 350 名台州学院仅 4.12 分。共有 557 所高校总分低于 10 分，占总数的 77.3%。可以想象，对于绝大多数的后半程的高校，分数几乎没有差距，排序也就失去了实际意义。诚然，这也是大多数排行榜的通病，并非武书连榜单的特例。

再如，国家大学科技园 8% 的增益。大学科技园孵化的必然只是个别类型的项目，却安排在了自然科学整个分值的头上。对于科研总量较高的学校，一个系数乘上去就凭空多了好几分。如此设置系数的理由为何、依据为何，令人好奇。而且大学科技园本身，也是体量和办学层次较高的学校才有的待遇，这导致出身不公平，让强者更强、强得高山仰止，弱者却无力翻身，何谈奋起直追。

### 小结

最大的缺陷不是偏好规模，规模偏好是所有榜单的通病，武书连榜并没有过度倚重；问题在于用数字代替质量，轻易评估质量。最鲜明的特色是广泛使用

“归一法”，排除门第差别，消除学科差异，以人为本自成逻辑；但是最显著的问题也是这近乎偏执的价值观，被牛顿机械论统治，难以兼容交叉协同的世界观。最大的卖点是全部来自公开数据，可检测，没有主观调查数据；但最大的担忧同样是数据来源、包括 SCD 源期刊数据库的透明度和准确性。

最靓丽的表现是用较少的评价因子和独特的算法，实现了对中国大学最具灵敏度的观测，成为中国榜单中的别样风景。

## 大学排名要把好三道关

### 把好功利关





2017 年全国“两会”期间，习近平总书记来到上海代表团参加审议时谈到，“大学更重要的是底蕴，不要太过在意那些国内外的大学排行榜，不能用干巴巴的指标评定人民心目中的好大学”。大学排名自问世以来，因为结论直观，越来越受高校尤其是社会各界关注，但其发挥的作用实则毁誉参半，甚至功不抵过。一方面，大学固然根据排行榜可以对标与自身发展相近的学校；另一方面，很多的大学可能将在大学排行榜中争先进位视为目标，甚至被其裹挟前进，一味追求排名而摈弃自身特色。削足适履、刻舟求剑者有之，学术共谋、营造圈子者亦有之。庄子云，“功利机巧，必忘夫人之心”，大学应该是独立而有灵魂的。建设一流大学固然是每个高校的梦想，一方面要借鉴顶尖大学的“共性”特征，另一方面也要坚强定力，筑牢自信，避免盲目跟从。

### 把好公信关

遵守“公开、公平、公正”原则。“公开”是对评价过程的要求，其最重要的价值是透明指标体系、透明数据和透明过程，保障知情权和可追溯的机制，提供完整客观的原始数据。“公平”是对被评估的大学而言的，公平构建的基础在于对大学类型的科学研判，运用合理的机制进行排名评价。“公正”是对于评价机构而言的，必须遵守学术共同体的基本规则，推进阳光排名、良心排名，避免徇私舞弊，搭建一条“阳光赛道”。

### 把好技术关

用统计理论和数字技术赋能评价工具。在指标评价中应体现理论制导、技术趋势、彰显方法创新，更加关注质量与过程、合理采用新的评价范式，从理念和技术层面大刀阔斧革新。使用伴随式数据、区块链技术、画像技术、社会网络分析法、替代计量学（Altmetrics）等。如针对人才培养的调查数据 SERU 调查、毕业生回顾性调查等。此外可探索替代计量学，它针对海量的信息源（除了正式发表的期刊论文外，包括开放获取的非 OA 论文、会议论文、博客、代码、软件、研究数据集、课件和演示文稿等），分析摘要浏览量、点击量、下载量、馆藏量、书签数、评论数等在内的大量网络社会影响力指标，用以反映可见度、知名度和社会影响力，具备评价过程的透明性和评价结果的实时性。2017 年，吉林大学、浙江大学先后发布规定，将师生在网络媒体中发表的优秀成果纳入学术成果考核体系之中，探索了以知识传播效率为核心的学术评价观念，尤其强调学术成果对社会大众的影响力，注重学术成果的社会评价。但鉴于网络的复杂环境，替代计量学之路还相当漫长，还需谨慎互制。





## 什么是好的评价机制?

### 评价功能的金字塔模型

一套好的评价体系，不但要清晰易行，而且要正确有效地实现目标、发挥功能。评价机制的功能是一个金字塔构造，分为四个层次（参见图 15），包括描述现状、洞察原因、预判未来和改善未来。四个目标是由下至上层层跃进的，至少要达到底层目标，即描述现状和证明水平。

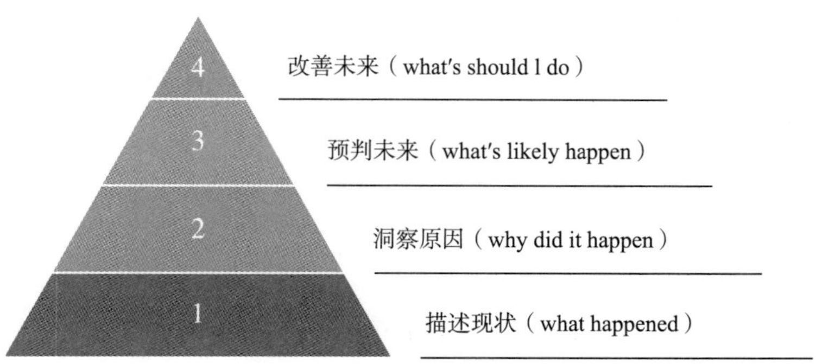


**图 15　评价功能的金字塔**

要强调的是，评价的意义不是证明，不是为了“论资排辈”“论功行赏”；评价的真谛在于改进和增值，在于“治病救人”“精准治疗”，探索持续改进和高质量发展的路径。所以一个评价机制所能够达到的层次越高，所产生的价值就越大。

对于评价机制的作用，张大良①用了四个“量”做了生动阐释：“数量”干多干少不一样；“质量”干好干差不一样，水平高低不一样；“分量”贡献大小不一样，成果大小不一样；“向量”政治方向、价值取向、学术导向正确与否不一样。

从评价机制功能金字塔来对照现在的大学排名，应该说能够在第一层次做到描述现状、排出位次，虽然还存在一些不准确不合理的缺失；到了第二层的洞察原因，区分度显得不够清晰。至于第三、第四层的预判和改善未来，是尚未企及的诗和远方。





个人建议对大学排名等评价体系，或许应该重构理念和底层逻辑，真正发挥排名的功能。就如同身材管理的指标体系，仅仅探查体重和体重指数解决不了问题，理想的指标体系应当分析出增肌的屏障、减脂的瓶颈，帮助找到最低代价打造好身材的法宝。

所以，一个好的评价机制应该具备两大功能：

### 好的评价机制能“揭短”

什么叫高质量的教育？就是办人民满意的教育。“满意”来自人民的体会和反馈。作为自然人，人的理性是有限的，有七情六欲潮涨潮落，无法像计算机一样时刻客观衡量指标权重，对指标的“越高越好”“好上加好”通常觉察不出。因为在社会经济整体跨越的滔滔洪流之中，优秀是每一个水分子，深蕴其中，随波逐流。

相反，在满目习以为常的优秀中，某个刺眼的瑕疵才是醒目的，会倍级放大，墙上一抹蚊子血会变成心口的朱砂痣，成为影响体验的关键变量。所以，基于人的感性的满意度评价适用于“木桶原理”，即木桶的短板才是决定其容量大小、切身获得满足感的关键变量。

例如，一个人身强力壮体检指标样样完美，但可能遭遇新冠病毒后武功全废，那么这个仙人球模样的病毒就能一票否决；我国半导体制造业发达，但是高制程

① 张大良，江苏无锡人，中国高等教育学会副会长、教育部高教司原司长。

芯片是命门；改革开放以来，教育水平和教育品质不断提高，但是孩子们越来越觉得学习不快乐就是短板。

过去的评价机制往往是“一俊遮百丑”。在资源受限情况下，走非均衡发展策略，用某个细分领域的优势来撬动整体评价无可厚非。这实际上体现着追赶者思维。

但在于高质量发展阶段则不然。越是到高质量阶段，一定是全面优秀、协调、绿色、可持续的。此时要替换为引领者思维。优秀是360度无死角；优秀是监测系统的默认值；优秀是应然，不优秀才是偶然。

托尔斯泰说：“幸福的家庭彼此相似，不幸的家庭各不相同”。这句话很有普适性，“高质量的教育都是相似的，质量不高的教育各有各的短板”。高质量的教育，一个也不能少，一个也不能差，一个也不能短。

所以，对高质量的指标设计，不能只是追高追大的冲动，把评价标准都设定为高富帅白富美；而是要有求全责备的心态，更要坚守“短板思维”“底线思维”，用评价的尺子把短板、病根、缺陷真正挖出来，亮出负面清单，把问题找得准准的。唯有如此，才会让评价的结果更能与人们的直觉和常识相吻合。

### 好的评价机制可“针灸”

好的评价机制可以通过挖掘短板，找出病根，开出药方，最终治愈病患，强身健体，长命百岁。

但这个指标体系应该是精简而克制的。虽然很多人认为随着数字化技术的运用，可以实现360度无死角精细化的考核。然而，个人认为这或许未必是福祉，还很有可能是一个新的灾难。信息是无边无际的海洋，冗余的信息只不过是垃圾。而且，中国人既会算账又很灵活，上有政策，下就必有对策；上有利矛，下就有坚盾。任何考核走向精细化，都会有应对方案，迫使人们把力量投入应付考核，只求眼前一个好的考核成绩，无暇顾及长周期的内涵建设。就是前述的“眼镜蛇效应”，社会不但未曾获得增益，反而被卷入应付考核的深渊。

好的指标体系不图贪大求全，但求精准靶向。我们对教育的品质赋予了很多指标和评价因子，维度不可谓不多，有偏向硬实力的，有侧重软实力的；有关心结果性的，有关照过程性的；热热闹闹，轰轰烈烈；维度越来越多，指标越来越细。但是问题来了，哪（几）个才是“一招制敌”的核心指标？在资源有限的情况下，包打天下，全方位着力万万不可能，只能精选穴位、靶向治疗，所点中的穴位就是那个关键性的指标。

例如，判断一家餐馆是不是红火，不是看营业额和税收额，而是看翻台率。判断一道菜是不是受欢迎，不是搞用户调研或请专家评议，而是看菜上桌之后的剩菜率。英国《经济学人》推出“克强指数”（Li Keqiang Index，2010 年）用于评估中国 GDP 增长量，通过工业用电量新增、铁路货运量新增和银行中长期贷款新增三个指标分析当时当地经济状况，以挤掉统计数字的“水分”。《经济学人》还发明了“巨无霸指数”（Big Mac Index）（1986 年），用各地麦当劳的巨无霸汉堡包价格来比较各个国家的购买力水平差异。按照这个“巨无霸指数”的逻辑，在兰州可以用“牛肉面指数”，在成都可以讲“火锅指数”，在大学可以设“奶茶指数”，来进行价格水平的横向比较。

那么对大学而言，又有哪些是关键解？核心解？穴位解？令人大跌眼镜的是，很有可能真正的核心指标根本就没法列进去，是一道道潜规则在暗潮涌动：





君不见，教授水平高低看的是手头项目经费多寡；讲课水平高下看的是学生的抬头率；文章好坏看的是阅读的完成率；小学办学水平优劣看的是周边房价；高中办学水平好坏看的是录取分数线；大学实力强弱看的是研究生体量；世界一流大学标准看的是能否吸引全世界最优秀的中学生来求学；教育的成败看的是学生眼中是否有一道光……这些上不得台面的“偏门”“冷门”“窍门”，无法列入书面的指标体系，却真真切切地是摆在人民群众心中的那把尺。

所以，好的评价机制应该是“小而美”“精而准”，瞄准尽可能少的关键性指标，大道至简，抓住“牛鼻子”，简洁而准确地完成评估。而那些不必要的、非关键的、重复性的、低效的、缺乏公信力的评价因子大可以删去，删繁就简三秋树。

## 什么是好作品?

什么样的文章才是好文章？什么样的成果才是好成果？用比较专业的语言来说，就是“学术成果的评价问题”。此处特地用了“作品”替代“学术成果”，私以为“作品”二字多一丝智力的润泽，多一丝原创的意味，多一丝情感的温度。

A 类求规模取胜。字数、发行量、SCI 论文数、顶刊论文数……著作等身，常常被用来形容一个人的成就。但数量的笼统无法杜绝滥竽充数、跟风克隆、抄袭模仿、机械复制。当然，在没有突出创新能力的情况下，量的积累也是一种做法，量变未必一定能导致质变，但“灌水”至少也能体现出勤奋来。

B 类求上档升格。作品档次几何，获奖级别、期刊分区、影响因子。TOP 名单，VIP 区域，热点和高被引文章，三六九等清清楚楚明明白白。纵使分区的弊端多多，存在公信力的风险，但实施起来管用有效。

C 类求同行认可。获得学术共同体认可为大势所趋，也是国际上比较认同的较为成熟稳妥的做法，但需要社会的契约精神和诚信体系来背书，需要靠谱的学术造诣和学术道德来打底。

D 类求眼球经济。引用次数多寡，阅读完成率几何，浏览量、点击量和下载量、关注数、点赞数和评论数，谷歌或百度搜索条数，在知识社会的信息网络，流量为王，眼球即经济。虽然被关注被评论不一定代表审美和认同，也有可能是由于审丑和批判，但不失为一种可测的聚类手段。

E 类求估值作价。通过第三方机构进行市场化定价。现在这样的评估也很多，例如协议定价、市场拍卖等，2017 年网红 papi 酱估值 3 个亿。市场化定价手段如果足够科学，也许可以借鉴进入学术领域。

F 类求群众口碑。金杯银杯不如群众口碑，金奖银奖不如群众夸奖。能经得起大众检验、被众人传颂的才是好作品。大家熟悉的白居易作品“老妪能解”，就是大众传播学的经典。选用了当时最流行的律诗形式，选择了杨贵妃等明星题材，带作品拜会文学巨擘进行品牌塑造，大幅拓展了作品影响半径。

G 类求家国贡献。问题导向，成就导向，以突出贡献来评判社会价值。例如“两弹一星”元勋钱学森先生，美国人曾形容他“一个人抵得上 5 个海军陆战师”；又如航空地球物理研究领域专家黄大年，外国媒体报道说“他的回国，让某国当年的航母演习整个舰队后退 100 海里”。5 个师和 100 海里，就是他们的价值。

H 类求传世经典。启发后学、启迪民智，深邃的理论和思想对社会产生了深刻影响，被时人关注被后代颂扬，作品被纳入经典读物永垂不朽。立德立功立言，圣人终极的评价标准在于经得起时间的检验。

老子说“为学日益、为道日减”，应该是说：做学问当大师，要学会做加法，多出成果，多戴帽子，韩信点兵多多益善；但真正要成大事能传世，也要学会做减法，把欲望做薄，把杂念做空，把浮躁做净，凝练出精品才是王道。从 A 类到 H 类，正是作品从多到少、影响从薄到厚的顺序。

## 生产力视角的“创新者当量”模型

### 创新者多则力量大

在大学排名的这张“渔网”里，规模的优势无可避免。规模体量决定了产出的最大边界。况且大学的原始教义即人，大学就是人。以人为本、以人为纲，人才是大学的根本。学术生产力归根结底由创新者的多寡决定。

这里做个定义。此处把大学里从事科技创新的各类人员统称为“创新者”，包括教师、博士生、硕士生、附属医院的医生、兼职教授、部分本科生等（见表49）。此处所云“创新”是狭义概念，仅指科技创新，不包括体制、管理、文化等方面的创新；“产出”专指科研成果；“生产力”指科研活动产生的论文、专利等科研文献计量手段能够统计的成果数量。





**表 49　　大学里的创新者联盟**

| 创新者 | 武书连的科研时间折算法 | 创新者当量折算法 |
|---|---|---|
| 教师 | 教师数×(工作总时间－教学时间) | — |
| 博士生 | 博士生数/4 | 博士生数×2.5 |
| 硕士生（包括学术型和专业型） | 硕士生/4 | 硕士生数×0.5 |
| 附属医院的高级职称人员 | 医院高级职称数/4 | — |
| 博士后 | — | 博士后数×1.5 |
| 本科生 | — | 可拓展 |
| 留学生（包括本科生和研究生） | — | 可拓展 |
| 兼职教授、客座教授 | — | 可拓展 |
| 校外协同合作伙伴 | — | 可拓展 |
| 联合培养学生 | — | 可拓展 |

表49亦列举了武书连榜对师生当量的测算方法。即假定不同人员实际从事科研的时间不同，把不同类型人群折算为教师的学术生产力：①教师减去从事教学的时间折合的人数后，每1人折合1人；②附属医院高级职称每4人折合1人；③博士生每4人折合1人；④硕士生每40人折合1人。

窃以为此计算方法有不合理之处：①对生产力的估算不准确，认为博士生的生产力是硕士生的 10 倍，似乎有些夸大。认为博士生等同于一个附属医院的教授，也未必合理。总体上是高估了教师的价值，低估了研究生的价值。②忽略了大学校园里的其他创新者（从表 49 中博士后到联合培养学生，尤其是博士后）。

## 创新者当量假设

假设前提：大学的学术创新主要由研究生来承载。虽然大学校园里有 10 种创新者，但是博士、硕士研究生是创新者的主力军，是创新劳动的主要承担者。在这个假设下，主要通过硕士生和博士生的数量来折算创新人力资源水平。

折算依据：某一类创新者在该校园里将产生特定单位量的科研成果。不管任何学科，各类型创新者，按照培养方案和博士后工作计划等，都有特定的创新成果要求。例如，博士生毕业要求的成果通常是硕士生毕业要求的 2.5 倍，博士后出站要求为硕士生毕业的 2 倍等。

$$创新者当量 = \sum(当届各类型人数 \times 单位创新产值)$$

设定：

（1）中国高校科研成果的主要生产力来自研究生。

（2）忽略同一类创新者之间的个体差异，认为其单位创新能力相同。尽管个人实际能力有差异，但大多数创新者的能力呈正态分布。尤其是对于实验科学而言，一分耕耘一分收获，个体差异不大，同一类型可视作等同。

（3）创新者的测算基准为学术型硕士，假定其单位创新产值为 1；因硕士生中约一半为专业型硕士，不产生直接的创新成果，故用硕士数量的 1/2 计算创新者人数。

（4）假定一个博士生可产生 2.5 单位创新产值。

（5）博士后数量较少，除了北大、清华、浙大外，人数估算为博士生数量的 1/8；假定一个博士后可以产生 2 单位创新产值。

（6）教师的创新成果主要通过研究生来体现，这里不作叠加，忽略为 0。

（7）本科生、留学生很少参与创新产出，忽略为 0。可以通过培养其及早进入实验室等方法来拓展增量。

（8）柔性引进的教师、兼职教授、客座教授、校外协同合作伙伴、联合培养学生等，都是潜在的创新者，通过协同合作可以大幅度拓展创新者资源库。此处忽略为0。

因此，创新者当量 $= \sum$（当届各类型人数 × 单位创新产值）

$= $当届博士生 $\times 2.5 +$ 当届硕士生 $\times 0.5 +$ 当年入站博士后 $\times 2$

$\approx$ 当届博士生 $\times 2.75 +$ 当届硕士生 $\times 0.5$

## 创新者当量排名

根据上述“创新者当量”计算公式，对武书连榜单的前100名大学进行测算，可得到武书连百强高校“创新者当量”排序。输入2017年数据可得，该排序与综合实力榜单序列契合度高达90%。换言之，创新者当量，即教育主管部门批准的博士生、硕士生人数，已经基本上注定了90%以上的中国高校排名大格局。在各大排行榜“风风火火闯九州”的时候，教育部可能才是笑到最后的大庄家：其实“剧本”已然写好。好在还有10%的努力空间可尽力舞蹈，不畏浮云遮望眼。





## 扩充创新者规模

从创新者当量来看，研究生名额是紧俏稀缺资源，由不得自己，顶尖高校的豪华阵容望尘莫及。但可尝试通过拓展创新者门类的方式（见表50），发挥农耕民族精耕细作的特长，另辟蹊径，于无声处听惊雷，于无色处见繁花。

**表50　　拓展创新者当量路径**

| 目标 | 措施 |
| --- | --- |
| 教师 | 提升高水平师资比例 |
| 博士生 | 千方百计扩大规模 |
| 硕士生（包括学术型和专业型） | 千方百计扩大规模 |
| 附属医院的高级职称人员 | 争取医学合作 |
| 博士后 | 壮大博士后队伍 |
| 本科生 | 鼓励本科生进实验室、加强拔尖创新人才培养 |
| 留学生（包括本科生和研究生） | 拓展留学生研究生人数和比例 |
| 兼职教授、客座教授 | 加大柔性引进力度 |

续表

| 目标 | 措施 |
| --- | --- |
| 校外协同合作伙伴 | 加大协同创新力度 |
| 联合培养学生 | 提高联合培养力度 |





## 三个理想评价模型

### 期刊影响因子“价值－价格”模型

知其然，知其所以然；有所为，且有所不为。评价机制，从根本来说是为了判断其价值，即通过对照某些标准来进行测量获得结果，并赋予这种结果以意义和价值。

以学术评价为例，新中国成立以来，我国大学学术评价从行政评议阶段开始，经历了以学术委员会为代表的同行评议阶段，逐步走上了指标量化之路。20 世纪 80 年代后期科学计量学的兴起带动了量化评价方法，90 年代科学引文分析法传入我国，大行其道并风行至今。除了数文章的篇数，还诞生了期刊分级法，由此产生了“核心期刊”的概念，尤其是通过“影响因子”（IF）指标对期刊进行等级划分，因为方法便捷，节省了学术鉴定成本，形成了清晰的信号机制。但是影响因子滥用以及炒作、寻租行为，也让原本象牙塔的学术行为蒙上了浓厚的功利主义色彩。

正如马克思主义经济学理论的价值规律所揭示的“价格要吻合价值”，这是评价机制的核心要义。举个例子，我们搞基础研究发表学术论文：

价格＝该研究工作发表论文刊物的影响因子（IF）

价值＝该研究工作的创新性、引领性和意义

从发表文章的角度来说，我们希望价格会被高估，即“价格≥价值”，最好都能发在顶刊上。但偏离的价格终究会通过反馈机制围绕着价值上下波动，最终实现统一，不可能永远被高估或者低估。

### 大学学术评价“6＋1”模型

如前所述，就大学的评价体系而言，重点在找准评价体系的薄弱点，精准导航，靶向问诊，梳理大学治理和大学评价之间的关系。构建“6+1”的大学评价模型见表51。

**表51　　　　大学学术评价“6+1”模型**

| 评价体系 | 评价要点 |
| --- | --- |
| 基于公信力的大学排名体系 | 提高指标的针对性、独立性和系统性，促进量化和质化相结合，确保非营利性原则 |
| 基于计量学的科研竞争力评价体系 | 兼顾学术影响力和社会影响力评价 |
| 基于贡献力的科研成果评价体系 | 强调社会贡献度的价值评价 |
| 基于发展性的院系评价体系 | 注重灵活性、反馈制、效益性评价 |
| 基于内生性的教师评价体系 | 关注教学学术评价 |
| 基于自律性的学术共同体评价体系 | 回归学术共同体评价 |
| 大学学术评价的负面清单 | 避免功利主义、量化工具滥用、学术失范等 |





## 学术竞争力的“五力分析”模型

20世纪60年代以来，在图书馆学、文献学、情报学和科学学领域相继出现了“三计学”——文献计量学、科学计量学和信息计量学，文献量化研究取得了长足进展。随后，科学文献总量与日俱增，各类文献索引数据库日渐繁荣，关乎论文前置部分的作者信息、论文摘要、相互引证等数据不断丰富。以论文发表量（P）和引用量（C）为基石，在均值测度、高影响特征测度、整体综合测度等角度不断延伸，基于引文数据的h指数、影响因子、FWCI[①]、WFC[②]指数等指标相继被发明，不断扩充着学术评价的工具箱。

将Scopus、web of science、ESI等主流数据库能够获取的文献信息进行梳理，分为五大模块进行“五力分析”（参见表52）。其中，学术生产力主要指发文总数；学术影响力主要从引用角度探查；学术引领力是指高影响力、高水平的尖端成果；学术协同力是从科研合作观察成效；学术发展力是运用各类工具探讨学科

① FWCI是指学科标准化后的论文影响力评价因子，可在Scopus数据库中查阅。

② WFC指数是《自然》集团根据每篇论文的作者数N，将每一位作者对该篇论文的贡献记作“1/N”分，同时考虑了不同学科之间的权衡问题，以此反映一个作者、机构和国家对世界科学的贡献率。

发展潜力、脉络和趋势。

表 52　　学术竞争力的五力分析框架

| 分析模型 | 指标 |
| --- | --- |
| 学术生产力分析 | 发表论文数量与增幅 |
| | 学科分布 |
| | 核心作者分布 |
| 学术影响力分析 | 论文被引用次数 |
| | FWCI 学科归一化引用因子 |
| | 篇均被引次数 |
| | IF 期刊影响因子 |
| | h 指数 |
| 学术引领力分析 | 高被引论文（前 1% 和前 10%） |
| | 高水平期刊论文（前 1% 和前 10%） |
| | ESI 高影响论文（热点论文和高被引论文） |
| | WFC 指数 |
| 学术协同力分析 | 科研合作总体情况 |
| | 国际、国内、校内合作 |
| | 校企、政学合作 |
| 学术发展力分析 | ESI 排名前 1% 学科分析与潜力学科分析 |
| | 学科地图法分析交叉学科 |
| | 波士顿矩阵法分析学科潜力 |
| | 文献热词法分析学科发展趋势 |

当前，我国高校科研评价政策主要关注学术生产力层面的规模和数量。在学术影响力层面，主要通过论文分区和影响因子进行质量评判。面向未来，应该从数量导向走向高质量导向，突出学术影响力、引领力、协同力和发展力评价，强调鼓励高端成果，考察论文的 FWCI，注重同行他引，注重科研选题，拓展国际合作朋友圈等。

其中，FWCI 是衡量学术论文质量的常用指标之一。FWCI 计算的是论文的被引用次数和相同学科、相同年份、相同类型论文平均被引次数的比值，常被用于研究型大学的科研质量比较。FWCI 的世界平均值为 1，高于 1 则表示文献表现优于世界水准，反之亦然。

新加坡国立大学以 FWCI 为核心指标进行监测。做法为加强头部引领，鼓励师生在高影响因子期刊上发文章；同时注意“砍尾巴”，避免在尾部期刊中发文。激励方法也颇具怀柔手法，例如，给在学科后 10% 的期刊上发表文章的教授写邮件提醒劝谏，取得了出人意料的结果，很快提高了相关学科的 FWCI 指标表现。以此为鉴，建议各学科可建立发文期刊的正面清单和负面清单。

## 贡献是最优解　论文为辅助线





作为工科控股高校，为工科发展状况把脉意义重要。我们始终认为，工科的贡献和价值，不能以论文发文作为考量，更主要在于人才的培养和产业界的应用，其学术价值更应该考量原始创新成果付诸产业化，对经济社会发展和创新驱动的直接意义。

工科不应用论文产出作为唯一的定量评价指标。但是论文对前沿发展态势敏感，且数据更易获得更具普遍性，虽然不能用来评判工科的真实发展水平，但可以作为辅助工具进行趋势分析、热点分析，借以判断新的学科增长点，乃至作为人才引进的部分参考依据。

（1）考虑到数据来源的有限性，从各种定量指标来看，比起其他的平台、奖励、项目，科研论文的生产周期最短，通过对论文和引用数据进行分析是当前比较通用的数据定量分析方法。例如 N 大学就采用该方法对其自然科学领域的发展状况进行了自诊把脉，各方面评价非常好，可通过论文统计发现问题、找到症结。

（2）学术论文作为评价因子，颗粒度小，敏感度高，往往和学科前沿紧密联系。高影响论文和热点论文的分布往往和学科发展方向有相关性，通过论文分析，可以敏感捕捉到学科交叉潜力，对工科与其他学科的交叉融汇方向有较大的启发性。例如，B 大学通过工科论文发文统计，对“医工结合”发展现状与未来发展重点做了梳理，具有很强的规划指导意义。

因此，在工科贡献难以快速变现、无法实时量化分析时，用论文发表情况作为一个辅助工具来进行趋势分析、交叉分析、热点分析，有其合理性和参考性。可尝试从工科学术论文产出总量和增量变化的角度，略探工程学科发展情况。

## 破“五唯”立“五维”把论文写在大地上

总体思路：干事创业，关键在人。创业型大学建设需要不断从产业界汲取养分，更需要在实践中检验关键技术的前瞻性和变革性，关键在于引进并推动现有教师转型，打造一支高水平的创业型师资队伍。针对目前“千校一面”和工科高校理科化倾向，南京工业大学以力破“五唯”为切口，以改革职称评价为牵引，将学科地图与产业地图深度融合、将学校所能与地方所盼深度融合，鼓励教师“把论文写在车间里、写在装置上、写在产品中”，不断推动教师评价改革向纵深发展。

具体举措：坚持新发展理念，充分体现“学术质量高于学术数量”的评价观，优化师资结构，改革职称评价从侧重于“文献计量”的量化评价扩展为综合评价，夯实动力机制，构筑了创业型师资建设的五个“维度”：

（1）发展维度：构建创业型师资结构。制定并实施“创业型师资队伍建设计划”，构建符合创业型大学建设目标的师资队伍结构。汇聚交叉学科师资，内培外引并举，聚焦前沿新材料、智能制造、医工结合等交叉领域，精准发力做强新工科；推进双师双能型队伍建设，促进科产教融合等，给各类人才成长留足发展空间。

（2）贡献维度：为社会服务人才“撑腰鼓劲”。关注教师履职中的实际作用、贡献与价值，将教师细分为教学为主型、教学科研型、科研为主型、社会服务型，进行分类评价和职称评审。鼓励前沿与国防项目研究，在评价中对军工项目放宽认定尺度。对“横向”与“纵向”科研同等对待，重点品评解决生产实践中关键技术问题、实现产业化应用的贡献与价值。

（3）创新维度：落实落细代表作同行专家鉴定制度。改变唯 SCI 论文倾向，强调科研成果创新性和学术共同体影响力，高度重视代表作成果同行专家认可度。

（4）协同维度：推进团队一体化，将个人评价与团队评价相结合。鼓励聚力合作出大成果，着力打造一体化创新团队。团队内实行教授特别推荐申报制度，对形成重大成果转化和高质量代表性学术成果的团队增设特别推荐渠道。

（5）激励维度：多元化差异化激励机制。以“多元选择、多劳多得、优劳优得”为出发点，在常规薪酬基础上，增设年薪工资、绩效工资、项目工资、标志性成果奖励等模块，推进科技成果转化“三权”改革，打造行之有效的动力机制。

# 第 13 章　全胜之道｜科产教融合培养工科人才





教育就是发现偏好，培养偏好，发展偏好。幸运的话就把偏好变成饭碗。

——杨振宁

## 工科人才培养面临的问题

关于工科人才培养的问题，对比创新型工程师和科技型企业家的画像，梳理了四个方面的不足之处，或曰需要改进之处：

### 难吸引·工程师文化缺位

国内大众普遍对工科专业了解不深入，觉得工科就业尚可，温饱足矣，但存有就业环境不佳、条件艰苦等顾虑。工程师甚至没有被列入人才序列。在口口相传、舆论渲染的社会氛围引导下，不少考生家庭对工学类专业，尤其是传统工科专业敬而远之。

社会普遍缺乏对工程师群体的认同与尊重，“工匠”精神难以替代偏见。究其根本，媒体宣传和正向引导不足，缺乏工程师文化的营造和浸润。还记得当年考大学时，热心的亲戚叔叔苦口婆心劝阻：我们工厂条件太艰苦，去学理科吧。这个偏见从此扎根脑海，一直延续到去斯坦福做访问教授，被硅谷的工程师文化洗脑重塑，自此变成了工业党的忠实一员。

所谓工程师文化，主要体现在以工程师为代表的专业人士的社会地位高、收入待遇好、工作条件佳，获得了全社会的认可和尊重。工程师文化主要生长在欧美，例如硅谷大量的科技型企业环绕着工程师成长壮大，强调以工程师为核心创造未来价值，对工程师能够带来的产业贡献和产品贡献高度认可，对工程师的能力，尤其是动手和动脑能力相当推崇。例如，谷歌宣称会永远保持工程师文化，工程师在公司里会永远处于金字塔的顶端。工作稳定（一般公司裁员时最后才到工程师这一级），工作时间灵活，工作条件舒适。在工程师文化浸润下，硅谷成了工程师的天堂，大量中国顶尖名校培养的高端工程人才远渡海外。媒体报道有 2 万清华学子被硅谷“收割”，辛辛苦苦培养的人才流失海外，不能服务自身产业的转型升级，着实可惜。



### 难下沉 · 职业生涯规划短视

由于对专业荣誉感、认可度不够高，有不少工科生尚未开启职业生涯就选择了改行，跨专业去更加“光鲜体面”的行业就业深造，或者干脆考公考编。

这可能涉及职业生涯规划问题。不能说这种选择不对，也不能简单评价为功利化，毕竟选择就要付出额外的代价，工科本来就苦，跨专业更加辛苦。但成功的路径何止千万，“条条大路皆可通罗马。”年轻的大学生毕竟阅历少，对行业发展趋势很难了解深入，选择时往往出于从众心理。其实任何行业深耕下去都有可能成为大牛，机遇无限。像“大国工匠”陆建新那样脚踏实地，坚持要“在一线干得久一些”，见证每一个高层建筑拔地而起的工匠精神何其宝贵又管用。只有扎根一线，才能紧紧抓住“know－how”的一技之长，在不确定性和大变局时代立于不败之地。

曾几何时，“生化环材”专业被认为工作内容枯燥、工作环境危险、工作地点偏僻、工作性质内卷等，乃至被扣上了“天坑”的帽子。其实行业业态也在逐渐改变，更何况近年来国家高度重视科技创新，关注“卡脖子”技术创新突破，许多“生化环材”的人已经抓住机遇在自己的行业迅速致富了，短短几年打造上市公司并不罕见。当前的“碳达峰碳中和”更是前所未有的重大机遇，是“生化环材”未来几十年的巨大风口，必将创造新一轮造富神话。

### 难应用 · 培养目标有偏差

目标偏离。许多高校锁定追随策略，定位于建设研究型大学，一些著名的理工科大学不再提自己是培养工程师的摇篮，而是以培养科学家为主要使命。一些高校虽然以培养工程师为目标，但专注于培育善动手、重经验的技能型工程师，缺少对研发型、领军型性工程师的着墨。实际上行业缺乏创新型、架构型工程师，缺乏科技型企业家，急需又懂科技又懂市场的复合型人才。很多企业反馈，找一个 CEO 不难，找一个营销总监也不难，但找首席技术官（CTO）和能够落实技术方案的工程师非常难。

能力偏离。高校对学生往往看考试看成绩，忽略全人教育。包括顶级高校在内，大量优秀学生为了迎合这样的标准，把大量时间花在专业学习上，其个性、创造力和领导力没有得到培育和滋养，缺乏对社会和人生更深刻的思考和体验，甚至缺乏清晰的人生规划。大学培养了很多专业知识突出，但思维方式僵化、偏执，社会交往和口头表达能力不强的学生。尤其是工科教育容易掉入“工具人”的窠臼，价值理性和工具理性难以兼顾。技术虽好，但也要反对技术至上主义；沧海横流，更需人格健全、思想丰富、意志强韧的“全人”。





### 难对症·人才培养手段迟滞

传统工科专业建设与新工业新业态需求脱节，传统工程教育与现代工业人才需求脱节，面临着专业改造和工科人才培养范式转型的双重压力。

从需求侧来说，新发展阶段产业更迭快、创新周期短，面临着服务转型升级、对接产业风口的需求，对人才培养模式提出了更新更高的要求。作为供给侧的工科人才培养则相对更新缓慢，在结构、质量、水平上尚且不能完全适应。

培养模式更新不足。教学内容常常立足学科属性，基于项目和问题的学习不多。教学内容碎片化，落后于产业实际发展状况。培养过程对学生工程意识的教学组织强调不足，对工程所需要的跨界整合能力训练、领导力和团队合作意识、产业灵敏度、设计能力等突出不够，学生运用综合知识来解决未知和复杂工程问题的能力不强，可持续发展空间受限。

培养动手动脑能力的实践教育环节不强。存在实践场所缺乏、实践途径单一，毕业设计选题陈旧等现象。缺乏大胆创新、容许失败的试验条件，很难把论文写在工程实践中。

更深层次地剖析，当前高校评价机制和体系结构的僵化固化是原因之一。在现行评价机制左右下，“重知识传授轻能力培养”“重科研轻教学”“重学历轻应用”“重数量轻贡献”等现象很难规避。同时我国也缺乏从产业部门向高校输送人才的畅通渠道。这导致了高校教师的知识结构和实践应用之间存有偏差，学术型教师偏多，应用型和产业型师资偏少。所以有专家感叹：工科教育在向理科漂移，工科教师在理科化。

## 科产教融合“三螺旋”模型

背景提出：习近平总书记强调：“要走好人才自主培养之路”。要培养大批卓越工程师，努力建设一支爱党报国、敬业奉献、具有突出技术创新能力、善于解决复杂工程问题的工程师队伍。

问题导向：一是重专业传授、轻全人教育，价值引领与专业教育融合不够深；二是重理论框架、轻问题导向，教学内容与产业需求契合不够紧；三是重课堂训练、轻实战应用，工程实践教育与创业训练与产业体验不够真。

总体思路：加强和改进高等工程教育，积极推动科产教融合，共同设计培养目标、制订培养方案、实施过程管理，培养产业发展急需有创新能力的工程师、有市场头脑的科学家、有科学素养的企业家。

制度创新：开展综合改革和制度创新，形成稳定清晰的战略目标、战略规划、实施步骤，构建资源共享、利益互惠、风险共担机制。

模型概述：科产教“三螺旋”模型（见图 16），植根于扎根大地、协同创新的创业型大学理念，形成“科研链—产业链—教育链”紧密契合、彼此融通、互为供给、螺旋上升、更有活力的“三螺旋”耦合的耗散结构。整合内外部资源，促进知识、信息和人才等要素在体系中充分流动和新陈代谢，形成有利于培养产业发展急需的创新型工程师和科技型企业家的教育生态，铺垫好人才自主培养之路。

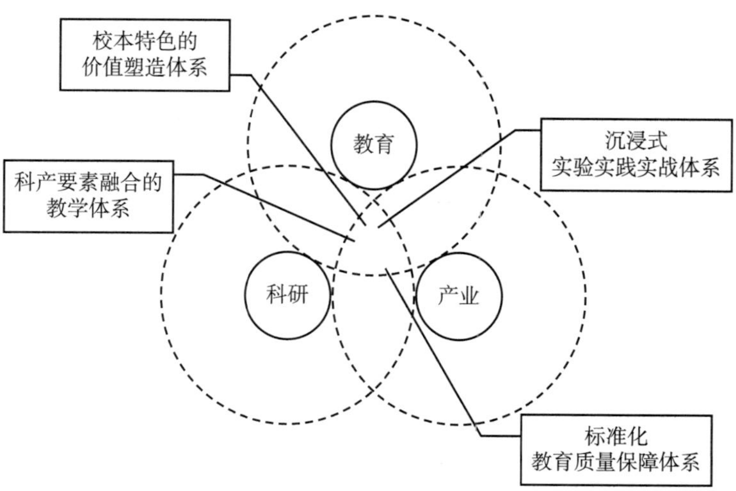


**图 16　科产教融合三螺旋模型**

## 科产教融合之辨析

### 科教融合·产教融合·科产教融合

科教融合，主要针对研究生教育而言，以研究型大学为代表，所培养学生的数理和专业基础扎实，逻辑思维能力强。但这种模式往往“产”的参与不充分，需要让教师和学生走出象牙塔，更加下沉产业一线，将产业真实场景嵌入科研选题，避免“从文献到实验室”的孤悬。

产教融合，主要针对职业院校和应用型大学而言，人才培养模式与产业结合紧密深入，但往往科学研究和成果转化能级不足，研究性教学和优质教育资源相对匮乏，缺少“科”的引领。需要科技创新的参与，改变“只教不研”的单薄。

科产教融合，有别于“科教融合”和“产教融合”等二元互动模式，在知识链条、教育场景、实践内容等各个环节与产业真情实景同频共振，是在科研链、产业链、教育链三个链条的共同场域内进行教学、实践、价值观培养的深度耦合模式（见表53）。



表53　科研链—产业链—教育链要素耦合关系

| 产业链 | 科研链 | 教育链 |
| --- | --- | --- |
| 岗位需求 | 研究方向 | 专业设置 |
| 职业标准 | 科研项目 | 课程内容 |
| 生产过程 | 研发过程 | 教学过程 |
| 创业文化 | 创新精神 | 文化传承 |
| 产业共性技术研发 | 前沿知识探索 | 研究性教学 |
| 创业实战 | 成果转化 | 工程实践训练 |

### 产学研结合·科产教融合

产学研结合，属于科学研究范围，尤其侧重于科技成果转化的中后端，输出的是能够产业化的技术和能够资本化的知识。随着时代演进，进一步融入了政府、金融等主体，通过有效协同“官产学研用”等多元创新主体，发挥各自所长，形成综合优势。

科产教融合属于人才培养范畴，输出的成果是人才。是指在人才培养过程中充分融入“科研”和“产业”的元素，让学生的能力结构、价值理念、实践经验更能匹配社会需求。

## 校本特色的价值塑造体系

（1）将思想引领贯穿教学各环节，激发学生扎根产业、创业报国、实干兴邦的理想信念和学习动力，鼓励学生立志成才、奋发有为，成就独特的精神财富。

（2）强化校本特色，以“致良知”为己任选题，将社会责任感和核心价值观践行在每一个教育环节。

（3）开展具有行业特色的课程思政和思政课程，研究总结具有行业特点的标杆楷模，把政治思想品德教育、学生的社会责任感培养和对行业产业的事业心的培养紧密结合起来，引导学生认知并接受行业和产业的道德规范。

（4）院士等学术大咖讲授“新生第一课”，强化职业理解教育。

（5）培养诚信品质，对作弊问题零容忍，对学风问题控底线。

（6）大学文化与校园环境交相辉映，潜移默化增益育人成效。

## 科产要素融合的教学体系

### 产业真题嵌入教学过程

（1）以产业现实问题激发创新思维，在探索真问题、参与真项目、锻炼真本领、培养真情怀中造就人才，推进协同立体的新工科教育。

（2）专业组群对接产业集群。聚焦区域重点产业集群和产业链，构建相应的专业群。准确把握产业发展对人才素质结构的要求、合理设定人才培养目标。建立专业发展动态调整机制。

（3）建立长效机制引企入教。促进校企在人才培养和科技创新上的深度耦合，打造校企“平台共建、项目共研、资源共享、成果共创、人才共培”共同体。鼓励校企联合共建专业，创新项目化教学内容，把产业创新技术融入教学体系，健全多主体、全方位、紧密型的协同育人机制。

（4）行业龙头企业深度参与“靶向”培养。与行业龙头企业合作开发教材、课件、软件等资源，共同制定培养标准，共同构建课程体系，共同实施培养过程，共同评价培养质量，共同促进就业创业，共同建设教师培养培训基地。

（5）对标国际工程认证标准，探索基于“解决复杂工程问题”能力培养的嵌入式课程体系，推动课程结构模块化。加大实践课程的比重，构建产教一体的实践课程，挖掘和推广一批针对新技术、新业态的校企合作课程、教材和工程案例，实现教学过程与生产过程对接、人才培养与产业需求融合。将行业性标准融入指导教育实践。

（6）针对现代复杂工程多学科交叉融合的特征，将跨学科和项目化学习理念有机融合，实施基于项目或者问题的团队学习（PBGS）教学方法。

（7）学生创新创业训练和毕业设计（论文）环节从产业（科研）项目中选题，以复杂工程项目为依托，组建跨学科团队，搭建类似于设计院的运行平台，通过工程问题系统化解决方案的设计实施，将学生浸润于真实工程情景，引导学生综合运用多学科知识破解复杂工程问题，体验解决问题的获得感。



### 引育双师双能教师团队



（1）构建数量足够，结构合理，师德高尚，业务精湛，有理想信念和热爱教育事业的高素质、专业化、现代化教师队伍。

（2）推进教授下车间、高工进课堂，实施以团队为主体、以项目为牵引、以任务为目标的教学组织模式。

（3）打破人才引进壁垒，引育并举，培养加强高水平“双证、双职、双能、双创”能力的专任教师队伍。

（4）引进和外聘企业高管、产业专家担任产业导师，深度介入人才培养过程，鼓励开设学分课程，指导毕业设计和进行工程实践、成果转化及创新实践。

（5）加强教师应用能力培养，加强专业技术人才知识更新培训，建设熟悉产业发展趋势、拥有高水平教学科研能力、满足学生个性化需求的新型教师队伍。

（6）探索科产教融合的师资标准和专业技术职务（职称）评聘办法。

（7）分层分类分级建立教师教学荣誉体系。

（8）注重来源结构、知识结构和实践经历能力的匹配，集聚擅长科研、教学、产业等不同层次和专长优秀人才，组建“教学 + 科研”“基础 + 应用”“学科 + 产业”等多元融合的“科产教联结体”一体化教学团队。

### 科研成果融入教学内容

（1）科研成果转化为教学内容，科研项目转化为实验项目，科研仪器设备转化为实验教学设备。指导学生了解最前沿科学理论、产业新技术和新工艺。

（2）贯通“专业基础－学科前沿－科研创新－智能设计－创业孵化－运营管理”结构化课程体系。

（3）根据学习分层理论[①]，让本科生参与科研项目，开展应用、分析、综合、评价等深层学习，培养学生的批判能力与创新能力。

（4）推进大学生学业成果作品化，促进知识迁移，提高专业能力显示度。

（5）由学科带头人进行基础课教学，将学科前沿和科研成果融入教学内容，展示学科全景。

（6）与国内外企业、地方政府和科研院所、高校共建校内嵌入式实验室、技术研发中心、校外实习实训基地、创新联合体。

### 协同创新培养拔尖人才

（1）培养学生的学术志趣。具备端正的科研态度、严谨的科研规范意识、持续的科研投入和较好的科研成就感。

（2）探索精英工科人才的书院制培养模式。

（3）积极融入知识社会和网络时代，引导学生参与豆瓣读书、维基百科等媒体共建，纳入学分体系。

（4）以激发创新思维为目标，加强创造力、执行力和领导力培养，提升阅读能力、同理能力、沟通能力以及现代工具使用能力，将综合能力实训固化到人才培养方案，纳入第一课堂。

（5）引入教学自省法。构建教学相长的新型师生关系，通过教学分享会、课堂调查、同行交流等及时获得反馈，敦促教师反思，不断修正教学方式方法。

（6）倡导“从游”教学，开展丰富的探究活动，让学生在愉快的体验中有更多自主设计发展的机会。

（7）实施经典名著研读计划，鼓励学生阅读研习经典。

（8）着力培养具有跨学科和跨界能力的 π 型复合型人才。打通专业壁垒，将高效表达能力、公众演讲能力、批判性思维、社会观察能力、知识产权与创新创

---

① 美国学者布鲁姆认为，学生在认知领域的学习分为 6 个层次：知识（knowledge）、领会（comprehension）、运用（application）、分析（analysis）、综合（synthesis）、评价（evaluation）。其中，知识和领会属于浅层学习；运用、分析、综合、评价等属于深层学习，能产生批判思维和创新能力等高阶思维。

业能力和东西方文化传统比较等主题融入教学内容。不仅在教学环节横向打通，还在在线教育、社交、职场等多元化学习渠道上全面打通。

（9）加强政策引导，鼓励优秀大学毕业生到企业工作，进行重点培养，加快成长进程。

激活创新创业创造基因

（1）将创新创业教育要素全方位融入新生入学教育、课程教学、校内外实践、毕业设计等各个环节，体现在通识教育、专业教育、实践教育、个性化教学等各个方面，贯穿学生成长全过程。

（2）培养创新创业型人才：有创意、善创新、敢创造、会创业。强化人人皆可创业理念，培育鼓励创新、包容失败的创新创业文化。





（3）优化学生创新创业教育体系，建立具有行业特色的众创空间和创业孵化器，推动学生创新创业的创新指导、创业孵化、公共服务和创业竞赛等支持体系建设。加大力度实施创新创业、创客、众创、孵化类项目，搭建丰富的创新创业载体。与国家级大学科技园、产业园等合作，共建学生创新创业实训实习基地，提供全链条创新创业体验。

（4）通过第一课堂（课程学习）+第二课堂（口袋实验室）+第三课堂（创业实践），开展创业技能系列培训、创新创业竞赛、组织学生参加教师科研项目等，系统性训练学生创新精神、创业意识和创业能力。

（5）培养学生具备正确的创业价值观，将创新创业课堂教学和创新创业大赛等相结合，面向在校生开设创业选修课、面向毕业生开展创业培训、面向有兴趣的学生组建创业社团，选拔优秀团队参与创新创业大赛等，形成四年一贯制、校内外一体化的创新创业人才培养方案。

（6）举办企业家讲座、创业沙龙、创业明星故事会等活动。

（7）强化内驱力的“目标导向”。设定有一定挑战性的目标，成就自我，通过系统的创新创业实践来锻炼创业者心态。

（8）对有明确创业意向的学生提供“一对一”教练辅导，为学生自主创业提供政策咨询、技术指导及场地支持等各种服务。

（9）实施弹性学制管理，支持大学生保留学籍休学创业。

### 持续优化改进开放办学

（1）组建和加入区域高等教育联盟、产教融合联盟等共同体。

（2）加大开放办学力度，搭建开放式教育服务与开放式创新平台。

（3）深化综合教育改革，尝试混合所有制改革，构建官产学协同命运共同体。

## 沉浸式实验实践实战体系

### 全要素实践育人平台

（1）加大实践课程比重，开发系列化的设计课程，让知识有趣有用，从意识、知识、见识等层面体验职业环境、培育职业能力。

（2）优化整合实验、实训资源，建设“工程基础＋学科专业”双实训平台，建设高水平工程训练中心和学科专业实验中心。

（3）联合产业、企业和政府建设现代产业学院。打造集人才培养、科学研究、科技创新、企业服务、学生创业等功能于一体的人才培养实体。

（4）围绕重点和新兴行业产业，遴选一批建设基础良好、产教联动深入、办学和服务成效显著的产教融合实践基地，发挥示范引领作用。

（5）探索 PPP 模式建设共享实训基地，以减轻经费压力、强化专业化运作和提高设施利用率。

### 全员制实景工程实训

（1）坚持“学科融入产业，学院对接集团，团队服务企业，学生体验一体”。将课程从教室延伸至企业的车间，在大型央企进行现场教学，让学生在生产一线参与和体验企业的工程活动，了解前沿流程工艺，操作先进装备。

（2）确保实践课程在形式、内容上要与行业运行逻辑相一致。

（3）建设呈现从车铣刨磨到增材制造、从柔性生产到智能制造、从机电一体到虚拟仿真、从学徒练习到设计思维，充分体现工程思维变化趋势，塑造体现工程师文化的高规格工程实训中心。

### 全流程创业实战训练

（1）与企业携手打造共商、共育、共建、共享、共址的工程教育联合体。

（2）以实战训练为关键，将校内创新载体、校外产业基地融入“学习工厂”。把企业研发机构放在校园里，或者把人才培养放在园区里。

（3）利用教师创办的学科型公司、衍生企业、新型研发机构等载体，言传身教带领学生开展创业实战训练，体验“科研创新—技术转化—效益评估—市场拓展”全过程。

（4）通过沉浸式体验“专精”，进入全神贯注投入并且高效愉悦的创业“心流”状态。

### 标准化教育质量保障体系

（1）构建质量标准化、评价多元化的治理体系。

（2）健全企业、政府、高校和社会多元评价主体构建的质量保障体系，共同制定考核目标、考核标准及考核办法。





（3）实施过程和目标相结合的课程评价；将学生评价、毕业生跟踪调查、用人单位走访、招生就业评价等纳入教学效果评价。

（4）对教育教学过程中的风险管理、目标管理、闭环管理等进行第三方评估，促进自我纠偏和持续改进。

（5）将 ISO 9001 教学质量管理体系全面贯彻到本科教育教学日常管理，实现教学全过程的科学化管理和第三方监督。

## 科学与人文·数字与玫瑰

蔡元培是教育家、博学家、政治家，更是实干家，能把各方面资源充分调动。他对于德育体美劳并重、完全人格教育论述甚多，例如把教育和人体生理对应：“（体育）军国民主义[①]者，筋骨也，用以自卫；（智育）实利主义[②]者，胃肠也，用以营养；（德育）公民道德者，呼吸机循环机也，周贯全体；（美育）美育者，神经系也，所以传导；世界观者，心理作用也，附丽于神经系，而无迹象之可求。”翻译成现代语言：体育是运动系统，智育是消化系统，德育是呼吸系统和循环系

① 军国民主义是一种体育思想，主张把军事训练运用到学校体育教学中。

② 实利主义教育是指富国的手段，主张加强科技教育如物理、化学、历史、地理，提高生产力，发展国民经济。

统，美育是神经系统。再自行增补一个劳育，是辛辛苦苦堪当劳模的免疫系统。各系统协调配合，方谓之健康。对照现今的教育状况，存在不平衡不和谐的问题：消化系统（智育）过度发育，肚满肠肥、四肢孱弱、气喘吁吁的亚健康态比比皆是。也难怪都要塑身减肥、增肌减脂，这是时代的眼泪。

## 激活美育之神经元

习近平总书记2018年给中央美术学院8位老教授回信，2021年视察清华美院时，都强调了五育并举、强化美育的重要意义。蔡元培则是中国最早提出“美育”并主张将其纳入教育方针之中者，美育论述涵盖面颇广，提出了“以美育代宗教”的观点。

但即便在如此长的周期内，就实际观察来看，国人对艺术教育的价值认识还停留在工具理性层面。例如，素质教育被简化成了琴棋书画、吹拉弹唱，用来装点门面，实则可有可无，并没有从审美素养、创造活力、灵魂滋养、生活态度、文化自信的角度进一步延伸。

其实艺术特别管用。美国国家教育科学院曾做过调查，问大学毕业生“什么知识最有用”。刚毕业5年内的学生认为是“基本技能”，专业教育管用；毕业6~10年，认为是“基本原理”有效，体现了知识的第一性原理；毕业11~15年，点赞的是“人际关系”；而毕业16年以上，沧海桑田大浪淘沙后，大家会认为艺术最管用。

这里说的管用，并非在物质世界做功的转化力，而是被艺术浸润陶冶后的一种感知力和思考力，一种能够和灵魂独处的坚韧力，一种能够终其一生专心书画音不孤独不乏味、心灵有所依托的能力。

即便是枯燥的科学，借助艺术修养也会提升情趣，给本身看似枯燥的科研带来鲜活和生动的色彩。听过很多学术报告，有一种最为舒适：汇入艺术的超然闲适感，让科学变得有滋有味有声有色。

例如，听过一位数学教授兼现代诗人、摄影家的报告，算是斜杠人士的代表。他认为数学和诗歌的共同点很多，例如都需要灵感，都需要简练。在我看来，还有一个其所未言的共性，就是需要关注细节。就像他所研究的数论，讨论着是1和2的元问题；而他所创作的诗歌，描绘着思维的片段；他所钟爱的摄影，抓取着见闻的截图。

老子认为“天下之事必作于细”，数学关注细节规整和逻辑完美，喜爱数学者多半都是完美主义者。把数学当作一种元思维模块，可以和艺术类比呼应起来（见表54）。将它映射于音符世界，于是有了音乐的韵律；将它付诸视觉画面，于是有了讲究黄金分割和透视原理的美术；将它发散于物理世界，于是有了电影这个人类艺术的综合表现形式。

**表54　　艺术与数学的类比**

| 艺术 | 数学 |
|---|---|
| 音乐：听觉艺术 | 代数：研究数 |
| 美术：视觉艺术 | 几何：研究形 |
| 电影：联动听觉艺术和视觉艺术 | 分析：沟通形和数 |





## 强韧体育之好筋骨

大学和体育运动鱼水情深，关系非常之紧密，是“文明其精神，野蛮其体魄”的完美结合。常青藤大学联盟的起源，正是来自一项1900年的大学橄榄球赛事，是体育运动把他们笼络在了一起，成为一根藤上的八个葫芦娃。进一步来说，但凡一流大学都重视体育，牛桥、清北、藤校、斯坦福都能讲出体育的精彩华章。在他们看来，培养未来社会的领袖和精英，需要拥有思考辨析、自我管理、智商情商双高的“有趣”灵魂，需要体育文化的加成。

国内高校除了体育类和师范大学之外，工科为主高校通常会更加重视体育。例如“无体育不清华”的清华大学，马约翰①是最负盛名的体育精神领跑者，在他的带领下体育锻炼在清华蔚然成风并有所建树，建校初每日下午4～5时之“强迫运动”成为典故。1958年76岁的马约翰赢得了北京市网球双打冠军，被评为国家一级运动员，并且坚持白天工作8小时、晚上工作2小时，一口气做40个俯卧撑，一时为世人震惊并引为楷模，于是诞生了那句著名口号“为祖国健康工作50年”。反过来说，体育好的学校一定是好学校，这个定论具有普适性。体教融合、体工融合、体产融合，办好高水平运动队是体育赋能教育的杠杆解。

体育，是教育的重要组成部分，在人才培养中具有其他专业学科不可替代的重要作用。从古希腊时期开始，西方就已经将体育视为精英教育的核心，柏

① 马约翰（1882～1966年），福建厦门人，体育家和体育教育。

拉图学园的科目之一就是摔跤。中国的“六艺”作为周朝贵族教育，也有体育的元素。

一曰赏心。运动可以排毒修身，促进新陈代谢，保持良好生理机能。运动还与大脑功能正相关，可以提高学习效率和记忆力，集中注意力。运动过程能促进大脑分泌多巴胺和内啡肽，可以排忧解难，改善焦虑、沮丧、抑郁等负面情绪，是培养健全人格的好工具。

二曰悦目。身处美丽校园，还有比草木山川更靓丽的风景线吗？答案只有人，大把有志青年的血脉偾张。每个傍晚和深夜，在校园里看到跑步健身的学生时，都有一种莫名的激动。任何服饰都不如紧实饱满的肌肉线条美好，运动即美丽。

三曰致用。运动是省钱的法宝、赚钱的利器。“吃嘛嘛香，身体倍棒，”放之四海而皆准。以美国为例，其医疗成本高昂，练好身体，远离医生，能减少很大的开销；优秀的体育成绩，可在申请大学和奖学金时助一臂之力；再进一步，体育明星的高收入也带来巨大的号召力，成为社会崇尚运动的榜样。

四曰修身。坚持运动和锻炼并不容易，每一个点滴的进步都需要挥汗如雨地枯燥练习，需要不断挑战自我极限，需要坚强的意志品质。同时，体育运动又可以锻炼必胜的决心和竞争的勇气。竞技体育还提供了不断体会失败和挫折的机会，学会了坦然面对失败但永不言弃。马约翰说：“我在体育的普及中，特别强调一种精神，即普遍的、活跃的、自动的、勇敢的精神；强调‘坚持到底，绝不放弃’的精神。”

五曰合群。体育活动中，无论单人项目还是团队项目，首先都必须遵守规则、倡导公平。橄榄球、棒球、篮球等运动项目更受青睐，盖因群体性运动，利于培养合作能力和团队精神，培养激励和团结全队的领袖才能，是培养领导力的必修课。梅贻琦校长曾说：“体育主旨不在练成粗腕壮腿，重在团体道德的培养。……要借团体运动的机会，去练习舍己从人、因公忘私的习惯。”

六曰齐家。陪伴和辅导孩子打球、锻炼，或者观看孩子的比赛，是美国家庭的头等大事，也是平日忙碌的爸爸们的光荣使命。这种手把手地教授和练习，对于改善亲子关系好处多多。曾听闻朋友自豪地分享了陪伴孩子打球、骑马的经历，幸福和自豪溢于言表。在他们看来，这是对孩子最好的支持和鼓励。

七曰治国。体育运动让个人的情绪得以宣泄，让不同社会阶层的能量得以释放，让躁动的青春得以安放，具有引导社会舆论的关注点的作用，几乎是一个“吸收社会负能量的黑洞”。据说美国人平均每天看电视 7 个小时，其中 1/4 就花在体育频道。生活简单质朴，社会安能不稳定。

### 升级劳育之免疫力

劳动功能三要素：理解劳动，掌握技能，成就职业。

最重要的是第一条，唯有理解劳动，才能热爱劳动和尊重劳动。老爸有一双很能干的巧手。小时候家里的沙发、板凳等都是他自己做的，木地板自己铺，油漆自己刷，石膏线全家人一起贴。直到现在，像他这样自己做内框、绷画布、刷光油、钉外框，等等，全套工序徒手完成的画家，应该是绝版了。我开玩笑说：爸爸，你这么爱劳动，可破坏了工业社会的分工体系。

老妈也是能工巧匠，针线活了得，细密的针脚自带奢侈品气息。举个眼前的例子，她包的包子，工整得像美第奇家族的鸢尾花。论追求完美的执着，我不及她的零头。



在这样的言传身教下，自认为也是把劳动的好手。纵使动手能力还有欠缺，但劳动的意识非常到位。崇尚劳动，热爱劳动，喜欢和各类劳动者聊天取经，深深以劳动人民一员为荣。油漆、木工、缝纫、园丁，不敢说水平多高，但有丰富的实践经验，家里处处都有本人自食其力的成果。

关于劳动教育有三点感悟：

一曰做中学。和实践结合，谓之体验式劳动。提升工程素养，体会劳动全貌，耳闻目睹制造全流程，身临其境开眼界。

二曰做中悟。和新工科结合，谓之智慧型劳动。从传统的车铣刨磨，到增材制造、柔性生产、虚拟仿真，从细分的专业技能到综合的智能体验，从人操作机器到人机协同劳动，体会先进的工业化装备来解放劳动力。

三曰做中创。和创新创业结合，谓之创造性劳动。发现问题，定义问题，适当引入设计思维元素更有创意地解决问题。

## 学得与习得・快乐狡黠教书匠

南加州大学的语言学大咖克拉申，提出了学习第二语言的五个假说。内容不深奥，其中有两条我认为是具有普适性的，在各领域学习中都有相通之处，值得借来一用。

## “学得”和“习得”假设

“学得”（learn），指主要通过讲解理论知识，有意识地去练习和记忆，侧重于写作能力训练，可惜这种辛苦的学得并不扎实，否则也没有什么“21 天学习法”了。我们读书十多年，大部分的学习都是在跟意志对抗，在学海挣扎，在强调要吃得苦中苦。

与之对应的“习得”（acquire）效果更好，指主要通过听人说话和与人交流逐渐形成听说能力，类似于儿童学习母语的过程，侧重于口语学习，靠的是潜意识。

此外，克拉申还认为学习效果和心情有很大关系，如果情绪低落会影响学习效果，所谓的“情感滤网”，那么反之就是要寓教于乐了。身边不乏这样的例子。有人为了玩游戏学外语突飞猛进，我家小朋友为了看日本漫画不知不觉掌握了好多日语词汇。新闻讲在加州的几个小留学生，因虐待同学被判处重刑入狱，此前在美数年英语磕磕巴巴，入狱半年就流畅自如。还有很多报道，例如上海菜场里的外地人可以速成沪语，义乌市场大姐熟练驾驭多国口语等，而更高效的学外语方法莫若找个外国男/女朋友。学外语，需要沉浸式环境，强调应用为导向的“学语致用”逻辑。

通过这种习得方式，润物细无声储存在潜意识中的知识，远比所能想象到的更多、更深刻、更庞大，可以借鉴在很多学习领域。很显然，看电影学到的词汇比背单词要记忆更能活用，看 B 站知识专区的视频比辛辛苦苦啃专著更激发学习动力。给我的启发是要充分调动积极情绪，渲染气氛，做有趣狡黠的教书匠。

很喜欢在吃饭的时候听罗翔老师讲刑法。很多人说罗老师把枯燥冷酷、充满人性幽暗的刑法讲成了段子和故事会。那可是假象啊同志们，罗老师夹带了很多私货。在表象的包裹之下，内瓤是法律知识，骨子里可是逻辑、历史和哲学的干货，还渗着几分悲天悯人的文人情怀。“法外狂徒张三”只是糖衣外壳而已。但这层糖衣，恰恰就是治病救人、教书育人最好的药引子。除了罗翔老师，还有个压箱底的顾衡老师。有学问、有见识，讲课信息密度大，而且很有趣味。他也很擅长举例子，每次“翠花”“大柱子”“二栓子”上场，都能把讲道理变成说二人转。

另外，教育教学要向基础教育取经。我一直偏颇地觉得，在教育理念和方法上，中小学要更成体系、更加专业、更有水平。太多的大学老师不要说能调动学生情绪、聚焦全场视线了，连正常表达和日常社交都不是很擅长，这是高等教育从业者之悲哀。

顺便说一下，我不但觉得小学老师比大学老师讲课水平更高，中学老师比大学老师业务更精，高职高专的产教融合也比高水平大学要前瞻务实。三人行，另外两个都是老师啊。

## “i+1”可理解输入假设

克拉申认为，只有在接触到大量“可理解的输入”（comprehensible input）时，习得才可顺利实现。所谓可理解的输入，是指略高于现有水平、挑战性渐进递增的“i+1”学习方法。

这个概念有点像经济学所说的“低垂的果实”，指代那种重要且就能摘到的财富。一方面要可获得，至少跳一跳能够得着；另一方面要有十足的意义感和价值感，才有动力机制。综合起来即可达到收益很大、努力却很小的高性价比。就像学游泳一样，据说在掌握要领后需要狠狠心推在水塘里，呛几口水才学得快。

多年前看过一本新加坡国父李光耀写的《学语致用：李光耀华语学习心得》。最开始的几章讲背景，为什么在执政中后期认识到了学习双语和加强华语的必要性。他真是战略大家、世界眼光，此番背景铺陈为了阐清动力机制——为了新加坡国家和民众的未来。

李光耀在书中还描述了他突击学中文的办法，记忆犹新。例如在每次中文会谈前，会预留几天时间，每天请一个老师来陪练，不断增大练习的强度，很快就会使中文水平迅速恢复到一定水平。

这种临阵磨枪法，其实也是“i+1”输入的变形。“i”是以前学习和植入大脑中的数据、信息或者知识。时间长看似是遗忘了，但其实还存在大脑里，以潜意识的形式隐藏着，就像一个被删除了内容的硬盘（而非格式化）。通过临阵磨枪，老师帮助重新梳理目录，就相当于做了“1”的功，可以把那些曾经有的“i”从目录里梳理和调用回来，远比从空白开始重新录入要来得快。

# 第 14 章　奇胜之道｜科技成果转化与学术创业

学必期于用，用必适于地。

——张謇

## 辨析·现状·趋势

### 概念辨析

全世界对科技成果转化的定义五花八门，最通俗的理解是“从研究到商业化的过程”。2015 年修订的《促进科技成果转化法》的定义为，“对科学研究与技术开发所产生的具有实用价值的科技成果进行的商业化应用和产业化活动”。联合国将其定义为“系统知识的转移”，即从知识的生产者转移到知识的使用者。

“科技成果转化”是具有中国特色的概念，在国外称为“技术转移”（Technology transfer）。二者内涵大体相当，最本质区别在于前者重点在“化”，后者关乎于“移”。所以，科技成果转化的本质，是技术形态的转化或演化，从实验室走向市场、从书架走向货架，体现在时间轴上的相变；技术转移则是技术所有权或者使用权在不同主体或不同区域内的转移或转让，体现在空间上的位移。更进一步来看，技术转移能够促进科技成果的转化，但不是每一步技术转移都能促成科技成果转化。我觉得还可以将二者理解为“积分”和“微分”的关系。本章选用“科技成果转化”的说法，更强调它的过程性，也更贴近国内自上而下的话语体系。

## 演进趋势

科技成果转化周期长、投入大、风险高、难度大，无论对技术供给侧的高校，还是对技术需求侧的企业都提出了很高的要求。首先存在多主体博弈属性，众多因素如知识产权归属、利益分配、中介服务、法律法规、资金、税收、产学研协作等，都会影响到科技成果转化进程。其次，高校和市场完全是两个不同的制度空间，话语体系千差万别，要完成转化过程必须突破“界壁”，突围“死亡之谷”，穿越“达尔文之海”，才能把知识转化为社会价值到达彼岸。好比一个化学反应，有时需要催化剂助攻来越过关键的“能垒”。

从世界主要国家高校科技成果转化实践来看，美、英已有150多年探索历史，建立起了较为完善的科技成果转化支撑环境。20世纪80年代，美国出台《拜杜法案》解锁了创新之困，拉开了各国促进“公字号”属性的科技成果向私营企业乃至全社会转移的序幕。其后，世界主要国家纷纷通过立法、财政、税收等手段来支持政府资助背景的科技成果向生产力转化。据统计，在硅谷有超过2000家企业都由此而来；在荷兰，大约21%的技术创新基于公共研究。





从未来数字化时代的发展趋势来看，传统的专利、许可证和衍生企业等公共研究商业化的方式仍占主导地位，但增长势头下降。在互联网构成的高度透明的开源空间里，以知识产权为代表的私有制逐渐被边缘化。相反，由于全球创新网络的发展，以及众投、众筹等形式的出现，新模式如PPP模式合作研究逐渐增多，商业化活动变得越来越复杂，呈现了以用户为中心、社会实践为舞台，以协同创新和开放式创新为特色的新趋势。数字技术将重构创新的逻辑，唯有不断突破，“苟日新，日日新，又日新”，方得生存之道。

## 高校科技成果转化面临的问题

习近平总书记指出：“科技成果只有同国家需要、人民要求、市场需求相结合，完成从科学研究、实验开发、推广应用的三级跳，才能真正实现创新价值、实现创新驱动发展。”

从我国的国家和地方法律法规与规章政策来看，适宜高校科技成果转化的良好氛围逐渐形成。《促进科技成果转化法》是指导我国高校科技成果转化的纲领性文件。2015年以来包括修订等相关工作进一步加速，奏响了推进科技成果转移转化“三部曲”。针对高校现状，教育部、科技部、各个地方政府陆续出台大量新政，主要聚焦于：推进科技成果使用、处置管理制度改革，赋予高校更大自主权；完善收益分配机制，提高高校科研人员积极性；完善科研管理和评价方式，鼓励师生创业等。为科技成果转化活动“松绑”，力度空前。

但总体而言，我国高校科技成果转化依旧是技术创新体系中相对薄弱、同时也是被寄予厚望的环节。即便在高校科技创新服务社会最具代表性的江苏实践中，科技经济“两张皮”结合度不高的问题也依旧尖锐。

事实上，高校教师和产业的距离可以很近。曾被问及经历过的复旦大学、新加坡国立大学、斯坦福大学几个大学的区别。不谈层次、类型、模式之不同，最直观感受和风尚之迥异：老师们的追求不一样。同样是高校服务产业，在我们大多数高校教师看来是海市蜃楼，是极少数能人高手的机缘所至、金石为开；但在斯坦福却几乎是每个教授都要体验的必由之路、彼岸之花。更高阶的追求是，不但可以精准地靶向产业共性技术问题，甚至可能引领性地“创造”问题和形成产业。所以说：是不为也，非不能也。

分析当前我国高校科技成果转化面临的问题主要有四个方面：

**缺科技成果**

常有报道云，科技成果转化断裂环节在于“最后一公里”。但现实情况是，就技术的成熟度而言，高校创新成果距离商业化之间的距离可能还不止“一公里”，可能初始方向就在分岔，在南辕北辙，在东成西就。以往研究者更关注的是科技成果转化“缺路径”“缺伙伴”“缺动力”的问题，在破除机制体制障碍、撮合合作伙伴上做文章。实际上，从目前的实践来看，现在的科技成果转化非“不愿转”“不会转”，而是“转不了”的问题。高校老师手头并没有很多现成的成果可以转化。

产业匹配度不高　商业化价值不强

大多数高校教师与企业、科技中介机构等合作不深入，对企业和产业的需求认识不清、雾里看花，高校教师往往能提供的成果多是论文、奖励、专利、技术改进报告等，通常还处于实验室等阶段，在理想化或者极端化条件下获得，成熟度不高，很难适应大规模生产的工艺、技术和环境要求，距离商业化还有较长距离。

根本原因在于现行的科研组织方式，对教师的科研选题引导不足，开展“有组织的”科研还没落到实处。一方面，教师对产业问题关注不足，追求学术成就和学术影响力，或者以培养学生为出发点，是一种相对闲逸而自发的学术探索。另一方面，很多教师受现行评价机制影响重视发表文章，会根据 SCI 期刊热点来谋篇布局，在琢磨知识图谱、谋求高影响因子和高被引论文上下功夫，大部分科研成果第一时间都以论文、专著等形式被推向了公共领域。

### 高价值专利不多

专利的使用价值在于得到某一种产品、工艺、程序的排他权，专利的交换价值在于根据专利权转让、许可得到收益。一个专利必须经过市场的“三昧神火”淬炼，具备可供商业化的要素，才是真正有价值的专利。目前我国将 5 种情况的有效发明专利纳入高价值专利统计：①战略性新兴产业；②海外有同族专利权；③维持年限超过 10 年；④实现较高质押融资金额；⑤获得国家科学技术奖或中国专利奖。





从现实情况来看，中国高校专利总体上尽管数量很多，但能赚钱的却不多，高价值的不多。由于现行评价体系多向专利申请“前端”倾斜，对成果化“后期”关注较少，引导着教师往往将专利获得授权作为目标，很多专利不去维护直接抛荒；一些单位和专利代理机构将“专利挖掘”理解成挖掘更多的专利，缺少从市场化角度对专利申请进行系统优化设计。这种“重数不重质”的专利运行思维，导致了大量专利从成文初始就质量较差。更糟糕的情况是，在套利动机驱使下，包括高校在内的一些机构的研发人员和法律人员会刻意参与到非正常申请的行列当中，成为投机者、渔利者，甚至通过抄袭、编造、复制等手段炮制没有任何实际价值的低质量专利申请，形成被诟病的专利“灌水”之觞。

令人欣慰和庆幸的是，专利质量问题已经渐入视野，得到了政府部门和专家的关注。一系列措施和组合拳相继出台，加大了专利质量工作力度。2020 年国家三部门联合发布了《关于提升高等学校专利质量　促进转化运用的若干意见》，明确了质量优先、注重转化的导向，国家“十四五”规划和 2035 年远景目标纲要亦提出，保护和激励高价值专利，实行从专利大国迈向专利强国、从数量积累到质量提升的转变。例如“十四五”规划中将“每万人口高价值发明专利拥有量达到 12 件”作为经济社会发展的主要指标之一。总体来说，中国专利正在数质齐升，从 2019 年开始成为提交国际 PCT 专利申请量最多的国家。在世界知识产权组织发布的《2021 年全球创新指数报告》中，每万人口高价值发明专利拥有量达到 7.5 件，中国排名位居全球第 12 位，连续 9 年提升。

其中，中国高校专利成果转化也取得了进步，无论是成交合同数量还是实际收入都实现了增长。私营企业利用高校科技成果的水平明显提高。但发展不充分不均衡依旧显著。据教育部《2020 年高等学校科技统计资料汇编》的数据显示，全国各类高校全年专利授权数共 206036 项，专利转化率仅为 4.48%。据国家知识产权局《2020 年中国专利调查报告》的数据显示，高校有效专利实施率、产业化率、许可率、转让率、作价入股比例均低于企业。根据区域分布来看，专利申请权/专利权转让数量前 100 名高校主要分布在江苏、北京、浙江、陕西、湖北、上海、广东等省（市），其中，江苏的高校专利转让数量最多。

## 缺转化动力

从机制体制来看，目前的激励和动力机制对高校、企业和个人开展科技成果转化的引导和保障还不强，制度供给还存有不足。

### 供给侧的高校重量化、轻转化

受大学排名和各类上位评价指标牵引，高校往往关注论文、纵向科研项目、授权专利等量化指标，以学术水平为衡量标准。对教师面向企业、面向市场、面向实际应用开展研发的贡献力评价导向不足，并且缺乏精准量化手段。

一方面，政策导向大力宣传要“破五唯”，但实际各种大学排名、学科评估、评奖机制依旧是将论文为基础的评价作为最显性、最直观的要素，导致高校不得不被“牵着牛鼻子走”，将数论文作为基础性指标。这从源头上影响了高校教师的研发导向，削弱了在科技成果转化方面的动力。

另一方面，鼓励科技成果转化的评价体系未完全树立起来。过去考评注重发明专利数量等，实则导致了大量低价值专利的涌现。现在的新政鼓励高价值专利，但在把理想照进现实的指标落地中，尚未做好完美呼应，例如强调“专利授权率和实施率”等统计意义和可比性不强的指标。

从可操作性来讲，一些国际性组织和智库在技术商业化方面给予全球性评价，例如，世界知识产权组织（WIPO）发布年度《全球创新指数》评价各个国家的研发投入和产出指数、OECD 发布《公共研究商业化：新趋势与对策》（2013 年）、美国智库 Heartland Forward 发布《从研究到复兴：推进大学技术转移》

(2022 年）等，对技术转移和商业化的诸多要素给予了评价。其中涉及的相关指标可供咨鉴。

### 需求侧的企业缺兴趣、缺能力

企业承接科研成果意愿不强。大企业通常研发实力较强，拥有自己的研发中心和创新团队，能够自主开展技术开发，对引进高校的科技成果意兴阑珊。对央企国企等体制内企业来说，对高管的考核主要是经济指标和财务报表，更倾向于在成本层面参与市场竞争，系统默认会规避高风险项目，故而对引进高校的科技成果也兴趣不浓。对中小企业而言，即便缺乏研发能力、需要好项目提升产品附加值，奈何抗风险能力不强、资金水平偏低，引进和消化高校科技成果的容量也存有不足。



### 个别激励政策难操作、难落地



近年来，尽管各地围绕科技成果转化全链条系统设计、统筹布局，出台了一系列激励新政，从过去的“严规定、宽执行”转向了现在的“宽规定、严执行”，但还存在着难落地难落实的不足。

有的内容含糊，例如对“技术推广”“技术转移”“技术转让”界定不明，落实中带来困惑；有的规定过于原则性，相关实施细则和配套体系并未同步跟上，影响了实际可操作性；有的单位落实中存有顾虑，行动滞后；有的政策与问责标准存在不一致，而问责机制越来越严格，导致高校和教师心存顾虑，难以放开手脚。

有的政策与税收法规相冲突，常常得不到税务机关的支持和认可。例如，个人所得税优惠覆盖科技成果不足，专利申请权、专有技术以及持股平台转化科技成果无法享受递延纳税政策，外单位合作人不能享受税收优惠政策等。

还有，鼓励高校专利转化的意见提出“允许高校开展职务发明所有权改革探索”“高校与发明人进行所有权分割”等。但是我国《专利法》明确规定，执行本单位任务所完成的职务发明，其原始专利权只能归属原单位，缺少变通余地。

### 离岗兼职创业雷声大、雨点小

新的激励政策允许教师离岗创业、离岗兼职、学生休学创业。例如，规定高校科技人员在履行岗位职责、完成本职工作的前提下，经征得单位同意，可以兼职到企业等从事科技成果转化活动，或者离岗创业，在原则上不超过 3 年时间内保留人事关系，从事科技成果转化活动。这在一定程度上化解了师生的后顾之忧。但这个政策从出台之始就存有不同观点，有人认为离岗创业会损害学校立德树人的基石；有人认为离岗创业就是不务正业；有人在考虑原单位的内部平衡，认为要避免对在职在岗人员的不公。总体来说，真正敢冒风险、背水一战、下海弄潮者尚寥寥无几。

究其原因，一方面，创业的高风险与高校的相对稳定反差强烈。毕竟离开学校有巨大的机会成本，创业本身又存在巨大的风险，身边有很多创业失败的前车之鉴。两相比较，创业可能带来的收益不足以让教师们“一苇渡江”。另一方面，配套和细化政策还不充分。从学校角度考虑，大学的主业依旧始终是立德树人，对于实施离岗创业政策并不积极，例如在职称评价方面，缺乏接驳机制，把脱离科研一线搞成果转化的绩效与当前的科研评价机制贯通起来。

这是一个高度分工高度合作的时代。私以为上策不是教师利用自有技术去创业，而是将技术转让使之商业化，让专业的人去做专业的事。同时，科研评价机制应为创业失败留有空间，给予包容。再多的物质激励，可能都比不上给高校教师一张进退自如的“护身符”。

## 缺第一桶金

科技是“骨骼”，经济是“肌体”，金融是“血液”。血脉畅则发展兴，血氧足则事业旺，唯有充分的资本要素补给才能支撑起科技创新事业磅礴向前。钱不是万能的，但没有钱是万万不能的。

国际经验表明，投入到研发阶段、成果转化阶段和商业化阶段的资金占比通常为1∶10∶100。而在我国，财政资金上的分配比例为1∶0.7∶100。其中的成果转化环节最为薄弱，尤其需要“第一桶金”来引发链式反应。此外，资本的投入往往还具备杠杆撬动和信号作用，是放大知识创新价值功不可没的催化剂。

我国科技投入模式为“拨投结合”（财政科技投入 + 科技金融）的金融支持机制。目标是构建良好的投资生态，最大限度赋能科技自立自强。而它的星辰大海，是为科技创新活动提供精准和个性化的全生命周期金融服务。

### 总量不足、办法不多

科技金融是落实资源市场化配置的重要手段。所谓科技金融，是指为促进科技开发、成果转化和高新技术产业发展的一系列金融工具、金融制度、金融政策与金融服务的系统性、创新性安排。即，政府和金融机构等主体以多种组合形式，为科技创新提供贷款、保险、产业基金、风险投资、私募股权、众筹、科创板、创业板等金融支持。

尽管近年来我国科技金融取得不断发展，但仍存有不少堵点。归根结底问题在于：科技金融追求的确定性与科技创新的不确定性之间存有矛盾；资本的“快钱”属性与科技创新的长周期之间存有矛盾。

从投资主体角度来看，存在“不敢投、不想投、不知往哪投”等问题。金融市场是对未来的预判，是对确定性的预期，所以金融机构和从业人员对风险高度敏感，必然会对高风险的科技成果转化项目存有疑虑，尤其不愿意“投早”“投小”。此外，产权保护制度、诚信体系不健全等情况，也是望而却步的原因之一。

从研发主体角度来看，存在“融资难、融资贵、融资过程繁”等问题。体现在总量不足，渠道单一，中小微企业融资难，知识产权评估难，风险投资机制不完善等方面。



### 重名不重实、定量不定性

众所周知，中国高等教育走的是“分化格局”的非均衡策略。地方政府和企业在寻求合作伙伴时，首先会考虑品牌效应更显著的名校。而那些擅长应用研究的地方高校，尽管与中小企业接触更为密切，与地区主导产业方向有联系更紧密，却难以获得高等级平台支持和发展性资源。例如，南京实施“两落地一融合”（科技成果项目落地、新型研发机构落地，校地融合发展），从实施成效来看，项目资源更多流向了研究型大学，甚至流向了省外并不熟悉的研究型大学；而南京的地方高水平大学和应用型大学获得感不强，阳光雨露不多。

有的地方政府引导基金注重量化，“引而不导”。绩效评价主要关注其吸引了多少社会资金，以及为本区域带来了多少资金收益，注重经济性评价。相反，对于这些资金投资于哪些产业等定性评价重视不足，缺少战略层面的发展性布局。

### 缺专业服务

从高校成果转化模式来看，主要分为专利技术转让、自办实体（衍生企业）、科技中介服务机构（国家级及地方大学科技园区、工程研究中心、工程技术中心、产业技术研究院、技术转移中心、科技成果交易市场、技术市场等）、大学资产经营公司等。从专业服务的角度来看，我国高校科技成果转化机构的支撑保障能力还不强。

### 缺少专业化的技术转移机构

高校和科研机构开展科技成果转化，涉及技术配套、市场开拓、资金等多种因素，不同于一般的科研管理，需要成果开发方与技术应用方从技术、生产、市场等各方面进行有效沟通与合作。由于存在信息不对称和显著的交易成本，显然很难由科研人员凭一己之力、单方面独立完成。因此，急需专业化的技术转移机构，急需一批既懂技术又懂市场的技术经理人队伍提供专业化服务。

国外大学的技术转移，通常采取建立内部技术转移办公室（例如美国斯坦福大学技术转移中心）、设立独立的技术转移公司（例如以色列魏兹曼科学院耶达技术转移公司）、委托社会机构等形式，逐渐形成了职业化的技术转移经理人队伍。例如，美国联邦法律规定，每个联邦实验室必须设立研究与技术应用办公室，拥有 200 名以上工程技术人员的实验室必须至少提供 1 个技术推广专职岗位。美国 17 个联邦政府部门合作建立了覆盖全国的国家技术转移网络，欧盟成立了创新驿站，成为连接企业技术需求和大学、科研机构的桥梁。

技术转移机构在科技成果转化过程中具有重要作用。不难发现，在中国凡是科技成果转化成效较好的高校，普遍都设立了适合自身特点的技术转移机构。例如：清华大学与产业界合作建设“联合共建类科研机构”，搭建技术转移体系和技术转移研究院，成立校地合作办公室，精准布局推动科技成果落地；浙江大学与地方政府合作成立了 50 多家区域技术转移中心等。但是这样的机构还不足够，据统计，2020 年高校样本（735 所高校）中，建立专职管理技术转移机构的占比为 44.2%；建立兼职技术转移机构占比为 45.7%；尚未建立相关机构的比例为 10.1%。已建立的机构也不同程度存在服务种类单一、集成化不强，人才储备少、职业技术经理人不多，专业化服务能力不强、工作体系不健全等问题，难以承担起高校科技成果转化之煌煌大业。

2020 年 3 月，中共中央、国务院印发《关于构建更加完善的要素市场化配置体制机制的意见》，将培育发展技术转移机构作为加快发展技术要素市场的重要举措和明确任务。2020 年 5 月，科技部、教育部印发《关于进一步推进高等学校专业化技术转移机构建设发展的实施意见》，旨在在高校中培育发展一批运行机制灵活、专业人才集聚、服务能力突出、高水平运行的技术转移机构。

### 缺乏法律体系保驾和法律意识护航

我国与技术转移相关的法律有民法典、仲裁法、著作权法、保密法等。目前还缺乏统一、有机、针对性强的技术转移法律体系，且国民对相关法律法规的知晓度不高，知识产权意识淡薄。例如，在涉外的国际技术转移和技术引进过程中，不少企业和个人因为法律意识不足，而吃了闷亏。

虽然与本章所述内容有所偏离，不属于高校知识成果转化范畴，但忍不住花笔墨提及。根据我们在做化工产业规划的调研时所看到和了解到的，国内很多企业容易见物不见人、见硬件不见软件，对进口设备的硬件部分锱铢必较，但对技术服务、售后支持、软件程序等软件部分不太重视，结果重金引进技术后，不但研发能力无法提升，而且常被外商算计，花高价买来的设备无法技改升级，变成破铜烂铁。类似情况在化工、冶金和煤炭等领域的技术引进中屡见不鲜，由于忽略了软件部分（只占技术引进费的5%），使我国在这些领域的自给能力仍停留在较低的水平。更甚者，有时引进的是国外因为环保等缘故被淘汰的落后生产线和生产工艺。欧洲的化工产业能保持山清水秀，固然有其善于治理的因素，但是很多重污染产业链实则是“技术转移”给了发展中国家，连带把能源浪费、碳排放激增和环境污染等问题也转移了过去。



西方国家在技术转移制度安排上已有成熟经验，并且将高校进行科技成果转化作为公共机构服务社会之职责所在。美国自20世纪80年代以来通过《拜杜法案》等的制定和相关法律的修改，在国内和国际层面对技术转移进行保护，出台了一系列条款，成为保护性管辖的“核武器”。诸如我们在中美贸易战中经常看到的“301条款”“306条款”“337条款”等，指责我国强制技术转让，违反了《贸易有关的知识产权协议》（TRIPS）等，前车可鉴。完善国内的技术创新和成果转化法律制度体系，提高知识产权相关的法律意识，是提升自主创新体系化能力的应然之举。

## “三传一转”科技成果转化模型

随着知识社会的到来，创新模式已经从线性封闭的创新链向开放的创新生态系统，从分布式创新向集群创新演化，呈现出高度复杂、动态循环等流程工业特质。信息、技术、资金和人才等创新要素在包括大学、科研院所、企业、中介服务机构、金融机构以及政府机构等多元主体中流动，从知识的生产者转移到知识的使用者，使知识不断增值、价值不断放大，最终完成了知识从最初的抽象概念、到技术创新、再到样品和商品的演变，实现技术转移和成果转化。

观其大概，科技成果转化过程和化工生产过程具有高度契合性。化工生产过程浓缩了物质世界的流动规律，是工业社会经验的高效集成，化工学科经典的“三传一反”理论概括了化工生产过程的特征，本质是物质世界的流动与化学反应过程。在知识经济领域，科技成果转化过程则反映了技术成熟度与价值不断增值的过程。本章引入化工领域“三传一反”生产过程，将科技成果转化过程模拟为信息传递、资源传递、价值传递、技术转移（简称为“三传一转”）四要素，参见表 55。

**表 55　　科技成果转化与化工生产过程比较**

<table>
<tr><th colspan="2">化工生产过程</th><th>科技成果转化过程</th></tr>
<tr><td rowspan="3">单元操作</td><td>热量传递<br>加热、冷却、蒸发、冷凝等</td><td>信息传递<br>技术预见、信息沟通等</td></tr>
<tr><td>质量传递<br>蒸馏、吸收、萃取、干燥等</td><td>资源传递<br>优化财政投入、科技金融、人才资源的配置和流动等</td></tr>
<tr><td>动量传递<br>流体输送、过滤、沉降、固体流态化等</td><td>价值传递<br>评价定价、权益分配、容错免责、政策协同等</td></tr>
<tr><td>过程</td><td>化学反应<br>通过反应设备促进物料混合<br>让反应物实现质变</td><td>技术转移<br>依托创新网络促进技术扩散<br>让技术实现商业化</td></tr>
</table>

针对目前我国科技成果转化过程存在着信息不畅、资源不足、体制机制引导不足、专业服务工作机制不健全等问题，本章提出构建“三传一转”科技成果转化体系，加强系统设计，促进信息、资源与价值传递，全面提升技术供给与转移扩散能力，加强产学研合作协同创新，促进技术成果持续产生，推动技术成果扩散、流动、共享、应用，实现经济与社会价值。“三传一转”科技转化模型见图 17。

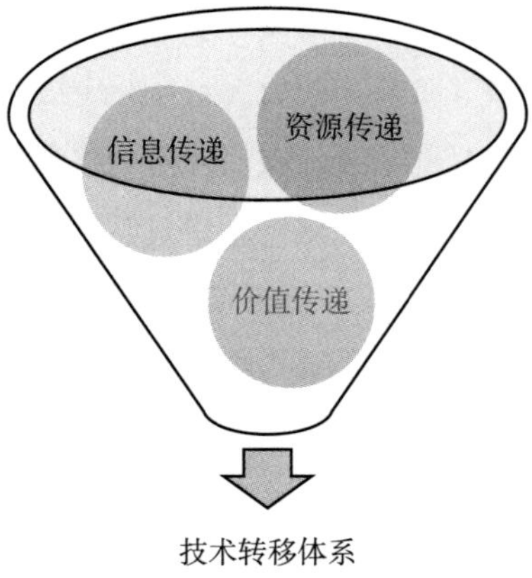


**图 17　“三传一转”科技成果转化模型**





## 信息传递机制

信息传递机制，关注科技成果转化过程中所需的技术信息和隐性知识，包括产业需求、政策导向、对接渠道、人脉网络等。

### 技术预见机制

（1）充分发挥专利导航、产业发展规划、技术预见的导向性作用，让从事应用研发的教师了解产业瓶颈和科技成果转化的相关信息，以产业共性技术为方向引领，开展具有商业化前景的研究。

（2）建立常态化技术预见机制。以战略研究智库为主体，加强战略科学家队伍建设，在国家层面进行中长期规划预见和短期预测，形成反馈闭环的优化迭代机制。与国外高科技研发体系加强互动，充分发挥大数据、人工智能等技术的作用，提高技术预见的前沿性和准确性。

（3）政府组织技术需求侧和供给侧领域专家，选定可能产生重大经济社会效益的技术领域进行前瞻性布局。

### 信息沟通机制

（1）进行顶层谋划，加强信息沟通。在更高层次上构建超脱于现有职能部门的交流沟通平台，充分发挥企业和市场的导向性作用。

（2）优化利益相关者沟通机制。畅通高校与政府部门的沟通渠道，促进与行业企业、协会商会、校友网络、投融资机构的对接交流，搭建产业创新路线图对话平台，完善信息共享机制。

(3) 鼓励教授与企业家、创投家“结对子”。提倡每个教授身边要“围绕”至少 3 个企业家，让教授的学科触角更加扎根经济社会、扎根市场。鼓励教授积极参与校企联盟、各类产学研合作创新平台，开展产学研合作项目、创投项目。

(4) 强化平台载体建设。推进区域国际技术转移中心、技术转移服务联盟、知识产权交易中心、技术产权交易所等建设，开展信息发布、供需对接、招标拍卖、挂牌交易等服务。依托互联网实现平台数据信息互联互通。促进公平交易，提供法律保护。

(5) 健全新技术展览展示平台和组织专题报告会。

(6) 构建科研地图（例如德国科研机构地图 Research Map 联邦数据库）和优秀专利推荐平台。

(7) 发挥校友经济、校友资源作用。设立校友创投基金，探索校友经济产业园建设，打造“母校—校友共同体”。加强与各高新区、校友企业及相关园区联系，建设校友企业家联盟。





## 资源传递机制

资源传递机制，关注科技成果转化的所必需的资源要素投入，包括财政投入、科技金融、人才资源、数据资源等。

### 多元投入机制

(1) 构建多元投入机制，通过组合投入整体上降低风险。建立高校院所和各级科技成果转化引导基金的联动投入机制。

(2) 加大政府尤其是地方财政的投入，发挥政策性金融的引导作用。用好政府引导资金、知识产权运营基金等。

(3) 鼓励央企、国企、上市公司、社会资本、保险资金、社保基金的投资。发挥跟投的信号机制作用。

(4) 发挥企业投资较灵活的特点，鼓励企业自行进行前沿研究和关键共性技术研发。

(5) 引入风险投资、种子基金、天使投资基金、创投基金、私募股权投资基金信贷类产品，完善科技保险产品。建设精准金融灌溉体系，将金融的“长钱”精准匹配到科技创新的长线需求中。

（6）利用上海证券交易所（上交所）科创板股票、深圳证券交易所（深交所）创业板股票、北京证券交易所（北交所）及转板机制等，助力科技型中小企业发展。

（7）发展人才金融。设立人才创新创业风险补偿资金池，落实投资种子期、初创期科技型企业的税收支持和风险分担政策。

人才流动机制

（1）探索流动岗位工作机制，畅通人才在不同体制间的流动渠道，探索高层次人才“转会”机制。

（2）鼓励高校教师和地方企事业单位人员双向挂职、共招共聘等。鼓励高校教师在职在岗兼职和在职离岗创业，并对期间的权利义务及返岗条件等作出合理安排。

（3）推进人才“双聘制”和“双落户”机制。鼓励科技型企业家分别与高校院所和园区签订聘用协议，实现“双落户”，以两个不同身份分别在高校院所和企业同时从事教学科研和技术创业。

（4）探索科技人才资源共享机制。促进企业、高校、金融机构、中介服务组织等之间，运用借调、购买服务、项目式共享、虚拟空间等形式推进人才资源共享。

### 价值传递机制

价值传递机制，关注科技成果转化的价值驱动维度。包括价值观驱动、人才评价、机构考核、无形资产评价、专利审查评估、技术和产品测评等。

评价定价机制

（1）坚持以价值观驱动为最高层次的驱动力。强化价值观塑造，破除科技创新的“论文驱动”“职称驱动”“帽子驱动”，以及“唯论文”“唯帽子”“唯职称”“唯学历”“唯奖项”等突出功利化的评价机制弊端。

（2）改革高校对教师的评价考核机制。在保障正常教学科研活动的前提下，提升社会服务类教师的学术地位，将横向课题、专利发明、成果转化、技术推广、孵化服务等纳入高校教师职称评定、项目支持、资源分配机制中。

（3）改革政府对高校的评价考核机制。将科技成果转化绩效作为高校办学考核、学科评估的重要指标，将产业界的反馈作为新的量度，体现真正的“用户思维”。对产学研合作、服务经济高质量发展成效显著的高校，在招生指标、重点学科专业、重点科研项目与平台等方面予以政策倾斜。

（4）强化政府对国企投入创新的评价考核机制。将其服务创新的技术贡献率、管理创新指标等的统计监测，融入对国企高管的考核中。

（5）完善对技术类无形资产的协议定价、技术市场挂牌交易和公开拍卖等多种市场化定价机制。

（6）改革对专利的审查评估机制。完善以质量和价值为导向的高价值专利指标体系。





### 权益分配机制

（1）落实以增加知识价值为导向的分配政策。

（2）建立以“利益捆绑、利益共享、风险共担”为原则的权益分配机制。

（3）鼓励发明创造成果以个人名义命名。

（4）支持高校科研人员依法依规适度兼职兼薪、创新创业。科研人员在履行好岗位职责、完成本职工作的前提下，经所在单位同意，可以到企业和其他科研机构、高校、社会组织等兼职并取得合法报酬，兼职取得的报酬原则上归个人，建立兼职获得股权及红利等收入报告制度。

（5）在原始创新前端环节，为了激活科研人员科技成果转化的内生动力，推进职务科技成果处置权、收益权、分配权改革。例如南京工业大学在江苏省率先提出“先确权、后转化”模式，将“事后的奖励权”转变为“事先的收益权”。对不宜确权分割的科技成果，按照“先赋权、后转化”模式，采取普通许可、独占许可、排他许可等方式，与科技成果完成人（团队）签署协议，合理约定成果收益分配方式。

（6）在成果转化中端环节，为激活技术经理人主观能动性的同时，保障科学家安心无忧做科研，破解“一方不懂经营、另一方不懂技术”困境，创设“科研团队控股＋技术经理人持股跟投”等股权激励模式。

（7）建立可持续的科研人员职务发明成果权益分配机制，以多种方式激励高校科研人员从事科技成果转化（参见表56）。

表 56　　科技成果转化的主要形式和激励方式

| 转化形式 | 特点 | 激励方式 |
| --- | --- | --- |
| 自主实施 | 消除中间环节，提高转化效率，节约交易成本 | 设立工程化奖和产业化奖<br>在转化成功投产后的一定年限内，按约定比例从产品净利润中提取转化收益用于奖励 |
| 合作开发 | 合作成立平台公司，约定成果的知识产权归属，实现利益共享、风险共担 | 在获得收益和技术股权中约定比例提取奖励 |
| 技术转让 | 通过一次性买卖的形式，把科技成果的所有权卖给其他企业，并且获得技术转让的收入。通常需要依靠技术中介组织 | 从技术转让费中按约定比例提取奖励 |
| 许可使用 | 保留科技成果的所有权，与外部企业签订技术许可使用协议，授权企业对成果实施转化。高校获得技术资产的许可使用权费用 | 从许可所取得净收入中按约定比例提取奖励 |
| 作价投资 | 寻找外部合作伙伴，协商成立新公司，将科技成果作为技术类无形资产评估作价投入新公司。高校作为股东以现金和技术入股 | 从新成立公司的经营利润中获取与入股比例相对应的收益分红，并从分红中按约定比例提取奖励 |
| 项目跟投 | 通过一家新公司进行科技成果转化，国有企业用技术资产和资金等其他资产领投，由科技研发人员出资跟投 | 按股份取得分红 |





（8）为降低单一项目投资带来的高风险，探索股权改造机制、交叉持股机制、持股跟投机制。

（9）专利激励政策要突出转化应用，通过“后补助”等方式，提高转化收益比例，奖励技术发明人和团队。

（10）扩展科技成果转化个人所得税和股权延迟纳税政策范围；对企业自行组织科研活动和捐赠给高校院所进行科研活动的资金给予税收优惠。

系统容错机制

（1）加强相关法规政策的系统性考虑，促进政策衔接和落地。加强不同政策、不同部门、不同层级（权属）之间的协调，增强政策一致性，及时总结好经验并推广复制。

（2）推进健全容错纠错免责机制，鼓励和包容多样性，保护优秀科学家。以信任为前提，把科技成果转化政策的“放宽”和干部选用政策的“严管”审慎匹配。人才在科技成果转化过程中，通过协议定价或市场方式确定价格的，在单位领导勤勉尽职、没有牟取非法利益的前提下，可免除在科技成果定价中因科技成果转化后续价值变化产生的决策责任。

（3）建立适当的公开和公示程序，将成果转化过程置于“阳光之下”。





## 技术转移体系

### 提高技术转移体系化能力

（1）构建高效协同、产学研深度融合的技术转移体系。推动技术改造、合作研发、成果转化、企业孵化、创业投资等多种产学研合作形式。

（2）推动技术转移联盟建设，以技术交叉许可、建立专利池等方式促进技术扩散。

（3）推进高校技术转移机构建设。支持高校院所设立科研助理、技术经理人等岗位，打造专门机构或委员会，组建职业技术经理人团队或运营小组，加强技术转移管理，推进以专利营销为主的知识产权工作，打通成果转化的“任督二脉”。

（4）加强技术经理人队伍建设，规范技术转移工作流程，包括技术市场调研、技术项目筛选、保密协议与合作协议起草与审核、商业计划书策划、合作研发项目管理等。

（5）提高企业和专利代理机构的专利挖掘能力，加强专利保护水平。

（6）健全和完善科技成果转化相关法规体系。构建从技术研发、价值评估、出资方式、利益分配、税务缴纳乃至退出机制的全流程制度引导规范体系，用全面精准的法律制度为科技成果转化保驾护航。

### 建强产学研合作平台

（1）打造“创业苗圃—众创空间—孵化器—加速器—产业园”全流程创业载体。

（2）鼓励高校与产业功能区、科创空间、科技型企业共建新型研发机构、产业技术研究院等，建立产学研结合的创新联合体。

（3）建设科技成果中试熟化基地、众创空间、企业孵化器、硬核科技“二次开发”实验室、中试共享生产线、公共技术平台以及重点产业垂直孵化器等载体，为成果转化提供从实验研究、中试熟化到生产过程的“一站式”服务。

(4) 发挥区域性大型科研仪器设备共享平台作用。扩大科技创新券资助范围和实现区域通用通兑，促进区域创新资源的开放共享。

(5) 支持重大科技基础设施、重要科研机构和重大创新平台建设，以重大项目为纽带，建立联合攻关的产学研协同创新机制。

小结：在激发高校科技成果转化主体积极性的同时，必须清醒认识到科技成果转化是一个漫长且艰辛的过程，不积跬步无以至千里，需要政、产、学、研、金、介等各关主体在不断完善自身功能的同时，互相协作，推进务实的协同创新，真正发挥协同效应，形成尊重知识、鼓励创新、宽容失败的社会氛围，促进整个创新生态系统功能的提升。





## 给天才之火浇上利益之油

“给天才之火浇上利益之油”，英文是“The patent system added the fuel of interest to the fire of genius”，这句话被镌刻在美国专利局的大门上方，出自林肯总统。实际也点出了美国专利制度的初衷：专利制度是为了鼓励发明创造，用名和利来激发人们创新创造的热情。其精髓是为了鼓励人们尽早公开新技术，从而刺激更多科技创新绵延发展。

美国的区域产业富有特色，与常见的制造业特色不同，在得克萨斯州东区有一项支柱产业，叫作专利诉讼。据说在这个城市里，不搞任何产业，遍布各处的是酒店，入住的都是专利诉讼双方的代理人，只因为这里判决专利侵权案件又好又快，处罚又准又狠。江湖人称：专利诉讼哪家强？德州东区马歇尔。专利诉讼已成为产业，可见这把火已经烧完了连营、赤壁和博望，漫山遍野。

美国专利申请和中国、欧洲在理念和操作上一些异同，但作为专利制度的前行者，有很多内在逻辑可供思考。

申请专利为了什么？一方面是为了保护技术，防止山寨，抵御竞争对手的诉讼进攻；另一方面是为了提升谈判筹码，利于融资和上市，增强长远竞争力。相应的知识产权战略布局就是：一方面要尽早布局，抢抓优先日期，“争先”；另一方面，申请专利的费用非常高昂，对于囊中羞涩的初创企业则需要考虑优化组合，推迟费用交付，“延后”。

申请了专利就能避免诉讼？非也。经常听到中国企业踏入美国市场大门被各种“关照”，付出昂贵的代价。细枝末节的技术专利多如牛毛，随便做什么都会侵权。事实上专利体系更像一套游戏规则，或者说是保护既有利益集团的壁垒，阻止新人进来参与竞争。但这个护城河或许有些深了，拔剑四顾心茫然，后来的新人不得不面对庄家的制约和刁难。越是创新企业，越是有竞争力的企业，越容易被扯入旷日持久、耗资巨大的专利诉讼，这是成长的烦恼，同时让破坏式创新有了高昂甚至不可逾越的成本。

所以，美国各大高科技公司之间没完没了地打专利战，例如长达七年的苹果与三星的专利拉锯战。有人统计说到 1999 年，各公司在专利诉讼上的总花费高达 120 亿美元，所涉及的专利总价值不过 30 亿美元。但这种昂贵是否对保护法律之神圣、保证市场之高附加值有所贡献？恐怕未必。

而且，和美国三权分立的体制机制一样，司法系统中的法院和行政系统中的专利局也是相互掐架的，所以才有了一些扑朔迷离的专利诉讼结果。而美国的司法因为多为陪审团制度，更增加了不确定性。陪审团不是专利法专家，也不是高科技的专家，他们更感兴趣的是听故事。

知识产权保护初衷是为了促进创新。现在美国大量声音认为发展到今天，由标准必要专利引起的专利要挟行为会对消费者带来伤害，损害市场竞争，并且正在扼杀创新。

所以一直有专家建议，把专利和版权保护法规简化，有所收敛。比如侵权算违法，但是不应该算犯罪；版权保护期限三五十年就足够；商业模式不应授予专利等。

# 第 15 章　势胜之道｜治理与文化软实力



一定要爱着点什么，恰似草木对光阴的钟情。

——汪曾祺

## 缓冲模型 · 用好用活留学归国创新人才

党的二十大报告明确提出，教育、科技、人才是全面建设社会主义现代化国家的基础性、战略性支撑。高等教育是科技“第一生产力”、人才“第一资源”、创新“第一动力”的重要高地。

近年来随着我国综合国力的迅速提高，特别是党的十八大以来取得改革开放和社会主义现代化建设的历史性成就，越来越多的优秀留学归国人员选择回归祖国、报效祖国，在祖国大地上努力拼搏，成为各行业的领军人才和中坚力量。尤其是众多海归创新人才怀着对服务人民、教书育人和科技创新的热爱，选择在大学扎根，构成了中国高等教育的生力军，成为建设世界重要人才中心和创新高地的重要力量。

习近平总书记指出，要“千方百计创造条件，使留学人员回到祖国有用武之地，留在国外有报国之门”。如何引进好、开发好、使用好留学归国创新人才，成为各高校争相研究探索的问题。其中，成立单独的人才特区，成建制引进海外人才创新团队，打造前沿与交叉的创新高地是一种重要的常见的模式。

就海归现状来看，留学归国人员在国内高校的事业并非都能如鱼得水。有人戏谑，其中有踌躇满志的“海龟”（海归），有鲜有问津的“海带”（海待），有价值逐渐衰减的“海蜇”（海折），甚至有被主流驱逐的“海参”（海剩）。

通过我们的调查问卷、座谈会、面对面访谈等调研，体会到海归人才面临的挑战普遍体现为：①文化层面。对国外文化与母文化的冲突准备不足，存在对国情、社情、校情的不适应，以及对祖国不断发展变化的理念、体制及运行机制、环境的不适应。②心理层面。对高预期下的压力准备不足，既有追求实现个人价值，又要承受“非升即走”的考核压力、角色转化带来的教学压力、高预期下的科研压力、高成本下的生活压力。③环境层面。对融入学术语境准备不足，在熟悉国内科研条件、学术规则，融入国内学术圈，积累国内人脉资源，甚至精准的学术语言表达等方面都存在一定障碍。

此外，我们连续三年就“党管人才与党建工作”主题进行了在线匿名调查。发现绝大多数海归人才对党的认识比较理性和客观，对建设中国特色社会主义普遍认同，影响其加入党组织和参与党内活动的积极性的因素，主要表现为“三足三不足”：一是个人成长干劲足，但是政治生活热情不足；二是对国情校情认知意愿足，但是与时俱进深入学习不足；三是建言献策意愿足，但是政治渠道畅通不足。

我们以问题导向，以目标为牵引，结合引育海归人才20年的探索和实践，构建“缓冲模型”，秉持去行政化、去中心化的赋能管理理念，打造团队内部的和谐生态，分别在“引而用之”“融而贯之”“推而广之”三个层面，为留学归国人员搭建干事创业的平台，用好用活这支潜力无穷的队伍。

## 引而用之

对于“缓冲”二字该怎么解读？首先可以理解为高速公路的缓冲带（控制车辆损伤和人员的伤亡）和化学反应的缓冲溶剂（维持生物的正常 pH 值等），旨在减慢落差，减小梯度，减缓摩擦，减少不适。

（1）完善吸引和服务人才的基础功能，打造与国际接轨的平台，让海归人才在一定范围的国际化语境内，及早落地扎根，产出智力成果。

（2）配备充裕的科研助手和文职人员，以高效行政团队打理烦琐事务，简化办事流程开通绿色通道，做到实验室 24 小时开放、行政功能寒暑假不间断。在购置实验设备环节，由科研助手协助完成调研、招标等流程。在项目申报过程，由文职人员协助人才项目、专利项目、科研项目等。

## 融而贯之

如果说1.0着眼于人才和团队的引进使用，那么2.0就侧重于吐故纳新。前者有被动适应的含义，后者则具备主动发力的野心。比方说，我们看网页时候的“缓冲”，就是把曾经下载过的内容，例如视频存储在缓存中，再次调用就会水到渠成。相当于把以往的集成经验加速量变并促成质变。

（1）发挥高端人才引进的正外部性，让他们在海外长期学习工作所积累的经验落地生根，例如诚信机制、包容精神、分享意识、尊重文化等。

（2）发挥党建力量凝聚人心。以支部活动、工会等群团组织活动的形式，开展培训讲座、交流沙龙，让海归人才了解国家科教政策、学校政策、管理流程、校情校史，交流生活攻略，增强文化认同感，实现及早安居乐业，步入正轨。



（3）发挥荣誉激励机制的作用。发掘师德师风好、学术水平高、党性修养强的先进个人，以专家提名、机构提名相结合的方式，推选“惟新榜”“惟实榜”“惟勤榜”先进典型。其中，“惟新榜”以创新争先为目标，为最新、最好的科研成果打榜，为源头创新点赞；“惟实榜”以立德树人为目标，为教书育人、产业拓展的优秀案例打榜，为实干巧干点赞；“惟勤榜”以勤奋敬业为目标，为服务保障工作的突出典型打榜，为凝心聚力点赞。

（4）资源分配机制遵循决策民主原则，按照信息公开、程序公正、过程公平的要求，在空间分配、学生分配、考核考评、推优申报等各项工作中，以民主投票为主，党政共同把关负责。

（5）建立以信任和包容为基础的人才使用机制，不求全责备，允许失败、宽容失败。

（6）创新和用活人才评价机制。对下设团队和平台，不分职称级别、工作年限，不论资排辈，鼓励有条件的科研人才同台竞争，让有真才实学的人才“英雄有用武之地”。

## 推而广之

信息领域的“缓冲”概念，既包括输入的缓冲，也有输出的缓冲。不仅要更好地引进来、融起来，而且要实现“走出去”的3.0版本，多角度向外辐射。

（1）鼓励海归人才积极参加各级欧美同学会、侨联等活动，推选青年骨干人才担任教工支部书记、参加科技镇长团、挂职锻炼等，推荐政治素质好、工作实绩突出和管理能力强的教授担任学术和社会兼职，到领导岗位任职。

（2）树立和传播科研文化，以及以海文化、新文化、聚文化为特色的海归党建文化。

（3）对接社会资源，促进科研成果孵化，催化创新成果在产业实体开花结果。

（4）鼓励教师将国际化元素融入各项工作，致力于开阔学生视野，提升学校国际合作交流水平。

## 高教研究的四个经济

乔木何许兮，山高水长。大学高教研究和政策研究是一种特殊的科研组织，有多种类型和模式。有的可以协同学科建设培养研究生，有的是科研机构，有的是纯粹的智库，有的是学校写各种“本子”的翰林院，还有很多人自认为是“不管部”，就是别人不管的事务都由他们去做。

让一个大学的高校研究机构欣欣向荣的关键，在于处理好合法性和获得感。在一次座谈会上讨论高教研究机构的发展策略，我借用了商业经济领域里几个略微时髦的词汇表达了一些观点。用法未必准确，只是希望借力能够为其呈现出新的发展面貌。

另外，我觉得这四个方面的提法，不局限于高等教育研究，在众多学科领域都有共通性。学科的连绵发展至今，已经不再是自由生长的模样了，需要用心经营和治理打造。

### 搞社群经济

所谓社群经济，就是要把各高校相关研究机构的老师们聚起来，搞一个内部的交流平台，或者说形成学术共同体，进行知识分享，项目共研，加强内部协同形成合力。目的是队伍越大越好，感情越亲越好。

### 搞平台经济

有点类似开放式创新的逻辑。搞高教研究，仅仅靠高教所这些人是不够的，要扩大外延，形成耗散结构，把其他学科背景、从事高教研究，或者担任大学领导的人都吸引过来。在把自己的圈子外延做大的同时，还要借助这个平台“搭台唱戏”，组织大家去各地高校、科研院所、龙头企业去调研取经，可以跨区域、跨行业、跨领域，见识越多越好，新鲜感越多越好。

尤其要从教育学科以外借力。其实高等教育学本身就有这样的特点，可以看到国内该学科的许多大咖都是有跨学科背景的，有的有理工学科背景擅长做统计量化，有的是外语学科背景会为比较研究赋能增色。实际上，不同学科之间可能有不同的话语体系，但是经常有共同的横断面，有内在逻辑相同的东西，有许多公约数。不同学科之间大可以相互借鉴、相互取经。尤其是管理类商业类的，与教育学一样关注的是人和人的交往界面。只不过商场真枪实战竞争更激烈，风险更大，理念更迭也更快。而开会和参加论坛，是一键直达、进行跨学科学习的快捷方式，是比查文献效率更高的学习范式之一。

### 搞网红经济





学术型的报告需要翻译成大众语言，否则永远在小圈子内循环。一篇论文写得再好，也只能在自己的小圈子里被有限地引用，通常很少超过几十次。从文化传播角度来说，虽然进入了期刊数据库，达到了隽永和经典，但是传播效率不高、受众面有限。

所以“酒香也怕巷子深”，好东西同样需要宣传和包装，把学术语言翻译成大众语言，讲成好故事。高等教育研究成果除了论文体现，还需要公众号、短视频、融媒体呈现，其受众动辄就是几十万上百万，输出效率和论文不可同日而语。例如，要有打造 IP 的意识，让富有人格魅力的教授出镜出圈，塑造新时代的陶行知、黄炎培。还要对优秀成果多加宣传多做表彰，把高等教育的好声音传播开，热度越高越好，声音越大越好。

### 搞粉丝经济

智库最富价值之所在不是论文，而是应用。智库的观点得到应用，就好比歌曲被人传唱，论文被人引用，公众号被人转发，教学成果被人复制。

高等教育研究符合学科发展的一般规律。一个学科的发展，一个科研方向的成长，貌似是科学家出于兴趣和目标的自主行为，但是仅仅自己孤芳自赏著书立说还远远不够，哪怕影响因子再高、获奖再大都不足够。所以，做学术需要主动的市场营销意识，把舞台做大，把观众做多，才有的看头和奔头。需要拉一票拥趸，齐心合力推广，让越来越多的人追随和引用，追随者越多越好，受众越广越好。最好成为一个雁阵，成为一个宗派，成为一个气候，形成一个学术共同体。

这若干追随者就是“粉丝”，是需要爱豆来悉心经营和维护的。所以这里借用了“粉丝经济”的概念，就是指要精心运营，管理好自己的用户群体。典型案例如孔子的72亲传3000门徒，广收学生、沉浸授课、解疑释惑、开宗立派，学生们还帮着整理讲义摘要，在集体助推下，传承为万世师表。

## IHED 和 WISDOM

南京工业大学高等教育发展研究院（Institute of Higher Education Development，IHED）成立于2015年3月，定位于服务学校发展大局，问道、问策、问政于学术与应用前沿，用硬招、实招、奇招服务于学校高水平大学建设。我们的高教研究，不以论文和文本为目的，旨在开展“有支撑的”实践理论和“可复制的”应用研究，打造具有特色的高等教育智库。

IHED秉承WISDOM（Worldspectrum全球视野、Innovation不懈创新、Sharing协同共享、Dream不忘初心、Opinion独立思考、Modesty求知若渴）价值观，其工作内容包括：

（1）操千曲而后晓声，观千剑而后识器。开展高等教育领域研究课题研究，形成大学评价、《高等教育热词索引》等相关报告。

（2）先天下之忧而忧，后天下之乐而乐。开展校本研究、政策研究和发展规划。

（3）天下同归而殊途，一致而百虑。组织“高等教育发展规划专项”课题招标，发现和储备人才。

（4）一纵横一经纬，一观澜一弄潮。创刊电子期刊《高教纵横》（月刊），分为大学问、观天下、他山石等栏目，呈现高等教育发展之最新脉络；推出由校本研究为主要内容的《工作经纬》（半年刊）。

（5）俏也不争春，只把春来报。通过微信公众号、网站、期刊、出版物等媒介，打造IHED“一网一微两刊”平台。

（6）故垒西边，惊涛拍岸。挖掘校史，传承文脉。2016年启动“文化传承与传播项目”，设置学人风骨、青春广记、校史钩沉、航程絮语四个栏目，以“众筹”的方式，向师生校友和社会各界公开征集、修订了40余篇“南工好故事”。2021年开展校址所在地南洋劝业会的中国首次博览会研究，挖掘南京创业基因，探寻我国高等工程教育历史沿革。

## 讲好我们的故事

无论文科、理科还是工科，无论中文还是英文，无论撰写论文、申请课题、申报奖项、汇报工作、教学讲课、大会报告还是年终总结，只要是用表达的形式来作用于人际界面，那么就一定有共同点。因为受众都是人群，但凡人类就有着类似的思维方式。卡尔·西奥多·雅斯贝尔斯①说“教育的本质意味着，一棵树摇动另一棵树，一朵云推动另一朵云，一个灵魂唤醒另一个灵魂”，道出了人与人交往的真谛，用化学的语言来说就是要“相似相溶”。

一位数学家曾在一次诗歌沙龙上分享了他的座右铭，这是法国哲学家梅洛·庞蒂说的，“没有表达力的智慧不是智慧”。那么问题来了，怎么样才算是表达力呢？





### 列数据

最直白可靠的办法莫若用数字来讲话。例如傅莹在斯坦福的一次演讲开头，列出了许多数据来阐明中美关系的“热度”，用她的话说，有许多的“友谊瞬间”（friendly moments）：两国之间每16分钟就有一个航班起降，每周有500个航班往来，每年有500万人次往来。几个数字就把全景徐徐铺开，用细节架构起立论的“大厦”，这是一招走心管用的小技巧。

### 讲故事

《人类简史》说智人因为会讲故事和相信故事，才占领了食物链顶端，从人进化为神。这个说法不知道可信度几何，但非常有趣，我经常讲给学生听，归根到底都要讲好故事。好的故事，魔幻遮瑕效果堪比油画颜料，点石成金，化腐为神。好的故事，哪怕情节再离奇也有人买账，庄生晓梦迷蝴蝶，假作真时真亦假，这是人性的初始设定。

继续以傅莹的演讲为例，有人对美国的孔子学院的模式质疑，傅莹回答时盈盈一笑，话锋旁落讲了她在非洲见到的孔子学院的情况，如何蓬勃，如何欣然，

① 卡尔·西奥多·雅斯贝尔斯（Karl Theodor Jaspers，1883～1969年），德国存在主义哲学家、神学家、精神病学家，他还提出了“轴心时代”命题。

如何互惠双边，受到当地人的欢迎称颂等。通过抒发个人情感，把剑拔弩张的气氛消减于无形。

再以项目评审为例，选择讲故事来切入研究主题，容易吸引评审专家疲惫不堪的眼球。当然这是个险招，因为在时间和字数都非常宝贵的项目申请中，匀出空间来讲故事做铺垫是需要下决心的。例如，中国药科大学姚文兵在他 2018 年国家级教学成果一等奖的成果简介开头，就是以社会事件为楔子：一则央视公益片中因不当用药致聋的 5 岁女孩付浠诺的无声诉说，看哭了千万妈妈。我国“每年 3 万儿童因用药不当陷入无声世界”，令人触目惊心。其中一个重要原因就是“药剂师”的缺乏和“药师作用”得不到发挥……引出了培养药师型人才培养的必要性。

列数据和讲故事，是中西方作文章的一大分野，二者逻辑起点不同。西方文化注重从摆事实列数据出发，擅长写实写生、白描铺陈手法，和在此基础上的归纳演绎。受技术主义熏陶，老外从小就喜欢较真，美国孩子上一二年级的时候，就会被训练在阅读写作中分清每段话的（fact）和观点（opinion）的成分。

东方文化则擅长用讲故事、典故和寓言的形式，注重文采斐然和气势磅礴，诸子百家就是个中高手，典型代表如孟子之雄辩。在此基础上诞生了“成语”这种信息量丰富的文明密码，将几千年的案例浓缩成了短短几个字。例如，我们形容美女就是“闭月羞花，沉鱼落雁”，短短八个字就代表了四类美女范式，读者已然秒懂，无须事无巨细地描述她的眉眼和脸上的小雀斑。

## 亮观点

天下文章一大抄，互联网时代复制文章更是零成本。在这个物质和信息都供大于求的知识社会，稀缺的是独创性和新颖性、建设性和实用性，还需要一些不怕出错和不怕出丑的真诚和勇气。

我很赞同张五常说的“错比空好”。文章可以争论，可以出错，但不能空洞和陈腐。观点错误可以接受批判，从争论的对方受到启发和吸取有益的东西，通过争锋可以完善自己。诚然，棱角是锋利而风险的，一切观点都不可能面面俱到，断章取义后更有曲解误解风险。既然提起笔来，总得有直面惨淡的勇气担当。

## 说明白话

就是用听得懂的话与人沟通，反对曲高和寡，不能阳春白雪。在新闻传播领域，这叫作“走基层、转作风、改文风”。

这个文风的转变是有过程的。从堆砌辞藻、追求时髦的“砌砖头阶段”，到提纲先行、滴水不漏的“标题党阶段”，理想状态是大道至简、空手夺白刃的“大白话阶段”。所有参考资料都扔到一边，只是用劲用心去想需要表达什么，然后精准简练地铺陈出来，去掉浮华直击人心，用真诚的文字来呼应独立之思想。

前段时期某地发生了因为专科和独立院校转设职业技术大学的争议。这与教育故事没有讲好、沟通不充分有一定关联。高等教育要继续普及化，要重心上移，这是基本盘大局已定。那么要增加那么多的本科，基础设施和校舍从何而来？那么多的高职高专要提档升级，又该往何处去？两相结合未尝不是个办法。但要把这个故事讲好讲清楚，需要讲话艺术。





总体来说，教育领域的热点难点问题经常在舆论中备受关注，毕竟是民之所系、心之所向，牵动着社会的每个细胞。但是这些问题往往共识度不高，负面新闻和公关危机层出不穷。在不对称性、不确定性增加的情况下，很容易好事不出门、坏事传千里。再被一些大局观不强甚至是心存歹念的自媒体带节奏，自然容易热血上头，把热点激发成沸点、爆点。更糟糕的是，但凡民众聚焦的公共事件，往往处理起来会格外谨慎，轻描淡写甚至避而不谈，尽快问责息事宁人了事，静悄悄地捣糨糊成了最优解。真正的事件原因可能被无视，真正的责任未必能够厘清，真正的矛盾未能有效化解，真正的思辨未能深入展开。结果是主办者的话语主动权越加丧失，教育的形象和口碑越加黑化，双方的信息鸿沟越加深壑。

所以要实事求是地讲好故事。既要“有理就应声高”，全面地、多方位地、既谈优点、长处、正面的内容，也要“负面讨论充分”，用理性的思辨把弱点、短处、风险掰扯清楚。正如习近平总书记指出的，“讲故事就是讲事实、讲形象、讲情感、讲道理，讲事实才能说服人，讲形象才能打动人，讲情感才能感染人，讲道理才能影响人。”

## 写好结构化论文

### 科技论文范式

科技论文，尤其英文科技论文，从 20 世纪就已经逐步标准化、归一化和程式化了。也可以把这种演化出来的既定范式理解为“八股文”。

从信息输入来说，用八股文式的固定套路来表达，对于编审和读者来说都是高效的模式，可以在短时间内获得文章的所有信息，大幅节约交易成本，是工业分工和标准化逻辑在论文写作范畴的具体表现。就像吃饭时突然有人掏出小盒子单膝下跪，约定俗成意味着有一场求婚仪式即将上演，没人会往鸿门宴的项庄舞剑上无端遐想，这就有效避免了冗余信息的干扰。

其他的写作形式，可以渐进式、分析演绎式、曲径通幽式、委婉含蓄式等，可以想方设法挑起悬念、吊读者胃口。但是论文写作不然，强调开门见山，开宗明义。先结论后理由，先观点再佐证，最好分出一二三个论据（supporting information）来，结尾处再总结。例如，白居易《忆江南》就是典范之作。先说结论：江南好，风景旧曾谙。然后给理由：日出江花红胜火，春来江水绿如蓝。最后小结：能不忆江南？这种高度规整化标准化的写作框架，是经过学术共同体磨合后，确认出的最佳模板，熟悉套路后用英文写甚至比中文还容易。

目前对大多数学科而言，普遍采用 SCI 论文的 IMRaD 结构。这是从 20 世纪 70 年代逐渐成熟并固化的一种科技论文写作基本框架，是学术共同体普遍认同的一类叙事结构。IMRaD 是首字母缩写和合成，指以“引言（Introduction）—方法（Method）—结果（Result）—讨论（Discussion）”为逻辑的规范化写作架构。

### IMRad 解构《岳阳楼记》

《岳阳楼记》是范仲淹名篇，南京大学吴培亨院士曾在报告里引用过此千古名篇，为了佐证“创新”的过程：提出问题—解决问题—回答问题—延伸问题。他讲得特别精彩，回忆起来依旧可绕梁三日。

这里要说明的是，“问题—解决”逻辑与 IMRaD 的“发现—叙事”逻辑并不完全一致。实际上我们经常写的应用类、工程类的项目申请书和报告多突出“问题—解决”逻辑。也有个别学科被要求用“问题—解决”结构撰写论文，但比较少见。

总之，几年前为《专业论文写作》准备 IMRaD 部分课件的时候，循着吴先生的智慧之光，把它俩整在了一起。以下是教案：

“庆历四年春，滕子京谪守巴陵郡。越明年，政通人和，百废俱兴，乃重修岳阳楼，增其旧制，刻唐贤今人诗赋于其上，属予作文以记之。”

——这是引言（Introduction），说明了必要性（why）：为何开展研究。

庆历四年（1044 年），不好不坏的时代。往近了说，宋仁宗和契丹人交好，送礼物走亲戚不亦乐乎，《天龙八部》的纷乱还在三十多年之后。往远了看，西方还沉沦在中世纪无法自拔，罗马天主教和东正教正在分家，博洛尼亚大学正在发芽。不过这年景对于范仲淹来说有些百感交集，刚刚经历了新政变法失败，被贬南阳，状况凄凉，实际上写完这篇文章四年后他就去世了。





昔日好友滕子京来信，随信寄来了一副《洞庭晚秋图》，请这位科举同年、老友加战友，为他新修的岳阳楼写一篇文章，为他的这项引以为豪的基建成绩打 Call。话说，滕子京其人，喜欢兴修水利、兴办教育，基本盘特别稳。又善于做文化传播和品牌营销，单靠一封信就和“先天下之忧而忧”的名句一起名垂青史了，绝对运作高手。用现在的评价语言来说，就是想干事、能干事、干成事的优秀父母官。据说 1993 年修建 318 国道时，在安徽池州挖到了他的墓穴，有机会要去膜拜一下。

范欣然允之。凭借科举苦试及第的强大文献搜索能力，看图写作的洞察力和表达力，以及超凡脱俗的想象力，“远程在线”完成了这件应邀文章。全文不含标点仅仅 367 字，但一点不干瘪，汤汤水水抒情味十足。

“予观夫巴陵胜状，在洞庭一湖。衔远山，吞长江，浩浩汤汤，横无际涯，朝晖夕阴，气象万千，此则岳阳楼之大观也，前人之述备矣。然则北通巫峡，南极潇湘，迁客骚人，多会于此，览物之情，得无异乎?”

——此为方法（Methods），说明了方法论（how）：如何开展研究，提供信息，供读者参考、效仿和重复。

可能文正公自己也觉得缺少实地调研、论据不够可靠，所以淡淡地回避了这个问题。请注意，他用了一句“前人之述备矣”很隐晦地做了方法说明：这些伟大场景的描述都来自查阅文献综述所得。这不是一篇正经的研究论文（Research Article），更像是一篇综述（Review）。

同时，又进一步解释了此文和前述研究的差异。虽然已经有大量文献报道，但仁者见仁、智者见智，境由心造、相随心生。一千个观众眼中有一千个哈姆雷特，一千个人看到的洞庭景观也一定有所不同。所以，在文献梳理的基础上，还有进一步细分、归纳、演绎的空间和必要。

“若夫淫雨霏霏，连月不开，阴风怒号，浊浪排空，日星隐曜，山岳潜形，商旅不行，樯倾楫摧，薄暮冥冥，虎啸猿啼。登斯楼也，则有去国怀乡，忧谗畏讥，满目萧然，感极而悲者矣。

至若春和景明，波澜不惊，上下天光，一碧万顷，沙鸥翔集，锦鳞游泳，岸芷汀兰，郁郁青青。而或长烟一空，皓月千里，浮光跃金，静影沉璧，渔歌互答，此乐何极！登斯楼也，则有心旷神怡，宠辱偕忘，把酒临风，其喜洋洋者矣。”

——此为结果（Results），从正反两个角度对比展示了分析结果（what）。

没有使用科研工作者喜欢的插图和表格，这位提倡宗经复古的文学大师选择了他更驾轻就熟的文字语言，描述了在虚拟的一阴一晴的两种极端天气状况下，可能呈现的一悲一喜两种截然相反的人生状态。

天气恶劣，浊浪阴雨，则凄凄惨惨戚戚；阳光灿烂，湖光春色，则喜洋洋美洋洋懒洋洋。这种心情随之天气阴晴而变化的心态，根据我的判断，往往是内心柔软而敏感人士的特征。

这两段文字特别优美，精准简练，节奏感也特别棒，里面很多词汇在后续的一千年中反复输出于中国人的各类文案之中。小学语文课就要求孩子们背诵这个，含金量高，保鲜期久，字短情长，受用终身。

“嗟夫！予尝求古仁人之心，或异二者之为，何哉？不以物喜，不以己悲，居庙堂之高则忧其民，处江湖之远则忧其君。是进亦忧，退亦忧。然则何时而乐耶？其必曰‘先天下之忧而忧，后天下之乐而乐’乎！噫！微斯人，吾谁与归？时六年九月十五日。”

——最后一段是讨论（Discussion），点明了写这个文章的出发点（so what）：有多重要、为什么重要，不忘初心、畅想未来，为日后可进行的工作做个谋划安排。

这段很简短，但集中讨论了两个重要问题：

一是为啥古代圣人就能超越上述两种感时伤怀的心情呢？答案是“不以物喜不以己悲”的胸怀大爱，要淡泊人生，世界观高远。

二是这些忧国忧民的人啥时候能快乐起来呢？答案是千古名句“先天下之忧而忧，后天下之乐而乐”，要意志坚定，价值观坚挺。

## 走马观花

在新加坡时曾请教过李长明院士写论文的话题，他用了一个精辟的典故——走马观花。故事很多人都听过的，是说有个瘸子想讨老婆，一个塌鼻子想找男人。媒人就撮合他们，相亲的时候，让瘸子骑马，塌鼻女人鼻子上带朵花。于是，上演了一幕“马上观壮士、月下看美人”的完美相逢，成二人之美。李老师说，写论文就是这样的，扬长避短，走马观花，适当包装，或将一切皆有可能。编辑和评审也是普通人，要换位思考他们的喜好。

## 师说·见贤思齐焉





很庆幸能在大学工作，毕竟这是一份要纯粹得多的工作。大概是 20 年前从留校工作起，工作中、生活中总有感动感悟感怀的瞬间，办可敬可爱的老师，如点点滴滴如梧桐细雨滋润心田，就陆陆续续将所闻所见所思所悟记录下来，所以就凑了一些长短不一的小段落小片段，冠名为《师说》系列，大抵都是和教书育人科学研究相关的东西。

尤其喜欢跟老先生们交流。除了仰慕学识、见贤思齐、潜心学习外，更喜欢他们讲故事。因为他们那一代人很不容易，经历了风雨沧桑、体验了病痛苦涩、看淡了功名利禄，看待问题的角度和深度是有些不同的，往往会撇去蔽日的浮云，考虑一些至深至源、至情至性的问题。

上海交大颜德岳院士是我们高分子物理化学领域的大师。他讲过自己人生的几个选择过程，特别令人感慨。从文转理，融入时代的大环境。造化如斯弄人，选项屈指可数，但至少还有一个选项可以自行把握——投入 + 努力。例如，当政治运动风波乍起的时候，关于文学、语文的那些念头就绝灭了，去做科学吧，只求安稳度命；当外界条件所困，无所慰藉的时候，可以从头做起，只用纸笔，只用头脑，借用数学的公式去一遍遍演算推理各种公式，做一个纯理论的科学家；当学术环境改善，即便年届花甲，但依旧可以重整旗鼓、开辟新天地，在实验科学、生命科学领域也独占鳌头。能伸能屈，能文能武。调整自己的人生轨迹以适应外界环境，在任何逆境之下都坚持自己的理想，用自己的方式去应付外界、对抗自然，让不可抗力变得可抗、可逆。更让人为之倾倒的不是这应付境遇的智慧，而是大家的虚怀若谷、豁达坦荡。每个故事讲得都平淡如水，似涓涓溪流娓娓道来，毫无夸张险峻过度渲染，只是细细品味的时候才会感悟到各种的跌宕起伏。

颜先生谈及学科也是相当诚恳的。他说，做了这么多年的学问，越做才越发现，物理比化学更有意思、更有意义。化学只是研究分子尺度的问题，但是物理研究的上至天文宇宙，下至原子粒子，变化无穷。他回首了自己当年推理的那几十个公式，但能适用的也仅限于学高分子的有限受众。若能推而广之，若能早日投身物理的门类，那同样的公式、同样的推理、同样的努力却可以无疑被放大很多倍，可以被更多的人了解认同。这应该就是用户思维了，也是我前面列举过的"粉丝经济"。

众多科学大家的共同点自然是对科学的痴迷。南京大学游效增院士说，他希望有生之年，完成三部作品，给自己一个交代。其实三本书都已经面世，他现在做的是第二版、第三版、增补版，要不断地融入最新知识。先生已经去世了，说这番话的时候也是晚年了，身体已经不太好，看在眼里，心里百感交集。如他所愿，那几本经典教材都已经修订出版了好几版了，可谓告慰。那个年代的学者和现在的不同，非常注重基本功，对原理、概念、理论的掌握都相当深入。他说，在特殊年代每天都是带着英文版的《毛主席语录》，下面偷偷藏着一本专业著作，每天坐在最后一排坚持学习。就这么零打碎敲着、遮遮掩掩着，完成了一本本经典教材，在10年浩劫中继续成长、成家、成腕，"我现在才敢说了，那时候我是走白专道路的。"

还有很多老师会分享教书育人带学生的心得。中科大的陈国良院士在报告中分享他培养研究生经验。他是个对"三生万物"有着系统性偏好的中西学问大家，自称"陈三问"——每月对学生提问三次，并且记录在案："上个月已经做了什么？这个月正在做什么？下个月打算做什么？"三问一出，谁与争锋，想必学生也定是每日三省乎己了。类似爱好的还有美国加州大学圣芭芭拉分校化学系教授 Fred Wudl，是我们领域的大牛。据说他也有一个提问习惯，每天下午一问"what's story"（今天咋说?），让学生总结一天的结果，做个现金日记账，在日复一日与师长的讨论中"为学日益"。

## 创业文化与诚信文化

曾经在雅虎总部参加了一个"Life Outside of the Shark Tank"的活动。主题是在没有风投支持时，该如何发展壮大自己的企业。

这个活动缘起于美国一档很红的栏目《Shark Tank》（鲨鱼坦克）。设定为怀揣创造梦想的年轻人到节目中展示自己的项目，说服在场的5位嘉宾进行投资，让梦想点石成金。“鲨鱼”就是投资人，他们坐成一排虎视眈眈，构成了一个严阵以待的“鲨鱼池”。展示人是“小鱼”，任务就是吸引“鲨鱼”，以注意力换资金，用创造力谋成长。

现场的活动并没有什么悬念和血腥，5个嘉宾分别来自政府、银行、基金、企业等，其中一个是尽地主之谊的雅虎公司高管，他们从不同的角度现身说法，讲述了自己的故事以及能够提供各项扶持的渠道，例如另类投资、众筹、政府、天使等，分享细致而温暖，如沐春风，如临秋水。

会场的风格也是很贴心，咖啡饮料点心汉堡一应俱全，雅虎公司的主题色薰衣草紫把现场装饰得青春激扬。参加活动者估计大抵是正在创业过程中的“小鱼儿”，一反常态的是居然有很多西装革履者，这在湾区并不常见。大家在听完介绍后热烈地举手提问，在轻松气氛中郑重其事地给自己做了推介。



其中最吸引我注意的是一个不怎么“高大上”的问题：如何保护自己的idea不被剽窃。

众所周知，诚信是降低社会交易成本、促进创新发展的源动力，也是硅谷不倚重法律甚至不在乎竞业禁止条例的底气所在。诚信氛围是硅谷的核心竞争力。坊间时常传颂硅谷诚信的励志小故事。例如在咖啡馆闲聊中的一个点子，被朋友拿去创业成功了，几年后得到从天而降的巨大分红……尊重知识产权、尊重私有权利，尊重知识价值，是创新创业得以千帆竞发的土壤。

美国也是从山寨大国发展而来的，它的原始积累中也有剽窃、粗蛮乃至霸道的元素。但是良好的创业诚信文化是自由而优雅地追求梦想的基石。

比方说，应对泄密问题的基础性对策，就是签署保密协议（NDA）。这对于经常谈项目的人来说简直是“家常便饭”，有现成的模板在网上就可以下载，是居家旅行、创业办厂、聊天唠嗑的“必备良药”。

诚信与法治是一对“双生花”，你侬我侬，相依相偎，让社会经济政治有序高效地运行。它们的背后是长期而深厚的社会诚信体系建设，既有文化的、宗教的、教育的、道德的软性因素，也有来自法律体系的约束和保障、信用评估机构的监督等驻守社会行为底线的硬性制约。不以规矩、不以成方圆，莫不如是。

# 第 16 章　谋胜之道｜定制未来规划



目标刻在铁板上，方法写在沙滩上。

## 发展规划之辨析

习近平总书记指出："用五年规划引领经济社会发展，是我们党治国理政的一个重要方式。"在 70 多年的发展历程中，我国迄今已制定和实施了 13 个"五年规划"，对于推进我国经济社会发展、完善中国特色社会主义制度、推进国家治理体系和治理能力现代化都发挥了重要的作用，并且越来越受到各级政府决策层的重视，每个层级条线五年规划所列出的任务、专项都成为下一阶段的工作指南，发挥了日益重要的作用。

就宏观来谈，五年规划对于我国的重要性已不用赘述。就中观微观来看，规划对于我们生活的改变有目共睹。但凡去过苏州工业园区这个全国第一园区的人，定会对它的科学规划赞不绝口，感慨规划功在当代、利在后代。回首 20 多年前，园区用了一年半的时间从严从实从细设计了发展规划，当年手绘的草图在后续实施中完全照进了现实。一代代园区人坚持规划引领，一任接着一任干、一棒接着一棒跑，取得了举世瞩目的成就。

在谈及发展规划前，需要辨析几个概念：

### 战略规划

发展规划和战略规划有很大的相似性，都是为了机构的可持续发展而制定，也有很多通用工具。主要区别为：

战略规划有博弈性质，更加动态。战略，顾名思义有“战”之意，目标是“战之能胜”。所以制定战略规划的目标是指导机构参与竞争，从安危存亡底线出发，通过科学前瞻的战略方向、战略主动、战略控制设计来求胜而防败。因为战场的形势是动态的，不确定性更强，所以战略规划更关注人际界面的形势和优势对比，并不断进行调整和应对。

发展规划更加长远稳定。针对的是不参与直接拼杀博弈的机构，没有生死存亡之忧患。发展规划不考虑博弈问题，考虑的是更加长远时空内的可持续发展，更重视社会环境、技术进步、地理因素等底层影响因素，对社会关系的关注主要在于平衡稳定性，旨在通过资源配置和制度设计来提升发展水平。



### 苏联计划



我国的发展规划和苏联时期的计划的区别，主要体现在两个方面：

一是体制不同。苏联的计划，是中央指令性计划，是严密地以中央为大脑，进行垂直计划管理的内强外弱体制。这种中央集权的“U”型计划经济，是分层分领域的大量规划的系统集成。虽然中国也在“一五”期间效仿过苏联，集中有限的优势资源，重点发展国防和重工业，推行计划经济体制，但推进过程中并没有照搬照抄，最终形成了基于地域的层层分权结构，形成了分权、混合式经济等更丰富的形态。中国这种“M”型计划经济固然会带来重复投资、地方保护主义等问题，但优越性在于能以区域为单位推进试点改革和渐进式改革，形成区域间的竞争机制。例如，有不少学者认为激烈竞争的县域经济造就了中国经济热气腾腾的局面。

二是内容不同。苏联计划是计划经济体制下，单纯指令性的经济计划。中国后来的五年规划内容从单纯的经济计划内容拓展，发展为涵盖经济建设、政治建设、文化建设、社会建设、生态文明建设以及国防和军队建设等在内的国家全面综合规划，是社会主义市场经济体制下的系统性纲领性文件。

## 发展规划怎么编 · 从水墨画到工笔画

从水墨画到工笔画比喻了规划逐渐走实走深走细，聚焦重点、明晰路径的深刻诠释。

学校办学水平集中体现在竞争力。按照“竞争战略之父”迈克尔·波特在一篇短文里写的战略三要素“定位”（Positioning）、“取舍”（Trade-offs）、“匹配”（Fit），设计了规划编制的工作思路。后来考虑到这3个词文绉绉不够接地气，也不大气，改为了更加明朗的“怎么看、怎么办、怎么干”。其中，每个部分又分为3个“一”，算起来一共是9个“一”。

## 怎么看？定好方位目标

迈克尔·波特认为，定位是战略的核心。所谓定位，不是指自己摆放的位置，把自己想象成什么样；而是形成一个品牌，在用户心中占据某一个特定的位置。简而言之，定位是一个动态的过程，通过引导公众为自己造势，在同质化社会中打造自己与众不同的独特地位，营造差异化竞争优势。核心是“每个品牌都需要一句话来表述它与竞争对手之间的区隔。”

首先要精准竞争定位。所谓知己知彼，知天知地。通过决策分析方法绘制自身在公众中的“认知图绘”（Cognitive Mapping），根据优势劣势、现状挑战等现实情况进行客观分析和描述，确定所处历史方位。

其次要策划战略定位。确立自身的核心价值，确立未来的战略定位。谋划一个独树一帜的品牌形象，植入社会公众的大脑。要么是在蓝海中谋划“第一”，人总是容易记住捷足先登的绝对领先者，例如碳酸饮料界的可口可乐，亚特兰大还有个可口可乐博物馆把它按照文化来打造；要么找标杆做参照物，进行对比定位，例如比可口可乐略微有点甜更加血气方刚的百事可乐；要么进行新旧迭代，比如说强调无糖无添加的碳酸饮料等；要么直接转换赛道，例如“怕上火喝王老吉”。

成功的大学品牌定位，不但要量体裁衣，还要形成价值观输出。经典如“清华——又红又专，听话出活”“南大——嚼得菜根，做得大事”“复旦——自由而无用的灵魂”。而南京工业大学是把“扎根中国大地办创业型大学”当作坐标系的，这是一个新的赛道，一个值得深挖内涵、探求路径的新样态。

### 一盘大局｜把握形势　研判机遇

遵照原则，高位引领。坚持以习近平新时代中国特色社会主义思想为指导，盘点三个大局——中华民族伟大复兴之战略全局、世界百年未有之大变局、高等教育之分化格局。

聚焦高等教育。欧美依然领跑，金砖国家影响力日益凸显，中国作为全球最大规模的高等教育体系，正在从世界中上水平向更高水平迈进，从效仿苏联模式、美国模式向形成中国特色、中国气派而雄起。

我国高等教育分化格局特征日趋显著。空间布局向新的区域增长极集聚，横向分类日趋鲜明（研究型、教学型、应用型、技能型以及创业型等），纵向分层重心上移（从宝塔型到橄榄型）。“双一流”等非均衡发展战略的溢出效应使得梯层势差加速拉大，产业转型升级亟待高等教育范式变革。

丘吉尔说“不要浪费一次危机”。这不是“鸡汤”，历史上每次危机都会催生颠覆性革命和新的伟大业态。不同的视角，不同的态度，可以将危机转化为机遇。

### 一本底账｜盘点成效　总结经验





此处具体内容不细表。成就代表过去，用来总结成效、研判亮点、凝练经验，以便更好地接续用力和继承发扬。如能在现有成效和数据的基础上，进行深度的院校研究，将越加如虎添翼。

### 一张蓝图｜确定目标　多规合一

目标决定逻辑。蓝图既要放眼未来、适度超前，体现前瞻性、先导性，浓墨重彩；又要立足学校发展现状，保障可行性、实用性，工笔画要能落到细微、落到毫厘。更重要的是要和上级精神、上位要求以及以往规划有机集成衔接起来，形成相互协调、整体自洽的“多规合一”整体规划。

一要注重高位引领。把深入学习贯彻习近平总书记关于“十四五”经济社会发展和规划编制工作的重要指示精神，深刻把握中央和省委有关决策部署，充分对接江苏“一中心一基地一枢纽”战略部署与先进制造业产业集群等发展需求，与江苏教育现代化2035年远景目标呼应。

二要注重多规合一。要把从国家到地方、从全行业到细分领域的规划集成起来，把每个利益相关者的蓝图衔接起来。其中包括各级教育发展规划、科技创新规划、制造业高质量发展规划、人才发展规划、数字经济发展规划、知识产权规划、哲学社会科学发展规划等。

三要坚持承前启后。紧扣学校长期定位，把建设目标按照远中近有机衔接起来。以南京工业大学为例，按照学校第四次党代会精神，以创业型大学为发展定位，向前和“十三五”规划衔接，向后和中长期目标（2035年、2050年）衔接，形成因果连续的时空链条，还要横向把“十四五”规划与江苏省高水平大学“高峰计划”建设党代会报告联动，充分体现其项目和预期成果。尤其要紧抓“创业型大学”内涵，将“创业型”理念充分体现在各项建设任务与行动计划中。

## 怎么办？用好规划工具

发展规划和写论文不同，是“问题—解决”逻辑，必须紧扣问题导向，先查摆问题，再根据问题倒排和谋划解决路径。

查摆的问题包括教育问题，人、财、物的问题和理念问题、体制机制问题，紧急问题、综合问题、重点问题、关键问题……而且要是真问题。

找问题就如同给一个单位画像，关键要抓住特点、找准骨点。我虽然谈不上内行，但不大欣赏照相主义那种事无巨细、眉毛胡子一把抓的毛发级细致工整。既然已经拥有细入毫芒的照相技术了，为何还要用昂贵的人工做这样效率极低且少有灵魂的作品呢？我更喜欢速写素描，哪怕是三笔两触的漫画式线条勾勒。就好比新闻越短事情才够大，删繁就简比面面俱到更难。

画人物头像速写和素描的人知道，最好画的人物是瘦老头，最难画的是大姑娘。其实画人相像与否，并非需要精确到每个细节，关键是抓准面部的骨点（即人物外部形体的骨骼支撑点，转折部位，例如眉弓、颧凸、下颌角）。脸上的几十个骨点抓准了，关键找准了，一张脸就惟妙惟肖跃然而出，并不需要细致到毛发和毛孔。瘦老头脸上脂肪少、骨点最突出，轻描几笔再略夸张，特点就牢牢拿捏住了；大姑娘正好相反，脸蛋饱满、线条圆润、胶原蛋白满满，这样的脸不好找骨点，很难刻画，画出来都差不多。用了好大笔墨来说怎么画像的偏门知识，是想说明一个观点：找问题不需要面面俱到。

问题意识，责任意识，“识识”关心；动力，压力，“力力”在目。在查摆问题方面有很多现成的战略分析工具，例如，SWOT 分析、PEST 分析、战略地图、差距分析、标杆分析、发展驱动力分析、波特五力分析、波士顿矩阵分析、价值链分析、SPACE 模型分析、SCP 模型分析等。弱水三千，只取三瓢，这里只列了三个最基本的：找短板、对指标、立标杆。

### 一号短板｜关键短板　负面清单

发现的问题很多，不可能面面俱到事无巨细。要权衡重要性和紧迫性，把复杂问题简单化。一方面问题有大有小，指望一次性解决所有问题不现实，所以要抓住主要矛盾和矛盾的主要方面，集中优势兵力打攻坚战。另一方面问题有急有缓，有的问题随着时间而演化转化。

对于规划来说，重点针对的是关键短板。即在众多问题中最为突出的痛点和堵点。过去我们重视锻长板，认为“一俊遮百丑”；现如今的高质量发展阶段，更需要补短板，因为“一胖毁所有”，格外需要突出底线思维，亮出负面清单，补关键领域的缺漏不足、深层次体制机制短板、老大难问题和民意诉求难点之短。

对此曾借用托翁名言做类比：优秀都是相似的，只有不够优秀才各有短板。替换在规划语境，可理解为：优秀者都是少女如红苹果一样热腾腾的脸，美得同质化；不够优秀的才是瘦老头那饱经风霜的颜，几条特立独行如刀刻的皱纹和枯瘦支棱的颧腮，才是准确的问题画像。

找关键瓶颈要深入，抓住要害。一些面上看很全的查摆，用“有待”“进一步”“不足”等状语修饰过的问题，很难反映个性化特征。这样的“画像”并非不可用，只是差一点味道，不犀利，不鲜明，不解渴。

还要甄别资源边界内的可行性。对此我做过一个四象限图，横轴两端分别是治理性问题和治理型问题，纵轴是内部和外部要素，类似于波士顿矩阵。改革的理想状态是帕累托改进，即在没有使任何人境况变坏的前提下，使得至少一个人变得更好，这是个理想化假设。在现实有限的资源边界内，做好治理的打靶法求解，就是规划能够企及的效用天花板。

## 一套指标｜表格导向　表治百病

选定正确的仪表盘（指标体系）具有决胜性作用。前两天听到一个说法很有启发性。解放战争时期，国民党对战争胜利的判断标准是“占地盘”，我党的指标则是“消灭敌人”。结果导致一场仗打下来，双方都觉得自己胜利了，国民党军队因为扩大了占领区而沾沾自喜（但是多一寸土地就意味着更高的治理成本），我方则不断消灭敌人的有生力量。此消彼长，胜局渐定。回头来看，是指标体系的先进性引领了降维打击。

指标还要刚柔并济，按约束性指标和预期性指标分类进行规定。约束性指标是要考核的，具有刚性；预期性指标可不做考核，多用来测算预期的成效。现在政府越来越重视规划工作，审计和监察部门也常常把规划指标完成情况作为一项重要的考察内容。

一些标杆｜对标找差　他石攻玉

一些大学排行榜和学科排行榜可以当作遴选标杆的工具。一方面寻找国际对标，例如将经济教育发展成熟的 OECD 成员国作为参照系。另一方面在区域内寻找借鉴目标。可以大胆比肩顶流，多几分比学赶超的胆识，要知道美国顶尖名校也无非几十年的腾飞历史，国运当头，风水轮流转，在中国大地上重现辉煌未尝不可。

所以，对标高校的"十三五"也许正是我们的"十四五"，从学校类型、学科实力、办学特色等维度都可以寻找标杆。先学习借鉴，再追赶超越。

## 怎么干？定制规划方案

找准定位，确定症结，接下来就是落笔绘图了，谓之量体裁衣"定制"阶段。

从规划本质来说，形成文本不是核心目的，最重要的是需要这样一个凝心聚智的过程，通过各种横纵条线的讨论，使规划编制真正成为聚民智、汇民意、达共识的过程，形成命运共同体意识，这才是规划的核心价值所在。

为了便于说明，以下以我所在的南京工业大学"十四五"规划工作为例进行分析。

一个体系｜系统谋划　协同自洽

根据江苏省委、省政府有关要求，自 2020 年 7 月 15 日在党委四届四次全委（扩大）会议正式启动以来，历时两年，完成规划定制工作。最终形成了"1 份学校规划 - 14 份专项规划 - 27 份学院规划"体系。各类规划既有各自重点和特色，又在建设的目标、路径、时间上相互呼应，形成彼此协同、逻辑自洽、清晰衔接、高度联动的有机体系。

其中，仅仅编制"学校规划"（总规）就经历了思路研究、文本起草、征求意见、规划衔接、审议报批五个阶段。密集开展校级专题工作会议 6 次、专项研讨 40 余次、举办专家咨询会与论证会 3 次，开展"我为'十四五'规划献一策"活动，充分吸纳各个部门学院、广大师生校友的意见与建议等，堪为系统性工程。

最终形成的"学校规划"——《南京工业大学"十四五"事业发展规划》约 3.6 万字，分五个部分，数十易其稿，历经多个环节审议得以定稿。专家审核时给予较高评价，认为思路清晰、框架合理、重点突出、举措有力，是一个比较好的规划文本，具备了很好的基础。在征求十余位规划专家意见时也获得好评，认为是有灵魂、有思想、有特色的规划。其中，教育部原副部长、江苏省原副省长、国家总督学王湛亲笔回信，评价该规划令人鼓舞，切实贯彻新发展理念，思路清晰地描绘出学校未来五年高质量发展的目标、路径和将要构建的新格局，是一份视野开阔、方向正确、思路清晰、措施扎实的好规划。

### 一组打法｜行动计划　专项管理

重点任务要思路清晰。分解任务的目标值、时间表和路径图；进行可行性分析，做好趋势预测和风险评估；重点谋划新思路、新策略、新布局、新方向、新团队，制定刚性措施，分解建设任务，设定年度计划，做到一年接着一年干，一件接着一件干。

制定好行动计划。无行动，不规划。规划的灵魂在于可操作性、可落地性，在我国的顶层设计中，通过项目化设计、工程化管理的“专项”是实践证明的行之有效的方案，例如“985”“211”都是这样的工程专项。所以，在我校的这一次“十四五”规划中，在整个体系的各类规划文本中都单列“专栏”，鼓励各条块选择最需要、最紧迫的领域重点突破，一共设计了 100 多个不同层级范畴的行动计划（见图 18）。

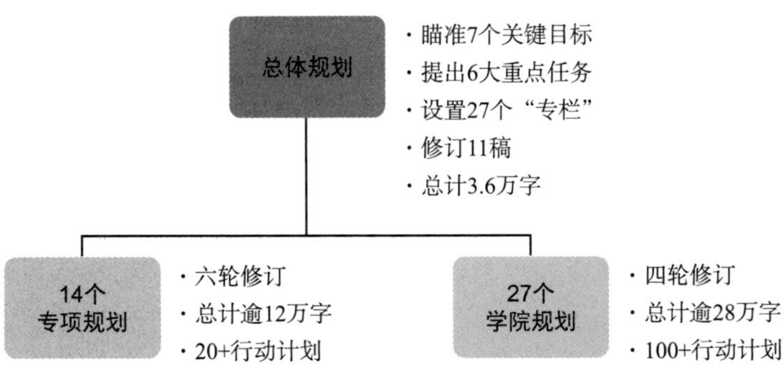


**图 18　学校“十四五”规划体系**

### 一体联动｜开门问策　整体推进

坚持问题导向深入调研。把社会期盼、师生智慧、专家意见和基层经验充分吸收到规划编制中，把顶层设计和问计于民相结合，贯彻上级精神，契合单位实际，顺应民生所盼。组织学习国内外一流大学“十四五”战略规划，与 20 所兄弟高校进行专题交流，开展学院部门调研 30 余次，做到学院全覆盖，访谈 160 余位中层干部。此外还聚焦交叉学科建设、科研组织形式、创业型人才培养、高水平创新团队锻造、教师分类评聘机制改革、“学院办大学”改革等进行专项调研。

做好宣贯。通过对规划重要性和《规划纲要》内容宣讲，营造全校师生团结奋斗、共同推进规划落实的良好局面。通过向上级部门、兄弟高校、产业企业、社会各界、新闻媒体汇报和宣传规划内容，营造舆论氛围，让蓝图深入人心。

做好规划执行中的评估、监测、过程分析，尤其要做好动态调整的准备。面对百年未有之大变局，高等教育也将面临重大变革。五年的空间时间是有限的，规划不能面面俱到也不能包罗万象。需要根据形势和政策变化，不断结合实际及时调整，保证规划的时代性和灵活性。

## 发展规划文本的要点

发展背景有来有去。

——研判准确，与时俱进。承上启下，承前启后。

目标描述有声有色。

——有号召力、科学性和实操性。

指标设置有凭有据。

——没想明白、特别敏感的就不要写。不虚高不追高，尽量不写百分之百。

主要任务有板有眼。

——面上谋划，路径清晰，搭建四梁八柱。

行动计划有棱有角。

——取舍聚焦，寻求杠杆解。

保障措施有血有肉。

——构建生态圈，升级体系化能力。

# 参考文献



［1］王珞．升维：不确定时代的决策博弈［M］．北京：机械工业出版社，2022.

［2］踪家峰．区域与城市经济学［M］．上海：上海财经大学出版社有限公司，2021.

［3］曾刚．中国城市协同创新研究：华东师大的探索［M］．北京：中国财政经济出版社，2021.

［4］吴慧平．当代教育前沿问题研究文集［M］．北京：社会科学文献出版社，2021.

［5］杨卫．研究生教育动力学［M］．北京：科学出版社，2021.

［6］兰小欢．置身事内：中国政府与经济发展［M］．上海：上海人民出版社，2021.

［7］郑荣华．城市兴衰［M］．南宁：广西师范大学出版社，2021.

［8］焦永利．城市进化与未来城市：回溯及展望［M］．北京：中国城市出版社，2021.

［9］［加］彼得·戴曼迪斯等．未来呼啸而来［M］．北京：北京联合出版公司，2021.

［10］［英］杰里米·鲍伯戈等．科学的隐忧［M］．北京：中信出版集团股份有限公司，2021.

［11］［新加坡］马凯硕等．中国的选择［M］．北京：中信出版集团股份有限公司，2021.

［12］欧洲化学工业理事会等．化学工业2050年愿景［M］．北京：化学工业出版社，2020.

［13］徐珺．从资本之都走向创新之城［M］．上海：格致出版社，2020.

［14］李拯．2018 数字经济浪潮［M］．北京：人民出版社，2020.

［15］杨卫等．力学导论［M］．北京：科学出版社，2020.

［16］鲍宗豪．当代中国文明论［M］．上海：东方出版中心，2020.

［17］［美］杰拉德·弗拉格等．城市的界限［M］．上海：上海译文出版社，2020.

［18］王成斌．2018/2019 学年江苏普通高校本科教学质量报告［M］．南京：南京大学出版社，2020.

［19］［英］娜塔莎·麦卡锡等．人人都该懂的工程学［M］．杭州：浙江人民出版社，2020.

［20］杨九斌．美国大学科研创新发展中联邦政府角色研究［M］．青岛：中国海洋大学出版社，2020.

［21］袁振国等．大学排名的风险［M］．太原：山西教育出版社，2019.

［22］张彦．活序：本真的世界观［M］．上海：上海人民出版社，2019.

［23］徐远．从工业化到城市化［M］．北京：中信出版集团股份有限公司，2019.

［24］［美］理查德·佛罗里达等．新城市危机［M］．北京：中信出版集团股份有限公司，2019.

［25］李昊．城归何处［M］．北京：中国建筑工业出版社，2019.

［26］谢铮等．高等教育实践研究与应用［M］．长春：吉林人民出版社，2019.

［27］王汎森．天才为何成群地来［M］．北京：社会科学文献出版社·历史学分社，2019.

［28］郄海霞．高校与城市互动机制比较研究［M］．北京：高等教育出版社，2019.

［29］黄仁宇．中国大历史［M］．台北：联经出版事业股份有限公司，2019.

［30］王明．中国城市知识型发展的新模式研究［M］．北京：中国科学技术大学出版社，2018.

［31］［美］拉塞尔·柯克等．美国秩序的根基［M］．南京：江苏凤凰文艺出版社，2018.

［32］［英］杰弗里·韦斯特等．规模［M］．北京：中信出版集团股份有限公

司，2018.

［33］张德祥等．大学与城市互动发展论［M］．北京：科学出版社，2018.

［34］高敏．城市进化论［M］．北京：中国发展出版社，2018.

［35］汤书昆等．中国科技共同体协同创新发展研究［M］．北京：中国科学技术大学出版社，2018.

［36］［英］安东尼·史密斯等．后现代大学来临？［M］．北京：北京大学出版社，2018.

［37］［美］道格拉斯·C等．暴力与社会秩序［M］．上海：格致出版社，上海三联书店，上海人民出版社，2017.

［38］周其仁．城乡中国［M］．北京：中信出版集团股份有限公司，2017.

［39］［美］约翰·布罗克曼等．如何思考会思考的机器［M］．杭州：浙江人民出版社，2017.

［40］吴伟等．协同创新［M］．北京：科学出版社，2017.

［41］陈强等．高校科技成果转化与协同创新［M］．北京：清华大学出版社，2017.

［42］黄宁燕．国外技术转移案例研究［M］．北京：科学技术文献出版社，2017.

［43］菅利荣等．产学研协同创新的网络型模式研究［M］．北京：科学出版社，2017.

［44］［美］德里克·博克等．大学的未来［M］．北京：中国人民大学出版社，2017.

［45］［德］克劳斯·施瓦布．第四次工业革命［M］．北京：中信出版社，2017.

［46］潘懋元．中国高等教育自主发展路径研究［M］．北京：高等教育出版社，2016.

［47］王澍．造房子［M］．长沙：湖南美术出版社，2016.

［48］谈松华．新型城镇化与教育［M］．上海：同济大学出版社，2016.

［49］［美］约翰·J等．城市社会学［M］．北京：中国人民大学出版社，2016.

［50］王志强等．“创新驱动”战略下高等教育与社会互动机制研究［M］．北京：中国社会科学出版社，2016.

［51］Hoeveler. John Bascom and the origins of the Wisconsin Idea［M］. The University of Wisconsin Press, 2016.

[52] 王聪．实验室制度比较研究［M］．杭州：浙江教育出版社，2016.

[53]［美］威廉·德雷谢维奇等．优秀的绵羊［M］．北京：九州出版社，2016.

[54]［美］凯文·凯利等．必然［M］．北京：电子工业出版社，2016.

[55]［美］唐纳德·米勒等．刘易斯·芒福德读本［M］．上海：上海三联书店，2016.

[56] 华杉．华杉讲透孙子兵法［M］．南京：江苏凤凰文艺出版社，2016.

[57] 周忠等．科教资源集聚区创新型城市建设模式研究［M］．北京：经济管理出版社，2015.

[58]［美］德隆·阿西莫格鲁等．国家为什么会失败［M］．长沙：湖南科学技术出版社，2015.

[59]［以］尤瓦尔·赫拉利等．人类简史［M］．北京：中信出版社，2014.

[60] 菲利普 G. 阿特巴赫．国家高等教育前沿议题［M］．上海：上海交通大学出版社，2014.

[61]［美］谢尔顿·罗斯布莱特等．现代大学及其图新［M］．北京：北京大学出版社，2013.

[62] 张维迎．博弈与社会［M］．北京：北京大学出版社，2013.

[63] 周其仁．改革的逻辑［M］．北京：中信出版社，2013.

[64] 陆有铨．躁动的百年［M］．北京：北京大学出版社，2012.

[65]［美］艾伯特-拉斯洛·巴拉巴西等．爆发［M］．北京：中国人民大学出版社，2012.

[66] 王水雄．博弈-结构功能主义［M］．北京：中国人民大学出版社，2012.

[67] 泰勒·柯文等．大停滞［M］．台北：早安财经文化有限公司，2012.

[68]［美］爱德华·格莱泽等．城市的胜利［M］．上海：上海社会科学院出版社，2012.

[69] 阎康年等．国外著名科研院所的历史经验和借鉴研究［M］．北京：科学出版社，2012.

[70]［美］杰里米·里夫金等．第三次工业革命［M］．北京：中信出版社，2012.

[71] 姜奇平．新文明论概略［M］．北京：商务印书馆，2012.

[72] [美] 亨利·基辛格等. 论中国 [M]. 北京: 中信出版社, 2012.

[73] [美] 理查德·佛罗里达等. 创意阶层的崛起 [M]. 北京: 中信出版社, 2010.

[74] 鲍永安等. 南洋劝业会图说 [M]. 上海: 上海交通大学出版社, 2010.

[75] 鲍永安等. 南洋劝业会文汇 [M]. 上海: 上海交通大学出版社, 2010.

[76] 鲍永安等. 南洋劝业会报告 [M]. 上海: 上海交通大学出版社, 2010.

[77] 王漱岩等清. 南洋劝业会杂咏 [M]. 上海: 上海交通大学出版社, 2010.

[78] [美] 刘易斯·芒福德等. 城市文化 [M]. 北京: 中国建筑工业出版社, 2009.

[79] 李志红等. 大学与城市互动研究 [M]. 济南: 山东大学出版社, 2009.

[80] 郄海霞. 美国研究型大学与城市互动机制研究 [M]. 北京: 中国社会科学出版社, 2009.

[81] 叶兆言. 江苏读本 [M]. 南京: 江苏人民出版社, 2009.

[82] [美] 塞缪尔·P等. 变化社会中的政治秩序 [M]. 上海: 上海人民出版社, 2008.

[83] [美] 伯顿·克拉克等. 大学的持续变革 [M]. 北京: 人民教育出版社, 2008

[84] 吴家玮. 同创香港科技大学 [M]. 北京: 清华大学出版社, 2007.

[85] [美] 尼尔·波斯曼等. 技术垄断 [M]. 北京: 北京大学出版社, 2007.

[86] [美] 伯顿·克拉克等. 建立创业型大学 [M]. 北京: 人民教育出版社, 2003.

[87] 陈之藩. 剑河倒影 [M]. 杭州: 浙江人民出版社, 2000.

[88] 张武升. 教育创新论 [M]. 上海: 上海教育出版社, 2000.

[89] 叶兆言. 南京人 [M]. 杭州: 浙江人民出版社, 1997.

[90] [美] 克拉克. 高等教育系统 [M]. 杭州: 杭州大学出版社, 1994.

[91] [美] 里夫金. 熵: 一种新的世界观 [M]. 上海: 上海译文出版社, 1987.

[92] [奥] E. 薛定谔等. 生命是什么? [M]. 上海: 上海人民出版社, 1973.

[93] Caplan. The case against education [M]. Princeton University Press, 2018.

[94] 何一民. 中国城市历史发展导论 [Z]. 2021.

［95］朱佳妮，韩友耿．重振德国大学的全球地位：从“卓越计划”到“卓越战略”［J］．比较教育研究，2022，44（5）．

［96］吴家睿．基础研究的再认识［J］．生命科学，2022，34（2）．

［97］易晓明．技术人文：人文主义的旧邦新命［J］．湘潭大学学报（哲学社会科学版），2022，46（1）．

［98］彭青龙．资本、技术与人文危机反思——访谈西班牙皇家科学院外籍通讯院士陈众议［J］．上海交通大学学报（哲学社会科学版），2022，30（1）．

［99］王涵．科技成果转化权益改革存在的问题及建议［J］．科技中国，2022（4）．

［100］张绍东，王璐，付雪峰．未来已来——合成化学迈进智能化时代［J］．中国科学：化学，2022：1－6．

［101］董云川，周宏．显性与隐性的牵引：论教育研究的立场、取向与旨趣［J］．大学教育科学，2022（2）．

［102］陈锋正，苗彦恺，冯启高等．高等教育普及化背景下的中外高校分类发展研究［J］．山东高等教育，2022，10（1）．

［103］陈锋正，苗彦恺，冯启高等．高等教育普及化背景下的中外高校分类发展研究［J］．山东高等教育，2022，10（1）．

［104］陈春花，朱丽，刘超等．协同共生论：数字时代的新管理范式［J］．外国经济与管理，2022，44（1）．

［105］解德渤，崔桐．我国高校学科建设的制度意蕴、困境与创新［J］．现代教育管理，2021（7）．

［106］杨斌，王传毅．交叉学科的类型与设置方式：基于知识的视角［J］．大学与学科，2021，2（4）．

［107］李文琦，黎昔柒．近20年国内关于高新技术的人文风险研究述评［J］．长沙理工大学学报（社会科学版），2021，36（5）．

［108］闫坤如．人工智能技术的人文主义反思［J］．云南社会科学，2021（5）．

［109］任增元，王绍栋．大学排名的缺陷、风险与回应［J］．现代大学教育，2021，37（3）．

［110］胡弼成，蔡莉．中国大学排名的缘起、特色及发展态势［J］．高教发展与评估，2021，37（1）．

[111] 王强 . PPP 模式下高职院校产教融合人才培养改革研究 [J]. 继续教育研究，2021 (3).

[112] 杨九斌 . 从“区域”赠地学院到“全球”研究型大学——美国公立研究型大学发展中联邦政府的角色研究 [J]. 现代大学教育，2021，37 (1).

[113] 刘霞辉 . 中国式城市化 [J]. 湖南大学学报 (社会科学版)，2021，35 (5).

[114] 余长林，孟祥旭 . 高等教育与中国城市产业结构转型 [J]. 教育与经济，2021，37 (6).

[115] 韩凤芹，史卫，陈亚平 . 以大战略观统领关键核心技术攻关 [J]. 宏观经济研究，2021 (3).

[116] 潘教峰，鲁晓，王光辉 . 科学研究模式变迁：有组织的基础研究 [J]. 中国科学院院刊，2021，36 (12).

[117] 张应强，姜远谋 . 创业型大学兴起与现代大学制度建设 [J]. 教育研究，2021 (3).

[118] 李晔梦 . 以色列科研管理体系的演变及其特征 [J]. 阿拉伯世界研究，2021 (4).

[119] 陈洪捷，巫锐 . “集群”还是“学科”：德国卓越大学建设的启示 [J]. 江苏高教，2020 (2).

[120] 徐佩玉 . PPP 模式下职业教育产教融合的关键维度、价值意蕴及实施路径 [J]. 教育与职业，2020 (23).

[121] 贺俊，黄艳 . 如何提升关键共性技术促进基础创新 [J]. 中国经济评论，2020 (4).

[122] 王海侠，袁陆仪 . 马克斯·韦伯的农业社会学——以《民族国家与经济政策》为中心 [J]. 南京农业大学学报 (社会科学版)，2020，20 (6).

[123] 卓泽林，杨体荣，马早明 . 高等教育改革如何促进区域协调发展——以京津冀、长三角和粤港澳大湾区为例 [J]. 江苏高教，2020 (12).

[124] 杜瑛 . 区域高等教育分类管理运行机制面临的难题与改革方略——基于上海与美国加州的比较分析 [J]. 当代教育科学，2020 (3).

[125] 董云川，常楠静 . 区域高等教育一体化的远景与近为 [J]. 大学教育科学，2020 (5).

[126] 孔伟，刘岩，治丹丹等 . 中国区域高等教育与科技创新协调发展测度

实证研究［J］. 科技管理研究，2020，40（9）.

［127］李国杰．经济内循环为主条件下技术创新的路径选择［J］. 中国科学院院刊，2020，35（9）.

［128］邓程，杨建君．关键共性技术创新研究梳理与演化框架构建［J］. 工业技术经济，2020，39（9）.

［129］王雪燕．中国大学综合实力排行榜的实证分析与建议——基于高等教育机构排名柏林原则的视角［J］. 情报杂志，2019，38（3）.

［130］段世飞，刘宝存．联合国教科文组织参与全球高等教育治理的历程、途径与影响［J］. 国家教育行政学院学报，2019（1）.

［131］韦森，陶丽君，苏映雪．“哈耶克矛盾”与“诺思悖论”：Social Orders 自发生成演化抑或理性设计建构的理论之惑［J］. 清华大学学报（哲学社会科学版），2019，34（6）.

［132］商海岩，秦磊．城市化中的教育消费：差异、属性与影响因素［J］. 国家教育行政学院学报，2019（6）.

［133］钱佳，黄启兵．知识视野下的政府、市场与学术：关系模型及发展趋势［J］. 苏州大学学报（教育科学版），2019，7（4）.

［134］顾拓宇．区域创新体系建设与区域高等教育一体化［J］. 科技管理研究，2019，39（11）.

［135］柳友荣，张蕊．区域高等教育发展的合法性审思［J］. 大学教育科学，2019（3）.

［136］马海泉，樊秀娣．知识创新能力：大学的核心价值［J］. 中国高校科技，2019（5）.

［137］董云川．冷漠的教育：大学朝向一流的根性缺失［J］. 高教探索，2019（10）.

［138］辛德树，迟凤玲，李敬锁．中国科技研发领域 PPP 政策的演变历程、原因及其优化对策［J］. 科学管理研究，2019，37（1）.

［139］龙宝新．论面向知识生产力提升的一流学科建设逻辑［J］. 南京社会科学，2018（9）.

［140］王思懿．从“三角协调”到“治理均衡器”：西方国家高等教育治理模式的现代转向［J］. 现代教育管理，2018（7）.

［141］乔桂娟，杨丽．新加坡高等教育发展趋势、经验与问题——基于近三

十年研究主题变化的探测 [J]. 黑龙江高教研究, 2018, 36 (10).

[142] 何文栋. 美国大学与城市互动的历史变迁 [J]. 高教探索, 2018 (2).

[143] 陈·巴特尔, 马卫方. 工业革命与高等教育关系的发展与启示 [J]. 西部学刊, 2018 (12).

[144] 林语堂. 林语堂: 谈牛津大学 [J]. 青年教师, 2018 (12).

[145] 董云川. 当大学成为江湖: 孤独与坚守 [J]. 高教发展与评估, 2018, 34 (4).

[146] 黄建榕, 柳一超. 面向社会服务的高等教育区域合作——以英格兰东北部为例 [J]. 现代教育管理, 2018 (1).

[147] 赵庆年, 王燕. 提升与协调: 我国区域高等教育科技创新能力 [J]. 科技管理研究, 2018, 38 (20).

[148] 韩一松. 国际比较视野下的区域高等教育协调治理机制完善路径选择 [J]. 中国成人教育, 2018 (5).

[149] 乔桂娟, 杨丽. 新加坡高等教育发展趋势、经验与问题——基于近三十年研究主题变化的探测 [J]. 黑龙江高教研究, 2018, 36 (10).

[150] 张庆祝. 创业型大学的内涵和特征 [J]. 创新与创业教育, 2018, 9 (4).

[151] 龚放. 知识生产模式Ⅱ方兴未艾: 建设一流大学切勿错失良机 [J]. 江苏高教, 2018 (9).

[152] 严圣阳. PPP 模式建设区域共享实训基地探析 [J]. 时代金融, 2017 (35).

[153] 范颖. 中国古代高等学校师资管理模式探析及借鉴——以稷下学宫、中央官学和书院为例 [J]. 现代教育科学, 2017 (5).

[154] 潘建军, 梁昊光. 从政策视角透视加州高等教育发展的困境与挑战 [J]. 高教探索, 2017 (1).

[155] 刘立. 再论基础研究经费 5% 已成为中国特色的“规律” [J]. 科技中国, 2017 (11).

[156] 魏晓波. 地方高校新型智库服务地方经济社会发展探析 [J]. 科技资讯, 2017, 15 (26).

[157] 张水玲, 杨同毅, 王仁高等. 高校服务地方存在的问题与对策——以山东省高校为例 [J]. 中国高校科技, 2017 (12).

[158] 李储学. 地方高校提升服务经济社会发展能力的策略 [J]. 当代经济, 2017 (33).

[159] 张小欣. 武书连大学排行榜是怎样诞生的——中国大学第三方科学评价体系的拓荒牛 [J]. 管理观察, 2016 (36).

[160] 关雯文, 吴学松. 美国高等教育应用型人才培养一体化及启示 [J]. 河南科技学院学报, 2016, 36 (8).

[161] 陈辉民, 徐运保. 高等教育、城市化与经济水平相关性研究 [J]. 现代教育管理, 2016 (3).

[162] 朱建民, 金祖晨. 国外关键共性技术供给体系发展的做法及启示 [J]. 经济纵横, 2016 (7).

[163] 吴亮. 德国创业型大学的改革发展及其启示——以慕尼黑工业大学为例 [J]. 高教探索, 2016 (12).

[164] 陈涛. 大学本质属性探源——基于三所欧洲中世纪大学的分析 [J]. 高等教育研究, 2016, 37 (10).

[165] 张愿, 刘在洲. 跨越时代的威斯康星思想——威斯康星思想的历史意义和国际影响 [J]. 高等农业教育, 2015 (12).

[166] 蒋平, 地方本科院校转型发展: 知识生产视域下的大学模式变迁 [J]. 河北科技大学学报 (社会科学版), 2015, 15 (1).

[167] 董云川, 邓凡, 胡仲勋等. 转与不转——地方本科院校的新抉择 [J]. 高教发展与评估, 2015, 31 (5).

[168] 董云川, 查文静. 有教有类方能提升大学品质 [J]. 学术探索, 2015 (10).

[169] 李光耀. 李光耀回忆录——我一生的挑战: 新加坡双语之路 [J]. 学习月刊, 2015 (7).

[170] 罗新祜, 陈敏. 中美高等教育财政投入绩效实证研究——基于中美 2000—2011 年数据 [J]. 教育科学, 2015, 31 (3).

[171] 张晓荣, 叶美兰. 宋代书院发展背景及其特性 [J]. 南京邮电大学学报 (社会科学版), 2014, 16 (3).

[172] 吕健. 城市化推动中国高等教育发展了吗? [J]. 上海经济研究, 2014 (6).

[173] 董云川. 区域大学的高水平建设: 是语境, 还是梦境? [J]. 高教发展

与评估，2014，30（1）.

［174］陈立，刘剑虹．美国区域高等教育联盟的现状与特征［J］．宁波大学学报（教育科学版），2014，36（5）.

［175］Yat Wai Lo William. Think global，think local：The changing landscape of higher education and the role of quality assurance in Singapore［J］. Policy and Society，2014，33（3）.

［176］张晓波．人性假定：经济学视角下的解读［J］．生产力研究，2013（3）.

［177］宋龙飞．以柏林洪堡大学为例谈德国高等教育的精髓［J］．教书育人，2013（33）.

［178］沈文钦．从博雅到自由——博雅教育概念的历史语义学分析［J］．清华大学教育研究，2013，34（1）.

［179］谢冬慧．试析新加坡高等教育的独特理念［J］．江苏教育学院学报（社会科学版），2013，29（5）.

［180］荀渊．《1862年赠地学院法案》的缘起及其对美国社会的影响［J］．全球教育展望，2013，42（6）.

［181］柴国君，李文豪，魏晶国．经济学中关于“人性假定”的理论综述——基于原子论和混沌论视角［J］．内蒙古财经学院学报，2012（1）.

［182］中国科学技术大学大学评价课题组．基于公信力视角的大学排名研究——对《2010中国大学评价》指标体系及算法的质疑［J］．中国高教研究，2012（5）.

［183］张以科．高校错位发展与竞争力提升的理论与实践——以苏北新建高校为例［J］．山西高等学校社会科学学报，2012，24（9）.

［184］刘永芳，龚放．创业型大学的生成机制、价值重构与途径选择［J］．高等教育研究，2012，33（10）.

［185］邢亚珍．12世纪文艺复兴与大学的兴起［J］．上海海洋大学学报，2012，21（2）.

［186］王建华．大学变革的双重逻辑［J］．中国高教研究，2011（8）.

［187］邓研华．中西政治制度设计中的“人性假定”［J］．党政论坛，2011（6）.

［188］张晓虹，孙涛．城市空间的生产——以近代上海江湾五角场地区的城市化为例［J］．地理科学，2011，31（10）.

[189] 汪立琼．失衡与平衡：大学生态系统论——阿什比高等教育思想解析［J］．黑龙江教育（高教研究与评估），2010（6）．

[190] 武书连，吕嘉，郭石林．2010中国大学评价［J］．科学学与科学技术管理，2010，31（4）．

[191] 沈玲．从随园看袁枚的园林美学思想［J］．三峡大学学报（人文社会科学版），2010，32（3）．

[192] 李辉生，雷金火．区域视角下的地方高校科技创新定位［J］．中国高等教育，2010（Z2）．

[193] 徐国兴，贾中华．科技成果转化和技术转移的比较及其政策含义［J］．中国发展，2010，10（3）．

[194] 王建华．知性人：高等教育学的一种人性假设［J］．大学教育科学，2009（4）．

[195] 王者鹤．阿什比技术人文主义教育思想探析［J］．职业技术教育，2009，30（7）．

[196] 孙伟伟，冷向明．政府官员人性假定问题探究［J］．湖北行政学院学报，2009（2）．

[197] 辛枫冬．论知识创新与制度创新、技术创新、管理创新的协同发展［J］．宁夏社会科学，2009（3）．

[198] 汪全胜，金玄武．高等教育质量认证模式的比较考察［J］．标准科学，2009（8）．

[199] 张新科．蔡元培与马君武借鉴德国大学理念之比较［J］．高等教育研究，2008（9）．

[200] 姜娓娓，刘玉龙．大学校园规划：磁体与容器并重［J］．城市建筑，2008（3）．

[201] 潘懋元，肖海涛．现代高等教育思想演变的历程——从20世纪到21世纪初［J］．高等教育研究，2007（8）．

[202] 石广盛．欧洲中世纪大学的学位制度［J］．兰州学刊，2007（8）．

[203] 潘懋元，肖海涛．现代高等教育思想演变的历程——从20世纪到21世纪初［J］．高等教育研究，2007（8）．

[204] Biau Daniel，高延伟．中国3000年城市化发展史概述［J］．城市规划学刊，2007（3）．

[205] 刘则渊，陈悦．新巴斯德象限：高科技政策的新范式［J］．管理学报，2007（3）．

[206] 罗杰·L·盖格，刘红燕．美国高等教育的十个时代［J］．北京大学教育评论，2006（2）．

[207] 刁伟涛．制度、自组织与秩序——兼论中国社会的制度变迁［J］．江苏社会科学，2006（3）．

[208] 周春彦．大学—产业—政府三螺旋创新模式——亨利·埃茨科维兹《三螺旋》评价［J］．自然辩证法研究，2006（4）．

[209] 宋文红．欧洲中世纪大学产生的历史原因和历史文化背景［J］．现代大学教育，2005（5）．

[210] 冯向东．高等教育结构：博弈中的建构［J］．高等教育研究，2005（5）．

[211] 何一民．从政治中心优先发展到经济中心优先发展——农业时代到工业时代中国城市发展动力机制的转变［J］．西南民族大学学报（人文社科版），2004（1）．

[212] 王建华．学科、学科制度、学科建制与学科建设［J］．江苏高教，2003（3）．

[213] 何一民．农业时代中国城市的特征［J］．社会科学研究，2003（5）．

[214] 刘宝存．洪堡大学理念述评［J］．清华大学教育研究，2002（1）．

[215] 刘劲杨．知识创新、技术创新与制度创新概念的再界定［J］．科学学与科学技术管理，2002（5）．

[216] 武书连．欢迎讨论《中国大学评价》——复彭灿先生［J］．科学学与科学技术管理，2001（3）．

[217] 王运来．江苏高等教育近代化的特点探析［J］．江苏社会科学，2000（2）．

[218] 刘仲林．交叉科学时代的交叉研究［J］．科学学研究，1993（2）．

[219] 钱颖一，许成钢，董彦彬．中国的经济改革为什么与众不同——M型的层级制和非国有部门的进入与扩张［J］．经济社会体制比较，1993（1）．

[220] 刘仲林跨学科学应成为交叉学科勃发的向导［N］．中国社会科学报．

[221] 李燕．长三角科技创新效率的区域差异及影响因素研究［D］．安徽大学，2021．

［222］贾佳．未竟的改革：中国高等教育的第三次转型［D］．南京师范大学，2021.

［223］瞿锦秀．中国百年大学教育遗产资源的管理［D］．苏州大学，2020.

［224］王瑜．50年代院系调整对江苏高等教育的影响［D］．苏州大学，2018.

［225］张庆祝．创业型大学发展模式暨农林本科院校转型发展研究［D］．大连理工大学，2018.

［226］谢亚兰．大学排名指标体系及影响研究［D］．上海交通大学，2010.

# 后记





本书得以问世，首先要感谢几位好伙伴和好同事：喻雯、张帆、石媛。还要感谢梁瑾和李文涛的先后加入和支持相助。在过去的很多年，我们一起学习一起奋斗，一起成熟一起进步，写出了多达百万的文字素材，在此基础上精选、梳理和增补，形成了这30多万字的著述。而更宝贵之处在于相伴走过的每一个悲喜和春秋。山川和岁月一样绵延，不回头，不辜负。

更要感谢南京工业大学各位好领导、好师长。感谢学校给我的大力支持和充分信任，让我在七年多的时间里，站在学校政策研究与发展规划的立场上，作为参与者和观察者，带着真实的问题使命去学习琢磨，循着鲜活的校本案例去调研走访，在日拱一卒中下足了笨功夫，获得了细水长流的勇气和力量。

感谢亲人和朋友的相伴。是他们的支持和宽容，让我在不惑之年还能保存着好些棱角和纯粹，为梦想日日奔波，风风火火。衷心祝愿父母心情愉快，身体健康。

尤其感谢我的父亲张有龙教授。父亲是典型的坚韧不拔、铁骨柔情的西北汉子，他的油画是真正“骨子里的西北”。本书题字“大学大城”和封面中嘉峪关古城的水粉画都出自他的手笔。嘉峪关是一座始建于明洪武年代的关城，坐守着秦汉万里长城的最西端，是古代丝绸之路的要冲和彼时中西方世界交流交融的界面。这幅画是父亲1978年的写生，比我年纪都大。画面中依稀可见的戈壁风光已然此情可待成追忆，就像很多西部城市一样，实现了从戈壁古城到工矿城市、到生态宜居城市，甚至新兴现代化城市的嬗变。

在成书的过程中，王枚给予莫大支持，在此一并表示谢忱。

庐山烟雨浙江潮，未至千般恨不消；到得还来别无事，庐山烟雨浙江潮。完成这本书用了整整一年光景。这是段特殊的时期，据说牛顿的“奇迹年”和《十日谈》的叙事背景，都发生在避疫期间。一年的晓风残月，万籁孤寂，成为这段不寻常岁月的深刻记忆。

由于本书涉及的参考书目多且分布碎片化，不做一一注引出处。不当不妥之处，欢迎同仁批评指正，交流探讨。

盧晓梅

2022 年 12 月 10 日于宝华山下仙林翠谷